民國文存

68

歷代屯田攷

（上）

張君約 編著

知識產權出版社

《歷代屯田攷（上）》分七章，以時間為順序，以事件為線索，搜集自屯田制度萌芽至宋代（附遼、金）的有關典籍資料近千條，系統介紹屯田制度產生的原因、發展歷程及其歷史作用，為讀者了解和研究屯田制度提供了豐富資料。

本書適合對中國古代史和經濟史、土地制度史研究者及有興趣者閱讀使用。

責任編輯：劉　江　　　責任校對：董志英
特約編輯：陳棣芳　　　責任出版：劉譯文

圖書在版編目（CIP）數據

歷代屯田攷（上）/張君約編著. —北京：知識產權出版社，2015.10
（民國文存）
ISBN 978-7-5130-3772-3

I.①歷… Ⅱ.①張… Ⅲ.①屯田—考證—中國—古代 Ⅳ.①F329. 02

中國版本圖書館 CIP 數據核字（2015）第 219014 號

歷代屯田攷（上）
Lidai Tuntian Kao（shang）

張君約　編著

出版發行：**知識產權出版社** 有限責任公司

社　　址：北京市海淀區馬甸南村 1 號　　　　郵　編：100088
網　　址：http://www.ipph.cn　　　　　　　郵　箱：bjb@cnipr.com
發行電話：010-82000860 轉 8101/8102　　傳　真：010-82005070/82000893
責編電話：010-82000860 轉 8344　　　　 責編郵箱：liujiang@cnipr.com
印　　刷：保定市中畫美凱印刷有限公司　　經　銷：新華書店及相關銷售網站
開　　本：720mm×960mm　1/16　　　　　印　張：23
版　　次：2015 年 10 月第一版　　　　　　印　次：2015 年 10 月第一次印刷
字　　數：320 千字　　　　　　　　　　　定　價：85.00 元
ISBN 978-7-5130-3772-3

出版前言

民國時期，社會動亂不息，內憂外患交加，但中國的學術界卻大放異彩，文人學者輩出，名著佳作迭現。在炮火連天的歲月，深受中國傳統文化浸潤的知識分子，承當著西方文化的衝擊，內心洋溢著對古今中外文化的熱愛，他們窮其一生，潛心研究，著書立說。歲月的流逝、現實的苦樂、深刻的思考、智慧的光芒均流淌於他們的字裡行間，也呈現於那些細緻翔實的圖表中，在書籍紛呈的今天，再次翻開他們的作品，我們仍能清晰地體悟到當年那些知識分子發自內心的真誠，蘊藏著對國家的憂慮，對知識的熱愛，對真理的追求，對人生幸福的嚮往。這些著作，可謂是中華歷史文化長河中的珍寶。

民國圖書，有不少在新中國成立前就經過了多次再版，備受時人稱道。許多觀點在近一百年後的今天，仍可說是真知灼見。眾作者在經、史、子、集諸方面的建樹成為中國學術研究的重要里程碑。蔡元培、章太炎、陳柱、呂思勉、錢基博等人的學術研究今天仍為學者們津津樂道；魯迅、周作人、沈從文、丁玲、梁遇春、李健吾等人的文學創作以及傅抱石、豐子愷、徐悲鴻、陳從周等人的藝術創想，無一不是首屈一指的大家名作。然而這些凝結著汗水與心血的作品，有的已經罹於戰火，有的僅存數本，成為圖書館裡備受愛護的珍本，或成為古玩市場裡待價而沽的商品，讀者很少有隨手翻閱的機會。

　　鑑此，為整理保存中華民族文化瑰寶，本社從民國書海裡，精心挑出了一批集學術性與可讀性於一體的作品予以整理出版，以饗讀者。這些書，包括政治、經濟、法律、教育、文學、史學、哲學、藝術、科普、傳記十類，綜之為"民國文存"。每一類，首選大家名作，尤其是對一些自新中國成立以后沒有再版的名家著作投入了大量精力進行整理。在版式方面有所權衡，基本採用化豎為橫、保持繁體的形式，標點符號則用現行規範予以替換，一者考慮了民國繁體文字可以呈現當時的語言文字風貌，二者顧及今人從左至右的閱讀習慣，以方便讀者翻閱，使這些書能真正走入大眾。然而，由於所選書籍品種較多，涉及的學科頗為廣泛，限於編者的力量，不免有所脫誤遺漏及不妥當之處，望讀者予以指正。

目　錄

例　言

一、我國史籍賾多，蒐討不易。是書纂輯正史紀、傳、表、志及"三通"、"續三通"、《圖書集成》有關屯田之文，一依年代編次，以彰先民兵農兼務之績，省留心斯舉者窮搜博覽之勞。

二、研討之資，不厭求詳。但臚列原文不加鈎玄提要之功，則披閱之時頗嫌煩冗。爰將所收各事，咸一一撮取其大綱，以便省覽。仍詳錄本文於其後，以供檢討。

三、傳志之文，年月頗多不詳。而紀表所載，常有可資參證者。雖其事未涉於屯田，亦錄之，以供考訂。

四、一時一事諸書互見者，往往有之。若所述全同，則採其最為詳盡之文。若各有短長，則並錄之。

五、凡所徵引之文，出於何書，咸加註明。《通考》《圖書集成》所引他書，原已註明者，亦仍其故。

六、是書所據，原擬專採正史"三通"、"續三通"，故於斯三者，偶有舛訛之處，咸加訂正。若他書所載屯田之事，倘有謬誤，則不採其文而已。不重為考正，以免費辭。

七、"清史"尚未成書。"清三通"成於清高宗時，且清人入主中國之後，雖存明代屯田之名，實則視同民業。新疆略有兵屯，亦甚微末，故是編所收，訖於明末。

八、曹操、司馬懿之流，均未及身為帝，沒世仍為前代之臣。凡厥子孫，所加尊號，概不沿引。惟拓拔珪、阿保機等，蹶興朔漠，

1

未嘗臣事中國者，仍之不改。

九、是書編次，一依年代後先。紀年不可考者，列之紀年可考者之末。

十、一代鉅著，若馬氏《通考》、陳氏《圖書集成》，尚不免偶有舛訛。編者學識譾陋，乖謬必多。倘荷海內賢達，錫以糾繩，尤所企禱。

會 序

晚近二十年來，予確信一部四千餘年之中國政治史上，必有若干種發揮孔孟"仁政"思想的制度，可以適用於今。予更確信救治中國，一方固應吸收世界各國的新發明，以充實我國的缺陷，一方尤應研究我國原有的舊發明，以適應我國的病象。因此發願在新中國建設學會中，將我國政治社會各方面的舊發明，用經世致用的眼光，一一加以整理，公諸國人，一以表揚我國原有文明的偉大，一以進獻我國之實際政治者。《屯田考》卽其一也。

"屯田"二字，在中國史上，已成習見，或不引起人注意，然以現代顯著的新名詞解釋之，則屯田制度者，乃軍隊的農作，亦卽農作的軍隊之制度，更申言之，卽軍隊的生產化，生產化的軍隊之制度也。此種制度，今實已成挽救中國之第一重內政難關。其時効與價值之偉大，不可比擬。何以故，自辛亥革命以來，政治上最大之病象，為軍閥擁兵自衛，因之政權基礎，建築於槍桿之上，而法治軌道未能開闢。為軍隊把佔地盤，因之民生問題，供作軍費問題之犧牲，而庶政遂停滯不進。為軍閥間比權量力，各務擴充軍隊，以為其生存競爭的工具，因之整個國家經濟，悉力以應此要求，而一切二十世紀國家立國者初步工作（如交通、水利及一切科學化，等等），亦遂坐誤遷延。中山先生《建國大綱》中所謂以兵力掃除全國之障礙，卽指此種軍隊言也。然二十年來，予自始卽慮澈底掃除之不易，且傷害國家元氣太大，故主張政治上採用宋初之德化方法，以消除類似唐季五代藩鎮流毒之錮習。今則國內外情勢，已促我非採用此政策不可，且實際上亦已採用此政策。易詞言之，"九一八"事變後，當局始終以極忍耐極寬大之態度，以避免內戰，而至今已達忍耐與寬大之最高峯也。然政府政策，縱已入絕對避免內戰之新時期，而全國一百七八十個師與五六十個獨立旅的軍隊，是否可作為國防上軍額的標準，是否可作為國家常規的軍制，是否無害於國家經濟與國民經濟的發展，是否無礙於一切新建設計劃之實施，此其情勢，尤至顯然也。如果此種狀態，無法改善，是否卽可謂為全國之障礙，已經因國民革命而掃除，是故當局今後之決心避免內戰，以開始正常的建設，在我人一方則表無限之懽忭，一方尤抱深切之憂慮也。

　　然改善之方法何在，無計劃無安頓之消極的縮編，已非今日政治現狀所易能，亦非社會現狀所許可。則於此之時，苟有法焉，將不生產的軍隊，化為生產的軍隊，將消耗經濟力的軍隊，化為增進經濟力的軍隊，將阻礙政治環境的軍隊，化為實現政治新紀元的軍隊，將集團的有槍階級，化為集團的工作先鋒，寧非為打破內政難關之最有時効與價值之偉大制度。而二三千年來，逐年演進之屯田制度，卽其物也。

　　屯田制之發生，雖由於捍衛邊疆，然實可謂為中國歷史上仁政具體化之最大政策。以藉此可減輕人民負擔，而不傷國力也。所謂歐西各國，惟蘇俄於歐戰終了時期，將全線退回之軍隊，舉辦若干國營的集團農場，庶幾似之外，殆未有似中國歷史上之採以為軍制者。故屯田制，又可謂為中國文化史中舊有之發明，其功能且遠過於指南針與印刷術等。以其名稱，雖若僅限於農。然中國歷史上以農為本位，如水利工程等，均屬於農的範圍，故屯田制實不限於農耕。今時代已入於開始經濟建設時期，我人更可因屯田制之舊制，推廣其意義於凡百經濟建設方面，而以剩餘軍隊的力量，卽作為經濟建設之工程隊，曰兵農，曰兵工，無一非屯田制之眞精神，而可解決民國以來軍隊過剩問題之癥結者也。

　　然此種革新一時代之制度，實施以前，必以“全國將領，自最高級以達幹部，人人秉公忠為國，犧牲小我的現成權利之基本精神，而共同推誠協力於建國工作”為先決問題。尤以“全國將領自最高級以達幹部，人人心目中，了解中國歷史上的著名將帥，均曾努力於屯田工作，而認此為現代軍人報國的最好途徑”為同等先決問題。因此十年前，擬將國史上之屯田經過，自漢迄明，提綱挈領，分代紀述，一以表揚政制上之國粹，一以便全國將士之閱覽。會人事紛雜，未能從事，至二十一年秋，新中國建設學會成立，會中學人衆多，而彭一湖先生以張君約先生精研國史，可勝整理國史之工作，因先以此屯田問題相商，彼此意見相同，遂得開始整理工作。以張先生之忠實於國史，一時間，一字名，必勤求其無訛，遂至費三年以上精力始克成之。顧時局紛紛，以為此種良法美制，尚未到實施時期，故又太息而束諸高閣。今者全國統一形勢完成，最高當局已以最大決心，消弭內戰，而將從事於正常的經濟建設。因念國家之獲救與否，全視夫此項基本經濟建設之是否成功，而經濟建設之前提，尤必須先求軍隊生產化、生產化軍隊之實現。因將全稿付梓，而冠以中國史上之生產軍之新名。我愛國之全國將士，其於公餘一覽之乎，則我民國之以愛國軍人創其局者，仍將由愛國軍人收其成也。

中華民國二十六年四月
寶山趙正平序於新中國建設學會

附錄　國史上一種奇偉之農本政策 *

我國立國的特性，精神物質兩方面，俱有一條經歷四千餘年不變之軌道。精神方面的軌道，曰尊天愛人，孔孟以前是如此，孔孟以後儒家所謂"仁義"，也是如此。物質方面的軌道，曰以農為本，周秦以前是如此，周秦以後井田制度雖然破壞，而此種農本精神，仍然繼續，以至近代。今天所講就是這物質的軌道，就是農本精神。

農本精神的第一表見，就是藉田一件事。《禮記·月令》篇，孟春之月載："是月也，天子乃以元日祈穀於上帝，乃擇元辰，天子親載耒耜，措之於參保，介之御間，帥三公九卿諸侯大夫躬耕帝藉。天子三推，三公五推，卿諸侯九推。"又《周禮》載："甸師掌率其屬而耕耨王藉，以時入之。"迨周宣王即位，不藉於畝，虢文公諫以為不可。其後周室中衰，諸侯攻伐無已時，藉田禮廢。至漢文帝時，賈誼說上曰："一夫不耕，或受其饑。今背本而趨末，生之者甚少，而靡之者甚多，天下財產，何得不蹙。"文帝感誼言，乃下詔曰："夫農，天下之本也。其開諸田。朕親率耕，以給宗廟。"自是之後，歷代君主遂繼承此禮，有如現代之植樹典禮矣。

農本精神的第二表見，為歷代政治家富國政策之一致。我國政治家以富國成績著稱者，在春秋時代為管仲，在戰國時代為商君，在漢唐以後為王安石。而此三公之富國政策，其着眼點無不在務農便農（詳見《六大政治家》中三人之傳記）。其他如李悝作盡地力之教以富魏，漢文帝制獎農抑末政策以事生息，董仲舒創限制民田之議，後魏、隋、唐行均田之政以利小農，朱子師王安石遺意以立

---

* 本篇係民國十八年正平在江蘇省立教育學院演講稿，曾刊載《復興月刊》第一卷六期。

社倉，明初勵行重農政制，等等，尤不可勝數也。

農本精神之第三表見，為聖賢、英傑、詩人、高士之以歸農為本分。舜發於畎畝之中，伊尹耕於有莘之野。諸葛武侯躬耕南陽，且於臨終以前，上表自明，成都有桑八百株，有田十五頃。馬援耕於上林苑。此聖賢英傑以歸農為本分之代表人物也。長沮桀溺耦耕，且笑孔子之僕僕。陶淵明述勸農詩與歸田園居諸詩（見《陶集》），此詩人高士以歸農為本分之代表也，因此"歸田"二字，成為政治家退職之術語矣。

要之農本精神，即我中華民族立國之精神。故所謂四民序列，士農居前，而工商居後。在此種精神充塞之中，政治上遂發生一種很奇特，而且很偉大，為近世各國所未見之一種生產制度。

我們對於這種生產制度，如果稍加注意，推究其價值。不獨為我國歷史上放一種異彩，且足以解決目前中國最大之危機。這制度是什麼，就是屯田制度。

何謂屯田，是就兵士屯營的地方，耕種農田的意思。此議創自鼂錯，意在實邊。在漢文帝時，鼂錯上言："遠方之卒，守塞一歲而更，不知胡人之能。不如選常居家室，田室田作以備之。為之高城深塹，為室屋，具田器募罪人，及免徒復作，及民之欲往者，皆賜高爵復其家，俾實塞下。使屯戍之事省，輸將之費寡。"云云。此雖發原於實邊的一念，實為後世屯田制度之最先發明者。至漢武帝通西域時，亦置營田校尉，領護田卒數百人。其後財政家桑弘羊與丞相御史請屯田故輪臺地，以威西域。其時適值漢武厭倦遠征，此議未果。至漢昭帝時，遂有發習戰射士，調故吏將，屯田張掖郡之舉。其後有趙充國之屯田策，而屯田制度之意義，遂以大明。自是之後，經歷東漢三國，屯田之範圍，日以擴大。向之屯田於邊地者，至諸葛武侯、司馬懿、鄧艾，遂屯田於前線，以為長期抗戰之計。經歷隋、唐、宋，無代無屯田之制，且種類亦日以多，而大盛於明代。蓋明祖朱元璋起身民間，熟知民間習苦，以為養數十萬壯丁，坐食於農，實為病民之大者。然當羣雄鼎峙，兵尤不可息。故在攻下南京而後，卽立民兵萬戶府，鼓勵將士，就地屯田，寓兵於農。至統一全國，而屯田之制，遂遍及全國。中如沐氏之開闢雲南，尤得力於此。且於兵屯以外，設法提倡鹽商經營商屯於大同等處，以吸收邊地糧食（號稱開中鹽），而鹽商遂大營屯田。《明史·食貨志》載，萬曆時計天下屯田之數，六十四萬四千餘頃。視洪武時，虧二十四萬九千餘頃。可知洪武時，屯田成績最著也。王圻氏有評明代屯田一文。其言曰："按漢之屯田，止於數郡。宋之屯田，止於數路。唐雖有九百九十二所，亦無實效。惟我太祖加意於此，視古最詳。考其迹，則衞所有閒地，卽分軍以立屯。非若歷代於軍伍之外，分兵置司者也。考其制，則三分守城，七分屯種。"云云。可以略見明初屯田之一般。要之屯田實為使兵士兼營生產之一種特殊制度。近世有化兵為工之議，而不知化兵為農之方法，已實行二三千年。在中國歷史中，近代可大書特書之制度，不一而足。此屯田制，卽其一端矣。

就國史講，屯田制，是一種奇特而且偉大的政策。就現在講，屯田制並且是一種安內攘外針治國病的唯一良藥。這決不是夸大的宣傳，現實要求是如此。現在請略述這政策的偉大效用。

第一，可解決政治上最大的癥結。我國病狀，百孔千瘡，實在說不盡許多。就社會看，生產能力不進，而奢侈消費日增。就教育看，學校數量未嘗不加，而健實國民仍待將來。就國際看，不平等條約，依然如故。就國力看，一切建設，俱不見進步。這其中的大原因，固屬於國內和平的局面不穩定。然我們假定和平的局面大定了，第一件感覺的大病，首先須醫治的，是什麼？就是國內一二百萬有槍階級的人員了。

　這個問題不解決，一年卽須費三萬萬乃至四萬萬的軍費。和我國的財政比較，這個數目，已佔去總收入的三分之二。這是突破軍費與財政之比率（軍費與財政之比率至多軍費不得超過總預算的三分之一），世界各國所沒有的。所以民國十七年，國民革命軍北伐完成以後，中央當局和各軍領袖，均注意到國軍的編遣。這是任何人當局所不能避的一個難關。因為這個難關不打破，所謂一切新建設，當然因為財政困難，而無法進行。然而編遣問題，究竟又怎樣實施呢？現在失業問題，已成世界共同的隱憂。我國下層人民的困苦尤甚。此一二百萬的兵員，其中大部分，是久離田里。一旦令其散歸，而不為之籌畫生計，這豈非驅而至於飢寒無告之鄉。欲其不橫決而為匪盜，如何可能？要免此病，不外化兵為農，與化兵為工，兩條大出路。然化兵為工，是一時的，是有限制的。比較起來，祇有化兵為農，是永久的，是容量極大，幾於無限制的。而屯田就是化兵為農的歷史成規。所以屯田是解決軍事上癥結，也是解決政治上癥結的一個絕妙好法。有人說，這一二百萬的軍隊，有國防的關係。加以現在外侮嚴重，編遣更不可能。誠然誠然，然而要講國防，必須有源源不盡之補充兵。軍事上非採用徵兵制，或兼採民兵制不可。要實施徵兵制，或民兵制，這一二百萬的募兵，不能不把他先有一個安頓。否則徵兵制，將沒有施行之餘地。所以把現有的軍隊，先化為農兵，再化為農民。乃是解除國防的障礙，也就是開始國防的先聲。因為現代所謂國防，不單是建築於幾個兵員身上。如國民的訓練、經濟的充實、交通的發展、科學的精進、一切物質材料的獨立，無一不是國防最重要的基礎。而要建設這許多國防的基礎，必須在國家安定狀態之下，確立建設計劃的新財政。要確立建設計劃的新財政，必須先把財政上的枷鎖解除，然後方可自由的次第進行。而屯田制之實施，可在不動聲色之中，由不生產的軍隊，化為生產的農兵，再依次化為農民。以前國家一切新建設的枷鎖，龐大無倫的軍費，方可解除。這是屯田的第一大用。

第二，可調正國際貿易的入超。自海關冊發表以來六十餘年來（一千八百六十四年起，一千九百三十一年止），除一八六四年及一八七二──一八七六之六年間略有出超外，其餘六十年，無一年非入超。而出超合計，不過二千七百餘萬兩。入超合計，則約達五十七萬萬餘兩。這不能不說國際貿易戰的大失敗，急須設法挽救的了。再查查我國出口貨。重要商品，為生絲，為豆類、豆餅、豆油，為茶葉，為蛋產品，為棉花，為桐油，為芝麻、落花生等，盡屬農產品。可知我國的國際貿易，完全把農產品作骨幹。假使我國農產品，沒有如許的大量，那國際貿易，不知更要失敗到何等地步。所以照幾十年貿易的經過推論，只要農業較發達些，即是邊地農墾，能發達一點，種子肥料，能改良一點，水利和其他的交通，能修整一點，新式的農業機械，能採用一點，那一年四萬萬乃至四萬五千萬兩的入超（民國十九年入超四一五百萬餘，二十年入超五四〇百萬），也是容易彌補的。譬如單就屯田講，假定有一百萬人從事農墾，一人每年耕種二十畝（如果創作大規模的農場採取機械，尚不止此），每畝除自己生活必需品外，所餘貿易商品，以十元計。一個屯兵，即可生產貿易商品二百元。總計年達二萬萬，差不多可補充現有的入超額之半了。而且所謂價值二萬萬元的剩餘農產品，不一定要輸出國外。照民國二十年一年入口米麥的計算，價值達一萬七千餘萬兩。

如果國內多生產價值二萬萬元的剩餘米麥。豈不是可減少二萬萬元米麥的入超麼？若照民國十八年入超二萬五千餘萬兩計算，單單屯田一事，幾幾可以挽救入超問題了。實際照俄國集團農場的報告，在一九二七——一九二八年之一年間，加入集團農場的人員，一百十六萬七千餘人，有生產額二萬五千六百萬盧布。商品部分，占一萬二千七百餘萬盧布。和上述的計算，相差不遠。

第三，可以充實邊疆抵制外人的侵略。明初的屯田，盛行於今蘇、浙、皖一帶地方。現在屯田的地方，也不限邊疆，卽以江蘇省論，江北的鹽墾地，總計七百萬畝以上。其中除各公司已經墾熟一部外，至少尚有過半數未墾。儘可以充作兵屯的地面。但是我國最大的兵屯地區，無過於遼寧、吉林、黑龍江以及熱、察、綏、寧夏、新疆萬餘里幅員廣闊、人烟寥落的邊省區。現在遼、吉、黑三省，雖在淪亡狀態，然其他地方，不獨尚可以移殖一二百萬軍隊，且可移殖數千萬內地人民。國家如能採取古代之屯田制、今代之蘇維埃國營農場制，不獨可解決軍隊的出路、人民的失業問題，且可應付當前的國難，確立長期抵抗之基。我人試問國家的軍隊，當此外侮急迫、國難嚴重時期，是否仍應散駐腹地？如山、陝、甘各省，是否已因羅掘全省民財，以供兵費，而至於民不聊生？歷見京、津、滬各報如四川、貴州各省，是否已因兵多而至於力爭防地與政權，發生內戰？熱河一省，正為日本軍閥侵略目標，今後長期抗爭，是否須集中軍隊於其附近？冀、熱等省，貧瘠久矣，自關外大軍以及其他軍隊雲集，是否將發生當地民食的困難？若如熱河省內之多數軍隊，直接間接就食於民，人民是否能堪？這許多難題，如果政府以及統軍將領，採取明初一面戰爭、一面耕種以及三分守城七分屯種之遺意，是否可一舉而圖解決。這猶僅就對東北而言，若論西北，則其效用亦同。中俄復交以後，中俄國交，當然應日趨親睦。然欲消除實際利害之爭，必須本身強健，無隙授人。按照蘇俄共產黨中央委員會於一九三〇年一月所發集團化進度之布告，全俄地方以及西比利亞各地區，必須於五年計劃之終年，卽一九三三年以前，完成農業集團化的計劃。到了那時，我東西北沿邊萬餘里的邊省區，無一處不與蘇俄之集團農業接觸。如果我國仍保守着廣大的荒地，或者仍舊有多少零零落落的小農散耕，將見蘇俄的農業勢力，將如工商業勢力一樣的潮湧而來。尤有注意的，蘇俄國內的政策要使已經集團的農業組織，盡力輔助四周圍未集團的散耕農民。那時我沿邊各省區的農民，如果得不到我本國的輔助，而得到蘇俄集團農民的輔助，將見我沿邊農民，逐漸歸附他的集團組織了。這是我邊地一件非常重大的問題，而全國人民可算是沒有注意到的。補救的方法，祇有仿行集團農業制，而歷史上之屯田制，其組織性質，和現在蘇維埃農場，實相彷彿。如果以屯田制的基礎，兼採近代農耕的科學方法。那麼不獨沿邊農墾的生產力，可以增大，而邊疆和文化，也可以充實建築起來。中俄兩國國民，在經濟上，可互相輝映，而不致互相侵略了。

所以屯田這制度，就我國歷史講，為已歷二千年的舊制度。就世界潮流講，為最新的國營集團農業制中的一種。有志救國的志士仁人，必須加以深切的研究，而促其早日實現。尤其是統兵將帥，如能遠追趙充國，諸葛亮等遺意，引為己任，身體力行。放下槍桿，負起耒鋤，為全國倡，愛國愛民。豐功偉烈，在目前國情下，無逾此者。聞漢口三省勦匪總部，已訂有屯田章則，而廣西省且有着手籌備軍墾的消息（見一月二十四日《申報》）。這正是國難中一大福音，我人竭誠盼望其猛進。

附　蘇維埃集團農業起因

　　集團農業，為蘇俄革命後農業上之新趨勢。集團農業云者，變農民私人的小經營，為有組織的、大規模的共同經營也。在一九二七年十月三日農村協同合作社規定中，有集團農業之定義，如下。

　　合作員因共同經營農業，所組織之農業勞動合作，農業共產團，又合作員因謀共同農業生產作業所組織之共同耕作合作社，均為集團農業。集團農業中之一切農事作業，除需要專門智識之補助，或技術的作業，以及合作員勞力不足，得用雇傭勞動外。均以合作員各自勞動行之。

　　集團農業關於土地利用之權利關係，適用土地法之規定。

　　考此種集團農業之起因，為革命初期自然之趨勢。當一九一七年四月，伏爾雪維基全俄會議時，各地農村因壯男多赴前方戰線，極端疲敝。而自戰線歸來之兵士，均成為半無產階級。都市工業驟然破壞，都市勞動者，迫於饑餓，流入農村。加以土地國有，地主放逐，農業勞動者失去雇主，於是各農村遂形成一大失業軍。

　　在法律定為土地國有。此等失業者，可以自己勞力，利用土地。然雖有利用土地之權利，而不能各自營其農耕。若農具機械、役畜、建築物，均不可闕。而失業軍無由得也。

　　於是雲集之農村失業者，遂首先搜集殘留之農具。以協力組織農業勞動合作及農業共產團，以解決當時耕作之困難。此種組織不完、計劃不具之集團農場，遂繼續發生於各地。而四月全俄會（見上），復有農村無產階級，半無產階級之組織，為農村根本組織之決議。同時宣言無產階級政黨，應向農村無產階級，勸令就地主所有地，應用較善技術，以組織大規模的集團農場。於是農民自己組織之集團農場，以及國營之蘇維埃農場，遂日益發達。迨新蘇俄改採新經濟政策，此種集團農業，中間稍經頓挫。然未幾復有政治的、經濟的，各種意義，而蘇俄政府多方設法，以助長集團農業之發生及興盛。所謂各種意義，可綜括如下。

一，大規模經營之集團農業，可利用增加收穫，輕減勞力之高級農業機械。故比個人經營，得發揮極大之農業生產力（是為經濟的）。

二，共同經營，可免除地主之榨取（即人人勞動，人人分得其剩餘生產品之利益）解放貧農。（此為應用社會主義於農業上，使農民可成為蘇維埃國家之支柱。是為政治的）。

其後至一九三〇年，復公布加入集團農場新特典之法律，以策進集團農場化之助成。而預定於一九三三年，完成其全俄集團化之計劃矣。

第一章　緒　論

上古兵制

古者，因井田以制軍賦，乘農隙而修武備。周人立司馬之官，設六軍之衆。小司徒乃會萬民之卒伍，以起軍旅，以作田役。遂人以歲時稽其人民，而授之田野，簡其兵器。提封約卒乘之數。命將在公卿之列。故兵農一致，而文武同方。

自黃帝有涿鹿之戰。顓頊有共工之陳。夏有甘扈之誓。殷周以兵定天下。天下既定矣，戢藏干戈，教以文德。而猶立司馬之官，設六軍之衆，因井田而制軍賦。地方一里為井。井十為通。通十為成，成方十里。成十為終。終十為同，同方百里。同十為封。封十為畿，畿方千里。有稅有賦。稅以足食，賦以足兵。故四井為邑。四邑為丘。丘十六井也。有戎馬一匹，牛三頭。四丘為甸。甸六十四井也。有戎馬四匹，兵車一乘，牛十二頭。甲士三人，卒七十二人，干戈備具。是謂乘馬之法。一同百里。提封萬井。除山川沈斥、城池邑居、園囿術路、三千六百井，定出賦六千四百井。戎馬四百匹，兵車百乘。此卿大夫采地之大者也。是謂百乘之家。一封三百一十六里。提封十萬井。定出賦六萬四千井。戎馬四千匹，兵車千乘。此諸侯之大者也。是謂千乘之國。天子畿方千里。提封百萬井。定出賦六十四萬井。戎馬四萬匹，兵車萬乘。故稱萬乘之主。戎馬車徒干戈素具。春振旅以搜。夏拔舍以苗。秋治兵以獮。冬大閱以狩。皆於農隙以講事焉。五國為屬，屬有長。十國為連，連有帥。三十國為卒，卒有正。二百一十國為州，州有牧。連帥比年簡車。卒正三年簡徒。羣牧五載大簡車徒。此先王為國立武足兵之大略也。（《漢書•刑法志》）

周官大司馬，凡制軍，萬有二千五百人為軍。王六軍，大國三軍，次國二軍，小國一軍。軍將皆命卿。二千有五百人為師，師帥皆中大夫。五百人為旅，旅帥皆下大夫。百人為卒，卒長皆上士。二十五人為兩，兩司馬皆中士。五人為伍，伍皆有長。一軍則二府六史，胥十人，徒百人。小司徒乃會萬民之卒伍、而用之。五人為伍，五伍為兩，四兩為卒，五卒為旅，五旅為師，五師為軍。以起軍旅，以作田役，以比追胥，以令貢賦。乃均土地，以稽其人民，而周知其數。上地家七人，可任也者家三人。中地家六人，可任也者二家五人。下地家五人，可任也者家二人。凡起徒役者，毋過家一人，以其餘為羨。唯田與追胥竭作。凡國之大事，致民。大故，致餘子。遂人以歲時稽其人民，而授之田野簡其兵器，教之稼穡。凡治野以下劑致甿。（《文獻通考》）

秦始皇既并天下，分為三十六郡。郡置材官。漢興踵之。凡民年二十三以上，咸命為兵。即大臣之子，亦常自往戍邊。諸不行者，則出錢入官，以給戍者。

秦漢兵制

秦始皇既并天下分為三十六郡，郡置材官。聚天下兵器於咸陽。（《文獻通考》）

天下既定，踵秦，而置材官於郡國。（《漢書·刑法志》）

蓋寬饒為人剛直高節，志在奉公，身為司隸，子常步行，自戍北邊。（《漢書·蓋寬饒傳》）

漢調兵之制，民年二十三為正。一歲為衛士，二歲為材官騎士。習射御騎馳戰陳。年六十五，衰老，乃得免為庶民，就田里。漢民凡在官三十二年。自二十三以上為正卒。每一歲，當給郡縣官一月之役。其不役者，為錢二千，入於官，以雇庸者。已上，戍中都官者一年，為衛士京師者一年，為材官騎士樓船郡國者一年，三者隨其所長，於郡縣中發之，然後退為正卒，就田里，以待番上。調發更有三品。有卒更，有踐更，有過更。古者正卒無常，人皆迭為之。一月一更，為更卒也。貧者欲得雇更錢，次直者出錢雇之，月二千，是為踐更也。天下人皆直戍邊三日，亦名為更律，所謂繇戍也。雖丞相子亦在戍邊之調，不可人人自行三日戍，又行者當自戍三日，不可往便還。因使往者一歲一更，諸不行者，出錢三百入官，以給戍者，是謂過更也。（《文獻通考》）

其時雖不須糜款以養坐食之兵。惟轉師饋餉，亦極勞費。故劉敬晁錯建徙民實邊，常居田作，以

屯田之所由昉

備胡寇之策。是後世言屯田之所由昉也。

高帝季年，劉敬言，陛下都關中，實少民，北近胡寇。臣願陛下徙齊諸田、楚昭、屈、景、燕、趙、韓、魏後，及豪傑名家，居關中。無事可以備胡。諸侯有變，亦足率以東伐。上曰，善，乃使敬徙所言關中十餘萬口。（《史記·劉敬傳》）

晁錯孝文時言當世急務曰，今遠方之卒，守塞一歲而更，不知胡人之能。不如選常居者，家室田作以備之，使遠方無屯戍之事。上從其言，募民徙塞下。（《漢書·晁錯傳》）

用兵屯田之始　　武帝破匈奴，自朔方以西，至令居，置田官吏卒五六萬人。又置張掖、酒泉郡，而上郡、西河等處開田官，斥塞卒六十萬戍田之。是為用兵耕種之始。

漢遣大將軍青、票騎將軍去病絕幕擊匈奴，而幕南無王庭。漢度河自朔方以西至令居，往往通渠，置田官吏卒五六萬人，稍蠶食地接匈奴矣。（《史記·匈奴傳》）

初置張掖、酒泉郡，而上郡、朔方、西河、河西開田官，斥塞卒六十萬戍田之。（《史記·平準書》）

屯田西域及屯田之名所從起　　及破大宛，又置田卒於燉煌以西，至輪臺渠犁。其後桑弘羊請屯田輪臺以東，始有屯田之名。

西域以孝武時始通，本三十六國。其後稍分至五十餘，皆在匈奴之西、烏孫之南。大率土著，有城郭田畜，與匈奴、烏孫異俗，故皆役屬匈奴。匈奴西邊日逐王置僮僕都尉，使領西域，常居焉者、危須、尉黎間，賦稅諸國，取富給焉。自周衰，戎狄錯居涇渭之北。及秦始皇攘卻戎狄，築長城，界中國，然西不過臨洮。漢興至於孝武，事征四夷，廣威德，而張騫始開西域之道，其後票騎將軍擊破匈奴右地，降渾邪、休屠王。遂空其地，始築令居以西。初置酒泉郡，後稍發徙民充實之。分置武威、張掖、敦煌。列四郡，據兩關焉。自貳師將軍伐大宛之後，西域震懼，多遣使來貢獻，漢使西域者，益得職。於是，自敦煌西至鹽澤，往往起亭。而輪臺、渠犁皆

有田卒數百人，置使者校尉領護，以給使外國者。（《漢書·西域傳》）

征和中，搜粟都尉桑弘羊與丞相御史奏言，故輪臺以東，捷枝、渠犁皆故國。地廣饒水草，有溉田五千頃以上處。溫和、田美、可益通溝渠、種五穀，與中國同時熟。可遣屯田卒，詣故輪臺以東，益種五穀。田一歲，有積穀。募民壯健有累重敢徙者，詣田所，就畜積為本業，益墾溉田。稍築列亭，連城而西，以威西國。（《漢書·西域傳》）

至宣帝時，鄭吉遂以屯田先後定西域。

西域屯田之功效

武帝征和四年，擊匈奴，道過車師，車師王降服，臣屬漢。昭帝時，匈奴復使四千騎田車師。宣帝即位，遣五將，將兵擊匈奴。車師田者驚去。車師復通於漢。匈奴怒，召其太子軍宿欲以為質。軍宿焉者外孫，不欲質匈奴，亡走焉者。車師王更立子烏貴為太子。及烏貴立為王，與匈奴結婚姻，教匈奴遮漢道通烏孫者。地節二年，漢遣侍郎鄭吉、校尉司馬憙將免刑罪人，田渠犁積穀。欲以攻車師。至秋收穀。吉、憙發城郭諸國兵萬餘人，自與所將田士千五百人，共擊車師，攻交河城。破之。王尚在其北石城中未得。會軍食盡。吉等且罷兵歸渠犁田。秋收畢，復發兵攻車師王於石城。王聞漢兵且至，北走匈奴，求救。匈奴未為發兵。王來還，與貴人蘇猶議，欲降漢。恐不見信。蘇猶教王擊匈奴邊國小蒲類，斬首略其人民，以降。匈奴聞車師降漢，發兵攻車師。吉、憙引兵北逢之，匈奴不敢前。吉、憙即留一候與卒二十人留守王。吉等引兵歸渠犁。車師王恐匈奴兵復至，而見殺也。迺輕騎奔烏孫。吉迺迎其妻子，置渠犁東。奏事，至酒泉。有詔還田渠犁。及車師，益積穀，以安西國，侵匈奴。（《漢書·西域傳》）

宣帝時遣衛司馬，使護鄯善以西數國。及破姑師未盡珍，分以為車師前後王及山北六國。時漢獨護南道，未能并護北道也。然匈奴不自安矣。其後，日逐王畔單于，將眾來降。護鄯善以西使者，鄭吉迎之。既至，漢封日逐王為歸德侯、吉為安遠侯。是歲，神爵三年也，乃因使吉并護北道，故號曰都護，都護之起自吉置矣。僅

僕都尉由此罷。匈奴益弱，不得近西域。於是徙屯田。田於北胥鞬、披莎車之地。屯田校尉始屬都護。（《漢書·西域傳》）

以後趙充國、馮奉世、陳湯、甘延壽等，俱出西域，以屯田吏士立功其地。馮英且作罷兵屯田之議。

以上詳後第二章。

光武所受降卒，前後數百十萬。其人類皆久於戎馬，掠食而飽，掠婦而妻，已成游惰驕桀之習。盡編之於卒伍，則竭天下之力不足以養之。若令人盡歸農，則田疇已蕪，恣睢狂蕩之氣，又不能復受繩墨於父兄鄉黨。當亦隸之尺籍，悉令屯田。以軍法制其橫，自耕養其衆。惜史不詳其事。然查馮衍、馮異、劉隆、李通、王霸、杜茂、張純諸將傳，均有屯田記載，則其時政策可知。

光武之始徇河北、鋼馬諸賊幾數百萬。及破之也，潰散者有矣。而受其降者數十萬人，吳漢降青犢，馮異降延岑、張邯之衆，蓋延降劉永之餘，王常降青犢四萬餘人，耿弇降張步之卒十餘萬，蓋先後所受降者，指窮於數。戰勝矣，威立矣。乃幾千萬不逞之徒，聽我羈絡，又將何以處之邪？高帝之興也，恆患寡而亟奪人之軍。光武則兵有餘，而撫之也不易，此光武之定天下所以難於高帝也。夫民易動而難靜，而亂世之民為甚。當其捨耒而操戈，或亦有不得已之情焉。而要皆游惰驕桀者也。迨乎相習於戎馬之間，掠食而飽，掠婦而妻，馳驟喧呶，行歌坐傲，則雖有不得已之情，而亦忘之矣。盡編之於伍，而耕夫之粟，不給於養也。織婦之布，不給於衣也。縣官宵夜以持籌，不給於饋餫也。盡勒之歸農，而田疇已蕪矣，四肢已惰矣，恣睢狂蕩不能受屈於父兄鄉黨之前矣。故一聚一散，傾耳以聽四方之動，而隨風以起。誠無如此已動而不復靜之民氣何矣。而光武處之也，不十年而天下晏然，此必有大用存焉。史不詳其所

以安輯而鎮撫之者。(《讀通鑑論》)

諸將屯田事實分見後第二章。

明帝時復設西域都護戊己校尉，增置屯田其地。章帝不欲遠事夷狄，罷都護及伊吾屯田，匈奴卽遣兵據之。和帝初，竇憲破匈奴，取伊吾，而班超討定西域，遂復置都護。於是四萬里外，皆重譯貢獻。

東漢再復西域屯田之功效

章帝不欲疲敝中國，以事夷狄。乃迎還戊己校尉，不復遣都護。二年，復罷屯田伊吾。匈奴因遣兵守伊吾地。時軍司馬班超留于闐，綏集諸國。和帝永元元年，大將軍竇憲大破匈奴。二年憲因遣副校尉閻槃將二千餘騎掩擊伊吾，破之。三年，班超遂定西域。因以超為都護，居龜茲。復置戊己校尉，領兵五百人，居車師前部高昌壁。又置戊部候，居車師後部。候城相去五百里。六年，班超復擊破焉者，於是五十餘國，悉納質內屬。其條支、安息諸國至于海瀕四萬里外，皆重譯貢獻。九年，班超遣掾甘英窮臨西海而還，皆前世所不至，山經所未詳，莫不備其風土，傳其珍怪焉。於是遠國蒙奇兜勒，皆來歸服。(《漢書·西域傳》)

安帝初，西域叛，攻圍都護。副校尉梁慬擊定之，而道路尚阻，檄書不通。公卿議罷都護及屯田。遣王弘發羌羌，迎都護及屯田吏士。發遣迫促，羌羌遂反。討之無功，至大徙郡縣以避寇難。兵連師老，凡十餘年始定。軍旅之費，至二百四十餘億。府帑空竭，延及內郡。邊民死亡，不可勝數。

安帝棄西域屯田釀成大亂

延平元年九月，西域諸國叛，攻都護任尚。遣副校尉梁慬救尚，擊破之。(《後漢書·安帝紀》)

龜茲既定，而道路尚隔，檄書不通，歲餘，朝廷憂之。公卿議者，以為西域阻遠，數有背叛，吏士屯田，其費無已。永初元年，遂罷都護。遣騎都尉王弘發湟中兵迎慬、禧、博及伊吾、盧柳中屯

21

田吏士。（《後漢書·梁慬傳》）

安帝永初元年夏，遣騎都尉王弘發金城、隴西、漢陽、羌數百千騎，征西域。弘迫促發遣，羣羌懼遠屯不還，行到酒泉，多有散叛。諸郡各發兵徼遮，或覆其廬落。於是勒姐、當煎、大豪、東岸等愈驚，遂同時奔潰。麻奴兄弟因此，遂與種人俱西出塞。先零別種滇零與鍾羌諸種大為寇掠，斷隴道。時羌歸附既久，無復器甲，或時竹竿木枝，以代戈矛，或負板案以為楯，或執銅鏡以象兵，郡縣畏懦，不能制。羌既轉盛，而二千石令長多內郡人，並無戰守意，皆爭上徙郡縣以避寇難。朝廷從之，遂移隴西徙襄武，安定徙美陽，北地徙池陽，上郡徙衙。百姓戀土不樂去舊，遂乃刈其禾稼，發徹室屋，夷營壁，破積聚。時連旱蝗飢荒，而驅蹙劫略，流離分散，隨道死亡。或棄損老弱，或為人僕妾，喪其大半。自羌叛十餘年間，兵連師老，不暫寧息，軍旅之費，轉運委輸，用二百四十餘億。府帑空竭，延及內郡，邊民死者，不可勝數。并、涼二州，遂至虛耗。（《後漢書·西羌傳》）

東漢三復西域屯田

漢既棄西域，北匈奴卽收諸國，共為邊寇。後曹宗遣索班屯伊吾，車師、鄯善皆來降。而匈奴攻沒班等，宗請出兵擊匈奴，鄧太后不許，而匈奴遂連與車師入寇河西。張璫、陳忠俱請復西撫諸國，乃命班勇屯田柳中，勇遂破平車師。至順帝時，龜兹、疏勒等十七國，皆來服從。帝復令開設伊吾屯田，如永元故事。

安帝永初元年，詔罷都護，自此遂棄西域。北匈奴即復收屬諸國，共為邊寇十餘歲，敦煌太守曹忠患其暴害。元初六年，乃上遣行長史索班將千餘人，屯伊吾以招撫之。於是車師前王及鄯善王來降。數月，北匈奴復率車師後部王共攻沒班等，遂擊走其前王。鄯善逼急，求救於曹宗。宗因此請出兵擊匈奴，報索班之恥，復欲進取西域。鄧太后不許，但令置護西域副校尉，居敦煌，復部營兵三百人，羈縻而已。其後北虜連與車師入寇河西，朝廷不能禁。議者因欲閉玉門、陽關以絕其患。延光二年，敦煌太守張璫上書陳三策。以為北虜呼衍王，常展轉蒲類、秦海之間，專制西域，共為寇鈔，今以酒泉屬國吏士二千餘人，集昆侖塞，先擊呼衍王，絕其根本。因發鄯善兵五千人，脅車師後部，此上計也。若不能出兵，可置軍司馬將士五百人。四郡供其犂牛穀食，出據柳中，此中計也。如又不能，則宜棄交河城，收鄯善等，悉使入塞，此下計也。朝廷下其議。尚書陳忠上疏曰，臣聞八蠻之寇，莫甚北虜。漢興高祖窘平城之圍，太宗屈供奉之恥。故孝武憤怒，深唯久長之計，命遣虎臣，浮河絕漠，窮破虜庭。當斯之役黷，首隮於狼望之北，財幣糜於盧山之壑，府庫單竭，杼柚空虛，算至舟車，貲及六畜，夫豈不懷，慮久故也。遂開河西四郡，以隔絕南羌。收三十六國，斷匈奴右臂。是以單于孤特，鼠竄遠藏。至於宣、元之世，遂備蕃臣。關徼不閉，羽檄不行。由此察之，戎狄可以威服，雖以化狃，西域內附日久，區區東望扣關者數矣。此其不樂匈奴，慕漢之效也。今北虜已破車師，勢必南攻鄯善，棄而不救，則諸國從矣。若然則虜財賄益增，膽勢益殖，威臨南羌，與之交連，如此，河西四郡危矣。河西既危，不得不救，則百倍之役興，不貲之費發矣。議者但念西域絕遠，卹之煩費，不見先世苦心勤勞之意也。方今邊境守禦之具不精，內郡武衛之備不修。敦煌孤危，遠來告急。復不輔助，內無以慰勞吏民，外無以威示百蠻。蹙國減土，經有明誡。臣以為敦煌宜置校尉，案舊增四郡屯兵，以西撫諸國。庶足折衝萬里，震怖匈奴。帝納之。乃以班勇為西域長史，將施刑士五百人，西屯柳中。勇遂破平車師，自建武至于延光，西域三絕三通。順帝永建二年，勇復擊降焉者。於是龜茲、疏勒、于闐、莎車等十七國，皆來服從。而烏孫蔥嶺已西遂絕。六年，帝以伊吾舊膏腴之地，傍近西域，匈奴資之，以為鈔暴，復令開設屯田，如永元時故事。（《後漢書·西域傳》）

蜀漢之屯田

東漢之末，天下大亂，諸軍並起，卒乏糧穀。袁紹軍人仰食桑椹。袁術士卒取給蒲螺。其瓦解流離，無敵自破者，不可勝數。故三國君臣，俱重農事。蜀漢先主以張裔為司金中郎將，典作農戰之

23

器。諸葛亮與魏人相拒渭南，分兵屯田，雜於居民之間，而百姓安堵。

先主以張裔為司金中郎將，典作農戰之器。（《蜀志·張裔傳》）

建興十二年春，亮悉大衆由斜谷出，以流馬運。據武功五丈原，與司馬懿對峙渭南。亮每患糧不繼，使己志不伸，是以分兵屯田，為久住之基。耕者雜於渭濱居民之間，而百姓安堵，軍無私焉。相持百餘日，其年八月亮疾病，卒于軍。（《蜀志·諸葛亮傳》）

曹操屯田許下

曹操用棗祇、韓浩之謀，募民屯田許下。以任峻為典農中郎將。數年之中，所在積粟，倉庾皆滿。遂推行於郡國，是為以民屯田之始。

建安元年，用棗祇、韓浩等議，始興屯田。（《魏志》卷一）

任峻為典農中郎將，數年中，所在積粟，倉庾皆滿，軍國之饒，起棗祇而成於峻。（《魏志·任峻傳》）

鄧艾屯田兩淮

齊王時，鄧艾建議，開渠引水，以四萬人屯田兩淮。計除衆費，歲可得五百萬斛，以為軍資，其取於屯田，人至百二十斛，亦可謂重矣。

鄧艾遷尚書時，欲廣田畜穀，為滅賊資。使艾行陳、項以東，至壽春。艾以為田良水少，不足以盡地利，宜開河渠，可以引水澆溉，大積軍糧，又通漕運之道。乃著《濟河論》，以喻其指。又以為昔破黃巾，因為屯田積穀於許都，以制四方。今三隅已定，事在淮南。每大軍征舉，運兵過半，功費巨億，以為大役。陳、蔡之間，土下田良，可省許昌左右稻田，并水東下。令淮北屯二萬人，淮南三萬人，十二分休，常有四萬人，且佃且守。水豐常收，三倍於西。計除衆費，歲完五百萬斛，以為軍資。六七年間，可積三千萬斛於淮上。此則十萬之衆，五年食也。以此乘吳，無往而不克矣。司馬懿善之，事皆施行。正始四年，乃開廣漕渠，每東南有事，大軍興，衆泛舟而下，達于江、淮。資食有儲，而無水害，艾所建也。（《魏

志·鄧艾傳》）

孫權之初，嘗設屯田都尉。　　　　　　　　　　吳之屯田

孫權為將軍，陸遜始仕幕府，出為海昌屯田都尉，并領縣事。
（《吳志·陸遜傳》）

別有典農都尉，及監農御史。

華覈始為上虞尉，典農都尉。（《吳志·華覈傳》）

樓玄、孫休時為監農御史。（《吳志·樓玄傳》）

權嘗以屯田戶賜有功者。後又有以屯田士修道
路，作邸閣及為兵者，當亦如魏之用民屯。是則三
國之分兵屯田者，僅有蜀漢也。

曹公遣朱光為廬江太守，屯皖，大開稻田。又令間人招誘鄱陽
賊帥，使作內應。蒙曰，皖田肥美，若一收熟，彼眾必增，如是數
歲，操態見矣，宜早除之。乃具陳其狀。於是，權親征皖，引見諸
將，問以計策。蒙乃薦甘寧為升城督。督攻在前，蒙以精銳繼之。
侵晨進攻，蒙手執枹鼓，士卒皆騰踊，自升，食時破之。既而張遼
至夾口，聞城已拔，乃退。權嘉其功，即拜廬江太守，所得人馬皆
分與之。別賜尋陽屯田六百戶，官屬三十人。（《吳志·呂蒙傳》）

赤烏八年八月，遣校尉陳勳將屯田及作士三萬鑿句容中道。自
小其至雲陽西城，通會市，作邸閣。（《吳志》卷二）

永安六年十月，丞相興建議，取屯田萬人為兵。（《吳志》卷三）

西晉之初，悉罷魏所置之屯田農官，但別有　　西晉之屯田
兵屯。

泰始二年十二月，罷農官為郡縣。（《晉書·武帝紀》）

咸寧元年十二月詔曰，出戰入耕，雖自古之常。然事力未息，
未嘗不以戰士為念也。令鄴奚官奴婢著新城，代田兵種稻。奴婢各
五十人為一屯，屯置司馬，使皆如屯田法。（《晉書·食貨志》）

平吳之後，悉罷州郡武備。惟置武吏，大郡百　　西晉兵制
人，小郡半之，屯田之兵，當亦同罷。

25

太康元年，既平吳，詔悉去州郡兵。詔曰，昔自漢末，四海分崩，刺史內親民事，外領兵馬。今天下為一，當韜戢干戈。刺史分職，皆如漢時故事。悉去州郡兵。郡置武吏百人，小郡五十人。交州牧陶璜上言，交廣東西數千里，不賓屬者，六萬餘戶。至於服從官役，纔五千餘家。二州脣齒，唯兵是鎮。又寧州諸夷，接據上流，水陸俱通，州兵未宜約損，以致單虛，僕射山濤亦言不宜去州郡武備，帝不聽。及永寧以後，盜賊羣起，州郡無備，不能禽制，天下遂大亂。（《文獻通考》）

東晉之屯田

東晉元帝，初為晉王，使軍人各自佃作，卽以為廩。

元帝為晉王，課督農功。詔二千石長吏，以入穀多少為殿最。其非宿衞要任，皆宜赴農。使軍各自佃作，卽以為廩。（《晉書·食貨志》）

宋、齊、梁之屯田

宋及齊、梁，亦俱有兵屯。

毛修之為諮議參軍，劉裕將伐羌，先遣修之復芍陂。起田數千頃。（《宋書·毛修之傳》）

齊高帝勅垣崇祖脩理芍陂田曰，卿但努力營田，自然平殄虜寇。昔魏置典農，而中都足食。晉開汝潁，而河汴委儲。卿宜勉之。（《文獻通考》）

始興王憺為使，持節都督荊、湘、益、寧、南北秦六州諸軍事，平西將軍荊州刺史未拜。天監元年，加安西將軍都督刺史如故，封始興郡王，食邑三千戶。時軍旅之後，公私空乏。憺厲精為治，廣闢屯田，減省力役，存問兵死之家，供其窮困。民甚安之。（《梁書·高祖五王傳》）

裴邃天監中，為竟陵太守，開置屯田，公私便之。再遷為游擊將軍，朱衣直閤直殿省，尋遷假節明威將軍西戎校尉，北梁、秦二州刺史。復開創屯田數千頃，倉廩盈實，省息邊運，民吏獲安。乃相率餉絹千餘匹。邃從容曰，汝等不應爾，吾又不可逆，納其絹二匹而已。（《梁書·裴邃傳》）

北魏道武帝使元儀屯田五原塞外。 北魏屯田之始

登國九年三月，帝北巡，使東平公元儀屯田於河北五原，至於
梱陽塞外。（《魏書・道武帝紀》）

孝文帝時，從薛虎子請，分徐州戍兵以耕公
田，是則屯田之亦號為公田者也。 屯田亦號為公田

薛虎子，太和四年，為彭城鎮將，除開府徐州刺史。時州鎮戍
兵，資絹自隨，不入公庫，任其私用，常苦飢寒。虎子上表曰，臣
聞金湯之固，非粟不守。韓、白之勇，非糧不戰。竊惟在鎮之兵，
不減數萬。資糧之絹，人十二匹，即自隨身，用度無準。未及代下，
不免飢寒。徐州左右，水陸壤沃，清汴通流，足盈激灌。其中良田，
十萬餘頃。若以兵絹市牛，分減戍卒，計其牛數，足得萬頭。興力
公田，必當大獲粟稻。一歲之中，且給官食。半兵耘植，餘兵尚衆。
且耕且守，不妨捍邊。一年之收，過於十倍之絹。暫時之耕，足充
數載之食。（《魏書・薛野賭傳》）

李彪請別立農官，取民戶十分之一，以為屯
田。市牛給之，蠲其課役，一夫之田，歲收六十
斛，其法近於曹魏民屯之制。 北魏之民屯

李彪，孝文時，遷祕書丞，表上封事七條，其三曰，臣聞國本
黎元，人資粒食，是以昔之哲王，莫不勤勤稼穡，益畜倉廩，故堯、
湯水旱，人無菜色者，蓋由備之有漸，積之有素。暨于漢家，以人
食少，乃設常平以給之。魏氏以兵糧乏，制屯田以供之。用能不匱
當時，軍國取濟。又記云，國無三年之儲，謂國非其國。光武以一
畝不實，罪及牧守。聖人之憂世重穀，殷勤如彼。明君之恤人勸農，
相切若此。頃年山東飢，去歲京師儉，內外人庶，出入就豐，既廢
營產，疲而乃達。又於國體，實有虛損。若先多積穀，安而給之，
豈有驅督老弱，餬口千里之外。以今況古，誠可懼也。臣以為宜析
州郡常調九分之二。京都度支歲用之餘，各立官司。年豐糴積於倉，
時儉則加私之二，糶之於人。如此民必力田，以買官絹，又務貯財，
以取官粟。年登則常積，歲凶則直給。又別立農官，取州郡戶十分

之一，以為屯人。相水陸之宜，料頃畝之數，以贓贖雜物餘財，市牛科給，令其肆力。一夫之田，歲責六十斛，蠲其正課，并征戍雜役。行此二事，數年之中，則穀積而人足，雖災不為害。（《魏書·李彪傳》）

屯田別稱營田之始

宣武帝命范紹為西道六州營田大使，則為屯田別稱營田之始也。

范紹除義陽太守，還都。會朝廷有南討之計。發河北田兵二萬五千人，同緣淮戍合五萬餘人，廣開屯田。八座奏紹為西道六州營田大使。紹勤於勸課，頻歲大穫。（《魏書·范紹傳》）

西魏之屯田及府兵

西魏文帝季年，蘇綽既勸宇文泰興屯田，復勸泰倣周典，置六軍，取農民之有材力者。身租庸調，一切蠲之。凡六家而出一兵，合為百府，斯乃府兵之制所由昉也。

蘇綽，大統十年，授大行臺度支尚書。宇文泰方欲革易時政，務弘強國富民之道。綽盡其智能，贊成其事。減官員，置六軍，并置屯田，以資軍國。（《周書·蘇綽傳》）

宇文泰輔西魏時，用蘇綽言，始倣周典，置六軍。籍六等之民，擇魁健材力之士以為之首。盡蠲租調，而刺史以農隙教之。合為百府。每府一郎將主之，分屬二十四軍。開府各領一軍。大將軍凡十二人，每一將軍，統二開府，一柱國主二大將軍，復加持節都督以統焉。凡柱國六員，衆不滿五萬人。（《文獻通考》）

大寶元年（卽西魏文帝大統十六年）安定公宇文泰始籍民之有材力者，為府兵。身租庸調，一切蠲之，以農隙講閱戰陳。馬畜糧糒，六家供之，合為百府。（《通鑑·梁簡文帝紀》）

北周之屯田

至周武帝時，李賢又大營屯田於河州。

保定四年，王師東討。朝議以西道空虛，慮羌、渾侵擾，乃授賢使持節河州總管三州七防諸軍事，河州刺史。河州舊非總管，至是創置焉。賢乃大營屯田，以省運漕。多設斥候，以備寇戎。於是羌、渾斂迹，不敢東向。（《周書·李賢傳》）

東魏之末，置屯田於懷、洛二邑，所收豐贍，　　東魏之屯田
糧儲以給。

崔昂遷司徒右長史，武定中，高澄令內外極言得失。昂上書曰，
屯田之設，其來尚矣。曹魏破蜀，業以興師。馬晉平吳，兵因取給。
朝廷頃以懷、洛兩邑，隣接邊境，薄屯豐稔，糧儲已贍。準此而論，
甌鏡非遠。其幽、安二州，控帶奚賊蠕蠕。徐、揚、兗、豫，連接
吳、越強隣。實藉轉輸之資，常勞私糴之費。諸道別遣使營之，每
考其勤惰，則人加勸勵，倉廩充實。供軍濟國，實謂在茲。澄納之。
（《北史・崔昂傳》）

北齊亦常置屯田。至武成帝時，定令民十八受　　北齊之屯田
田，二十充兵，六十免役，其制與周之府兵頗相
類也。

廢帝乾明中，尚書左丞蘇珍芝議修石鼈等屯，歲收數萬石。自
是淮南軍防糧廩充足。（《隋書・食貨志》）

孝昭皇建中，平州刺史稽曄建議開幽州督亢舊陂，長城左右營
屯。歲收稻粟數十萬石。北境得以周贍。又於河內置懷義等屯以給
河南之費，自是稍止轉輸之勞。（《隋書・食貨志》）

河清三年，定令緣邊城守之地，堪墾食者，皆營屯田。置都使
子使以統之。一子使當田五十頃，歲終，考其所入以論褒貶。（《隋
書・食貨志》）

河清三年，定令。乃命人居十家為比鄰，五十家為閭里，百家
為族黨。男子十八以上、六十五以下為丁。十六已上、十七已下為
中。六十六已上為老。十五已下為小。率以十八受田，輸租調。二
十充兵，六十免力役，六十六退田，免租調。（《隋書・食貨志》）

隋文帝時，仍用府兵之制。惟輕其徭賦，且復　　隋之府兵及屯田
令於長城以北，大興屯田。

開皇三年正月，帝入新宮。初令軍人以二十一成丁。減十二番
為每歲二十日役，減調絹一疋為二丈。（《隋書・食貨志》）

開皇三年，突厥犯塞，吐谷渾寇邊。軍旅數起，轉輸勞敝。帝

乃令朔州總管趙仲卿於長城以北，大興屯田，以實塞下。又於河西勒百姓立堡，營田積穀。（《隋書·食貨志》）

煬帝時，高昌、伊吾獻西域地數千里，置西海、河源、鄯善、且末四郡，謫罪人戍之，大開屯田。

大業五年六月，高昌王麴伯雅來朝。伊吾、吐屯設等獻西域數千里之地。上大悅，置西海、河源、鄯善、且末等四郡。（《隋書·煬帝紀》）

大業五年，於西域之地，置西海、鄯善、且末等郡。謫天下罪人，配為戍卒。大開屯田。發西方諸郡運糧以給之。（《隋書·食貨志》）

唐代府兵之制

唐因前代之法，設府兵之制，一寓之於農。其居處教養，皆有節目。當無事時，則耕於野，其番上者，宿衛京師而已。四方有事，則命將以出。事解則兵歸于府，而將歸于朝。凡天下十道，置府六百三十四，而關內二百六十有一，皆以隸諸衛。

府兵之制，起自西魏後周，而備隋。唐興因之。自高祖武德初始置軍府，以驃騎車騎兩將軍府領之。析關中為十二道。曰萬年道、長安道、富平道、醴泉道、同州道、華州道、寧州道、岐州道、豳州道、西麟州道、涇州道、宜州道，皆置府。三年，更以萬年道為參旗軍，長安道為鼓旗軍，富平道為玄戈軍，醴泉道為井鉞軍，同州道為羽林軍，華州道為騎官軍，寧州道為析威軍，岐州道為平道軍，豳州道為招搖軍，西麟州道為苑游軍，涇州道為天紀軍，宜州道為天節軍。軍置將副各一人，以督耕戰，以車騎府統之。太宗貞觀十年，更號統軍為折衝都尉，別將為果毅都尉，諸府總曰折衝府。凡天下十道，置府六百三十四，皆有名號。而關內二百六十有一，皆以隸諸衛。凡府三等，兵千二百人為上，千人為中，八百人為下。府置折衝都尉一人，左右果毅都尉各一人，長史兵曹別將各一人，校尉五人。士以三百人為團，團有校尉。五十人為隊，隊有正。十人為火，火有長。居無事時，耕於野。其番上者，宿衛京師而已。若四方有事，則命將以出。事解，輒罷，兵散于府，將歸于朝。故士不失業，而將帥無握兵之重。（《新唐書·兵志》）

置屯田九百九十二所。每歲仲春，籍翌年頃畝之數，與州府軍鎮之遠近，上之兵部，度便宜，遣府兵耕之。

唐代屯田之制

唐開軍府以扞要衝。因隙地置營田。天下屯總九百九十二。司農寺每屯三十頃，州鎮諸軍每屯五十頃。水陸腴瘠，播殖地宜，與其功庸煩省，收率之多少，皆決於尚書省苑內屯。以善農者為屯官、屯副。御史巡行苫輸。諸屯以地良薄，與歲之豐凶，為三等。具民田歲穫多少，取中熟為率。有警，則以兵若夫千人，助收。隸司農者，歲三月，卿少卿循行，治不法者。凡屯田收多者，褒進之。歲以仲春，籍來歲頃畝，州府軍鎮之遠近，上兵部，度便宜遣之。（《新唐書·食貨志》）

武后時，嘗命宰相婁師德出為隴右檢校營田大使。至玄宗時，又增置河南道水屯百餘，命宰相張九齡兼河南稻田使。雖未幾卽罷，而其時之重視屯田，可以想見。

唐嘗命宰相屯田

婁師德，天授初，為河源軍司馬，并知營田事。累授左金吾將軍，檢校豐州都督，仍依舊知營田事。則天降書勞曰，卿素積忠勤，兼懷武略，朕所以寄之襟要，授以甲兵。自卿受委北陲，總司軍任，往還靈夏，檢校屯田，收率既多，京坻遽積。不煩和糴之費，無復轉輸之艱。兩軍及北鎮兵，數年咸得支給。勤勞之誠，久而彌著。覽以嘉尚，欣悅良深。長壽元年，召拜夏官侍郎。明年，同鳳閣鸞台平章事。則天謂師德曰，王師外鎮，必藉邊境營田。卿須不憚劬勞，更充使檢校。又以為河源、積石、懷遠等軍，及河、蘭、鄯、廓等州檢校營田大使。（《舊唐書·婁師德傳》）

張九齡為中書令，始議開河南水屯，兼河南稻田使。（《新唐書·張九齡傳》）

天下諸州屯九百九十有二。開元二十二年，河南道陳、許、豫、壽又置百餘屯。二十五年，敕以為不便。并長春田三百四十餘頃，分給貧民。（《唐六典》）

府兵之壞

而府兵之法，以承平既久，漸失其舊。軍士耗散，至不能給宿衞。張說乃請募士，為長從宿衞，尋改為彍騎，其制亦類府兵。惟不久亦稍變廢。及安祿山反，皆不能受甲矣。

自高宗、武后時，天下久不用兵。府兵之法寖壞。番役更代，多不以時。衞士稍稍亡匿。至是益耗散，宿衞不能給。宰相張說，乃請一切募士宿衞。十一年，取京兆、蒲、同、岐、華府兵及白丁，而益以潞州長從兵，共十二萬，號長從宿衞，歲二番。命尚書左丞蕭嵩與州吏共選之。明年更號曰彍騎。自天寶以後，彍騎之法，又稍變廢。士皆失拊循。八載，折衝諸府至無兵可交。李林甫遂請停上下魚書。其後徒有兵額官吏，而戎器馱馬鍋幕糗糧並廢矣。故時人目番上宿衞者曰侍官，言侍衞天子。至是，衞佐悉以假人為僮奴。京師人恥之，至相罵辱必曰侍官。而六軍宿衞，皆市人。富者販繒綵，食粱肉，壯者為角觝、拔河、翹木、扛鐵之戲。及祿山反，皆不能受甲矣。（《新唐書·兵志》）

李泌請興屯田以復府兵

後德宗與李泌議復府兵，泌請募關東卒之戍京西者，屯田關中。俟屯兵安於其土，不復思歸，乃悉以府兵之法理之。戍卒應募者過半，惟府兵之制則終未能復也。

貞元三年六月，李泌為中書侍郎，同平章事。上復問泌以復府兵之策。對曰，今歲徵關東卒，戍京西者，十七萬人。計歲食粟二百四萬斛。今粟斗直百五十，為錢三百六萬緡。國家比遭饑亂，經費不充。就使有錢，亦無粟可糴。未暇議復府兵也。上曰。然則奈何。亟減戍卒歸之，何如。對曰，陛下用臣之言。可以不減戍卒，不擾百姓。糧食皆足，粟麥日賤，府兵亦成。上曰，苟能如是，何為不用。對曰，此須急為之，過旬日則不及矣。今吐蕃久居原會之間，以牛運糧。糧盡，牛無所用。請發左藏惡繒，染為綵纈，因党項以市之。每頭不過二三匹。計十八萬匹，可致六萬餘頭。又命諸冶，鑄農器，糴麥種。分賜沿邊軍鎮，募戍卒，耕荒田而種之。約明年麥熟，倍償其種。其餘，據時價，五分增一，官為糴之。來春種禾，亦如之。關中土沃而久荒，所收必厚。戍卒獲利，耕者浸多。邊地居人至少，軍士月食官糧。粟麥無所售，其價必賤。名為增價，實比今歲所減多矣。上曰，善，卽命行之。泌又言，邊地官多闕。請募人入粟，以補之，可足今歲之糧。上亦從之。因問曰，卿言府兵亦集，如何。對曰，戍卒因屯田致富，則安於其土，不復思歸。舊制，戍卒三年而代。及其將滿，下令，有願留者，卽以所開田為永業。家人願來者，本貫給長牒，續食而遣之。據應募之數，移報本道。雖河朔諸帥，得免更代之煩，亦喜聞矣。不過數番，則戍卒土著，乃悉以府兵之法理之。是變關中之疲弊為富彊也。上喜曰，如此，天下無復事矣。既而戍卒應募，願耕屯田者，什五六。（《資治通鑑》）

　　代宗初，宰相元載為營田使，命諸道節度觀察使大興屯田。設官置吏，為法甚備。元年，嘉禾屯田所收，卽與浙西六州之稅相埒。其功不可謂不大。但未幾悉發。

元載拜同中書門下平章事。代宗卽位，載自加營田使。（《舊唐書·元載傳》）

自邊警多告，天步時艱，兵連不解，十有四年。編版之戶，三耗其二。歸耕之人，百無其一。將多於官吏，卒衆於農人。古者八家為鄰，一家從軍，七家供之。猶曰興師十萬，內外騷動，不得操農業者七十萬家。今乃以一夫家，食一伍。一餘子，衣一卒。師將不立，人將不堪。此聖上所以旰食宵興，求古今令典，可以濟斯難者，莫出乎屯田。廣德初，乃命宰相元公倡其謨。分命諸道節度使、觀察、都團練統其事。擇封內閒田荒壤，人所不耕，為其屯。求天下良才善政，以食為首者，掌其務。屯有都知，羣士為之。都知有治，卽邑為之。官府既建，吏胥備設。田有官，官有徒，野有夫，

元載大興屯田

夫有任。上下相維如郡縣，吉凶相恤如鄉黨。有誅賞之政，御其衆，有教令之法，頒於時。浙西觀察都團練使御史中丞兼吳郡守贊皇公、王國大賢，憂公如家。慎擇厥官，以對明命。浙西有三屯，嘉禾為之大。乃以大理評事朱自勉主之。嘉禾田二十七屯，元年各收入若干斛，數與浙西六州之稅埒。朝嘉厥庸，授廷尉評。（李翰《嘉禾屯田紀績頌序》）

大歷五年，詔諸州所置屯田並停。仍悉以度支之務，委於宰臣。（《册府元龜》）

郭子儀之屯田

時郭子儀以軍食常乏，身率將士，耕於河中。於是野無曠土，軍有餘糧。雖無屯田之名，實屯田之正軌也。

大歷元年，郭子儀以河中軍食常乏，乃自耕田百畝，將帥以是為率，於是士卒皆不勸而耕。是歲河中野無曠土，軍有餘糧。（《資治通鑑》）

唐之民兵

李抱真在澤潞。密揣山東有變。而土瘠賦重，無以養兵，乃籍民為兵，免其租徭，給以弓矢。令農隙角射，歲終課試，世稱昭義步兵。李德裕於西川，率二百戶取一丁，使習武事。緩則農，有急則戰，謂雄邊子弟。均寓兵於農。是亦府兵屯田之別派，而為宋代民兵之濫觴。

李抱真，抱玉從父弟也，為懷澤潞觀察使留後，凡八年。抱玉卒，抱真仍領留後。抱真密揣山東當有變，上黨且當兵衝。是時，乘戰餘之地，土瘠賦重，人益困，無以養軍士。籍戶丁男，三選其一，有材力者，免其租徭，給弓矢。令之曰，農之隙，則分曹角射。歲終，吾當會試。及期，按簿而徵之，都試以示賞罰。復命之如初。比三年，則皆善射。抱真曰，軍可用矣。於是，舉部內鄉，得成卒二萬。前既不廩費，府庫益實。乃繕甲兵，為戰具。遂雄視山東。是時天下稱昭義軍步兵，冠諸軍。（《舊唐書·李抱真傳》）

李德裕徙西川、劍南節度使。蜀自南詔入寇，敗杜元穎。而郭
釗代之，病不能事。民失職，無聊生。德裕至，乃召習邊事者，與
之指畫商訂。凡虜之情偽，盡知之。又料擇伏瘴舊獠，與州兵之任
戰者，廢遣獰耄什三四，士無敢怨，又請甲人於安定，弓人河中，
弩人浙西。繇是，蜀之器械皆犀銳。率戶二百，取一人，使習戰，
貸勿事。緩則農，急則戰。謂之雄邊子弟。於是，二邊寖懼。南詔
請還所俘掠四千人，吐蕃維州將悉怛謀以城降。（《新唐書·李德裕
傳》）

唐末大亂，井邑凋殘。張全義據洛陽，於故十
八縣，置十八屯。撫流民，勸種藝，選壯丁，習武
事。且耕且戰，歲滋墾闢。數年之內，野無閒田，
號為富庶。

光啟三年五月，懷州刺史張全義收洛陽。（《舊唐書·僖宗
紀》）

初蔡賊孫儒、諸葛爽爭據洛陽，迭相攻伐。七八年間，都城灰
燼，滿目荊榛。全義初至，惟與部下聚居故市。井邑窮民，不滿百
戶。全義善于撫納，課部人，披榛種藝，且耕且戰。以粟易牛，歲
滋墾闢。招復流散，待之如子。每農祥勸耕之始，全義必自立畎畝，
餉以酒食。政寬事簡，吏不敢欺。數年之間，京畿無閒田，編戶五
六萬。乃築壘于故市，建置府署，以防外寇。（《舊五代史·張全義
傳》）

全義始至洛，于麾下百人中，選可使者一十八人，命之曰屯將。
每人給旗一口、榜一道，于舊十八縣中，招農戶，令自耕種，流民
漸歸。又于百人中，選可使者十八人，命之曰屯副。民之來者撫綏
之。除殺人者死，餘但加杖而已。無重刑，無租稅，流民之歸漸衆。
又于麾下選書計一十八人，命之曰屯判官。不一二年，十八屯中每
屯戶至數千。農隙選丁夫，授以弓矢槍劍，為坐作進退之法。行之
一二年，每屯增戶大者六七千，次者四千，下之二三千。共得丁夫
閑弓矢槍劍者二萬餘人。有賊盜，即時擒捕之。刑寬事簡，遠近歸
之如市。五年之內，號為富庶。于是奏除各縣令簿以主之。（《舊五

代史注》）

後唐、後周、南唐之屯田

後唐、後周及南唐，亦俱有屯田。惟成效殊鮮，且或為民害。

張篯兄筠為大梁四鎮客將。後唐莊宗都洛，筠鎮長安。自衙內指揮使，授檢校司空、右千牛衞將軍同正、領饒州刺史，西京管內三白渠營田制置使。（《舊五代史·張筠傳》）

張希崇遷靈州兩使留後。先是，靈州戍兵歲運糧之餉，經五百里，有剽攘之患。希崇乃告諭邊士，廣務屯田。歲餘，軍食大濟，璽書褒之，因正授旄節。（《舊五代史·張希崇傳》）

李穀廣順初，拜中書侍郎平章事，仍判三司。奏罷屯田務。以民隸州縣課役，盡除宿弊。（《宋史·李穀傳》）

荊罕儒顯德初，從平淮南，領光州刺史。改泰州。四年，泰州初下，眞拜刺史，兼海陵、鹽城兩監屯田使。（《宋史·荊罕儒傳》）

徐鉉仕南唐，試知制誥。李景命內臣車延規、傅宏營屯田於楚州。處事苛細，人不堪命，致盜賊羣起。命鉉乘傳巡撫。鉉至楚州，奏罷屯田。延規等懼逃罪。鉉捕之急，權近側目。及捕得賊首，卽斬之，不俟報。坐專殺，流舒州。（《宋史·文苑傳》）

宋行姑息之政不務屯田之害

宋承五季之弊，收天下勁兵，列營京畿。以為將帥之臣，入奉朝請。獷暴之民，收隸尺籍。雖有桀驁恣肆之夫，無所施其技。養兵蓋如養驕子，抱而哺之，猶慮勿食，如何使之田而食乎。故朝官有屯田郎，不聞屯田之效。守倅以營田係銜，而不著營田之績。將驕士惰，徒耗國用。憂時之士，屢以為言，竟莫之改。

五代亂亡相踵，未有不由於兵者。太祖起戎行，有天下，收四方勁兵，列營京畿，以備宿衞。分番屯戍，以捍邊圉。于時將帥之臣，入奉朝請。獷暴之民，收隸尺籍。雖有桀驁恣肆，而無所施於其間。凡其制為什長之法，階級之辨，使之內外相維，上下相制，截然而不可犯者。是雖以矯累朝藩鎮之弊，而其所懲者深矣。咸平以後，承平既久，武備漸寬。仁宗之世，西兵招刺太多。將驕士惰，徒耗國用，憂世之士，屢以為言，竟莫之改。（《宋史・兵志》）

太祖有言，吾家之事，惟養兵可為百代之利。而韓琦亦曰，養兵雖非古，然利處不為不深。嗟乎，田不井居，兵與農異，此苟道也，而顧以為利。井田既廢，自漢迄唐，皆收屯田之利。宋朝官有屯田郎，不聞屯田之效。守倅以營田係銜，不著營田之績。何也，五季易置，皆以兵也。養兵如養驕子，抱而哺之，猶慮勿食，如之何使之田而食耶。律以階級，亦已善矣。是故太祖以朝臣監諸州稅。以刺史為解州榷鹽制置使。以歲用之餘，別貯為封樁庫。收典賣田宅印稅錢。增河東、幽州礬禁。置建康、揚州茶引。榷嶺南鹽。拘留州錢為係省，無得妄費。比較諸州征榷錢，不得欺隱。亦為養兵故也。宋初之兵，十五萬。眞宗時內外兵幾百萬。仁宗至和，兵蓋一百二十六萬。神宗即位。張方平上疏曰，京師砥平衝會之地，國依兵而立，兵待食而聚。慶歷禁軍之數，比景德以前，增四十餘萬。太祖置北城兵謂之廂軍。與禁軍數目等，歲增衣糧，天下安得不困。（《山堂肆考》）

神宗欲復唐府兵之法，奮然更制，任王安石聯比其民，以為保甲，而撓之者紛起。哲宗之初，卒廢其法。

神宗奮然更制，於是聯比其民，以為保甲。部分諸路，以隸將兵。雖不能盡拯其弊，而亦足以作一時之氣。時其所任者，王安石也。元祐、紹聖，遵守成憲，迨崇寧、大觀間增額日廣，而乏精銳。故無益於靖康之變。時其所任者童貫也。（《宋史・兵志》）

保甲立法之初，故老大臣皆為不便，而安石主議其力。帝嘗論租庸調法，而善之。安石對曰，此法近井田，後世立事，粗得先王遺意，則無不善。今亦無不可為，顧難速成爾。帝謂府兵，與租庸調法相須。安石對曰，今義勇土軍上番供役，既有廩給，則無貧富，皆可以入衛出戍。雖無租庸調法，亦自可為。第義勇皆良民，當以

神宗用王安石欲復府兵

禮義獎養。今皆倒置者，以湟其手背也，教閱而糜費也，使之運糧也，三者，皆人所不樂。若更敺之就敵，使被殺戮，尤人所憚也。今欲措置義勇，皆反此。使害在於不為義勇，而利在於為義勇，則俗可變而衆技可成。臣願擇鄉間豪傑，以為將校，稍加獎拔，則人自悅服。矧今募兵為宿衞，且有積官至刺史以上者。移此與彼，固無不可況。不至如此費官祿，已足使人樂為哉。陛下誠能審擇近臣，皆有政事之材，則異時，可使分將此等軍矣。今募兵出於無賴之人，尚可為軍廂主，則近臣以上豈不及此輩。此乃先王成法、社稷之長計也。帝以為然。哲宗嗣位，知陳州司馬光上疏，乞罷保甲。十月，詔提舉府界三路保甲官，並罷。元祐元年正月，樞密院言，府界三路保甲已罷團教，其教閱器械悉送上宣，仍立禁約。（《宋史·兵志》）

宋代屯田無功之故

終宋之世，謀國者多伐異而黨同，易動而輕變。如真宗咸平中，以兵費寖廣，言屯營田者輒詔行之。及至天禧末，諸州屯田，僅四千頃。河北歲收，乃不盈三萬石。故宋代言屯田及民兵者，雖冠於歷朝而大功不著。

終宋之世，享國不為不長。其租稅征榷，規模節目，煩簡疏密，無以大異於前世。何哉，內則牽於繁文，外則撓於強敵。供億既多，調度不繼。勢不得已，徵求於民。謀國者處乎其間，又多伐異而黨同，易動而輕變。殊不知大國之制用，如巨商之理財，不求近效，而貴遠利。宋臣於一事之行，初議不審。行之未幾，卽區區然較其失得，尋議廢格。後之所議，未有以瘉於前，其後數人者，又復訾之如前。使上之為君者，莫之適從。下之為民者，無自信守。因革紛紜，是非貿亂，而事弊日益以甚矣。世謂儒者論議多於事功，若宋人之言食貨，大率然也。（《宋史·食貨志》）

咸平中，兵費寖廣。言屯營田者，輒詔邊臣經度行之。（《宋史·食貨志》）

淮南兩浙，舊皆有屯田。後多賦民，而收其租，第存其名。在河北者，雖有其實，而歲入無幾，利在蓄水以限戎馬而已。天禧末，諸州屯田總四千二百餘頃，河北歲收二萬九千四百餘石。（《宋史·食貨志》）

遼金之初，俱為游牧之俗。故其民皆隸軍籍。及强大之後，知稼穡之方，遂且耕且戰，同中國古法。

遼金兵制

遼國兵制，凡民年十五以上、五十以下，皆隸軍籍。甲馬弓箭皆自備。人馬不給糧草，四出鈔掠以供之。（《遼史·兵衛志》）

在屯者力耕公田，不輸稅賦，此公田制也。餘民應募，或治閑田，或治私田，則計畝出粟以賦公。（《遼史·食貨志》）

金之初年，諸部之民，無他徭役，壯者皆兵。平居，則聽以佃漁射獵，習為勞事。有警，則下令部內及遣使詣諸孛堇徵兵。凡步騎之仗楯，皆取備焉。其部長曰孛堇，行兵則稱曰猛安、謀克，從其多寡以為號。猛安者，千夫長也。謀克者，百夫長也。（《金史·兵志》）

遼人亦常遣軍屯田以省餽運。

遼之屯田

道宗初年，西蕃多叛，上欲為守禦計，命耶律唐古督耕稼以給西軍。唐古田臚朐河側，歲登上熟，移屯鎮州。凡十四稔，積粟數十萬斛，每斗不過數錢。（《遼史·食貨志》）

重熙十三年四月，西南面招討都監羅漢奴，詳穩斡魯母等，奏山西部族節度使屈烈，以五部叛入西夏，乞南北府兵援送，實威塞州戶。詔，富者遣行，餘留屯田天德軍。（《遼史·興宗紀》）

金人既取河南，慮中原士民不服。創屯田軍。盡徙女真、奚、契丹，居於中國。自燕南至淮隴，計口授田，皆築壘村落之間。

金之屯田防民

熙宗天眷三年十二月，始置屯田軍于中原。時既取江南，猶慮中原士民懷貳，始創屯田軍。凡女真、奚、契丹之人，皆自本部徙居中州，與百姓雜處。計其戶口，授以官田。使自播種，春秋量給其衣。遇出師，始給錢米。凡屯田之所，自燕南至淮、隴之北，俱

有之，皆築壘于村落閒。（《續文獻通考》）

金之屯田害民病國

並屢括民田以給之，大為民害。而屯田之兵，復不能耕種。婦子居家，安坐待哺。國計民生交受其弊，以致滅亡。

世宗大定五年二月，上以京畿兩猛安民戶不自耕墾，及伐桑棗為薪鬻之。命大興少尹完顏讓巡視。（《金史·世宗紀》）

大定二十一年正月，上謂宰臣曰，山東、大名等路，猛安、謀克戶之民，往往驕縱，不親稼穡，不令家人農作。盡令漢人佃蒔，取租而已。富家盡服紈綺，酒食遊宴，貧者爭慕效之，欲望家給人足難矣。近已禁賣奴婢，約其吉凶之禮。更當委官閱實戶數，計口授地，必令自耕。力不贍者，方許佃於人，仍禁其農時飲酒。（《金史·食貨志》）

承安五年九月，命樞密使內族宗浩禮部尚書賈鉉佩金符，行省山東等路，括地給軍。時中都、山東、河北屯駐軍人，地土不贍。主兵者言比歲征伐，軍多敗衄。蓋由屯田地寡，不免飢寒，故無鬪志。願括民田之冒稅者分給之，則士氣自倍。朝議已定。平章政事張萬公獨上書，言其不可者五。大略以為軍旅之後，瘡痍未復，百姓拊摩之不暇，何可重擾，一也。通檢未久，田有定籍，括之必不能盡，適足增猾吏之弊，長告訐之風，二也。浮費侈用，不可勝計，推之以養軍，可斂不及民，而無待于奪民之田，三也。兵丁失于選擇，強弱不別，而使同田共食，振厲者無以盡其力，疲劣者得以容其姦，四也。奪民而與軍，得軍心而失天下心，其禍有不可勝言者，五也。必不得已，乞以冒地之已括者，召民蒔之，以所入贍軍。則軍有坐獲之利，而民無被奪之怨矣。書奏。不報。遂命宗浩等括之，凡得地三十餘萬頃。順天軍節度使行張行簡上言。比者括官田給軍，既一定矣。有告欲別給者，輒從其告，至今未已。名曰官田，實取之民以與之。臣所管已撥深澤縣地三百餘頃。復告水占沙鹼者三之一，若悉從之，何時可定。臣謂當限以月日，不許，再告為便。下尚書省議奏，請如寔有水占河塌，不可耕種，按視復同，然後改撥。若沙鹼瘠薄，當準已撥為定。制曰可。（《續文獻通考》）

貞祐四年，省奏，自古用兵，且耕且戰，是以兵食交足。今諸帥分兵，不啻百萬，一充軍伍，咸仰於官。至於婦子居家，安坐待哺，蓋不知屯田於經久之計也。願下明詔，令諸帥府各以其軍耕耨，亦以逸待勞之策也。詔從之。(《金史·食貨志》)

元初，遇堅城大敵，則以屯田守之。海內既一，於是，內而各衛，外而行省，皆立屯田以給軍餉。至於雲南、八番、海南、海北均設之，以資控扼。

元之大興屯田

古者寓兵於農，漢、魏而下，始置屯田，為守邊之計。有國者善用其法，則亦養兵息民之要道也。元初，用兵征討，遇堅城大敵，則必屯田以守之。海內既一，於是內而各衛，外而行省，皆立屯田以資軍餉。或因古之制，或以地之宜，其為慮蓋甚詳密矣。大抵芍陂、洪澤、甘肅、瓜沙因昔人之制，其地利蓋不減於舊。和林、陝西、四川等地，則因地之宜，而肇為之，亦未嘗遺其利焉。至於雲南、八番、海南、海北，雖非屯田之所，而以為蠻夷腹心之地，則又因制兵屯旅以控扼之。由是，而天下無不可屯之兵，無不可耕之地矣。(《元史·兵志》)

故其屯田數，合樞密院、大司農、宣徽院、腹裏及各行省所轄而言，實過於前代。

元代屯田之數

元各處屯田數，樞密院所轄左衛屯田，一千三百一十頃六十五畝。右衛屯田數同中衛，一千三十七頃八十二畝。前衛一千頃。後衛一千四百二十八頃一十四畝。武衛一千八百四頃四十五畝。左翼萬戶府一千三百九十九頃五十二畝。右翼萬戶府六百九十九頃五十畝。忠翊侍衛二千頃左右。欽察衛左手千戶所一百三十七頃五十畝。右手千戶所二百一十八頃五十畝。欽察千戶所三百頃。左衛率府一千五百頃。宗仁衛二千頃。宣忠扈衛一百頃。大農司所轄永平總管府田一萬一千六百一十四頃四十九畝。營田提舉司三千五百二頃九十三畝。廣濟署一萬二千六百頃三十八畝。宣徽院所轄淮東、淮西屯田打捕總管府田一萬五千一百九十三頃三十九畝。豐潤署三百四十九頃。寶坻屯四百五十頃。尚珍署九千七百一十九頃七十二畝。腹裏所轄大同等處屯儲總管府田五千頃。虎賁親軍都指揮使司四千二百二頃七十九畝。嶺北行省六千四百餘頃。遼陽等處行中書省所轄大寧路、海陽等處打捕所田二百三十頃五十畝。浦峪路萬戶府四百頃。金復州萬戶府二千六百二十三頃。肇州、蒙古萬戶府田數未詳。河南行省所轄南陽府民屯田二萬六百六十二頃七畝。洪澤萬戶府三萬五千三百一十二頃二十一畝。芍陂萬戶府田數未詳。德安等處軍民總管府八千八百七十九頃九十六畝。陝西等處行中書省所轄陝西等處總管府鳳翔田九十頃一十二畝。鎮原田四百二十六頃八十五畝。櫟陽田一千二十頃九十九畝。涇陽田一千二十頃九十九畝。彭原田五百四十五頃六十八畝。安西田四百六十七頃七十八畝。平涼田一百一十五頃二十畝。終南田九百四十三頃七十六畝。渭南田一千二百二十二頃三十一畝。陝西等處萬戶府孝子林田二十三頃八十畝。張馬村田七十三頃八十畝。杏園莊田一百一十八頃三十畝。大昌原田一百五十八頃七十九畝。亞柏鎮田二百六十八頃五十九畝。威戎田一百六十四頃八十畝。貴赤、延安總管府田四百八十六畝。甘肅等處行中書省所轄寧夏等處新附軍萬戶府田一千四百九十八頃三十三畝。管軍萬戶府一千一百六十六頃六十四畝。寧夏營田司一千八百頃。寧夏路放良官屯四百四十六頃五十畝。亦集乃九十一頃五十畝。江西等處行中書省所轄贛州路、南安寨兵萬戶府田五百二十四頃六十八畝。江、浙等處行中書省所轄汀州田二百五十二頃。漳州田二百五十頃。高麗國田數未詳。四川行省所轄廣元路民屯田九頃六十畝。敍州宣撫司民屯，紹慶路民屯，嘉定路民屯，順慶路民屯，潼川府民屯，夔慶路總管府民屯，重慶路民屯，成都路民屯，田數俱未詳。保寧萬戶府軍屯一百一十八頃二十七畝。敍州等處萬戶府軍屯四十一頃八十三畝。重慶五路守鎮萬戶府軍屯四百二十頃。夔慶萬戶府軍屯五十六頃七十畝。成都等路萬戶府軍屯四十二頃七十畝。河東、陝西等路萬戶府軍屯二百八頃七畝。廣安等處萬戶府軍屯二十六頃二十五畝。保寧府萬戶府軍屯七十五頃九十五畝。敍州萬戶府軍屯三十八頃六十七畝。五路萬戶府軍屯二百三頃一十七畝。興元、金州等處萬戶府軍屯五十六頃。五路八都萬戶府軍屯一百六十二頃五十七畝。舊附等軍萬戶府軍屯一百二十九頃五十畝。礮手萬戶府軍屯一十六頃八十畝。順慶軍屯九十八頃八十七畝。平陽軍屯六十九頃六十五畝。遂寧州軍屯三百五十頃。嘉定萬戶府軍屯二頃二十七畝。順慶等處萬戶府軍屯一百一十四頃八十畝。廣安等處萬戶府軍屯二十頃六十五畝。雲南行省所轄，其制與中原不同，凡田四畝為一雙，威楚提舉司田二百六十五雙。大理、金齒等處宣慰司都元帥府軍民屯二萬二千一百五雙。鶴慶路軍民屯軍屯田六百八雙。民屯田四百雙，俱已業。武定路總管府軍屯七百四十八雙。威楚路軍民屯民屯官給荒田四千三百三十雙。自備已業田一千一百七十五雙。軍屯官給荒田六十雙。自備已業一千五百三十六雙。中慶路軍民屯民屯官給田一萬七千二十二雙。自備已業二千六百二雙。軍屯官給田二百三十四雙。自備已業田二千六百雙。曲靖路等處宣慰司兼管軍萬戶府軍民屯，曲靖路民屯官給田一千四百八十雙。自備已業田三千雙。徵江軍民屯，田數未詳。仁德府民屯官給田一百六十雙。軍屯已業田四百雙。烏撒宣慰司軍民屯田數未詳。皆自備已業。臨安宣慰司兼管軍萬戶府軍民屯民屯二處共四千雙。軍屯一千一百五十二雙。梁千戶翼軍屯三千七百八十九雙。羅羅斯宣慰司兼管軍萬戶府軍民屯田數未詳。烏蒙等處總管府軍屯一千二百五十雙。湖廣等處行中書省所轄海北、海南道宣慰司都元帥府民屯瓊州路田二百九十二頃九十八畝。雷州路一百六十五頃五十一畝。高州路四十五頃。化州路五十五頃二十四畝。廉州路四頃八十八畝。廣西、兩江道宣慰司都元帥獞兵屯田水田五百四十五頃七畝。續增田二百八頃一十九畝。湖南道宣慰司衡州等處，屯田清化田一百二十頃一十九畝。烏符一百三頃五十畝。白倉八十六頃九十二畝。（《續文獻通考》）

惟元代屯田數雖廣，而養兵太多。自太祖以後，累朝所御斡耳朵，其宿衞未嘗廢。是一朝有一朝之怯薛。每歲所費，動以億萬計。國家大費，每敝於此焉。

太祖功臣博爾忽、博爾朮、木華黎、赤老温時號掇里班曲律。

猶言四傑也。太祖命其世領怯薛之長。怯薛者，猶言番直宿衞也。
凡宿衞每三日而一更。申酉戌日，博爾忽領之，為第一怯薛，卽也
可怯薛。博爾忽早絕，太祖命以別速部代之，而非四傑功臣之類，
故太祖以自名領之。其云也可者，言天子自領之故也。亥子丑日，
博爾朮領之，為第二怯薛。寅卯辰日，木華黎領之，為第三怯薛。
己午未日，赤老溫領之，為第四怯薛。赤老溫後絕，其後怯薛，常
以右丞相領之。凡怯薛長之子孫，或由天子所親信，或由宰相所薦
舉，或以其次序所當為，卽襲其職，以掌環衞，雖其官卑，勿論也。
及年老既久，則遂擢為一品官。而四怯薛之長，天子或又命大臣以
總之，然不常設也。其他預怯薛之職，而居禁近者，分冠服、弓矢、
食飲、文史、車馬、廬帳、府庫、醫藥、卜祝之事，悉世守之。雖
以才能受任使，服官政貴盛之極。然一日歸至內庭，則執其事如故。
至於子孫無改，非甚親信，不得預也。若夫宿衞之士，則謂之怯薛
歹，亦以三日分番入衞。其初名數甚簡。後累增為萬四千人。揆之
古制，猶天子之禁軍。是故無事則各執其事，以備宿衞禁庭。有事
則惟天子之所指使。比之樞密各衞諸軍，於是為尤親信者也。然四
怯薛歹自太祖以後，累朝所御幹耳朵，其宿衞未嘗廢。是故一朝有
一朝之怯薛。總而計之，其數滋多。每歲所賜鈔幣，動以億萬計。
國家大費，每敝於此焉。（《元史‧兵志》）

明太祖大興屯田　　　　明太祖為吳國公時，卽命諸將屯田於龍江
等處。

元至正十六年（丙申）秋七月，諸將奉太祖為吳國公，置江南
行中書省，自總省事，置僚佐。九月，遣儒士告諭父老，勸農桑。
十八年（戊戌）二月，以康茂才為營田使。（《明史‧太祖紀》）

明太祖戊戌十一月，立民兵萬戶府。寓兵於農。又令諸將，分
軍於龍江諸處屯田。（《續文獻通考》）

明代衞所屯田之　　　　及卽帝位，用劉基之奏，立軍衞之法。於兩京
制　　　　　各省，建衞所，設屯田，以都司統攝之。

劉基拜御史中丞。太祖卽皇帝位。基奏立軍衞法。（《明史‧劉
基傳》）

洪武初於兩京各省，建設衛所，置屯田，以都司統攝之。（《續文獻通考》）

國初兵荒之後，民無定居，耕稼盡廢，糧餉匱乏。初命諸將分屯於龍江等處，後設各衛所，創制屯田，以都司統攝。每軍種田五十畝為一分，又或百畝或七十畝或三十畝、二十畝不等。軍士三分守城，七分屯種。又有二八、四六、一九、中半等例。皆以田土肥瘠，地方衝緩為差。又令少壯者守城，老弱者屯種。（《明會典》）

復募商人墾田，緣邊輸米餉軍，給以鹽引，謂之商屯。

明代商屯之法

洪武三年六月，以大同糧儲自陵縣運至太和嶺路遠費重。從山西行省言，令商人於大同倉入米一石，太原倉入米一石三斗者，給准鹽一小引，以省運費，而充邊儲，謂之開中。其後各行省邊境，多召商中鹽輸米諸倉，以為軍儲。計道里遠近，自五石至一石有差。先後增減則例不一，率視時緩急，米直高下，中納者利否。道遠地險，則減而輕之。（《續文獻通考》）

帝以養兵而不病於農，莫若屯田。若使兵但坐食，農必受病，乃留心屯政，鉅細靡遺。故其時積粟孔多。所謂養兵百萬，而不費百姓一錢，誠千古善法。至永樂時，屯田米猶常溢三之一。軍無月糧，而邊餉恒足。

太祖留心屯政

洪武初，諭五軍都督府曰，養兵而不病於農者，莫若屯田。今海宇甯謐，邊境無虞。若使兵但坐食於農，農必受病，非長治久安之術。其令天下衛所，督兵屯種，庶幾兵農合一，國用以舒。又諭曰，天下衛所，分軍屯種者，咸獲稼穡之利。其令在屯軍士，樹桑、棗百株，柿、栗、胡桃之類，隨所宜植之，亦足以備歲歉之不給。又諭今年屯種，須於五月報禾苗長養何如，七月報結實何如，十月報所收子粒若干。一歲三報，彼時留心屯政如此。故大寧都督僉事商嵩奏見在屯糧粟，大寧三十一萬石，松亭關五十八萬石，會州二十五萬石。他鎮所報亦相若。至宣德時，所積之粟，尤多。立法之善，古所未有。當洪武初，重兵屯京師，以遠田三畝，易城外民田一畝為屯田。不足，又移各衛以就田。眞所謂養兵百萬，不費百姓一錢者，誠千古之善法也。其後將不在五府而用流官，兵不在屯丁而行召募，舊制蕩然矣。嗚呼，俛仰今古，寓兵於農，則治。稅民養兵，則亂。自周而後，如出一轍。有國者可不鑑諸。（《春明夢餘錄》）

初永樂時，屯田米常溢三之一。常操軍十九萬，以屯軍四萬供之。而受供者，又得自耕邊外。軍無月糧，以是邊餉恆足。（《明史・食貨志》）

明代屯田漸壞之故

建文時，定制每軍納正糧十二石，收貯屯倉，供右軍按月支用。餘糧十二石，給本衛官軍俸糧。永樂、洪熙間，減餘糧之半。宣德、正統間，免正糧納官。後復改餘糧為正糧，一併免納。而屯地幾為私產，莫可究詰矣。

《春明夢餘錄》載萬歷策衛曰，屯法之壞，一壞於餘糧之免半。洪熙行寬大之政，命免餘糧六石，是捐其半也。是時大臣遠道干譽，不能為經遠之計。夫舉天下之軍，藉食于屯，一旦失其半，何以足軍國之需。再壞于正糧之免盤。宣德十年，始下此令。正統二年，率土行之。不知正糧納官，以時給之，可以免貧軍之花費，可以平四時之市價，可以操予奪之大柄。今免其交盤，則正糧為應得之物，屯產亦遂為固有之私。典賣送出，頑鈍叢生，不可收拾，端在於此。屯糧日虧，徵發日甚。不取之此，必取之彼。易欺者民，則倍徵而不以為苛。難制者軍，遂棄置而不敢問。非法之平也。（《續文獻通考》）

崇禎十年陝西巡撫孫傳❶庭釐正西安三衛屯糧。傅庭疏言，博考故牘，洪武時，每軍額地一頃，歲徵正糧十二石，餘糧十二石，盡行收貯屯倉。以正糧按月支給本軍，以餘糧支給官軍糧俸。餉不

---

❶ "傅"為"傳"。——編者註

煩轉輸，而倉廩充實。兵不煩召募，而士卒精強。法至善也。至永樂二十年，奉詔減免餘糧六石。然正餘一十八石，猶然交倉按支。法尚未壞也。至正統二年，以正糧十二石，兌給本軍充餉，免納免支。止徵餘糧六石入倉，而屯法大壞矣。至後不知何時復將餘糧六石改為正糧，一併兌軍免納。而屯糧既不入倉，屯地幾為私產，莫可究詰矣。陝西省下舊四衞。因檄行西安府推官王鼎鎮清查，除右護衞名隸秦府外，先將左前後三衞各地查明推清定法，按地起課，卽責辦於見今承種之人。每上地一頃，徵糧十八石，中地量免三石。下地又免三石。每石折銀七錢，總計三衞，共該起課地三千二十七頃零，徵銀三萬五千餘兩。寬平易從，無不翕然相安。不呼籲以窘大農，不加派以厲子遺。疏上，帝褒嘉之。（《續文獻通考》）

商屯之法，迨孝宗時，亦以葉淇變鹽法而壞。後楊一清、龐尚鵬等，請仍召商開中，因循日久，卒不能復。

商屯廢壞之故

孝宗弘治中，葉淇變法，而開中始壞。諸淮商悉撤業歸。西北商亦多徙家於淮，邊地為墟。米石直銀五兩，而邊儲枵然矣。世宗時楊一清復請召商開中。又請倣古募民實塞下之意，招徠隴右、關西民以屯邊。其後周澤、王崇古、林富、陳世輔、王畿、王朝用、唐順之、吳桂芳等爭言屯政。而龐尚鵬總理江北鹽屯，尋移九邊，與總督王崇古先後區畫屯政甚詳。然是時因循日久，卒鮮實效。（《明史·食貨志》）

至萬曆時，屯田之數，視洪武時虧二十五萬頃。然征倭寇時，畿輔衞軍，猶請以萬人自備資糧從戎。

明末屯田之數

給事中管懷理言，屯田不興，其弊有四。疆場戒嚴，一也。牛種不給，二也。丁壯亡徙，三也。田在敵外，四也。如是而管屯者，猶欲按籍增賦。非扣月糧，卽按丁賠補耳。屯糧之輕，至弘正而極。嘉靖中漸增。隆慶間，復畝收一斗。然屯丁逃亡者益多。管糧郎中不問屯田有無，月糧止半給。沿邊屯地，或變為斥鹵沙磧，糧額不得減。屯田御史又於額外增本折，屯軍益不堪命。萬曆時計屯田之數，六十四萬四千餘頃。視洪武時，虧二十四萬九千餘頃。田日減而糧日增，其弊如此。（《明史·食貨志》）

萬曆時給事中郝敬請抽畿輔屯牧兵，屯田遼左。時方征倭寇。濟陽衛舍餘、李大用等請以萬人自備資糧隨行。敬乃上疏曰，臣閱李大用等奏，畿輔附近濟陽等衛，屯牧額兵共四十八萬，願以萬人，隨行征倭。衆軍自貼糧餉。臣訪其故。自永樂時靖難功成，剩精兵四十八萬。內一十二萬選入十二團營。餘三十六萬，給賜屯田牧地，種納子粒馬價，分置七十八衛於順天府所屬州縣，俱屬三千營統轄，聽調征勦。今二百餘年，生齒繁衍，與民混雜，有司派以馬戶撐船運米等役，衆軍脫卸，無計。昨者寧夏之役，各餘丁議自備糧隨行征勦，求免前差。未幾，寧夏平，議遂寢。茲緣倭奴告警，重復申奏。蓋彼以三十六萬之衆，止出萬人，是三十六人中，抽一丁耳。以三十六萬衆共餉萬人，是三十六萬家共贍一軍耳。又得概免民差，圖此便利。今東征師可勿復用此。惟是遼左空虛，宜因羣情，為轉移之計。卽於各衛原籍中，十名抽一，據三十六萬原數，除六萬作耗外，可得壯丁三萬人。擇廉幹官數員統領，赴遼東開種屯田。於存留三十萬人每十名幫貼屯兵一名，牛種廬舍之費，令概免前差。開墾成，卽給本兵為永業。大率每兵一名，墾田二十五畝，內除五畝為官田，每畝量收子粒五六升，則三萬人可墾田七十五萬畝。一歲收官田子粒，可八千餘石，以備緩急之需。因願赴之人心，蠲不急之徭役。一呼而得勝兵三萬，坐收兵食兩利之效。備門庭之警，扶肘腋之危，何憚而久不為此。《春明夢餘》曰，明初宿重兵於畿輔，至四五十萬。不費一粒一錢。及中葉而後，猶有萬人自備糗糧，願效力行閒者，後何不振乃爾耶。（《續文獻通考》）

明以餉鉅增賦亡國

時已常有加派以給軍費。及至季年，征奴之役興。增天下之賦以供遼餉。畝徵銀九釐，共五百餘萬，遂為定額。崇禎初，復畝增三釐，尋別增助餉、勦餉、練餉，歲至二千萬。言者雖切諫以為流毒天下，而時事危急，竟不能從。厥後民愈窮，而

盜愈熾，遂覆其宗社。使屯田之法不壞，不須竭民
膏血以給軍用。明季流寇之禍，當可少紓。清室之
起，不至如斯之易也。

萬曆接踵三大征，頗有加派，事畢旋已。至四十六年，驟增遼
餉三百萬。時內帑充積，帝靳不肯發。戶部尚書李汝華乃援征倭例，
畝加三釐五毫，天下之賦，增二百萬有奇。明年，復加三釐五毫，
明年以兵工二部請，復加二釐，通前後九釐，增賦五百二十萬。遂
為歲額。所不加者畿內八府，及貴州而已。崇禎三年軍興。兵部尚
書梁廷棟請增田賦，戶部尚書畢自嚴不能止。乃於九釐外，畝復徵
三釐。惟順天、永平以新被兵，無所加。餘六府畝徵六釐。得他省
之半。共增賦百六十五萬四千有奇。後五年總督盧象昇請加宦戶田
賦十之一。民糧十兩以上同之。既而概徵每兩一錢，名曰助餉。越
二年，復行均輸法，因糧輸餉。畝計米六合石折銀八錢，又畝加徵
一分四釐九絲。越二年，楊嗣昌督師，畝加練餉銀一分。御史衞周
嗣言嗣昌流毒天下，勦練之餉，多至七百萬，民怨何極。御史郝晉
亦言，萬曆末年，合九邊餉止二百八十萬，今加派遼餉至九百萬，
勦餉三百三十萬，業已停罷。旋加練餉七百三十餘萬。自古有一年
而括二千萬以輸京師，又括京師二千萬以輸邊者乎。疏語雖切直，
而時事危急，不能從也。（《明史‧食貨志》）

明亡之後，清人裁汰衞所屯軍，屯田依民田之
例起科。其八旗及綠營之兵，咸安坐待哺，仰食於
官，故茲編止於明季。

清廢屯田

順治七年，題准衞所屯田，分給軍丁承種。因有操演城守捕盜
領運之責，故屯田科徵較民地稍輕。今既經裁汰，凡有運糧衞所屯
田，仍舊派徵。其無運糧衞所屯田，俱照坐落州縣民田例，一體起
科。（《清會典》）

順治九年，覆准運軍已經改民。其軍衞田地，照民地例輸納。
各按坐落地方，使有歸着，以杜混淆。（《清會典》）

第二章　西漢之屯田

漢代兵制

漢興，踵秦法。置車騎材官於郡國，京師有南北軍之屯。民年二十三為正，一歲為衞士，一歲為材官騎士，習戰射，歲時講肄。年六十五，衰老，乃得免，就田里。

天下既定。踵秦而置材官於郡國，京師有南北軍之屯。至武帝平百粵，內增七校，外有樓船。皆歲時講肄，修武備云。（《漢書·刑法志》）

《漢官儀》曰。民年二十三為正。一歲以為衞士，一歲以為材官騎士。習射御騎馳戰陣。八月，太守、都尉、令、長、相、丞、尉會都試，課殿最。水鄉為樓船，亦習戰射行船。邊郡太守各將萬騎，行障塞烽火。置長史一人，丞一人，治兵民。當兵行長領。置部尉、千人、司馬、候、農都尉皆不治民。凡給衞士材官樓船，年五十六，衰老，乃得免為民就田。（《漢書注》）

移民實關中

高帝季年，使建信侯劉敬，往匈奴，結和親約。敬還言，匈奴輕騎，一日一夜可至秦中。秦中新破，少民，而地肥饒。請徙齊諸田氏，楚昭、屈、景氏，燕、趙、韓、魏之後，及豪傑名家，居關中，可以備胡防變。帝從之，使敬徙六國之後，與豪傑名家十餘萬口於關中。

高帝取家人子，名為長公主，妻單于。使劉敬往結和親約。劉敬從匈奴來，因言匈奴、河南、白羊樓煩王去長安近者七百里，輕騎一日一夜可以至秦中。秦中新破，少民，地肥饒，可益實。夫諸侯初起時，非齊諸田，楚昭、屈、景，莫能興。今陛下雖都關中，實少人。北近胡寇，東有六國之族宗強。一日有變，陛下亦未得高枕而臥也。臣願陛下徙齊諸田、楚昭、屈、景、燕、趙、韓、魏後，及豪傑名家，居關中。无事可以備胡，諸侯有變亦足率以東伐。此強本弱末之術也。上曰，善。乃使劉敬，徙所言關中十餘萬口。（《史記·劉敬列傳》）

文帝初，匈奴數寇邊。太子家令晁錯上書，言守邊備塞勸農力本當世急務。謂秦以發卒遠戍，行者死於邊，輸者償於道。秦人見發如往棄市，民心怨毒，天下騷動，而致滅亡，今胡人逐水草往來塞下，候備塞之卒少，則入寇。少發兵救之，則不足。多發，則遠縣纔至，胡又已去。如此連年，中國必貧苦，民將不安。且遠方之卒守塞，一歲而更，不知胡人之能。不如選常居者，家室田作，以備胡。幷募罪人，及民之欲往者，皆賜高爵，復其家。為備屋廬，田器，予衣食，徙邊。則邑里相救助，赴敵不避死。較秦之以遠戍致民怨，相去遠矣。文帝從其言，募民徙塞下。

移民實邊

晁錯孝文時，為太子家令。是時，匈奴強，數寇邊。錯言守邊備塞勸農力本當世急務二事，曰，臣聞秦時，北攻胡貉，築塞河上。南攻揚粵，置戍卒焉。其起兵而攻胡粵者，非以衞邊地而救民死也，貪戾而廣大也。故功未立，而天下亂。且夫起兵而不知其勢，戰則為人禽，屯則卒積死。夫胡貉之地，積陰之處。木皮三寸，冰厚六尺。食肉而飲酪，其人密理，鳥獸毳毛，其性耐寒。揚粵之地，少陰多陽，其人疏理，鳥獸希毛，其性耐暑。秦人戍卒不能其水土，戍者死於邊，輸者償於道。秦民見行，如往棄市。因以謫發之，名曰謫戍。先發吏有謫，及贅婿賈人。後以嘗有市籍者，後入閭取其左。發之不順，行者深恐，有背畔之心。凡民守戰，至死而不降北者，以賞為之也。故戰勝守固，則有拜爵之賞。攻城屠邑，則得其財鹵，以富家室。故能使其衆，蒙石矢，赴湯火，視死如生。今秦之發卒也，有萬死之害，而无銖兩之報。死事之後，不得一算之復，天下明知禍烈及己也。陳勝行戍，至於大澤，為天下先倡，天下從之如流水者，秦以威刧而行之之弊也。胡人衣食之業不著於地，其勢易以擾亂邊境。何以明之，胡人食肉飲酪，衣皮毛，非有城郭田宅之歸，居如飛禽走獸，美草甘水則止，水竭草盡則移。以是觀之，往來轉徙，時至時去。此胡人之生業，而中國之所以離南畝也。今使胡人數處轉牧，行獵於塞下，或當燕代，或當上郡北地隴西，以候備塞之卒，卒少則入。陛下不救則邊民絕望，而有降敵之心。救之，少發則不足，多發遠縣纔至，則胡又已去。聚而不罷，為費甚大，罷之，則胡復入。如此連年，則中國貧苦，而民不安矣。陛下幸憂邊境，遣將吏，發卒以治塞，甚大惠也。然令遠方之卒守塞，一歲而更，不知胡人之能，不如選常居者家室田作以備之。且以便為之高城深塹，具藺石，布渠答，復為一城其內，城間百五十步。要害之處，通川之道，調立城邑，毋下千家，為中周虎落，先為室屋，具田器。又募罪人及免徒復作令居之。不足，募以丁奴婢贖罪，及輸奴婢欲以拜爵者。不足，乃募民之欲往者。皆賜高爵，復其家，予冬夏衣，廩食，能自給而止，郡縣之民得買其爵，以自增至卿。其亡夫若妻者，縣官買予之。人情非有匹敵，不能久安其處。塞下之民，祿利不厚，不可使久居危難之地。胡人入驅而能止其所驅者，以其半予之，縣官為贖其民。如是則邑里相救助，赴胡不避死，非以德上也，欲全親戚而利其財也。此與東方之戍卒，不習地勢而心畏胡者，功相萬也。以陛下之時，徙民實邊，使遠方無屯戍之事。塞下之民，父子相保，無係虜之患。利施後世，民稱聖明，與秦之行怨民相去遠矣。上從其言，募民徙塞下。（《漢書・晁錯傳》）

大規模之移民實邊

武帝元朔二年，遣衞青擊匈奴，收河南之地，主父偃盛言朔方地肥饒，蒙恬城之，內省轉輸戍漕，為廣中國滅胡之本。武帝用其計，募民十萬徙居之。

元朔二年正月，匈奴入上谷、漁陽，殺略吏民千餘人。遣將軍衞青、李息出雲中，至高闕，遂西至符離，獲首虜數千級，收河南地，置朔方五原郡。夏，募民徙朔方十萬口。（《漢書・武帝紀》）

主父偃盛言朔方地肥饒，外阻河，蒙恬城之，以逐匈奴，內省轉輸戍漕，廣中國滅胡之本也。上覽其說，下公卿議。皆言不便。公孫弘曰，秦時常發三十萬衆，築北河，終不可就，已而棄之。主父偃盛

言其便。上竟用主父計，立朔方郡。（《史記·主父偃列傳》）

元狩二年秋，匈奴渾邪王降，遂空其地，置酒泉郡，稍發徙民充實之。翌年，遂減隴西北地上郡戍卒之半。

元狩二年秋，匈奴昆邪王殺休屠王，并將其衆，合四萬餘人，來降。置五屬國以處之，以其地為武威、酒泉郡。（《漢書·武帝紀》）

驃騎將軍（霍去病）擊破匈奴右地，降渾邪、休屠王，遂空其地。始築令居以西，初置酒泉郡，後稍發徙民充實之，分置武威、張掖、敦煌，列四郡，據二關焉。（《漢書·西域傳》）

三年秋，減隴西北地上郡戍卒半。（《漢書·武帝紀》）

四年春，漢兩將軍大出，圍單于，所殺虜八九萬，匈奴遠遁。漢度河，自朔方以西，至令居，往往通渠，置田官吏卒五六萬人。

以兵屯田之始

元狩四年春，大將軍衛青出定襄，將軍霍去病出代，各將五萬騎，青至漠北，圍單于，斬首萬九千級，至闐顏山乃還。去病與左賢王戰，斬獲首虜七萬餘級，封狼居胥而還。（《漢書·武帝紀》）

漢遣大將軍青票騎將軍去病絕幕擊匈奴。單于左賢王皆遁走。票騎封於狼居胥山禪姑衍而還。是後，匈奴遠遁，而幕南無王庭，漢度河自朔方以西至令居往往通渠，置田官吏卒五六萬人，稍蠶食地接匈奴以北。（《史記·匈奴列傳》）

太初元年，張掖、酒泉、上郡、朔方、西河、河西開田官，斥塞卒六十萬戍田之。

初置張掖、酒泉郡，而上郡朔方西河河西開田官，斥塞卒六十萬戍田之。（《史記·平準書》）

張掖郡，故匈奴渾王地，武帝太初元年開。酒泉郡，武帝太初元年開。（《漢書·地理志》）

而《漢書·武帝紀》，以為元鼎六年事，且謂復徙民以實之。未知孰是。

元鼎六年秋，分武威、酒泉地，置張掖、敦煌郡，徙民以實之。（《漢書·武帝紀》）

屯田西域之始　　是時又益北廣田，至眩雷。

漢東拔穢貉朝鮮以為郡，而西置酒泉郡，以鬲絕胡與羌通之路。漢又西通月氏、大夏，又以公主妻烏孫王，以分匈奴西方之援國。又北益廣田，至眩雷為塞。而匈奴終不敢以為言。（《史記·匈奴列傳》）

三年四月，遣徐自為、路博德城塞外，築居延。益發戍田卒十八萬，至張掖、酒泉北，築居延休屠，以衛酒泉。

太初三年四月，遣光祿勳徐自為，築五原塞外列城，西北至盧朐，游擊將軍韓說將兵屯之，強弩都尉路博德築居延。（《漢書·武帝紀》）

益發戍田卒十八萬酒泉、張掖北，置居延休屠以衛酒泉。（《史記·大宛列傳》）

四年春，貳師將軍李廣利破大宛之後，西域震懼，多遣使來貢獻，漢使者益便利。又於輪臺渠犂，皆置田卒，遣使者校尉領之，以給使外國者。

太初四年春，貳師將軍廣利斬大宛王首，獲汗血馬來。（《漢書·武帝紀》）

自貳師將軍伐大宛之後，西域震懼，多遣使來貢獻，漢使西域者益得職。自燉煌西至鹽澤，往往起亭。而輪臺渠犂皆有田卒數百人，置使者校尉領護，以給使外國者。（《漢書·西域傳》）

屯田之名始見　　征和四年六月，搜粟都尉桑弘羊與丞相御史，請屯田故輪臺以東，捷枝、渠犂地，以威西域。而武帝下詔深陳既往之悔，不許。

自武帝初通西域，置校尉屯田渠犂，是後軍旅連出，師行三十二年，海內虛耗。征和中，貳師將軍李廣利以軍降匈奴。上既悔遠

征伐，而搜粟都尉桑弘羊與丞相御史奏言，故輪臺以東，捷枝、渠
犁皆故國，地廣，饒水草，有溉田五千頃以上處，溫和田美，可益
通溝渠，種五穀，與中國同時熟。其傍國少錐刀，貴黃金采繒，可
以易穀食，宜給足不可乏。臣愚以為可遣屯田卒，詣故輪臺以東，
置校尉三人分護。各舉圖地形，通利溝渠，務使以時益種五穀。張
掖、酒泉遣騎假司馬，為斥候，屬校尉，事有便宜，因騎置以聞。
田一歲，有積穀，募民壯健有累重敢徙者，詣田所，就畜積為本業，
益墾溉田。稍築列亭，連城而西，以威西國，輔烏孫，為便。臣謹
遣徵事臣昌，分部行邊，嚴敕太守都尉，明烽火，選士馬，謹斥候，
蓄茭草。願陛下遣使使西域，以安其意，臣昧死請。上乃下詔，深
陳既往之悔，由是不復出軍。而封丞相車千秋為富民侯，以明休息，
思富養民也。（《漢書·西域傳》）

富民定侯車千秋，征和四年六月封。（《漢書·外戚恩澤侯
表》）

後昭帝用弘羊前議，以扜彌太子賴丹為校尉，
將兵田輪臺。龜茲貴人姑翼勸其王殺賴丹而上書謝
漢，漢未能征。至宣帝時，常惠始以便宜攻龜茲，
斬姑翼。亦未用弘羊策，大興輪臺以東屯田也。

初，貳師將軍李廣利擊大宛，還，過扜彌，扜彌太子賴丹為質
於龜茲。廣利責龜茲曰，外國皆臣屬於漢，龜茲何以得受扜彌質，
即將賴丹入至京師。昭帝乃用桑弘羊前議，以扜彌太子賴丹為校尉，
將兵田輪臺。輪臺與渠犁地皆相連也。龜茲貴人姑翼謂其王曰，賴
丹本臣屬吾國，今佩漢印綬來，迫吾國而田，必為害。王即殺賴丹，
而上書謝漢，漢未能征。宣帝時，長羅侯常惠使烏孫，還，便宜發
諸國兵，合五萬人，攻龜茲，責以前殺校尉賴丹。龜茲王謝曰，乃
我先王時為貴人姑翼所誤，我無罪，執姑翼詣惠，惠斬之。

當武帝初通西南夷道，作者數萬人，千里饋
糧，常十餘鍾而致一石，悉巴蜀租賦供之，猶不
足。乃募豪民田南夷，入粟縣官，而內受錢於

移民實南夷

都內。

漢通西南夷道，作者數萬人，千里負擔餽糧，率十餘鍾致一石。^{體六石四年}散幣於卬僰以集之。數歲道不通，諸夷因以數攻吏，發兵誅之。悉巴蜀租賦不足以供之。乃募豪民田南夷，入粟縣官，而內受錢於都內。（《史記·平準書》）

赵過以宮卒耕田

復有河東太守番係，發卒作渠田，以省漕運。搜粟都尉趙過試以離宮卒田其宮壖地，以試新法，而過之法使邊城內郡皆獲大益。

河東守番係言，漕從山東西，歲百餘萬石，更砥柱之艱，敗亡甚多而煩費。穿渠引汾，溉皮氏汾陰，下，引河溉汾陰蒲坂下，度可得五千頃。故盡河壖棄地，民茭牧其中耳。今溉田之，度可得穀二百萬石以上。穀從渭上與關中无異，而砥柱之東可无復漕。天子以為然，發卒數萬人，作渠田。數歲河移徙，渠不利，田者不能償種，久之河東渠田廢，予越人令少府，以為稍入。（《史記·河渠書》）

武帝末年，以趙過為搜粟都尉。過能為代田，一畂三甽，歲代處，故曰代田，古法也。后稷始甽田，以二耜為耦，廣尺深尺曰甽，長終畂，一畂三甽，一夫三百甽，而播種於甽中。苗生葉以上，稍耨隴草，因隤其土，以附苗根。故其詩曰，或耘或耔，黍稷儗儗。耘除草也，耔附根也。言苗稍壯，每耨輒附根，比盛暑，隴盡而根深，能風與旱，故儗儗而盛也。其耕耘下種田器，皆有便巧，率十二夫為一田井，一屋，用耦犂，二牛三人。一歲之收，常過縵田，畂一斛以上，善者倍之。過使教田太常三輔，大農置工巧奴與從事，為作田器。二千石遣令長三老力田，及里父老，善田者，受田器，學耕種養苗狀。民或苦少牛，无以趨澤，故平都令光，教過以人輓犂。過奏光以為丞，教民相與庸輓犂。率多人者田日三十畂，少人者十三畂，以故田多墾闢。過試以離宮卒田其宮壖地，課得穀皆多其旁田，畂一斛以上。令命家田三輔公田，又教邊郡及居延城。是後邊城河東弘農三輔太常民皆便代田，用力少而得穀多。（《前漢書·食貨志》）

又因徙民七十餘萬實邊，用度不足，算緡錢，匿不自占，占不悉者，沒入官。得民田大縣數百頃，小縣百餘頃，置農曹卽郡縣田之。

元狩四年冬，有司言，關東貧民徙隴西、北地、西河、上郡、會稽，凡七十二萬五千口。縣官衣食振業，用度不足。請收銀錫造白金及皮幣，初算緡錢。（《漢書·食貨志》）

公卿言，異時算軺車賈人緡錢皆有差，請算如故。匿不自占，占不悉，戍邊一歲，沒入緡錢。有能告者，以其半畀之。（《漢書·食貨志》）

楊可告緡徧天下，中家以上，大抵皆遇告。乃分遣御史廷尉正監，分曹往，卽治郡國緡錢，得民財物以億計，田大縣數百頃，小縣百餘頃。而水衡、少府、大農、太僕，各置農官，往往卽郡縣比沒入田田之。（《史記·平準書》）

昭帝，始元二年，調故將吏屯田張掖。

屯田張掖

始元二年冬，發習戰士詣朔方，調故吏將屯田張掖郡。（《漢書·昭帝紀》）

元鳳四年，以樓蘭王為匈奴反間，其弟尉屠耆來降，言其事於漢，遂命傅介子往斬其王。更其國名為鄯善，遣尉屠耆遝為王。尉屠耆自請於天子，謂其國伊循地肥美，願漢遣一將屯田積穀，令其得依漢威重。於是，漢遣司馬一人，吏士四十人，往屯田，以鎮撫之。

屯田樓蘭

樓蘭王後復為匈奴反間，數遮殺漢使，其弟尉屠耆降漢，具言狀。元鳳四年，大將軍霍光白遣平樂監傅介子，往刺其王。介子告諭以王負漢罪，天子遣我誅王，當更立王弟尉屠耆在漢者，漢兵方至，毋敢動自令滅國。介子遂斬王安歸首，馳傳詣闕，懸首北闕下，封介子義陽侯。乃立尉屠耆為王，更名其國為鄯善，為刻印章，賜以宮女為夫人，備車騎輜重，祖而遣之。王自請天子曰，身在漢久，今歸單弱，而前王有子在，恐為所殺。國中有伊循城，其地肥美，願漢遣一將屯田積穀，令臣得依其威重。於是，漢遣司馬一人，吏士四十人，田伊循，以鎮撫之，其後更置都尉，伊循官置始此矣。（《漢書·西域傳》）

匈奴效法屯田　　匈奴之强也，西域諸國咸為其所役屬，供其賦稅，以致富强。昭帝季年，匈奴震於漢之屯田西域，鎮撫諸國，奪其外府。又畏强大之烏孫助漢攻之。遂亦改其游牧之俗，遣騎兵屯田車師，與漢爭烏孫。烏孫上書告急。會昭帝崩，漢兵不果出。

西域諸國大率土著，有城郭田畜，故皆役屬匈奴。匈奴西邊日逐王置僮僕都尉使領西域。常居焉耆危通尉黎間，賦稅諸國，取富給焉。（《漢書·西域傳》）

烏孫國大昆彌治赤谷城。不田作種樹，隨畜逐水草，與匈奴同俗。國多馬，富人至四五千匹，最為強國。故服屬匈奴，後盛大，不肯往朝會。始張騫言，烏孫本在敦煌間，今強大，可厚賂招令東居故地，妻以公主，以制匈奴。武帝即令騫齎金帛往致賜諭指，烏孫使使獻馬，願得尚漢公主。元封中，遣江都王建女細君為公主，以妻焉。公主死，漢復以楚王戊之孫解憂為公主。昭帝時，公主上書言，匈奴發騎田車師，車師與匈奴為一，共侵烏孫，惟天子幸救之。漢養士馬，議欲擊匈奴，會昭帝崩。（《漢書·西域傳》）

宣帝即位，烏孫昆彌復上書，言連為匈奴所侵，願發國中精兵擊匈奴，惟天子出兵哀救公主。本始二年，遣五將軍將十五萬騎出塞，命校尉常惠持節護烏孫兵，共擊匈奴，匈奴屯田車師者驚去。翌年，惠將烏孫兵入匈奴右地，大克獲。

宣帝即位，烏孫昆彌復上書言，連為匈奴所侵削，昆彌願發國中精兵，人馬五萬匹，盡力擊匈奴。唯天子出兵，哀救公主。本始二年，漢大發關東輕銳士，選郡國吏三百石，伉健習騎射者，皆從

軍。遣御史大夫田黃明為祁連將軍，四萬餘騎，出西河。度遼將軍
范明友三萬餘騎，出張掖。前將軍韓增三萬餘騎，出雲中。後將軍
趙充國為蒲類將軍三萬餘騎，出酒泉。雲中太守田順為虎牙將軍，
三萬餘騎，出五原。凡五將軍兵十餘萬騎，出塞各二千餘里。及校
尉常惠使護發兵烏孫西域，昆彌自將翎侯以下五萬餘騎，從西方入，
與五將軍兵凡二十餘萬衆。匈奴聞漢兵大出，老弱犇走，敺畜產遠
遁逃。是以五將少所得。校尉常惠與烏孫兵至右谷蠡庭，獲單于父
行及嫂居次名王犁汙都尉千長將以下三萬九千餘級，虜馬牛羊驢臝
橐駝七十餘萬。漢封惠為長羅侯。匈奴民衆死傷去者，及畜產遠移
死亡，不可勝數。於是，匈奴遂衰耗。（《漢書·匈奴傳》）

　　昭帝時，匈奴復使四千騎田車師。宣帝即位。遣五將軍，將兵
擊匈奴，車師田者驚去。車師復通於漢。（《漢書·西域傳》）

後車師王烏貴立，復與匈奴相通，地節二年，　　　　　屯田渠犂
漢遣侍郎鄭吉將免刑罪人，屯田渠犂，積穀以討車
師，至秋收穀，發兵擊車師、交河城，破之。會食
盡，罷兵歸渠犂，翌年秋收畢，復發兵，擊降車
師王。

　　車師烏貴立為王，與匈奴結婚姻，教匈奴遮漢道通烏孫者。地
節二年，漢遣侍郎鄭吉，校尉司馬憙，將免刑罪人，田渠犂，積穀，
欲以攻車師。至秋收穀，吉、憙發城郭諸國兵萬餘人，自與所將田
士千五百人，共擊車師，次交河城，破之。王尚在其北石城中，未
得，會軍食盡，吉等且罷兵歸渠犂田。秋收畢，復發兵攻車師王於
石城，王聞漢兵且至，北走匈奴求救，匈奴未為發兵。王來還，與
貴人蘇猶議，欲降漢，恐不見信。蘇猶教王，擊匈奴邊國小蒲類，
斬略其人民以降吉。車師傍小金附國隨漢後盜車師，車師王復自請
擊破金附。匈奴聞車師降漢，發兵攻車師，吉、憙引兵北逢之，匈
奴不敢前。吉、憙卽留一候，與卒二十人，留守王，吉等引兵歸渠
犂。（《漢書·西域傳》）

吉既擊降車師，東歸奏事，至酒泉，詔吉還田　　　　　屯田車師

渠犁及車師，以安西域，制匈奴。吉還，使吏卒三百人田車師。

> 吉等引兵還渠犁，車師王恐匈奴兵復至而見殺也，乃輕騎奔烏孫。吉卽迎其妻子置渠犁，東奏事，至酒泉，有詔還田渠犁及車師，益積穀以安西國，侵匈奴。吉還，傳送車師王妻子詣長安，於是，吉始使吏卒三百人，別田車師。（《漢書·西域傳》）

匈奴於漢破車師之後，立車師王昆弟兜莫為王，收其餘民東徙。其明年，遣左右大將各將萬餘騎，屯田右地，欲以侵迫烏孫，爭西域。

> 西域城郭共擊匈奴，取車師國，得其王及人衆而去。單于復以車師王昆弟兜莫為車師王，收其餘民東徙，不敢居故地。而漢益遣屯士，分田車師地以實之。其明年，匈奴怨諸國共擊車師，遣左右大將，各將萬餘騎，屯田右地，欲以侵迫烏孫西域。（《漢書·匈奴傳》）

匈奴既知與漢爭西域，非爭屯田不能為功，以車師地肥美而近之也，尤畏漢兵屯田其地，故遣兵攻之。鄭吉乃盡率渠犁田卒，往田車師。匈奴益增遣兵來爭，且聲言單于必爭此地，漢兵不可屯田，常命數千騎，往來擾車師田卒。

> 得降者言，單于大臣皆曰，車師地肥美，近匈奴，使漢得之，多田積穀，必害人國，不可不爭也。果遣騎來擊田者，吉乃與校尉，盡將渠犁田士千五百人，往田，匈奴復益遣騎來，漢田卒少，不能當，保車師城中。匈奴將卽其城下，謂吉曰，單于必爭此地，不可田也，圍城數日乃解，後常數千騎往來守車師。

至元康二年，匈奴益遣兵，擊漢屯田車師者，不能下。鄭吉上書，請增屯田卒。宣帝與後將軍趙充國等議，欲擊匈奴右地，使不敢復擾西域。

元康二年匈奴遣左右奧鞬，各將六千騎，與左大將再擊漢之田車師者，不能下。（《漢書·匈奴傳》）

鄭吉上書言，車師去渠犁千餘里，間以河山，北近匈奴，漢兵在渠犁者勢不能相救，願益田卒。（《漢書·西域傳》）

元康中，匈奴遣兵擊漢屯田車師者，不能下。上與後將軍趙充國等議，欲因匈奴衰弱，出兵擊其右地，使不敢復擾西域。（《漢書·魏相傳》）

丞相魏相上書諫止，遂罷車師屯田。召故車師太子軍宿立為王，盡徙車師國民令居渠犁。車師王得近漢田官，與匈奴絕，亦安樂親漢。

丞相魏相上書諫曰，間者，匈奴常有善意，所得漢民輒奉歸之，未有犯於邊境，雖爭屯田車師，不足置意中。今聞諸將軍欲興兵入其地，今邊郡困乏，父子共犬羊之裘，食草萊之實，常恐不能自存，難以動兵。上從相言而止。（《漢書·魏相傳》）

公卿議，以為道遠煩費，可且罷車師田者，詔遣長羅侯常惠，將張掖、酒泉騎，出車師北千餘里，揚威武。車師旁胡騎引去，吉乃出歸渠犁，凡三校尉屯田，漢召故車師太子軍宿在焉者者，立以為王。盡徙車師國民，令居渠犁。遂以車師故地與匈奴，車師王得近漢田官，與匈奴絕，亦安樂親漢。其後置戊己校尉，屯田居車師故地。（《漢書·西域傳》）

三年，先零羌與諸羌解仇交質，後將軍趙充國恐羌變將起，請遣使者行邊為備。丞相御史兩府白遣義渠安國，行視諸羌，分別善惡。安國召先零羌豪三十餘人斬之，縱兵擊其種人，諸降羌恐怒，神爵元年，遂叛。安國將騎三千屯備羌，為虜所敗退還。

元康三年，先零與諸羌種豪二百餘人，解仇交質盟詛。上聞之，以問後將軍趙充國。對曰，羌人所以易制者，以其種自有豪，數相

攻擊，勢不一也。往三十餘歲，西羌反時，亦先解仇合約，臣恐羌
變未止此，宜及未然為之備。後月餘，羌侯鄉何果遣使，至匈奴藉
兵，欲擊鄯善敦煌，以絕漢道。充國疑匈奴使已至羌中，先零罕开
乃解仇作約，到秋涼馬肥，變必起矣，宜遣使者行邊兵，豫為備，
敕視諸羌，以發覺其謀。於是，兩府復白遣義渠安國行視諸羌，分
別善惡。安國至，召先零諸豪三十餘人，以尤桀黠，皆斬之，縱兵
擊其種人，斬首千餘級。於是，諸降羌及歸義羌侯楊玉等恐，遂刼
略小種，攻城邑，殺長吏。安國以騎都尉將騎三千，屯備羌，至浩
亹，為虜所擊，失亡甚衆，安國引還，是歲神爵元年春也。（《漢
書‧趙充國傳》）

趙充國屯田奏　　　充國請於帝，以羌事屬之，欲以威信招降罕
开。及被刼同反者，解散虜謀，要其倦乃擊之。酒
泉太守辛武賢請分兵並出張掖、酒泉，合擊罕开，
大軍仍出，虜必震壞，帝拜許延壽為強弩將軍，武
賢為破羌將軍，將納其策。充國請先誅先零，罕开
可不煩兵而服，帝從充國謀。其秋，充國病，帝命
武賢佐充國，急擊先零。時羌降者已萬餘，充國欲
罷騎兵，屯田，以待其敝。會得進兵詔，遂上屯
田奏。

時，充國年七十餘，上老之，使御史大夫丙吉，問誰可將者，
充國對曰，無逾於老臣者矣。遂西至西部都尉府，虜數挑戰，充國
堅守，欲以威信招降罕开，及刼略者，解散虜謀，徼極乃擊之。酒
泉太守辛武賢奏言，今虜朝夕為寇，漢馬不耐冬，可以七月上旬，
分兵並出酒泉、張掖，合擊罕开在鮮水上者，奪其畜產妻子，冬復
擊之，大兵仍出，虜必震壞。上乃拜侍中許延壽為強弩將軍，武賢
為破羌將軍，賜璽書，嘉納其策。充國上書陳兵利害，曰，前幸賜
書，擇羌人，可使使罕，諭告以大軍當至，漢不誅罕，以解其謀，
罕开之屬皆聞知明詔。今先零羌楊玉將騎四千，及煎鞏騎五千，候

使為寇，罕开未有所犯，先誅先零，罕开之屬不煩兵而服矣。璽書報從充國計。其秋，充國病，上賜書曰，將軍年老加疾，一朝之變不可諱，朕甚憂之。今詔破羌將軍詣屯所，為將軍副，急擊先零羌。即疾劇，留屯毋行，獨遣破羌強弩將軍。時羌降者萬餘人矣，充國度其必壞，欲罷騎兵，屯田以待其敝，作奏未及上，會得進兵璽書，遂上屯田奏。曰，臣聞兵者，所以明德除害也，故舉得於外，則福生於內，不可不慎。臣所將吏士馬牛食，月用糧穀十九萬九千六百三十斛，鹽千六百九十三斛，茭藁二十五萬二百八十六石，難久不解，繇役不息。又恐它夷卒有不虞之變，相因並起，為明主憂，誠非素定廟勝之冊。且羌虜易以計破，難用兵碎也，臣愚，以為擊之不便。計度臨羌東至浩亹，羌虜故田及公田民所未墾，可二千頃以上。其間郵亭多壞敗者，臣前部士入山，伐材木大小六萬餘枚，皆在水次。願罷騎兵，留弛刑應募，及淮陽、汝南步兵，與吏士私從者，合凡萬二百八十一人，用穀月二萬七千三百六十三斛，鹽三百八斛，分屯要害處，冰解漕下，繕鄉亭，浚溝渠，治湟陿以西道橋七十所，令可至鮮水左右。田事出賦人二十晦，至四月草生，發郡騎及屬國胡騎伉健各千，倅馬什二就草，為田者遊兵，以充入金城郡，益積畜，省大費。今大司農所轉穀至者，足支萬人一歲食。謹上田處，及器用簿，唯陛下裁許。(《漢書·趙充國傳》)

　　詔詢罷騎兵屯田，虜當何時伏誅，令充國熟計其便復奏。充國奏言，兵決可期月而望，屯田得十二便，出兵失十二利。

　　上報曰，皇帝問後將軍，言欲罷騎兵，萬人留田，即如將軍之計，虜當何時伏誅，兵當何時得決，熟計其便復奏。充國上狀曰，臣聞帝王之兵，以全取勝，是以貴謀而賤戰，戰而百勝，非善之善者也，故先為不可勝，以待敵之可勝。蠻夷習俗雖殊於禮義之國，然其欲避害就利，愛親戚，畏死亡，一也。今虜亡其美地薦草，愁於寄託遠遯，骨肉離心，人有畔志。而明主班師罷兵，萬人留田，順天時，因地利，以待可勝之虜，雖未即伏辜，兵決可期月而望。羌虜瓦解，前後降者萬七百餘人，及受言去者凡七十輩，此坐支解羌虜之具也。臣謹條，不出兵留田便宜十二事，步兵九校，吏士萬人，留屯以為武備，因田致穀，威德並行，一也。又因排折羌虜，令不得歸肥饒之地，貧破其衆，以成羌虜相畔之漸，二也。居民得並田作，不失農業，三也。軍馬一月之食，度支田士一歲，罷騎兵以省大費，四也。至春，省甲，士卒循河湟漕穀至臨羌，以眎羌虜，揚威武，傳世折衝之具，五也。以閒暇時，下所伐材，繕治郵亭，充入金城，六也。兵出乘危徼幸，不出，令反畔之虜竄於風寒之地，離霜露疾疫瘃墮之患，坐得必勝之道，七也。亡經阻遠，追死傷之害，八也。內不損威武之重，外不令虜得乘閒之埶，九也。又亡驚動河南、大开、小开使生它變之憂，十也。治湟陿中道橋，令可至鮮水，以制西域，信威千里，從枕席上過師，十一也。大費既省，繇役豫息，以戒不虞，十二也。留屯田得十二便，出兵失十二利。臣充國材下，犬馬齒衰，不識長册，唯明詔博詳公卿議臣採擇。（《漢書·趙充國傳》）

帝又詔，若虜聞兵罷，復來攻擾，何以止之。大开、小开前告漢軍先零所在，漢不往擊，二开得毋復通先零。充國奏，以為屯田內有省費之利，外有守禦之備，不戰而虜瓦解，破羌校尉辛臨衆拊循衆羌，三开宜無他心。

上復賜報曰，皇帝問後將軍，言十二便，聞之，虜雖未伏誅，兵決可期月而望，期月而望者，謂今冬邪，謂何時也，將軍獨不計，虜聞兵頗罷，且丁壯相聚攻擾田者，及道上屯兵，復殺略人民，將何以止之。又大开小开前言曰，我告漢軍先零所在，兵不往擊，久留，得無效五年時，不分別人而并擊我，其意常恐，今兵不出，得無變生，與先零為一，將軍熟計復奏。充國奏曰，臣聞兵以計為本，故多算勝少算。先零羌精兵今餘不過七八千人，失地遠客，分散飢凍，甲开莫須又頗暴略其贏弱畜產，畔還者不絕，皆聞天子明令相捕斬之賞。臣愚，以為虜破壞可日月冀，遠在來春。故曰，兵決可期月而望。竊見北邊，自燉煌至遼東，萬一千五百餘里，乘塞列隧

有吏卒數千人，虜數大衆攻之，而不能害。今留步士萬人屯田，地
埶平易，多高山遠望之便，部曲相保，為塹壘木樵，校聯不絕，便
兵弩，飭鬭具，烽火幸通，埶及幷力，以逸待勞，兵之利者也。臣
愚以為屯田內有無費之利，外有守禦之備，騎兵雖罷，虜見萬人留
田，為必禽之具，其土崩歸德，宜不久矣。從今盡三月，虜馬羸瘦，
必不敢捐其妻子，於它種中，遠涉河山，而來為寇。又見屯田之士，
精兵萬人，終不敢復將其累重，還歸故地，是臣之愚計，所以度虜
且必瓦解其處，不戰而自破之冊也。至於虜小寇盜，時殺人民，其
原未可卒禁。臣聞戰不必勝，不苟接刃。攻不必取，不苟勞衆。誠
令兵出，雖不能滅先零，亶能令虜絕不為小寇，則出兵可也。卽今
同是，而釋坐勝之道，從乘危之埶，往終不見利，空內自罷散，貶
重而自損，非所以視蠻夷也。又大兵一出，還不可復留，湟中亦未
可空，如是，繇役復發也。且匈奴不可不備，烏桓不可不憂。今久
轉運煩費，傾我不虞之用以瞻一隅，臣愚以為不便。校尉臨衆，幸
得承威德，奉厚幣，拊循衆羌，諭以明詔，宜皆鄉風。雖其前辭嘗
曰，得無效五年，宜無它心，不足以故出兵。臣竊自惟念，奉詔出
塞，引軍遠擊，窮天子之精兵，散車甲於山野，雖無尺寸之功，媮
得避慊之便，而無後咎餘責，此人臣不忠之利，非明主社稷之福也。
（《漢書·趙充國傳》）

帝乃聽充國之請，又以武賢、延壽數言羌當
擊，於是兩從其計。令延壽等出擊斬降，八千餘
人，充國復降五千餘人，遂詔罷兵，獨充國留
屯田。

上於是報充國曰，皇帝問後將軍，上書言，羌虜可勝之道，今
聽將軍，將軍計善，其上留屯田及當罷者人馬數，將軍強食，慎兵
事自愛。上以破羌強弩將軍數言當擊，又用充國屯田處離散，恐虜
犯之，於是，兩從其計。詔兩將軍與中郎將卬出擊，強弩出降四千
餘人，破羌斬首二千級，中郎將卬斬首降者亦二千餘級。而充國所
降，復得五千餘人。詔罷兵，獨充國留屯田。（《漢書·趙充國
傳》）

趙充國屯田

二年五月，充國奏言，羌遺脫與煎鞏黃羝俱亡者，不過四千人，羌靡忘自言必能得之，請罷屯兵，奏可，充國振旅而還。其秋，羌人共斬楊玉，帥四千餘人降。

明年五月，充國奏言，羌本可五萬人，軍凡斬首七千六百級，降者三萬一千二百人，溺河湟飢餓死者五六千人，定計遺脫，與煎鞏黃羝俱亡者，不過四千人，羌靡忘等自詭必得，請罷屯兵，奏可，充國振旅而還。其秋，羌若零、離留、且種、兒庫共斬先零大豪猶非楊玉首，及諸豪弟澤、陽雕、良兒、靡忘，皆帥煎鞏黃羝之屬四千餘人降漢。封若零、弟澤二人為帥衆王，離留、且種二人為侯，兒庫為君，陽雕為言兵侯，良兒為君，靡忘為獻牛君，初置金城屬國，以處降羌。（《漢書‧趙充國傳》）

鄭吉既破車師，遷衞司馬，護鄯善以西南道。神爵三年，匈奴日逐王將衆來降，吉迎之，詣京師。吉既破車師，降日逐，威振西域，遂并護鄯善以西北道，故號都護。吉於是中西域而立幕府於烏壘城，鎮撫諸國，漢之號令班於西域矣。

宣帝時，吉以侍郎田渠犂，積穀，因發諸國兵，攻破車師，遷衞司馬，使護鄯善以西南道。神爵中，匈奴乖亂，日逐王先賢撣欲降漢，使人與吉相聞，吉發渠犂、龜茲諸國數萬人，迎日逐王，口萬二千人，小王將十二人，隨吉至河曲，頗有亡者，吉追斬之，遂將詣京師。漢封日逐王為歸德侯。吉既破車師，降日逐，威震西域，遂并護鄯善以西北道，故號都護。都護之置，自吉始焉。上嘉其功，封吉安遠侯。吉於是，中西域而立幕府，治烏壘城，鎮撫諸國，誅伐懷集之，漢之號令班西域矣。（《漢書‧鄭吉傳》）

匈奴賦稅諸國以取富給之。僮僕都尉遂由此罷。於是，徙屯田於北胥鞬，披莎車之地。

神爵三年，使吉并護北道，故號曰都護，僮僕都尉由此罷，匈奴益弱，不得近西域矣。於是，徙屯田卒於北胥鞬，披莎車之地。
（《漢書·西域傳》）

以屯田為征討之
基

　　烏孫、昆彌翁歸靡請以漢外孫元貴靡為嗣，會
病死，烏孫貴人共從本約，立其從子泥靡。後翁歸
靡、胡婦之子烏就屠，襲殺泥靡，自立為昆彌。漢
遣破羌將軍辛武賢，將兵萬五千人，至敦煌，穿井
渠，欲積穀通渠，建廬倉以討之。

　　烏孫昆彌岑陬子泥靡尚小，岑陬且死，以國與季父大祿子翁歸
靡，曰，泥靡大，以國歸之。元康二年，烏孫昆彌因常惠上書，願
以漢外孫元貴靡為嗣，令得復尚漢公主。天子乃以烏孫主弟子相夫
為公主，使長羅侯常惠送少主，至敦煌，未出塞，聞翁歸靡死。烏
孫貴人共從本約，立岑陬子泥靡，代為昆彌，號狂王。天子徵還少
主。翁歸靡胡婦子烏就屠，後襲殺狂王，自立為昆彌。漢遣破羌將
軍辛武賢，將兵萬五千人至敦煌，遣使者案行表，穿卑鞮侯井以西，
_{孟康曰：大井通渠溉田·}欲通渠轉穀，積倉居廬以討之。（《漢書·西域傳》）
_{下流彌出在白龍堆東}

屯田赤谷城

　　楚公主侍者馮夫人為諸國所敬信，鄭吉因使之
說烏就屠降漢，烏就屠乞漢賜以小號，宣帝徵馮夫
人問其狀。遂遣馮夫人，錦車持節，立元貴靡為大
昆彌，烏就屠為小昆彌。破羌之軍，未出塞還。後
漢復遣常惠，將三校士卒，屯田赤谷城，為分別其
人民地界。

　　初，楚主侍者馮嫽能史書，習事，常持漢節，為公主使，行賞
賜於諸國，諸國敬信之，號曰馮夫人，為烏孫右大將妻。右大將與
烏就屠相愛，都護鄭吉使馮夫人，說烏就屠以漢軍方出，必見滅，
不如降。烏就屠恐，曰，願得小號。宣帝徵馮夫人自問狀，遣謁者
竺賜期門甘延壽為副，送馮夫人。馮夫人錦車持節，詔烏就屠詣長
羅侯赤谷城，立元貴靡為大昆彌，烏就屠為小昆彌，皆賜印綬。破
羌將軍不出塞還。後烏就屠不盡歸諸翎侯民衆，漢復遣長羅侯惠，

將三校，屯赤谷。因為分別其人民地界，大昆彌戶六萬餘，小昆彌戶四萬餘。（《漢書·西域傳》）

元帝初元元年，復置戊己校尉，屯田車師前王庭。

元帝時，復置戊己校尉，屯田車師前王庭。（《漢書·西域傳》）

戊己校尉，元帝初元元年置。（《漢書·百官公卿表》）

屯田姑墨

後徙己校屯田姑墨。

烏就屠死，子拊離代立，為弟日貳所殺。漢遣使者立拊離子安日，為小昆彌。日貳亡阻康居，漢徙己校屯姑墨，欲候便討焉。安日使貴人姑莫匿等三人詐亡從日貳，刺殺之。（《漢書·西域傳》）

屯田珠崖未果

三年春，珠崖郡山南縣反，博謀羣臣，或請誅之，或請屯田。待詔賈捐之以為宜棄之，乃罷珠崖郡。

三年春，珠厓郡山南縣反，博謀羣臣。待詔賈捐之以為宜棄珠厓，救民飢饉，乃罷珠厓。（《漢書·元帝紀》）

詔曰，珠厓虜殺吏民，背叛為逆，今廷議者，或言可擊，或言可守，或欲棄之，其指各殊。朕日夜思惟，議者之言，羞威不行，則欲誅之，狐疑避難，則守屯田。今關東大困，倉庫空虛，無以相贍，又以動兵，非特勞民，凶年隨之。其罷珠厓郡，民有慕義欲內屬，便處之，不欲勿強。（《漢書·賈捐之傳》）

屯田五原北假

五年四月，詔罷北假田官。至王莽時，遣尚書大夫趙並為田禾將軍，發戍卒屯田其地，以助軍糧。

五年四月，詔罷北假田官、鹽鐵官、常平倉。（《漢書·元帝紀》）

元帝卽位，天下大水，在位諸儒多言，鹽鐵官及北假田官、常平倉可罷，毋與民爭利，上從其議。（《漢書·食貨志》）

王莽始建國三年，遣尚書大夫趙並，使勞北邊，還，言五原北假膏壤殖穀，異時常置田官，乃以並為田禾將軍，發戍卒屯田北假，以助軍糧。（《漢書‧王莽傳》）

永光二年秋，隴西羌彡姐旁種反，召丞相韋玄成等入議。玄成等漠然莫有對者，右將軍馮奉世謂羌虜背叛，近在境內，不誅之無以威服遠夷，今反虜不下三萬人，用四萬兵，一月足以平之，願帥師往討。丞相等以為發萬人屯守之宜足，奉世固爭，詔益二千人，遣奉世將之，以將屯為名，到隴西。奉世令校尉與羌爭地利，及救民於廣陽谷，皆不利，復請益兵，帝許之。十月，兵畢至隴四，十一月，大破羌虜，斬首數千，餘皆逃塞外。帝命罷兵，頗留吏士屯田，以備要害。

馮奉世屯田隴西

永光二年秋，隴西羌彡姐旁種反，詔召丞相韋玄成、御史大夫鄭弘、大司馬車騎將軍王接、左將軍許嘉、右將軍奉世入議。是時，歲比不登，京師穀石二百餘，邊郡四百，關東五百，四方飢饉，朝庭方以為憂，而遭羌變，玄成等漠然莫有對者。奉世曰，羌虜近在境內背畔，不以時誅，無以威制遠蠻，臣願帥師討之。上問用兵之數。對曰，臣聞善用兵者，役不再興，糧不三載。故師不久暴，而天誅亟決。往者數不料敵，而師至於折傷，再三發軔，則曠日煩費，威武虧矣。今反虜無慮三萬人，法當倍，用六萬人。然羌戎弓矛之兵耳，器不犀利，可用四萬人，一月足以決。丞相御史兩將軍皆以為民方收斂時，未可多發，萬人屯守之且足。奉世曰，不可。天下被飢饉，士馬羸耗，守戰之備久廢不簡，夷狄皆有輕邊吏之心，而羌首難。今以萬人分屯數處，虜見兵少，必不畏懼，戰則挫兵病師，守則百姓不救，如此，怯弱之形見，羌人乘利，諸種並和，相扇而起。臣恐中國之役不得止於四萬，非財幣之所能解也。故少發師而曠日，與一舉而疾決，利害相萬也。固爭之，不能得，有詔益二千人。

於是，遣奉世將萬二千騎，以將屯為名，典屬國任立護軍都尉韓昌為偏裨，到隴西，分屯三處。典屬國為右軍，屯白石。護軍都尉為前軍，屯臨洮。奉世為中軍，屯首陽西極上。前軍到降同阪，先遣校尉在前，與羌爭地利，又別遣校尉，救民於廣陽谷，羌虜盛多，皆為所破，殺兩校尉。奉世具上地形部眾多少之計，願益三萬六千人，乃足以決事。書奏，天子大為發兵六萬餘人。拜太常弋陽侯任千秋為奮武將軍，以助焉。十月，兵畢至隴西。十一月，並進，羌虜大破斬首數千級，餘皆走出塞。兵未決間，漢復發募士萬人，拜定襄太守韓安國為建威將軍，未進，聞羌破，還，上曰，羌虜破散，創艾亡逃出塞，其罷吏士，頗留屯田，備要害處。（《漢書・馮奉世傳》）

陳湯以屯田吏士立功西域

匈奴郅支單于西奔康居，借兵擊烏孫，數深入，烏孫西邊空不敢居。又遣使責闔蘇、大宛諸國歲遺，均不敢不與。建昭三年，西域副校尉陳湯與都護甘延壽俱出西域。湯以西域本屬匈奴，今郅支威名遠聞，侵陵烏孫、大宛，如得此二國，北擊伊列，西取安息，南排月氏山離烏弋，西域危矣。郅支所在雖絕遠，蠻夷無金城強弩之守。如以屯田吏士，及烏孫諸國兵，指其城下，必能成大功。會延壽久病，湯獨矯制發諸國兵，及屯田吏士，合四萬餘人，入康居，斬郅支及閼氏太子名王以下千五百餘級，降虜千餘人。

建昭三年秋，使護西域騎都尉甘延壽、副校尉陳湯矯發戊己校尉屯田吏士及西域胡兵，攻郅支單于。冬斬其首，傳詣京師，懸蠻夷邸門。（《漢書・元帝紀》）

宣帝時，匈奴乖亂，五單于爭立，呼韓邪單于與郅支單于俱遣子入侍，漢兩受之。後呼韓邪單于身入稱臣朝見，郅支以為呼韓邪破弱降漢，不能自還，即西收右地。會漢發兵送呼韓邪單于，郅支由是遂西破呼偈堅昆丁令，兼三國而都之，怨漢擁護呼韓邪而不助己，困辱漢使者江迺始等。初元四年，遣使奉獻，因求侍子，願為內附，漢議遣衛司馬谷吉送之。既至，郅支單于怒，竟殺吉等，自知負漢，又聞呼韓邪益彊，遂西奔康居。康居甚尊敬郅支，欲倚其威以脅諸國。郅支數借兵擊烏孫，烏孫不敢追，西邊空虛不居者且千里。又遣使責閩蘇大宛諸國歲遺，不敢不予。漢遣使三輩至康居，求谷吉等死，郅支困辱使者，不肯奉詔。建昭三年，湯與延壽出西域，與延壽謀曰，夷狄畏服大種，其天性也。西域本屬匈奴，今郅支單于侵陵烏孫、大宛，欲降服之。如得此二國，北擊伊列，西取安息，南排月氏，山離，烏弋。數年之間，城郭諸國危矣。久畜之，必為西域患。如發屯田吏士，驅從烏孫眾兵，直指其城下。彼亡則無所之，守則不足自保。千載之功，可一朝而成也。延壽亦以為然，欲奏請之。湯曰，國家與公卿議大策，非凡所見事，必不從。延壽猶與不聽，會其久病，湯獨矯制，發城郭諸國兵，車師戊己校尉屯田吏士。延壽遂從之，部勒行陳，漢兵胡兵合四萬餘人。延壽湯上疏自劾奏矯制，陳言兵狀。即日引軍分行，別為六校。其三校從南道，踰蔥嶺，徑大宛。其三校都護自將。發溫宿國，從北道入赤谷，過烏孫，涉康居界。前至郅支城，都賴水上。離城郭三里，止營傅陳。望見單于城上，數百人披甲乘城，城上人更招漢軍鬭來。延壽湯令軍聞鼓音皆薄城下，四面圍城，大呼乘之，並入土城中。單于被創死。軍候假丞杜勳斬單于首，得漢使節二，及谷吉等所齎帛書，諸鹵獲以畀得者。凡斬閼氏太子名王以下千五百一十八級，生虜百四十五人，降虜千餘人。賦予城郭諸國所發十五王。(《漢書·陳湯傳》)

成帝河平中，西南夷夜郎、鉤町、漏臥相攻擊。遣使和解之，不從。杜欽謂蠻夷遠藏溫濕毒草之地，攻之，不可。屯田守之，費不可勝計。宜選任職太守往，乘便誅其尤不軌之王侯。

成帝河平中，夜郎王興與鉤町王禹，漏臥侯俞，更舉兵相攻。遣大中大夫張匡持節和解，興等不從。杜欽說大將軍王鳳曰，蠻夷王侯不憚國威，遠藏溫暑毒草之地。雖有孫吳將賁育往必病沒，士知勇無所施。屯田守之，費不可勝重。宜選任職太守往，以秋涼時，入誅其王侯尤不軌者。（《漢書·西南夷傳》）

馮英屯田西南夷之議

後至王莽時，遣寧始將軍廉丹，庸部牧史熊，擊鉤町。大事賦斂，就都大尹馮英不肯給。上言，宜罷兵屯田。莽不從。

天鳳三年，更遣寧始將軍廉丹與庸部牧史熊，擊鉤町，頗斬首有勝。莽徵丹熊。丹熊願益調度，必克乃還。復大賦斂，就都大尹馮英不肯給。上言，反畔以來，積且十年，距擊不已。費以億計，吏士離毒氣，死者什七。令丹熊懼於自詭期會，調發諸郡兵穀，復賢民取其十四。空破梁州，功終不遂。宜罷兵屯田，明設購賞。莽怒免英官，後頗覺悟，曰：英亦未可厚非。復以英為長沙連率。（《漢書·王莽傳》）

第三章　東漢之屯田

王莽之末，天下旱蝗。黃金一斤，易粟一斛。

初，王莽末，天下旱蝗。黃金一斤，易穀一斛。（《後漢書・光武帝紀》）

馮衍勸鮑永屯田

更始二年，遣鮑永安集北方。馮衍因說以選賢任能，屯田積穀，繕甲養士，捍衛并州。永用其策。更始歿後，永、衍降於光武。

更始二年，遣尚書僕射鮑永行大將軍事，安集北方。馮衍因以計說永，曰：「衍聞之，兵久則力屈，民愁則變生。今邯鄲之賊未滅，眞定之際復擾，大并州之地，東帶名關，北逼強胡，年穀獨熟，人庶多資，斯四戰之地，攻守之場也。如有不虞，何以待之？宜改易非任，更選賢能，簡精銳之卒，發屯守之士。三軍既整，甲兵已具，相其土地之饒，觀其水泉之利，制屯田之術，習戰射之教，則威風遠暢，人安其業矣。若鎭太原，撫上黨，收百姓之歡心，樹名賢為良佐。一朝有事，則可以建大功。」永既素重衍，且受使得自置偏裨。乃以衍為立漢將軍，領狼孟長，屯太原。與上黨太守田邑等，繕甲養士，扞衛并土。光武即位，遣使招永、衍等，永、衍不肯降。後審知更始已歿，乃共罷兵，降於河內。（《後漢書・馮衍傳》）

建武之初，連年大饑，至黃金一斤易豆五升。馮異屯軍上林苑中，軍士悉以果實為糧。

建武二年，關中饑，民相食。（《後漢書・光武帝紀》）

建武三年，拜馮異為征西大將軍，攻赤眉，大破之於崤底。屯軍上林苑中，時百姓饑餓，人相食。黃金一斤，易豆五升。道路斷隔，委輸不至，軍士悉以果實為糧。（《後漢書・馮異傳》）

馬援求屯田上林苑中

五年，馬援歸洛陽。居數月，無他職任。援以三輔地曠土沃，而所將賓客猥多。求屯田上林苑中。《文獻通考》以為係四年事，誤。

建武五年，復遣來歙，說隗囂遣子入侍。囂乃遣長子恂，隨歙詣闕。（《後漢書・隗囂傳》）

隗囂遣長子恂入質。馬援將家屬，隨恂歸洛陽。居數月，而無他職任。援以三輔地曠土沃，所將賓客猥多，乃上書求屯田上林苑中。（《後漢書·馬援傳》）

光武建武四年，馬援以三輔地曠土沃，而所將賓客猥多。乃上書，求屯田上林苑中。帝許之。（《文獻通考》）

六年春，揚武將軍馬成，督誅虜將軍劉隆等，斬李憲，盡平江淮地。遣隆屯田武當。以《後漢書》隆傳，語焉不詳。《文獻通考》復誤為四年之事。

劉隆屯田武當

馬成建武四年，拜揚武將軍。督誅虜將軍劉隆、振威將軍宋登、射聲校尉王賞發會稽、丹陽、九江、六安四郡兵，擊李憲。時帝幸壽春，設壇場，祖禮遣之。進圍憲於舒，令諸軍各深溝高壘。憲數挑戰，成堅壁不出。守之歲餘，至六年春，城中食盡，乃攻之。遂屠舒，斬李憲。追擊其黨與，盡平江淮地。（《後漢書·馬成傳》）

劉隆建武四年，拜誅虜將軍，討李憲。憲平，遣隆屯田武當。（《後漢書·劉隆傳》）

光武建武四年，劉隆討李憲。憲平，遣隆屯田武當。（《文獻通考》）

夏，前將軍李通領捕虜將軍王霸等十營，擊漢中賊，大破之。通還屯田順陽。霸屯田新安。

李通王霸屯田

李通為前將軍。建武六年夏，領破奸將軍侯進、捕虜將軍王霸等十營，擊漢中賊。公孫述遣兵赴救。通等與戰於西城，大破之。還屯田順陽。（《後漢書·李通傳》）

王霸為捕虜將軍。建武六年，屯田新安。（《後漢書·王霸傳》）

其年之冬，以眾軍屯田，糧儲已足，減天下田租三分之二。改什一之稅，為三十稅一。

以屯田有效減天下田賦三分之二

建武六年十二月，詔曰："頃者，師旅未解，用度不足，故行什

一之稅。今軍士屯田，糧儲差積，其令郡國，見收田租三十稅一。如舊制。"（《後漢書·光武帝紀》）

屯田備胡

七年，詔驃騎大將軍杜茂，屯田晉陽、廣武以備胡。

杜茂拜驃騎大將軍，建武七年，詔茂引兵，北屯田晉陽、廣武，以備胡寇。（《後漢書·杜茂傳》）

王霸張純屯田

八年，王霸屯田函谷關。

王霸，八年，屯田函谷關。擊滎陽、中牟盜賊，皆平之。（《後漢書·王霸傳》）

張純曾屯田南陽年月范書無所考，《通考》謂在八年。

建武五年，張純拜太中大夫，監諸將營。後又將兵屯田南陽。（《後漢書·張純傳》）

建武八年，張純將兵屯田南陽。（《文獻通考》）

東漢之移民實邊

十一年，從隴西太守馬援之請。詔武威還金城客民三千餘人。為之置長吏，繕城郭，起塢候。開導水田，勸以耕牧。

馬援建武十一年夏，拜隴西太守。是時，朝臣以金城破羌之西，途遠多寇，議欲棄之。援上言，破羌以西，城多完牢，易可依固。其田土肥壤，灌溉流通。如令羌在湟中，則為害不休，不可棄也。帝然之。於是，詔武威太守，令悉還金城客民。歸者三千餘口，使各返舊邑。援奏為置長吏，繕城郭，起塢候。開導水田，勸以耕牧。郡中樂業。（《後漢書·馬援傳》）

十二年，遣杜茂、段忠將各郡弛刑罪人，鎮北邊。築亭候，修烽燧。發委輸金帛繒絮，賜軍士邊民。茂亦用屯田驢車，助轉運。

建武十二年十二月，遣驃騎大將軍杜茂，將衆郡弛刑，屯北邊。築亭堠，修烽燧。（《後漢書·光武帝紀》）

十二年，遣謁者段忠，將衆郡弛刑，配茂鎮守北邊。因發邊卒，築亭候，修烽火。又發委輸金帛繒絮，供給軍士，并賜邊民。冠蓋相望，茂亦建屯田驢車轉運。（《後漢書·杜茂傳》）

二十一年，建三營於邊郡。屯田殖穀。

應邵《漢官》曰，光武中興，海內人民，可得而數。邊垂蕭條，靡有孑遺，亭隧絕滅。建武二十一年，始遣中郎將馬援及謁者，分築烽堠堡壁。稍興立郡縣，或空置太守令長，招還人民。上笑曰："今邊無人，而設長吏治之，如《春秋》素王矣。"乃建立三營，屯田殖穀，謫刑徒以充實之。（《郡國志注》）

二十五年，南匈奴乞降。翌年遣五原、朔方等八郡民歸故土。皆賜以裝錢，轉輸給食。邊郡始復。

建武二十五年正月，南單于遣使詣闕貢獻，奉蕃稱臣。二十六年正月，遣中郎將段彬，授南單于璽綬，令入居雲中。始置使匈奴中郎將，將兵衛護之。南單于遣子入侍，奉奏詣闕。於是，雲中、五原、朔方、北地、定襄、雁門、上谷、代八郡民歸於本土。遣謁者分將弛刑，補理城郭。發遣邊民在中國者，布還諸縣。皆賜裝錢，轉輸給食。（《後漢書·光武帝紀》）

二十七年，臧宮、馬武請擊胡。帝思與民休息，不欲遠事外夷，惟屯田警備而已。

臧宮封朗陵侯，建武二十七年，與楊虛侯馬武上書，曰："匈奴貪利，無有禮信。窮則稽首，安則侵盜。緣邊被其毒痛，內國憂其抵突。虜今人畜疫死，旱蝗赤地。疲困之力，不當中國一郡。萬里死命，懸在陛下。今命將臨塞，厚懸購賞。喻告高句驪、烏桓、鮮卑擊其左。發河西四郡，天水、隴西羌胡擊其右。如此，北虜之滅，不過數年。臣恐陛下仁恩不忍，令萬世刻石之功不立於聖代。"詔報曰，務廣地者荒，務廣德者強。今國無善政，災變不息。百姓驚惶，人不自保。而復欲遠事夷狄乎。孔子曰，吾恐季孫之憂，不在顓臾。北狄尚強，且屯田警備。傳聞之事，恆多失實。誠能舉天下之半，

光武不欲擊胡，令屯田警備以息民

以滅大寇，豈非至願。苟非其時，不如息民。（《後漢書·臧宮傳》）

募兵戍邊

明帝永平元年七月，捕虜將軍馬武等破燒當羌。募士卒戍隴右，人賜錢三萬。

永平元年七月，捕虜將軍馬武等與燒當羌戰，大破之。募士卒戍隴右，人賜錢三萬。（《後漢書·明帝紀》）

五年，遣邊郡人在內郡者歸，人賜裝錢二萬。

永平五年，發遣邊人在內郡者。賜裝錢，人二萬。（《後漢書·明帝紀》）

募罪人實邊

初，耿國請置度遼將軍、左右校尉，屯五原。以防歸降諸虜，南匈奴、烏桓、鮮卑等逃亡。

八年，明帝追思國言，置官如其議。募罪人攜家詣度遼營，屯朔方、五原之邊縣，賜以弓弩衣糧。

永平八年，初置度遼將軍，屯五原柏曼。十月，募郡國中都官死罪繫囚，減罪一等，勿笞。詣度遼將軍營，屯朔方五原之邊縣，妻子自隨，便占著邊縣。父母同產欲相代者，恣聽之。凡徙者，賜弓弩衣糧。（《後漢書·明帝紀》）

（建武時）匈奴薁鞬日逐王比自立為呼韓邪單于，款塞稱藩。耿國以為宜受之，帝從其議。由是，烏桓、鮮卑保塞自守，北虜遠遁，中國少事。二十七年，國代馮勤為大司馬。又上言，宜置度遼將軍、左右校尉，屯五原以防逃亡。明帝追思國言，後遂置度遼將軍、左右校尉，如其議焉。（《後漢書·耿弇傳》）

九年，詔死罪囚減罪，攜妻子，徙朔方、五原。死者，賜其妻家一人復終身。

永平九年三月，詔郡國，死罪囚減罪，與妻子詣朔方、五原，占著所在。死者，皆賜妻父，若男同產一人，復終身。其妻無父兄，獨有母者，賜其母錢六萬，又復其口算。（《後漢書·明帝紀》）

　　王莽時，貶易四夷位號。西域怨叛。及建武
中，皆遣使求內附，請置都護。光武以天下初定，
未遑外事，竟不之許。永平中，北匈奴乃脅諸國，
共寇河西，郡縣城門晝閉。明帝欲遵武帝故事。擊
匈奴，通西域。十五年，命竇固耿秉等出屯涼州。

　　王莽篡位，貶易侯王。由是，西域怨叛，並復役屬匈奴。匈奴
斂稅重刻，諸國不堪命。建武中，皆遣使求內屬，願請都護。光武
以天下初定，未遑外事，竟不許之。永平中，北虜乃脅諸國，共寇
河西，郡縣城門晝閉。（《後漢書・西域傳》）

　　明帝欲遵武帝故事，擊匈奴，通西域。以（竇）固明習邊事，永
平十五年冬，拜為奉車都尉，以騎都尉耿忠為副。謁者僕射耿秉為駙
馬尉，秦彭為副。皆置從事、司馬，並出屯涼州。（《後漢書・竇融
傳》）

　　十六年二月，乃命太僕祭肜、奉車都尉竇固、
駙馬都尉耿秉、騎都尉來苗，伐北匈奴。固破呼衍
王於天山，取伊吾盧地，置宜禾都尉以屯田。西域
遂通，諸國皆遣子入侍。

明帝屯田西域

　　永平十六年二月，遣太僕祭肜出高闕，奉車都尉竇固出酒泉，
駙馬都尉耿秉出居延，騎都尉來苗出平城，伐北匈奴。竇固破呼衍
王於天山，留兵屯伊吾盧城。耿秉、來苗、祭肜並無功而還。（《後
漢書・明帝紀》）

　　十六年，明帝乃命將帥，北征匈奴。取伊吾盧地，置宜禾都尉
以屯田。遂通西域，于實諸國皆遣子入侍。（《後漢書・西域傳》）

　　明年，固與忠，率酒泉、燉煌、張掖甲卒，及盧水羌胡，萬二
千騎，出酒泉塞。耿秉、秦彭率武威、隴西、天水募士，及羌、胡
萬騎，出居延塞。又太僕祭肜、度遼將軍吳棠將河東、北地、西河
羌胡及南單于兵萬一千騎，出高闕塞。騎都尉來苗、護烏桓校尉文
穆，將太原、雁門、代郡、上谷、漁陽、右北平、定襄郡兵及烏桓、

鮮卑萬一千騎，出平城塞。固、忠至天山，擊呼衍王，斬首千餘級。呼衍王走，追至蒲類海，留吏士屯伊吾盧城。伊吾本匈奴地，明帝置宜禾都尉，以為屯田。時諸將惟固有功，加位特進。（《後漢書·竇融傳》）

是年秋，命死罪囚，攜家詣軍營，屯朔方、燉煌。翌年，又令邊郡繫囚，免罪詣軍。

永平十六年九月，詔令郡國中都官死罪繫囚，減死罪一等，勿笞。詣軍營，屯朔方、燉煌。妻子自隨，父母同產欲求從者，恣聽之。女子嫁為人妻，勿與俱。謀反大逆無道，不用此書。（《後漢書·明帝紀》）

永平十七年八月，令武威、張掖、酒泉、燉煌及張掖屬國，繫囚，斬右趾已下，任兵者，皆一切勿治其罪，詣軍營。（《後漢書·明帝紀》）

增置西域屯田

十七年十一月，遣奉車都尉竇固，駙馬都尉耿秉，騎都尉劉張，擊破白山虜，於蒲類海上。遂入車師。復置都護、戊己校尉。

永平十七年十一月，遣奉車都尉竇固，駙馬都尉耿秉，騎都尉劉張，山燉煌昆侖塞，擊破白山虜於蒲類海上。遂入車師。初置西域都護，戊己校尉。（《後漢書·明帝紀》）

永平十七年冬，騎都尉劉張出擊車師，請耿恭為司馬，與奉車都尉竇固及駙馬都尉耿秉，破降之。始置西域都護。乃以恭為戊己校尉，屯後王部金蒲城。謁者關寵為戊己校尉，屯前王柳中城。屯各置數百人。（《後漢書·耿弇傳》）

西域攻屯田

十八年六月，焉耆、龜茲，攻沒西域都護陳睦。北匈奴及車師後王，圍戊己校尉耿恭。會明帝崩。

十八年六月，焉耆、龜茲，攻西域都護陳睦，悉沒其眾。北匈奴及車師後王，圍戊己校尉耿恭。八月，帝崩於東宮前殿。（《後漢

書·明帝紀》）

　　章帝不欲疲中國，以事夷狄，命酒泉太守段彭救恭。建初元年正月，大破車師，帝用校書郎楊終、司空第五倫議，迎恭還。罷都護及戊己校尉官。且悉還徙邊之罪人。太尉牟融、司徒鮑昱、校書郎班固等爭之，帝不從。

　　永平十八年十一月，詔征西將軍耿秉屯酒泉。遣酒泉太守段彭救戊己校尉耿恭。（《後漢書·章帝紀》）

　　建初元年正月，酒泉太守段彭討擊車師，大破之。罷戊己校尉官。（《後漢書·章帝紀》）

　　及明帝崩，焉耆、龜茲攻沒都護陳睦，悉覆其衆。匈奴、車師圍戊己校尉。章帝不欲疲弊中國以事夷狄，乃迎還戊己校尉。不復遣都護。（《後漢書·西域傳》）

　　楊終為校書郎。建初元年，上疏，曰，自永平以來，仍連大獄。有司窮考，轉相牽引，拷掠冤濫，家屬徙邊。加以北征匈奴，西開三十六國。頻年服役，轉輸煩費。又遠屯伊吾、樓蘭、車師、戊己。民懷土思，怨結邊域。愁困之民，足以感動天地，移變陰陽。陛下留念省察，以濟元元。書奏，章帝下其章，司空第五倫亦同終議。太尉牟融，司徒鮑昱，校書郎班固等，難倫以施行既久，孝子無改父之道。先帝所建，不宜回異。終復上書，曰，秦築長城，功役繁興。胡亥不革，卒亡四海。故元帝棄珠崖之郡，光武絕西域之國。今伊吾之役，樓蘭之屯，久而未還，非天意也。帝從之，聽還徙者，悉罷邊屯。（《後漢書·楊終傳》）

　　初永平十六年，軍司馬班超使西域。時龜茲王破疏勒，殺其王，而立龜茲人兜題為王。明年春，超遣吏田慮縛兜題，因立其故王兄子忠為王。章帝即位，以陳睦新沒，下詔徵超還。疏勒舉國憂恐，其都尉黎弇至以刀自剄。超還，至于實，王侯以下

章帝罷西域屯田

班超獨留西域

83

皆號泣，曰："依漢使如父母，誠不可去。"互抱超馬脚。超遂留西域，疏勒復安。

班超永平十六年，為使西域軍司馬。時龜茲王建為匈奴所立，倚恃虜威，據有北道。攻破疏勒，殺其王，而立龜茲人兜題為疏勒王。明年春，超從間道至疏勒，去兜題所居槃橐城九十里，逆遣吏田慮先往降之。敕慮曰，兜題本非疏勒種。國人必不用命。若不卽降便可執之。慮既到，兜題見慮輕弱，殊無降意。慮因其無備，遂前劫縛兜題。左右出其不意，皆驚懼奔走。慮馳報超。超卽赴之，悉召疏勒將吏，說以龜茲無道之狀。因立其故王兄子忠為王，國人大悅。忠及官屬皆請殺兜題，超不聽。欲示以威信，釋而遣之。疏勒由是與龜茲結怨。十八年，帝崩。焉耆以中國大喪，遂攻沒都護陳睦。超孤立無援，而龜茲、姑墨，數發兵攻疏勒，超守槃橐城。與忠為首尾。士吏單少，拒守歲餘。章帝初卽位，以陳睦新沒，恐超單危，不能自立，下詔徵超。超發還，疏勒舉國憂恐。其都尉黎弇曰，漢使棄我，我必復為龜茲所滅耳，誠不忍見漢使去。因以刀自剄。超還，至于實，王侯以下皆號泣。曰："依漢使如父母，誠不可去。"互抱超馬脚，不得行。超恐于實終不聽其東，又欲遂本志，乃更還疏勒。疏勒兩城自超去後復降龜茲，而與尉頭連兵。超捕斬反者，擊破尉頭，殺六百餘人，疏勒復安。（《後漢書·班超傳》）

匈奴據伊吾屯田　　二年，用陳留太守馬嚴之言，罷伊吾盧屯田。匈奴因遣兵守伊吾地。惟班超留西域，綏集諸國。

建初二年三月，罷伊吾盧屯兵。（《後漢書·章帝紀》）

馬嚴建初二年，拜陳留太守。嚴當之職，乃言於帝，曰："昔顯親侯竇固誤先帝，出兵西域，置伊吾盧屯，煩費無益。"（《後漢書·馬援傳》。）

建初二年，復罷屯田伊吾，匈奴因遣兵守伊吾地。時軍司馬班超留于實，綏集諸國。（《後漢書·西域傳》）

行車騎將軍馬防長水校尉耿恭討破羌虜。築索西城，徙隴西南部都尉戍之。悉復諸亭候。

（建初二年）迷吾又與封養種豪布橋等，五萬餘人，共寇隴西、漢陽，遣行車騎將軍馬防長水校尉耿恭討破之。於是臨洮索西迷吾等悉降。防乃築索西城。徙隴西南部都尉戍之。悉復諸亭候。（《後漢書‧西羌傳》）

三年，班超率諸國兵萬人，攻姑墨石城，破之。超欲因此平西域，上疏請兵。且言，諸國兵可用，莎車、疏勒田地肥廣，兵可不費中國而糧食自足。五年，帝以徐幹為假司馬，將弛刑及義從千人就超。超遂與幹共破番辰。

班超請兵

建初三年，超率疏勒、康居、于寘、拘彌兵一萬人。攻姑墨石城，破之，斬首七百級。超欲因此匜平諸國，乃上疏請兵，曰：臣竊見先帝欲開西域。故北擊匈奴，西使外國。鄯善、于寘即時向化。今拘彌、莎車、疏勒、月氏、烏孫、康居，復願歸附，欲共幷力，破滅龜茲，平通漢道。若得龜茲，則西域未服者，百分之一耳。臣伏自惟念，卒伍小吏。實願從谷吉，效命絕域，庶幾張騫棄身曠野。昔魏絳列國大夫，尚能和輯戎狄。況臣奉大漢之威，而無鉛刀一割之用乎。前世議者皆曰，取三十六國，號為斷匈奴右臂。今西域諸國，自日之所入，莫不向化。大小欣欣，貢奉不絕。唯焉耆、龜茲，獨未服從。臣前與官屬三十六人，奉使絕域，備遭艱厄。自孤守疏勒，於今五載。胡夷情數，臣頗識之。問其城郭小大，皆言，倚漢與依天等。以是效之，則蔥嶺可通。蔥嶺通，則龜茲可伐。今宜拜龜茲侍子白霸為其國王，以步騎數百送之。與諸國連兵，歲月之間，龜茲可禽。以夷狄攻夷狄，計之善者也。臣見莎車、疏勒，田地肥廣，草牧饒衍，不比敦煌、鄯善間也。兵可不費中國而糧食自足。且姑墨、溫宿二王，特為龜茲所置，既非其種，更相厭苦，其勢必有降反。若二國來降則龜茲自破。願下臣章，參考行事。誠有萬分，死復何恨。臣超區區，特蒙神靈，竊冀未便僵仆，目見西域平定。陸下舉萬年之觴，薦勳祖廟，布大喜於天下。書奏，帝知其功可成，議欲給兵。平陵人徐幹素與超同志，上疏，願奮身佐超。五年，遂

85

以幹為假司馬，將弛刑及義從千人就超。先是，莎車以為漢兵不出，遂降於龜茲。而疏勒都尉番長亦復反叛。會徐幹適至，超遂與幹擊番辰，大破之。斬首千餘級，多獲生口。（《後漢書·班超傳》）

七年九月，詔令天下繫囚戍邊，不到者以乏軍興罪論。

建初七年九月，詔天下繫囚，減死一等，勿笞。詣邊戍，妻子自隨，占著所在。父母同產欲相從者，恣聽之。有不到者，皆以乏軍興論。（《後漢書·章帝紀》）

再益班超兵

八年，以班超為西域將兵長史。明年，復遣假司馬和恭等四人，將兵八百，詣超。因發兵擊莎車，後四年，破之，威震西域。

八年，拜超為將兵長史，假鼓吹幢麾。明年，復遣假司馬和恭等四人，將兵八百詣超。超因發疏勒、于寘兵，擊莎車。莎車陰通使疏勒王忠，啖以重利。忠遂反，從之西保烏卽城。超乃更立其府丞成大，為疏勒王，悉發其不反者以攻忠。積半歲，而康居遣精兵救之，超不能下。是時，月氏新與康居婚，相親。超乃使使。多齎錦帛，遺月氏王，令曉示康居王。康居王乃罷兵，執忠以歸其國，烏卽城遂降於超。後三年，忠說康居王，借兵還據損中。密與龜茲謀，遣使詐降於超。超內知其姦，而外偽許之。忠大喜，卽從輕騎詣超，超密勒兵待之。為供張設樂，酒行，乃叱吏縛忠斬之。因擊破其衆，殺七百餘人。南道於是遂通。明年，超發于寘諸國兵，二萬五千人，復擊莎車。而龜茲王遣左將軍發溫宿、姑墨、尉頭，合五萬人，救之。超召將校及于寘王議，曰，今兵少，不敵，其計莫若各散去。于寘從是而東，長史亦於此西歸，可須夜鼓聲而發。陰緩所得生口。龜茲王聞之，大喜，自以萬騎於西界遮超。溫宿王將八千騎，於東界徼于寘。超知二虜已出，密召諸部，勒兵。雞鳴，馳赴莎車營，胡大驚亂，奔走，追斬五千餘級，大獲其馬畜財物。莎車遂降。龜茲等因各退散。自是威震西域。（《後漢書·班超傳》）

元和元年八月，徙罪人，攜妻子實邊縣。

元和元年八月，詔郡國中都官繫囚，減死一等，勿笞。詣邊縣，妻子自隨，占著所在。（《後漢書·章帝紀》）

章和元年，三次詔令罪人戍邊。

章和元年四月，令郡國中都官繫囚，減死罪一等，詣金城戍。（《後漢書·章帝紀》）

章和元年七月，詔令改元和四年為章和元年，死罪囚犯法在丙子赦前，而後捕繫者，皆減死，勿笞，詣金城戍。（《後漢書·章帝紀》）

章和元年九月，詔郡國中都官繫囚，減死罪一等，詣金城戍。（《後漢書·章帝紀》）

和帝永元元年，護羌校尉鄧訓破燒當羌，諸羌皆款塞納質。遂罷屯兵，各令歸郡。惟置弛刑徒二千餘人，分以屯田。而通考誤以為永建六年事。

鄧訓破羌以罪人屯田守邊

永元元年，張紆坐徵，以張掖太守鄧訓代為校尉。（《後漢書·西羌傳》）

章和二年，護羌校尉張紆誘誅燒當種羌迷吾等，由是諸羌大怒，謀欲報怨。朝廷憂之，公卿舉訓代紆為校尉，諸羌激忿。遂相與解仇結婚，交質盟詛，衆四萬餘人，朝冰合渡河攻訓。先是，小月氏胡分居塞內，勝兵者二三千騎，皆勇健富彊，每與羌戰，常以少制多。雖首施兩端，漢亦時收其用。時迷吾子迷唐別與武威種羌，合兵萬騎，來至塞下，未敢攻訓，先欲脅月氏胡。訓擁衛稽故，令不得戰。議者咸以羌胡相攻，縣官之利。以夷伐夷，不宜禁護。訓曰，不然，今張紆失信，衆羌大動。經常屯兵，不下二萬，轉運之費，空竭府帑。涼州吏人，命懸絲髮。原諸胡所以難得意者，皆恩信不厚耳。今因其迫急，以德懷之，庶能有用。遂令開城及所居園門，悉驅羣胡妻子內之，嚴兵守衛。羌掠無所得，又不敢逼諸胡，因即解去。由是，湟中諸胡皆言，漢家常欲鬬我曹，今鄧使君待我以恩信，開門內我妻子，乃得父母。咸歡喜叩頭，曰：唯使君所命。訓遂撫養其中少年勇者數百人，以為義從。羌胡俗恥病死，每病臨困，輒以刀自刺。訓聞有困疾者，輒拘持縛束，不與兵刃，使醫藥療之。愈者非一，小大莫不感悅。於是，賞賂諸羌種，使相招誘。迷唐伯父號迷吾，乃將其母，及種人八百戶，自塞外來降。訓因發湟中秦胡羌兵四千人，出塞掩擊迷唐於寫谷。斬首虜六百餘人，得馬牛羊萬餘頭。迷唐乃去大小榆，居頗巖谷，衆悉破散。其春，復欲歸故地，就田業。訓乃發湟中六千人，令長史任尚將之。縫革為船，置於箄上，以渡河。掩擊迷唐廬落大豪，多所斬獲，復追逐奔北。會尚等夜為羌所攻，於是，義從羌胡并力破之，斬首前後一千八百餘級，獲生口二千人，馬牛羊三萬餘頭。一種殆盡。迷唐遂收其餘部遠徙廬落，西行千餘里，諸附落小種皆背畔。燒當豪師東號稽顙歸死，餘皆款塞納質。於是，綏接歸附，威信大行。遂罷屯兵，各令歸郡。唯置弛刑徒二千餘人，分以屯田。為貧人耕種，修理城郭塢壁而已。（《後漢書·鄧禹傳》）

永建六年，鄧訓擊敗迷唐諸羌，威信盛行。遂罷屯兵，各令歸郡，唯置弛刑徒二千餘人，分以屯田，為貧人耕種，修理城郭塢壁而已。（《文獻通考》）

六月，車騎將軍竇憲、度遼將軍鄧鴻，與南匈奴出塞擊北匈奴，大破之。北單于遣弟入貢。十月，令弛刑徒從出塞者，刑雖未竟，皆免歸田里。

永元元年六月，車騎將軍竇憲出雞鹿塞，度遼將軍鄧鴻出梱楊塞，南單于出滿夷谷，與北匈奴戰于稽落山，大破之。追至和渠北鞮海。竇憲遂登燕然山，刻石勒功而還。北單于遣弟右溫禺鞮王奉奏貢獻。十月，令郡國弛刑輸作軍營。其從出塞者，刑雖未竟，皆免歸田里。（《後漢書·和帝紀》）

二年，遣副校尉閻磐，討北匈奴。取伊吾盧地。

永元二年五月，遣副校尉閻磐討北匈奴，取伊吾盧地。（《後漢書·和帝紀》）

班超定西域

三年，班超定西域。十二月，復置都護、戊己校尉。以超為都護，徐幹為長史。

永元三年十二月，復置西域都護，騎都尉，戊己校尉官。（《後漢書·和帝紀》）

永元二年，月氏遣其副王謝，將兵七萬攻超。超眾少，皆大恐。超譬軍士，曰：月氏兵雖多，然數千里踰葱嶺來，非有運輸，何足憂邪。但當收穀堅守，彼飢窮自降，不過數日，決矣。謝遂前攻超，不下，又鈔掠無所得。超度其糧將盡，必從龜茲求救。乃遣兵數百，於東界要之。謝果遣騎，齎金銀珠玉，以賂龜茲。超伏兵遮擊，盡殺之，持其使首以示謝。謝大驚，即遣使請罪，願得生歸。超縱遣之。月氏由是大震，歲奉貢獻。明年，龜茲、姑墨、温宿皆降。乃以超為都護，徐幹為長史。拜白霸為龜茲王，遣司馬姚光送之。超與光共脅龜茲廢其王尤利多，而立白霸。使光將尤利多還詣京師。超居龜茲它乾城，徐幹屯疏勒。西域唯焉耆、危須、尉犁，以前沒都護，懷二心。其餘悉定。（《後漢書·班超傳》）

三年，班超遂定西域，因以超為都護，居龜茲。六年，班超復擊破焉耆，於是五十餘國悉納職內屬。（《後漢書·西域傳》）

北匈奴復為右校尉耿夔所破，遣使款塞。四年，使中郎將任尚持節衛護，屯伊吾。

復伊吾屯田

永元三年，北單于復為右校尉耿夔所破，逃亡不知所在。其弟右谷蠡王於除鞬自立為單于，遣使款塞。大將軍竇憲上書，立於除鞬為北單于。朝廷從之。四年，遣耿夔即授璽綬，賜玉具劍四，羽蓋一。使中郎將任尚持節衛護，屯伊吾。如南單于故事。（《後漢書·南匈奴傳》）

八年八月，令罪人戍敦煌。

永元八年八月，詔郡國中都官繫囚減死罪一等，詣敦煌戍。（《後漢書·和帝紀》）

十四年，安定羌反，郡兵擊滅之。時西海及大小榆谷，無復羌寇。隃糜相曹鳳上言，西戎為害，常從燒當種起。以其居大小榆谷，土地肥美。南得

曹鳳屯田防羌

鍾存，以廣其衆。北阻大河，因以為固。又有西海漁鹽之利，緣山濱水以廣田畜，故能強大，招誘羌、胡。今者衰困，黨援沮壞。宜及此時，建復西海郡縣。廣設屯田，隔塞羌、胡交關之路。殖穀富邊，省委輸之役。國家可以無西方之憂。於是，拜鳳為金城西部都尉。將徙士屯龍耆。後金城長史上官鴻請開置歸義建威屯田二十七部。校尉侯霸復請置東西邯屯田五部，增留逢屯田二部。帝皆從之。夾河列屯三十四部。其功垂立。至永初中，諸羌叛，乃罷。

永元十四年二月，修繕故西海郡。徙金城部都尉以戍之。（《後漢書·和帝紀》）

安定降羌燒何種，脅諸羌數百人反叛，郡兵擊滅之。悉沒入弱口，為奴婢。時，西海及大小榆谷左右，無復羌寇。隃糜相曹鳳上言，西戎為害，前世所患。臣不能紀古，且以近事言之。自建武以來，其犯法者，常從燒當種起。所以然者，以其居大小榆谷，土地肥美，又近塞內諸種，易以為非，難以攻伐。南得鍾存，以廣其衆。北阻大河，因以為固。又有西海漁鹽之利，緣山濱水以廣田畜。故能強大，常雄諸種。恃其權勇，招誘羌、胡。今者衰困，黨援壞沮，親屬離叛。餘勝兵者，不過數百。逃亡棲竄，遠依發羌。臣愚，以為宜及此時，建復西海郡縣，規固二榆，廣設屯田，隔塞羌胡交關之路。遏絕狂狡窺欲之源。又殖穀富邊，省委輸之役，國家可以無西方之憂。於是，拜鳳為金城西部都尉，將徙士屯龍耆。後金城長史上官鴻上開置歸義、建威屯田二十七部。後校尉侯霸復上置東西邯屯田五部，增留逢二部。帝皆從之。列屯夾河，合三十四部。其功垂立。至永初中，諸羌叛，乃罷。（《後漢書·西羌傳》）

安帝初，西域諸國頻攻圍都護任尚、段禧，副校尉梁慬擊定之。

延平元年九月，西域諸國叛，攻都護任尚。遣副校尉梁慬救尚，擊破之。(《後漢書・安帝紀》)

梁慬延平元年，拜西域副校尉。慬行至河西，會西域諸國反叛，攻都護任尚於疏勒。尚上書求救，詔慬將河西四郡羌、胡五千騎，馳赴之。慬未至，而尚已得解。會徵尚還，以騎都尉段禧為都護，西域長史趙博為騎都尉。禧、博守它乾城。它乾城小，慬以為不可固，乃譎說龜茲王白霸，欲入共保其城。白霸許之，吏人固諫，白霸不聽。慬既入，遣將急迎禧、博。合軍八九千人。龜茲吏人並叛其王，而與溫宿、姑墨數萬兵反，共圍城。慬等出戰，大破之。連兵數月，胡衆敗走。乘勝追擊，凡斬首萬餘級。獲生口數千人，駱駝畜產數萬頭，龜茲乃定。(《後漢書・梁慬傳》)

惟道路尚隔，不知慬已定龜茲。永初元年六月，詔罷都護，命騎都尉王弘，軍司馬班勇，及兄雄，出塞迎都護還。並罷伊吾盧柳中屯田吏士。北匈奴卽收諸國，共為邊寇。

安帝罷西域屯田

永初元年六月，罷西域都護。(《後漢書・安帝紀》)

龜茲乃定，而道路尚隔，檄書不通。歲餘，朝廷憂之。公卿議者，以為西域阻遠，數有背叛，吏士屯田其費無已。永初元年，遂罷都護，遣騎都尉王弘發湟中兵迎慬、禧、博，及伊吾盧柳中屯田吏士。(《後漢書・梁慬傳》)

永初元年，西域反叛，以班勇為軍司馬，與兄雄俱出敦煌，迎都護及田卒而還。因罷都護。後西域絕無漢吏。(《後漢書・班超傳》)

孝和宴駕，西域背叛。安帝永初元年，頻攻圍都護任尚、段禧等。朝廷以其險遠，難相應赴，詔罷都護。自此遂棄西域。北匈奴卽復收屬諸國，共為邊寇。(《後漢書・西域傳》)

而弘發降羌，往西域，迎都護，太促迫，羣羌遂反。時羌歸附既久，無復器甲，持竹竿木枝以為矛，負板持鏡以為盾。郡縣畏懦，不能制。遣車騎

羌人以之叛亂

將軍鄧騭、征西校尉任尚，將兵五萬討之，屯漢陽。

安帝永初元年夏，遣騎都尉王弘，發金城、隴西、漢陽羌數百千騎，征西域。弘迫促發遣，羣羌懼遠屯不還。行到酒泉，多有散叛。諸郡各發兵徼遮，或覆其廬落。於是，勒姐、當煎、大豪、東岸等愈驚，遂同時奔潰。麻奴兄第因此，遂與種人俱西出塞。先零別種滇零與鍾羌諸種，大為寇掠，斷隴道。時羌歸附既久，無復器甲。或持竹竿木枝以代戈矛，或負板案以為楯，或執銅鏡以象兵。郡縣畏懦，不能制。冬，遣車騎將車鄧騭，征西校尉任尚副，將五營及三河、三輔、汝南、南陽、潁川、太原、上黨兵，合五萬人，屯漢陽。（《後漢書·西羌傳》）

二年春，鍾羌擊敗騭軍。冬，騭使尚與羣羌戰，尚軍大敗。於是，滇、零、羌自稱天子，東犯趙、魏，南入益州，殺漢中太守董炳。寇鈔三輔。官軍不能制。遂詔騭還，留尚屯漢陽。更以鄧太后之故，迎拜騭為大將軍，封尚為樂亭侯。

明年春，諸郡兵未及至。鍾羌數千人先擊敗騭軍於冀西，殺千餘人。其冬，騭使任尚及從事中郎司馬鈞，率諸郡兵，與滇零等數萬人戰於平、襄。尚軍大敗，死者八千餘人。於是，滇零等自稱天子於北地，招集武都、參狼、上郡、西河諸雜種，衆遂大盛。東犯趙、魏，南入益州，殺漢中太守董炳。遂寇鈔三輔，斷隴道。湟中諸縣粟石萬錢，百姓死亡不可勝數。朝廷不能制。而轉運難劇，遂詔騭還師，留任尚屯漢陽，為諸軍節度。朝廷以鄧太后故，迎拜騭為大將軍，封任尚樂亭侯。（《後漢書·西羌傳》）

徙郡縣以避羌

師久出無功，至五年，羌既轉盛。而二千石令長多內郡人，並無戰守意。爭請徙郡縣以避之。遂移隴西徙襄武，安定徙美陽，北地徙池陽，上郡徙衙。百姓戀土，不樂去。乃刈其禾稼，發撤室屋，夷其營壁，破其積聚。驅促刼略，流離分散，隨道死亡，喪其大半。

五年春，任尚坐無功徵免。羌遂入寇河東，至河內，百姓相驚，多奔南度河。使北軍中候朱寵，將五營士屯孟津。詔魏郡、趙國、常山、中山、繕作塢候六百一十六所。羌既轉盛，而二千石令長多內郡人，並無戰守意。皆爭上，徙郡縣以避寇難。朝廷從之。遂移隴西徙襄武，安定徙美陽，北地徙池陽，上郡徙衙。百姓戀土，不樂去舊。遂乃刈其禾稼，發徹室屋，夷營壁，破積聚。時連旱蝗飢荒，而驅蹙劫略，流離分散，隨道死亡。或棄捐老弱，或為人僕妾，喪其大半。（《後漢書・西羌傳》）

元初二年十月，遣尚屯三輔，詔徙罪人將妻子詣其營。懷令虞詡說尚，以羌虜皆騎兵，以步兵追之，勢不相及。莫如罷諸郡兵，各令出錢數千。二十人共市一馬。捨甲冑，馳輕兵。以萬騎之衆，逐數千之虜，追尾掩截，大功立矣。尚用其計。迫五年，羌始瓦解。而尚以與鄧太后弟鄧遵爭功誅死。自羌叛十餘年，兵連師老，軍旅之費用百四十餘億。府帑空竭，延及內郡。

羌雖平而中國大受其害

元初二年十月，遣中郎將任尚屯三輔，詔郡國中都官，繫囚，減死一等，勿笞。詣馮翊扶風屯，妻子自隨，占著所在。女子勿輸。（《後漢書・安帝紀》）

遣任尚為中郎將，將羽林緹騎，五營子弟三千五百人，代班雄屯三輔。尚臨行，懷令虞詡說尚，曰，使君頻奉國命，討逐寇賊，三州屯兵二十餘萬。人棄農桑，疲苦徭役，而未有功效，勞費日滋。若此出不克，誠為使君危之。尚曰，憂惶久矣，不知所如。詡曰，兵法弱不攻強，走不逐飛，自然之勢也。今虜皆馬騎，日行數百，來如風雨，去如絕弦。以步追之，勢不相及，所以曠而無功也。為使君計者，莫如罷諸郡兵，各令出錢數千，二十人共市一馬。如此，可捨甲冑，馳輕兵。以萬騎之衆，逐數千之虜。追尾掩截，其道自窮。便人利事，大功立矣。尚大喜，即上言，用其計。乃遣輕騎，鈔擊杜季貢於丁奚城，斬首四百餘級，獲牛馬羊數千頭。明年夏，度遼將軍鄧遵率南單于及左鹿蠡王須沈，萬騎擊零昌於靈州，斬首八百餘級。封須沈為破虜侯，金印紫綬。賜金帛各有差。任尚遣兵，擊破先零羌，於丁奚城。秋，築馮翊北界候塢五百所。任尚又遣假司馬，募陷陳士，擊零昌於北地。殺其妻子，得牛馬羊二萬頭。燒其廬落，斬首七百餘級。得僭號文書，及所沒諸將印綬。四年春，尚遣當、闟、種、羌、榆鬼等五人，刺殺杜季貢。其夏，叛羌稍稍降散。秋，任尚復募効功種號封刺殺零昌。冬，任尚將諸郡兵與馬賢並進北地，擊狼莫，相持六十餘日。戰於富平河上，大破之。斬首五千級，還得所掠人男女千餘人，牛馬驢羊駱駝十餘萬頭。狼莫逃走。於是，西河虔人種羌萬一千口詣鄧遵降。五年，鄧遵募上郡全無種羌雕何等刺殺狼莫，賜雕和為羌侯，封遵武陽侯，三千戶。遵以太后從弟故，爵封優大，任尚與遵爭功，又詐增首級，受賕枉法，臧千萬已上，檻車徵弃市。沒入田廬奴婢財物。自零昌狼莫死後，諸羌瓦解。三輔、益州無復寇儆。自羌叛十餘年間，兵連師老，不暫寧息。軍旅之費，轉運委輸，用二百四十餘億。府帑空竭，延及內郡。邊民死者不可勝數。并、涼二州遂至虛耗。（《後漢書·西羌傳》）

曹宗復伊吾屯田

漢既棄西域，北匈奴脅諸國共為邊寇。六年，敦煌太守曹宗患其暴害，奏遣行長史索班，將千餘人，屯伊吾，以招撫西域。於是，車師前王，及鄯善王來降。

永初元年，詔罷都護，自此，遂棄西域。北匈奴即復收屬諸國，共為邊寇十餘歲。敦煌太守曹宗患其暴害，元初六年，乃上遣行長史索班，將千餘人，屯伊吾以撫之。於是，車師前王及鄯善王來降。（《後漢書·西域傳》）

匈奴攻沒伊吾屯田，曹宗請兵雪恥，不許

後數月，北匈奴與車師後部，共攻沒索班，擊走車師前王。鄯善王急迫，求救於曹宗。宗因請出兵五千，擊匈奴，復取西域。鄧太后召班勇會議，

公卿多以為宜遂棄西域。勇曰，武帝患匈奴強大，
兼總百蠻，以寇障塞。開通西域，斷匈奴右臂，奪
其府庫。光武中興，未遑外事，匈奴驅率諸國。及
至永平，再攻敦煌，河西郡縣城門晝閉。明帝乃命
虎臣，出征西域。匈奴遠遁，邊境得安。以及永
元，莫不內屬。間者，西域復絕，北虜遂譴責諸
國，諸國皆怨，思樂事漢。今府藏未充，師無後
繼。舊敦煌郡有營兵三百，今宜復之。復置護西域
副校尉，遣西域長史，將五百人，屯樓蘭。西當焉
耆、龜茲，南強鄯善、于寘心膽，北扞匈奴，東近
敦煌。羣臣爭難勇。謂前棄西域，以無益中國。今
車師已屬匈奴。鄯善不可信，勇能保北虜不為邊害
乎。勇曰，今通西域，虜勢必弱。豈若歸其府庫，
續其斷臂。如棄西域，諸國絕望，屈就北虜。沿邊
之郡，將受困害。復有難勇以若置校尉，通西域，
則諸國絡繹遣使求索，為費難供。為匈奴所迫，當
復求救，則為役大矣。勇曰，今以西域歸匈奴，匈
奴德漢，不為寇盜，則可。如其因西域租稅之饒，
兵馬之眾，擾動沿邊。是富仇讎之財，增暴夷之
勢。且西域之人，無他求索。其來者，不過稟食而
已。今若絕之，歸北虜。并力以寇并涼，則中國之
費大矣。遂從勇議。復敦煌營兵。置西域副校尉。
然其遣長史出屯之策未能用。後匈奴與車師數入
寇，河西大被其害。《安帝紀》謂永寧元年三月，
車師後王叛，殺部司馬。蓋誤以為漢未棄車師後

部，並誤以索班為司馬。

元初六年，敦煌太守曹宗遣長史索班，將千餘人，屯伊吾。車師前王及鄯善王皆來降班。後數月，北單于與車師後部，遂共攻沒班。進擊走前王，略有北道。鄯善王急，求救於曹宗。宗因此請出兵五千人，擊匈奴，報索班之恥。因復取西域。鄧太后召勇，詣朝堂會議。先是，公卿多以為宜閉玉門關，遂棄西域。勇上議，曰：昔孝武皇帝患匈奴彊盛，兼總百蠻，以逼障塞。於是，開通西域，離其黨與。論者以為奪匈奴府藏，斷其右臂。遭王莽篡盜，徵求無厭。胡、夷忿毒，遂以背叛。光武中興，未遑外事。故匈奴負彊，驅率諸國。及至永平，再攻敦煌、河西，諸郡城門晝閉。孝明皇帝深惟廟策，乃命虎臣，出征西域。故匈奴遠遁，邊境得安。及至永元，莫不內屬。會閒者羌亂，西域復絕。北虜遂遣責諸國，備其逋租，高其價直，嚴以期會。鄯善、車師，皆懷憤怨，思樂事漢，其路無從。前所以時有叛者，皆由牧養失宜，還為其害故也。今曹宗徒恥於前負，欲報雪匈奴，而不尋出兵故事，未度當時之宜也。夫要功荒外萬無一成。若兵連禍結，悔無及已。況今府藏未充，師無後繼。是示弱於遠夷，暴短於海內。臣愚，以為不可許也。舊敦煌郡有營兵三百人，今宜復之。復置護西域副校尉，居於敦煌，如永元故事。又宜遣西域長史，將五百人屯樓蘭。西當焉耆、龜茲徑路。南彊鄯善、于窴心膽。北扞匈奴。東近敦煌。如此誠便。尚書問勇，曰，今立副校尉，何以為便。又置長史，屯樓蘭，利害云何。勇對曰：昔永平之末，始通西域，初遣中郎將居敦煌，後置副校尉於車師。既為胡虜節度，又禁漢人，不得有所侵擾。故外夷歸心，匈奴畏威。今鄯善王尤還，漢人外孫，若匈奴得志，則尤還必死。此等雖同鳥獸，亦知避害。若出屯樓蘭，足以招附其心。愚以為便。長樂衛尉鐔顯，廷尉綦毋參，司隸校尉崔據，難曰，朝廷前所以棄西域者，以其無益於中國，而費難供也。今車師已屬匈奴，鄯善不可保信，一旦反覆，班將能保北虜不為邊害乎。勇對曰：今中國置州牧者，以禁郡縣姦猾盜賊也。若州牧能保盜賊不起者，臣亦願以腰斬，保匈奴之不為邊害也。今通西域，則虜埶必弱，則為患微矣。孰與歸其府藏，續其斷臂哉。今置校尉，以扞撫西域。設長史，以招懷諸國。若棄而不立，則西域望絕。望絕之後，屈就北虜，緣邊之郡將受困害。恐河西城門，必復有晝閉之儆矣。今不廓開朝廷之德，而拘屯戍之費。若北虜遂熾，豈安邊久長之策哉。太尉屬毛軫難曰：今若置校尉，則西域駱驛遣使，求索無猒。與之則費難供，不與則失其心。一旦為匈奴所迫，當復求救，則為役大矣。勇對曰，今設以西域歸匈奴，而使其恩德大漢，不為鈔盜，則可矣。如其不然，則因西域租入之饒，兵馬之衆，以擾動緣邊。是為富仇讎之財，增暴夷之執也。置校尉者，宣威布德，以繫諸國內向之心，以疑匈奴覬覦之情，而無財費耗國之慮也。且西域之人，無它求索。其來入者，不過稟食而已。今若拒絕，執歸北屬。夷、虜幷力，以寇幷、涼。則中國之費，不止千億。置之誠便。於是，從勇議。復敦煌郡營兵三百人，置西域副校尉居敦煌。雖復羈縻西域，然亦未能出屯。其後，匈奴果數與車師，共入寇鈔。河西大被其害。（《後漢書・班超傳》）

永寧元年三月，車師後王叛，殺部司馬。（《後漢書・安帝紀》）

延光二年，敦煌太守張璫上書言，北虜呼衍王專制西域，共為寇鈔。今以酒泉屬國吏士擊呼衍王，因發鄯善兵脅車師。此上計也。置軍司馬，將吏士四百人，屯田柳中。此中計也。棄交河，收鄯善等，悉使入塞。此下計也。朝廷下其議。尚書陳忠上疏曰，孝武深惟久長之計，命遣虎臣，浮河絕漠，窮破虜庭。遂開河西四郡，以隔絕南羌。收三十六國，斷匈奴右臂。是以單于鼠竄。宣元之世，遂備蕃臣。由此察之，戎狄可以威服，難以化狎。今北虜以破車師，勢必南攻鄯善。棄而不救，則諸國盡從匈奴。虜財賄益增，交通南羌，河西危矣。四郡既危，不得不救。則百倍之役興，而不貲之費

從張璫、陳忠請命班勇屯田柳中

發矣。敦煌宜置校尉，增四郡屯兵，以西撫諸國。帝納之。以班勇為西域長史，將弛刑士四百人，屯田柳中。

延光二年，敦煌太守張璫上書，陳三策。以為北虜呼衍王，常展轉蒲類、秦海之間，專制西域，共為寇鈔。今以酒泉屬國吏士二千餘人，集昆侖塞，先擊呼衍王，絕其根本。因發鄯善兵五千，脇車師後部。此上計也。若不能出兵，可置軍司馬，將吏士五百人，四郡供其犂牛穀食，出據柳中。此中計也。如又不能，則宜棄交河城，收鄯善等，悉使入塞，此下計也。朝廷下其議。尚書陳忠上疏，曰：臣聞八蠻之寇，莫盛北虜。漢興，高祖窘平城之圍，文帝屈供奉之恥。故孝武憤怒，深惟久長之計，命遣虎臣，浮河絕漠，窮破虜庭。當斯之役，黔首隕於狼望之北，財幣糜於盧山之壑。府庫單竭，杼柚空虛，算至舟車，貲及六畜。夫豈不懷，慮遠故也。遂開河西四郡，以隔絕南羌。收三十六國，斷匈奴右臂。是以單于孤特，鼠竄遠藏。至於宣、元之世，遂備藩臣。關徼不閉，羽檄不行。由此察之，戎狄可以威服，難以化狎。西域內附日久，區區東望叩關者，數矣。此其不樂匈奴，慕漢之效也。今北虜已破車師，勢必南攻鄯善。棄而不救，則諸國從矣。若然，則虜財賄益增，膽勢益殖。威臨南羌，與之交連。如此，河西四郡危矣。河西既危，不得不救。則百倍之役興，而不貲之費發矣。議者但念西域絕遠，卹之煩費。不見先世苦心勤勞之意。方今邊境守禦之具不精，內郡武衞之備不修。敦煌孤危，遠來告急，復不輔助，內無以慰勞吏民，外無以威示百蠻。蹙國減土，經有明誡。臣以為敦煌宜置校尉，案舊增四郡屯兵，以西撫諸國。庶足折衝萬里，震怖匈奴。帝納之。乃以班勇為西域長史，將弛刑士五百人，西屯柳中。（《後漢書·西域傳》）

勇破匈奴

三年正月，勇招降龜茲、姑墨、溫宿，因發其兵，到車師前王庭。擊走匈奴伊蠡王，前部復通。勇還，屯田柳中。秋，命罪人詣邊。

三年正月，勇至樓蘭。以鄯善歸附，特加三綬。而龜茲王白英猶自疑，未下。勇開以恩信。白英乃率姑墨、溫宿自縛，詣勇降。
勇因發其兵，步騎萬餘人，到車師前王庭。擊走匈奴伊蠡王於伊和
谷，收得前部五千餘人。於是，前部始復開通。還，屯田柳中。
（《後漢書·班超傳》）

延光三年九月，詔郡國中都官死罪繫囚，減罪一等，詣敦煌、
隴西及度遼營。（《後漢書·安帝紀》）

四年秋，勇遂禽車師後部王軍就，斬之於索班   勇雪索班之恥
沒處。以報前恥。

四年秋，勇發敦煌、張掖、酒泉六千騎，及鄯善、疏勒、車師
前部兵，擊後部王軍就，大破之。首虜八千餘人，馬畜五萬餘頭捕
得軍就，及匈奴持節使者。將至索班沒處，斬之，以報其恥，傳首
京師。（《後漢書·班超傳》）

順帝永建元年，大飭邊備。詔罪人徙邊。

永建元年五月，詔幽、并、涼州刺史，使各實二千石以下，至
黃綬，年老劣弱，不任軍事者，上名。嚴敕障塞，繕設屯備。立秋
之後，簡習戎馬。（《後漢書·順帝紀》）

永建元年十月，詔減死罪以下徙邊。（《後漢書·順帝紀》）

永建元年十月，鮮卑犯邊。遣黎陽營兵，出屯中山北界。告幽
州刺史，其令沿邊郡，增置步兵，列屯塞下。調五營弩師，郡舉五
人，令教習戰射。（《後漢書·順帝紀》）

班勇平車師六國。發諸國兵擊匈奴，大破呼衍   勇定西域
王，北單于親往救之。勇使假司馬曹俊敗之，斬其
骨都侯。車師無復虜跡，城郭皆安。

永建元年，更立後部故王子加特奴為王。勇又使別校，誅斬東
且彌王，亦更立其種人為王。於是，車師六國悉平。其冬，勇發諸
國兵，擊匈奴呼衍王。呼衍王亡走，其眾二萬餘人皆降。捕得單于
從兄，勇使加特奴手斬之，以結車師匈奴之隙。北單于自將萬餘騎
入後部，至金且谷，勇使假司馬曹俊馳救之。單于引去，俊追斬其
貴人骨都侯。於是，呼衍王遂徙居枯梧河上。是後，車師無復虜跡，

城郭皆安。唯焉者王元孟未降。（《後漢書·班超傳》）

二年，勇復擊降焉者，於是龜茲、疏勒等十七國，皆來服從。

順帝永建二年，勇復擊降焉者。於是，龜茲、疏勒、于寘、莎車等十七國，皆來服從。（《後漢書·西域傳》）

虞詡請屯田西北邊

四年，尚書僕射虞詡上疏，曰："雍州之域，沃野千里，穀稼殷積，又有鹽池，水草豐美，土宜產牧。北沮山河，乘阪據險。因渠以溉，水春河漕，用功鮮少，而軍糧饒足。故武帝築西河，開朔方，置上郡，衆羌內潰。郡縣兵荒，二十餘年。棄沃壤之饒，離山河之阻，守無險之地，難以為固。公卿庸懦，張解設難，但計所費，不圖其安。"帝乃命復安定、北地、上郡三郡。遣謁者郭璜督促徙者，各歸舊縣。繕城郭，置候邑，激河浚渠為屯田。省內郡費，歲一億計。遂命三郡及隴西、金城，常儲穀粟，令周數年。其冬韓浩代為校尉。

永建四年九月，復安定、北地、上郡歸舊土。安帝永初五年徙，今復之。（《後漢書·順帝紀》）

四年，尚書僕射虞詡上疏。曰：臣聞子孫以奉祖為孝，君上以安民為明。此高宗、周宣所以上配湯、武也。《禹貢》雍州之域，厥田為上。且沃野千里，穀稼殷積。又有龜茲鹽池，以為民利。水草豐美，土宜產牧，牛馬銜尾，羣羊塞道。北阻山河，乘陁據險。因渠以溉，水春河漕，用功省少，而軍糧饒足。故孝武皇帝及光武，築朔方，開西河，置上郡，皆為此也。而遭元元無妄之災，衆羌內潰，郡縣兵荒，二十餘年。夫棄沃壤之饒，損自然之財，不可謂利。離河山之阻，守無險之地，難以為固。今三郡未復，園陵單外。而公卿選懦，容頭過身，張解設難，但計所費，不圖其安。宜開盛德，考行所長。書奏，帝乃復三郡。使謁者郭璜，督促徙者，各歸舊縣。繕城郭，置候驛。既而，激河浚渠，為屯田，省內郡費歲一億計。遂令安定、北地、上郡，及隴西、金城，常儲穀粟，令周數年。其冬右扶風韓浩代為校尉。(《後漢書・西羌傳》)

五年，浩轉湟中屯田，置兩河間，以逼羣羌。羌恐懼。會馬續代浩，欲示恩信。奏移屯田，還湟中。

明年，浩轉湟中屯田，置兩河間，以逼羣羌。浩復坐徵。張掖太守馬續代為校尉。兩河間羌，以屯田近之，恐必見圖，乃解仇詛盟，各自儆備。續欲先示恩信。乃上移屯田，還湟中。羌意乃安。(《後漢書・西羌傳》)

十月，命罪人往戍三郡。

永建五年十月，詔郡國中都官死罪繫囚，皆減罪一等，詣北地、安定、上郡戍。(《後漢書・順帝紀》)

六年三月，帝以伊吾膏腴之地，近西域。匈奴資之，以為寇盜。復置司馬，開設屯田。　　　　順帝復伊吾屯田

永建六年三月，復伊吾屯田，復置伊吾司馬一人。(《後漢書・順帝紀》)

六年，帝以伊吾舊膏腴之地，傍近西域。匈奴資之，以為鈔暴。復令開設屯田，如永元時事。置伊吾司馬一人。(《後漢書・西域傳》)

陽嘉元年，以湟中地廣，增置屯田五部，并前為十部。　　　　增西北屯田

陽嘉元年，以湟中地廣，增置屯田五部，并為十部。(《後漢書・西羌傳》)

十二月，置玄菟郡屯田六部。　　　　置東北屯田

陽嘉元年十二月，復置玄菟郡屯田六部。(《後漢書・順帝紀》)

車師屯田司馬大
破匈奴

三年夏，車師後部司馬率後王加特奴，掩擊北匈奴。獲單于母，牛羊十餘萬。

陽嘉三年夏，車師後部司馬率加特奴等，千五百人，掩擊北匈奴於閶吾陸谷。壞其廬落，斬數百級，獲單于母，季母，及婦女數百人，牛羊十餘萬頭，車千餘兩，兵器什物甚衆。（《後漢書·西域傳》）

四年春，呼衍王侵後部。令敦煌太守發諸國兵，及玉門關候，伊吾司馬，合六千餘騎，救之。漢軍不利。秋，呼衍王復攻後部，破之。

四年春，北匈奴呼衍王率兵侵後部。帝以車師六國接近北虜，為西域蔽扞。乃令敦煌太守，發諸國兵，及玉門關候，伊吾司馬，合六千三百騎，救之。掩擊北虜於勒山，漢軍不利。秋，呼衍王復將二千人，攻後部，破之。（《後漢書·西域傳》）

永和五年夏，且凍羌反，寇三輔。於扶風、漢陽、隴道作塢壁三百所，置屯兵以保聚百姓。

來機為并州刺史，劉秉為涼州刺史。機等天性刻虐，多所擾發。五年夏，且凍傅難種羌等遂反叛。攻金城與西塞。及湟中雜種羌胡，大寇三輔，殺害長吏。機、秉並坐徵。於是，發京師近郡及諸州兵討之。拜馬賢為征西將軍，以騎都尉耿叔副。將左右羽林五校士，及諸州郡兵十萬人，屯漢陽。又於扶風、漢陽、隴道，作塢壁三百所，置屯兵，以保聚百姓。（《後漢書·西羌傳》）

桓帝建和元年十一月，命罪人戍邊。

建和元年十一月，減天下死罪，一等，戍邊。（《後漢書·桓帝紀》）

三年五月，詔徙邊者歸本郡。

建和三年五月，詔，昔孝章皇帝，愍前世禁徙。故建初之元，並蒙恩澤，流徙者，使還故郡。沒入者，免為庶民。先皇德政可不務乎。其自永建元年，迄于今歲，凡諸妖惡從坐支親，及吏民減死

徙邊者，悉歸本郡。惟沒入者，不從此令。（《後漢書·桓帝紀》）

和平元年十一月，徙罪人戍邊。

和平元年十一月，減天下死罪一等，徙邊戍。（《後漢書·桓帝紀》）

元嘉元年，呼衍王寇伊吾，敦煌太守司馬達救之。呼衍王聞而引去。

桓帝元嘉元年，呼衍王將三千餘騎，寇伊吾。伊吾司馬毛愷遣吏兵五百人，於蒲類海東，與呼衍王戰，悉為所沒。呼衍王遂攻伊吾屯城。夏，遣敦煌太守司馬達將敦煌、酒泉、張掖屬國吏士，四千餘人，救之。出塞，至蒲類海。呼衍王聞而引去。漢軍無功而還。（《後漢書·西域傳》）

永興元年，車師後王阿羅多與戊部候嚴皓不相得。遂叛，攻圍漢屯田且固城。後部候遮炭不從阿羅多反，詣漢吏降。阿羅多懼，亡走北匈奴中。敦煌太守宋亮立其故王軍就質子卑君為王。後阿羅多復從匈奴中還，與卑君爭國。戊校尉閻詳慮其招引北虜，乃許復立之為王。阿羅多乃詣詳降。於是，更立阿羅多。而將卑君還敦煌，以後部人三百帳與之。

永興元年，車師後部王阿羅多與戊部候嚴皓不相得。遂忿戾反畔，攻圍漢屯田且固城，殺傷吏士。後部候炭遮領餘人畔阿羅多，詣漢吏降。阿羅多迫急，將其母妻子，從百餘騎，亡走北匈奴中。敦煌太守宋亮上立後部故王軍就質子卑君為後部王。後阿羅多復從匈奴中還，與卑君爭國，頗收其國人。戊校尉閻詳慮其招引北虜，將亂西域。乃開信告示，許復為王，阿羅多乃詣詳降。於是，收奪所賜卑君印綬，更立阿羅多為王。仍將卑君還敦煌，以後部人三百帳，別屬役之，食其稅。帳者，猶中國之戶數也。（《後漢書·西域傳》）

車師後部叛圍屯田其下不從

其年十一月，詔徙罪人戍邊。

永興元年十一月，詔減天下死罪一等，徙邊戍。（《後漢書·桓帝紀》）

二年閏九月，徙罪人戍邊。

永興二年閏（九）月，減天下死罪一等徙邊戍。（《後漢書·桓帝紀》）

傅燮屯田漢陽　　　靈帝中平三年，傅燮為漢陽太守，善於恤民。叛羌懷其恩化，並來降附。燮乃廣開屯田，列置四十餘營。翌年，金城賊韓遂寇漢陽，燮戰沒。而《通考》誤以為順帝陽嘉元年事。

趙忠為車騎將軍，詔忠論討黃巾之功。執金吾甄舉等謂忠曰，傅南容前在東軍，有功不侯，故天下失望。今將軍親當重任，宜進賢理屈，以副眾心。忠納其言，遣弟城門校尉延致殷勤。延謂燮曰，南容少答我常侍，萬戶侯不足得也。燮正色拒之，曰，遇與不遇，命也。有功不論，時也。傅燮豈求私賞哉。忠愈懷恨，然憚其名，不敢害。權貴亦多疾之，是以不得留，出為漢陽太守。燮善恤人，叛羌懷其恩化，並來降附。乃廣開屯田，列置四十餘營。（《後漢書·傅燮傳》）

陽嘉元年，傅燮為漢陽太守，廣開屯田列置四千餘營。（《文獻通考》）

中平三年二月，中常侍趙忠為車騎將軍。六月，車騎將軍趙忠罷。（《後漢書·靈帝紀》）

中平四年四月，涼州刺史耿鄙討金城賊韓遂。鄙兵大敗，遂寇漢陽，太守傅燮戰沒。（《後漢書·靈帝紀》）

公孫瓚以屯田自給　　獻帝初平四年，奮武將軍公孫瓚殺幽州牧劉虞。虞從事鮮于輔合胡漢兵，斬瓚所置漁陽太守鄒丹。迎虞子和，與袁紹將麴義合兵十萬，共攻瓚。興平二年，破瓚於鮑丘，斬首二萬餘級。瓚退保易

京，開置屯田，稍得自支。相支歲餘，輔義軍糧
盡，飢困退定。瓚徼擊破之，盡得其車重。

公孫瓚破禽劉虞，盡有幽州之地，猛志益盛。前此有童謠曰：
"燕南垂，趙北際，中央不合大如礪，唯有此中可避世。"瓚自以為
易地當之，遂徙鎮焉。乃盛脩營壘樓觀數十，臨易河，通遼海。劉
虞從事漁陽鮮于輔等合率州兵，欲共報瓚。輔以燕國閻柔素有恩信，
推為烏桓司馬。柔招誘胡漢數萬人，與瓚所置漁陽太守鄒丹戰于潞
北，斬丹等四千餘級。烏桓峭王感虞恩德，率種人及鮮卑七千餘騎，
共輔南迎虞子和，與袁紹將麴義合兵十萬共攻瓚。興平二年，破瓚
於鮑丘，斬首二萬餘級。瓚遂保易京，開置屯田，稍得自支。相持
歲餘，麴義軍糧盡，士卒飢困，餘衆數千人，退走。瓚徼破之，盡
得其車重。（《後漢書·公孫瓚傳》）

第四章　三國之屯田

一、蜀漢之屯田

漢末大飢

東漢之末，天下大亂。諸軍並起，率❶乏糧穀。飢則寇掠，飽則棄餘。瓦解流離，無敵自破者，不可勝數。袁紹之在河北，軍人仰食桑椹。袁術之在江淮，士卒取給蒲螺。故三國之君臣，莫不留心農戰。

《魏書》曰，自遭喪亂，卒乏糧穀。諸軍並起，無終歲之計。飢則寇掠，飽則棄餘。瓦解流離，無敵自破者，不可勝數。袁紹之在河北，軍人仰食桑椹。袁術之在江淮，士卒取給蒲螺。民人相食，州里蕭條。（《三國志注》）

法正請取漢中廣農積穀

漢獻帝建安二十二年，蜀郡太守法正勸先主取漢中。廣農積穀，觀釁而動。上可以傾覆寇敵，尊獎王室。中可以蠶食雍、涼，廣拓境土。下可以固守要害，為持久之計。先主從之。

先主以法正為蜀郡太守，揚武將軍。建安二十二年，正說先主，曰，曹操一舉而降張魯，定漢中。不因此勢以圖巴、蜀，而留夏侯淵、張郃屯守。身遽北還。此非其智不逮，而力不足也。必將內有憂偪，故耳。今策淵、郃才略，不勝國之將帥。舉衆往討，則必可克之。克之之日，廣農積穀，觀釁伺隙。上可以傾覆寇敵，尊獎王室。中可以蠶食雍、涼，廣拓境土。下可以固守要害，為持久之計。此蓋天以與我，時不可失也。先主善其策。乃率諸將，進兵漢中。二十四年，大破淵軍，淵等授首。（《蜀志·法正傳》）

---

❶ "率"，依下文，當為"卒"。——編者註

後主之時，丞相諸葛亮尤重勸農殖穀，繕甲養
士。建興二年，務農植穀，閉關息民之外，《蜀志》
竟未紀他事。

諸葛亮務農殖穀

建興二年春，務農殖穀。閉關息民。（《蜀志》卷三）

其年，亮與主簿杜微書，中亦申明斯意。謂曹
丕篡立，猶土龍芻狗，虛有其名。又大興勞役，以
向吳、楚。今因其多務，且閉關勸農，養育民物，
並治甲兵，以待其挫，然後伐之。可使民不勞，兵
不戰，而天下定也。

建興二年，丞相亮領益州牧。以杜微為主簿。微固辭，輿而致
之。既至，亮引見微，微自陳謝。亮以微不聞人語，於坐上與書。
微自乞老病求歸。亮又與書答曰，曹丕篡弒，自立為帝。是猶土龍
芻狗之有名也。欲與羣賢，因其邪偽，以正道滅之。怪君未有相誨，
便欲求還於山野。丕又大興勞役，以向吳楚。今因丕多務。且以閉
境勸農，育養民物。並治甲兵，以待其挫，然後伐之。可使兵不戰，
民不勞，而天下定也。君但當以德輔時耳，不責君軍事。何為汲汲，
欲求去乎。其敬微如此，拜為諫議大夫，以從其志。（《蜀志・杜微
傳》）

十年，復休士勸農，教兵講武。

建興十年，亮休士勸農於黃沙。作木牛流馬畢，教兵講武。
（《蜀志》卷三）

十二年，亮悉率大軍，由斜谷出。據武功、五
丈原，與魏人相拒於渭南。亮常患糧運不繼，乃分
兵屯田。耕者雜於渭濱居民之間，百姓安堵，軍無
私焉。相持僅百餘日，而亮卒於軍。蜀軍退還。

亮屯田渭濱

建興十二年春，亮悉大眾，由斜谷出，以流馬運。據武功、五
丈原，與司馬懿對於渭南。亮每患糧不繼，使己志不伸。是以分兵

屯田，為久住之基。耕者雜於渭濱居民之間，而百姓安堵，軍無私焉。相持百餘日。其年八月，亮疾病，卒于軍。（《蜀志·諸葛亮傳》）

是年，亮於五丈原屯田之外，並遣兵屯田於蘭坑。

青龍二年，諸葛亮出斜谷，並田於蘭坑。（《魏志·郭淮傳》）

其時復置督農之官，以供軍糧。

呂乂遷巴西太守。丞相諸葛亮連年出軍，調發諸郡，率多逃亡。乂募取兵五千詣亮，慰喻檢制，無逃竄者。徙為漢中太守，兼領督農，供繼軍糧。（《蜀志·呂乂傳》）

蔣琬，延禧元年為大司馬。督農楊敏曾毀琬，曰，作事憒憒，非及前人。或以白琬，主者請推治敏。琬曰，吾實不及前人，無可推也。（《蜀志·蔣琬傳》）

姜維耕種沓中

景曜五年，大將軍姜維率衆出侯和，為鄧艾所破。還住沓中耕種。

景曜五年，姜維復率衆出侯和，為鄧艾所破，還住沓中。（《蜀志》卷二）

景元四年五月，詔曰，蜀蕞爾小國，土狹民寡。而姜維虐用其衆，曾無悔志。往歲破敗之後，猶復耕種沓中。刻剝衆羌，勞役無已，民不堪命。夫兼弱攻昧，武之善經。致人而不致於人，兵家之上略。蜀所恃賴，唯維而已，因其遠離巢窟，用力為易。今使征西將軍鄧艾，督帥諸軍，趣甘松、沓中，以羅取維。雍州刺史諸葛緒督諸軍，趣武都、高樓，首尾�討。若擒維，便當東西並進，掃滅巴蜀也。（《魏志》卷四）

惟蜀漢未置史官。其行事之詳，多不可考見。

國不置史，記注無官，是以行事多遺。（《蜀志》卷三評）

二、魏之屯田

漢獻帝興平元年，大旱，蝗蟲起。穀一斛，價五十餘萬錢。曹操至罷新募之兵。時操以夏侯惇領陳留濟陰太守。惇乃斷太壽水作陂，身自負土，率將士勸種稻。

> 興平元年春，曹操自徐州還。夏，與呂布相守，百餘日。蝗蟲起，百姓大餓，布糧亦盡，各引去。是歲，穀一斛五十餘萬錢，人相食，乃罷吏兵新募者。（《魏志》卷一）

> 曹操自徐州還。夏侯惇從征呂布，傷左目。復領陳留、濟陰太守，如建武將軍，封高安鄉侯。時大旱，蝗蟲起。惇乃斷太壽水作陂。身自負土，率將士勸種稻，民賴其利。（《魏志·夏侯惇傳》）

建安元年，操用棗祗、韓浩等議，始興屯田。

> 建安元年，用棗祗、韓浩等議，始興屯田。（《魏志》卷一）

> 《魏書》曰，韓浩、漢末聚徒眾，為縣藩衛，夏侯惇使領兵從征伐。時，大議損益，浩以當急田。曹操善之。（《魏志》注）

使司空椽❶屬國淵典其事。淵屢陳損益，相土處民，計民置吏。明課功之法，百姓競勸。

> 國淵避亂遼東，既還舊土，曹操辟為司空椽屬。操欲廣置屯田，使淵典其事。淵屢陳損益，相土處民，計民置吏，明課功之法。五年中，倉廩充實，百姓競勸樂業。（《魏志·國淵傳》）

又以任峻為典農中郎將。募民屯田許下，郡國列置田官。數年中，所在倉廩，積粟皆滿。

> 任峻收宗族及賓客家兵數百人，願從曹操，操表峻為騎都尉。

---

❶ "椽"當為"掾"。——編者註

夏侯惇率將士勸種稻

曹操興屯田

每征伐，峻常居守，以給軍食。是時，歲飢旱，軍食不足。羽林監潁川棗祗建置屯田，操以峻為典農中郎將。數年中，所在積粟，倉廩皆滿。軍國之饒，起於棗祗而成於峻。（《魏志·任峻傳》）

曹操既破黃巾，欲經略四方，而苦軍食不足。羽林監潁川棗祗建置屯田議。操乃令曰，夫定國之術，在於強兵足食。秦人以急農兼天下，孝武以屯田定西域，此先世之良式也。於是，以任峻為典農中郎將，募百姓屯田許下，得穀百萬斛。郡國列置田官。數年之中，所在積粟，倉庾皆滿。祗死，操後追思其功，封爵其子。（《晉書·食貨志》）

劉馥屯田合肥修芍陂

十四年七月，置揚州郡縣長吏，以劉馥為刺史。馥單馬造合肥空城，建立州治。廣屯田，修芍陂、茄陂、七門、吳塘諸堨，以溉稻田。公私咸有積蓄，為歷代之利。

建安十四年七月，置揚州郡縣長吏，開芍陂屯田。（《魏志》卷一）

劉馥為揚州刺史。既受命。單馬造合肥空城，建立州治。恩化大行，百姓樂其治，流民越江山而歸者，以萬數。於是，聚諸生，立學校，廣屯田，興治芍陂，及茄陂、七門，吳塘諸堨，以溉稻田。官民有畜。又高為城壘，多積木石，編作草苫數千萬枚，益貯魚膏數千斛。為戰守備。（《魏志·劉馥傳》）

沛國劉馥為揚州刺史，鎮合肥，廣屯田。修芍陂、茄陂、七門、吳塘諸堨，以溉稻田。公私有蓄，歷代為利。（《晉書·食貨志》）

其時又以倉慈為綏集都尉。

倉慈始為郡吏，建安中，曹操募開屯田於淮南。以慈為綏集都尉。（《魏志·倉慈傳》）

十八年，使議郎梁習，於上黨取大木，供鄴宮室。習表置屯田，於道旁耕種菽粟，以供人牛之費。

梁習以別部司馬領并州刺史，更拜為真。建安十八年，州并屬冀州，更拜議郎西部督部從事，統屬冀州，總故部曲。又使於上黨取大材，供鄴宮室。習表置屯田都尉二人，領客六百夫。於道次耕種菽粟，以給人牛之費。（《魏志·梁習傳》）

二十四年，蜀將關羽圍樊城、襄陽。曹操議徙許都，以避其銳。後羽為孫權將呂蒙所獲，操又欲徙潁川屯田，以避南軍，以司馬懿諫而止。

操欲徙潁川屯田

關羽圍樊、襄陽，曹操以漢帝在許，近賊，欲徙都。司馬懿及蔣濟說操曰，于禁等為水所沒，非戰攻之失。於國家大計，未足有損。劉備、孫權外親內疎，關羽得志，權必不願也。可遣人勸躡其後，許割江南以封權，則樊圍自解。操如其言。權聞之，即引兵西襲公安、江陵，羽遂見禽。（《魏志·蔣濟傳》）

關羽為呂蒙所獲。後，曹操以荊州遺黎，及屯田在潁川者，逼近南寇，皆欲徙之。司馬懿曰，荊、楚輕脫，易動難安。關羽新破，諸為惡者，藏竄觀望。今徙其善者，既傷其意，將令去者，不敢復還。從之。（《晉書·宣帝紀》）

文帝黃初三年二月，西域諸國遣使奉獻，是後西域遂通，置戊己校尉。

黃初三年二月，鄯善、龜茲、于闐王各遣使奉獻。詔曰，西戎即序，氐、羌來王，詩書美之。頃者，西域外夷，並款塞內附。其遣使者撫勞之。是後，西域遂通，置戊己校尉。（《魏志》卷二）

五年，大興屯田，欲舉軍征吳。中軍師辛毗諫，請養民屯田。不從。

大興許昌屯田

黃初五年七月，幸許昌宮。八月，為水軍，親御龍舟，幸壽春。九月，遂至廣陵。十月，行還許昌宮。（《魏志》卷二）

黃初中，孫權欲遣子登入侍，不至。是時，車駕徙許昌，大興屯田，欲舉軍東征。（《三國志·王朗傳》）

辛毗為中軍師，文帝欲大興軍征吳。毗諫曰，吳、楚之民，險而難禦。先帝屢起銳師，臨江而還。今六軍不增於故，而復循之，此未易也。今日之計，莫若修范蠡之養民，法管仲之寄政，則充國之屯田，明仲尼之懷遠。十年之中，強壯未老，童齔勝戰。兆民知義，將士思奮。然後用之，則役不再舉矣。帝竟伐吳，至江而還。（《魏志·辛毗傳》）

六年十月，又幸廣陵，臨江觀兵。水道冰，舟不得入江，乃引還。議者欲就留兵屯田，尚書蔣濟以為近敵，不可安屯。從之。

黃初六年十月，行幸廣陵故城，臨江觀兵。戎卒十餘萬，旌旗數百里。是時，大寒，水道冰，舟不得入江，乃引還。（《魏志》卷二）

蔣濟徵為尚書。車駕幸廣臨，濟表水道難通。又上《三州論》，以諷帝。帝不從。於是，戰船數千，皆滯不得行。議者欲就留兵屯田，濟以為東近湖，北臨淮，若水盛時，賊易為寇，不可安屯，帝從之。（《魏志·蔣濟傳》）

徙譙郡屯田於梁

帝以譙郡故鄉，大徙民充之，以為屯田。而譙地瘠民窮，太守盧毓愍之。上表徙於梁國，以就沃衍。百姓賴之。

盧毓文帝時，出為梁、譙二郡太守。帝以譙舊鄉，故大徙民充之，以為屯田。而譙土地磽瘠，百姓窮困。毓愍之，上表徙民於梁國，就沃衍。失帝意。雖聽毓所表，心猶恨之。遂左遷毓，使將徙民為睢陽典農校尉。毓心在利民，躬自臨視。擇居美田，百姓賴之。（《魏志·盧毓傳》）

牽招擬屯田不果

明帝太和二年，雁門太守牽招破鮮卑軻比能。以蜀相諸葛亮數出，而比能狡獪，恐相交通，表請防備。帝詔招便宜討之。招議欲遣二牙門，出屯陘北。令兵耕種，儲蓄資糧。秋冬馬肥，州郡合兵擊之。會招病卒，未及施行。

牽招出為雁門太守，構間鮮卑大人步度根泄歸泥等，與軻比能

為隙。太和二年，比能復大合騎，來到故平州塞北。招潛行撲討，
大斬首級。招以蜀相諸葛亮數出，而比能狡獪，恐相交通，表為防
備。議者以為懸遠，未之信也。會亮時在祁山，果遣使連結比能。
比能至故北地石城，與相尾首。帝乃詔招，使從便宜討之。時比能
已還漠南，招與刺史畢軌議曰，胡虜遷徙無常，若勞師遠追，則遲
速不相及。若欲潛襲，則山溪艱險，資糧轉運，難以密辨。可使守
新興、雁門二牙門，出屯陘北。外以鎮撫，內令兵田，儲蓄資糧。
秋冬馬肥，州郡合兵，乘釁征討，計必全克。未及施行，會病卒。
（《魏志·牽招傳》）

自黃初以來，聽諸典農使吏民為商賈，以求厚
利。明帝時司馬芝為大司農，奏請勿以商事雜亂，
專以農桑為務。帝從之。

司馬芝為大司農，先是，諸典農各部吏民，末作治生，以要利
入。芝奏曰，王者之治，崇本抑末，務農重穀。王制，無三年之儲，
國非其國也。《管子區言》，以積穀為急。方今二虜未滅，師旅不
息。國家之要，惟在穀帛。特開屯田之官，專以農桑為業。建安中，
天下倉廩充實，百姓殷足。自黃初以來，聽諸典農治生，各為部下
之計，誠非國家大體所宜也。夫王者以海內為家，故《傳》曰，百
姓不足，君誰與足。富足之由，在於不失天時，而盡地力。今商賈
所求，雖有加倍之顯利。然於一統之計，已有不貲之損。不如墾田，
益一畝之收也。夫農民之事田，自正月耕種，耘鋤條桑，耕燶種麥，
穫刈築場，十月乃畢。治廩繫橋，運輸租賦，除道理梁，墐塗室屋。
是以終歲，無日不為農事也。今諸典農各言，留者為行者田作，計
課其力，勢不得乃爾。不有所廢，則當素有餘力。臣愚，以為不宜
復以商事雜亂，專以農桑為務，於國計為便。明帝從之。（《魏志·
司馬芝傳》）

涼州地少雨，常苦乏穀。徐邈為刺史，開水
田，募民佃之，以供州界軍用。家家豐足，倉庫
盈溢。

禁典農部民營商

徐邈開水田供軍
用

魏明帝時，徐邈為涼州。土地少雨，常苦乏穀。邈上修武威、酒泉鹽池，以收虜穀。又廣開水田，募貧民佃之。家家豐足，倉庫盈溢。度支州界軍用之餘，以市金錦犬馬，通使諸國，西域人入貢，財貨流通，皆邈之功也。

鄧艾大興兩淮屯田

齊王正始初，欲廣田積穀。使尚書鄧艾，行視陳項以東。艾以為田良水少，可省許昌左右稻田，并水東下。令淮北屯二萬人，淮南屯三萬人，十二分休。常有四萬人，且佃且守。計除眾費，歲積五百萬斛，以為軍資。六七年間，可積三千萬斛於淮上。司馬懿善之。

鄧艾遷尚書。時欲廣田畜穀，為滅賊資。使艾行陳項以東，至壽春。艾以為田良水少，不足以盡地利。宜開河渠，可以引水澆溉，大積軍糧，又通漕運之道。乃著《濟河論》，以喻其指。又以為昔破黃巾，因為屯田，積穀於許都，以制四方。今三隅已定，事在淮南。每大軍征舉，運兵過半，功費巨億，以為大役。陳、蔡之間，土下田良，可省許昌左右稻田，并水東下。令淮北屯二萬人，淮南三萬人，十二分休，常有四萬人，且佃且守。水豐常收三倍於西。計除眾費，歲完五百萬斛，以為軍資。六七年間，可積三千萬斛於淮上。此則十萬之眾，五年食也。以此乘吳，無往而不克矣。司馬懿善之，事皆施行。（《魏志・鄧艾傳》）

三年三月，懿奏穿廣漕渠，引河入汴。溉東南諸陂，佃於淮北。

正始三年三月，司馬懿奏，穿廣漕渠，引河入汴，溉東南諸陂。始大佃於淮北。（《晉書・宣帝紀》）

四年九月，又開廣淮陽、百尺二渠，修諸陂於穎之南北，溉田萬餘頃。自是，淮北倉庾相望。自京師至壽陽，農官屯兵相連屬。大軍每出，泛舟而下，達于江淮，資食有儲。艾所建也。

　　四年九月，以滅賊之要，在於積穀。乃大興屯守，廣開淮陽、百尺二渠。又修諸陂於潁之南北，溉田萬餘頃。自是，淮北倉庾相望。壽陽至於京師，農官屯兵連屬焉。（《晉書·宣帝紀》）

　　正始四年，乃開廣漕渠。每東南有事，大軍興衆，泛舟而下，達於江、淮，資食有儲，而無水害。艾所建也。　（《魏志·鄧艾傳》）

　　胡質為征東將軍，廣農積穀。有兼年之儲，海邊無事。

胡質廣農積穀

　　正始中，胡質遷征東將軍，假節都督青、徐諸軍事。廣農積穀，有兼年之儲。置東征臺，且戰且守。又通渠諸郡，利舟檝，嚴設備，以待敵。海邊無事。（《魏志·胡質傳》）

　　嘉平三年，荊州刺史王基擊吳，納降數千口，置夷陵縣，以居之。徙江夏郡治，於其地，以偪夏口。明制度，整軍農，南方稱之。時議伐吳，詔基謀之。基以為江陵有腴田數千頃，安陸陂池衍沃。若水陸並農，以實軍資。然後引兵浮穀而下，合蠻夷以攻其內，用勁兵以討其外。則吳蜀之交絕，而吳可禽。不然，出兵之利，未可必也。於是遂止。

王基請耕江陵以資軍用

　　嘉平三年正月，荊州刺史王基攻吳，破之，降者數千口。二月，置南郡之夷陵縣，以居降附。（《魏志》卷四）

　　王基出為荊州刺史，加揚烈將軍，隨征南王昶擊吳。基別襲步協於夷陵，協閉門自守。基示以攻形，而實分兵取雄父邸閣。收米三十餘萬斛。虜安北將軍譚正，納降數千口。於是，移其降民，置夷陵縣賜爵關內侯。基又表城之。上昶徙江夏治之，以偪夏口。由是，賊不敢輕越江。明制度，整軍農，兼修學校，南方稱之。時朝廷議欲伐吳，詔基量進趣之宜。基對曰，夫兵動而無功，則威名折於外，財用窮於內。故必全而後用也。若不資通川聚糧，水戰之備。則雖積兵江內，無必渡之勢矣。今江陵有沮、漳二水，溉灌膏腴之田以千數。安陸左右，陂池沃衍。若水陸並農，以實軍資。然後引兵詣江陵、夷陵，分據夏口，順沮、漳，資水浮穀而下。賊知官兵有經久之勢，則拒天誅者意沮，而向王化者益固。然後率合蠻夷，以攻其內，精卒勁兵以討其外。則夏口以上必拔，而江外之郡不守。如此，吳、蜀之交絕，交絕，而吳禽矣。不然，兵出之利，未可必矣。於是遂止。（《魏志・王基傳》）

傅嘏請進軍大佃
於邊境以偪吳人

四年四月，孫權死。征南王昶，征東胡遵，鎮東毋丘儉等，表請征吳。所獻策皆不同。詔以訪尚書傅嘏。嘏對，以議者或欲汎舟徑濟，橫行江表。或欲四道並進，攻其城壘。或欲大佃疆場，觀釁而動。自治兵以來，出入三載，非掩襲之軍。設令吳列船津要，堅城據險。橫行之計，其殆難捷。惟進軍大佃偪之，軍之急務也。時不從嘏言，詔昶等征吳。明年，大敗於東關。

傅嘏遷尚書，時論者議欲伐吳，三征獻策各不同。詔以訪嘏。對曰，昔夫差陵齊勝晉，威行中國，終禍姑蘇。齊閔兼土拓境，闢地千里，身蹈顛覆。有始不必善終，古之明效也。孫權自破關羽，并荊州之後，志盈欲滿，凶宄以極。是以宣文侯（司馬懿）深建宏圖大舉之策。今權以死，託孤於諸葛恪。若矯權苛暴，蠲其虐政。民免酷烈，偷安新惠。外內齊慮，有同舟之懼。雖不能終自保完，猶足以延期挺命，於深江之外矣。而議者，或欲汎舟徑濟，橫行江表。或欲四道並進，攻其城壘。或欲大佃疆場，觀釁而動。誠皆取賊之常計也。然自治兵以來，出入三載，非掩襲之軍也。賊之為寇，幾六十年矣。君臣偽立，吉凶共患。又喪其元帥，上下憂危。設令列船津要，堅城據險。橫行之計，其殆難捷。惟進軍大佃，最差完牢。兵出民表，寇鈔不犯。坐食積穀，不煩運士。乘釁討襲，無遠勞費。此軍之急務也。昔樊噲願以十萬之眾，橫行匈奴，季布面折其短。今欲越長江，涉虜庭，亦向時之噲也。未若明法練士，錯計於全勝之地，振長策以禦敵之餘燼，斯必然之數也。（《魏志・傅嘏傳》）

《司馬彪戰略》曰，嘉平四年四月，孫權死。征南大將軍王昶，征東將軍胡遵，鎮南將軍毋丘儉等，表請征吳。朝廷以三征計異，詔訪尚書傅嘏。嘏對曰，昔夫差勝齊、陵晉，威行中國，不能以免姑蘇之禍。齊閔辟土兼國，開地千里，不足以救顛覆之敗。有始不必善終，古事之明效也。孫權自破蜀，兼平荊州之後，志盈欲滿，罪戮忠良，誅及胤嗣，元凶已極。相國宣文侯（司馬懿）先識取亂侮亡之義，深建宏圖大舉之策。今權已死，託孤於諸葛恪。若矯權苛暴，蠲其虐政。民免酷烈，偷安新惠。外內齊慮，有同舟之懼。雖不能終自保完，猶足以延期挺命，於深江之表矣。昶等或欲汎舟徑渡，橫行江表。收民略地，因糧於寇。或欲四道並進，臨之以武，誘間攜貳，待其崩壞。或欲進軍大佃，偪其項領，積穀觀釁，相時而動。凡此三者，皆取賊之常計也。然施之當機，則功成名立。苟不應節，必貽後患。自治兵以來，出入三載，非掩襲之軍也。賊喪元帥，利存退守。若撰飾舟楫，羅船津要。堅城清野，以防卒攻。橫行之計，殆難必施。賊之為寇，幾六十年。君臣偽立，吉凶同患。若恪蠲其弊，天去其疾。崩潰之應，不可卒待。今邊壤之守，與賊相遠。賊設羅落，又持重密。間諜不行，耳目無聞。夫軍無耳目，校察未詳。而舉大衆，以臨巨險。此為希幸徼功，先戰而後求勝，非全軍之長策也。唯有進軍大佃，最差完牢。可詔昶、遵等，擇地居險，審所錯置。及令三方，一時前守。奪其肥壤，使還耕埆土。一也。兵出民表，寇鈔不犯。二也。招懷近路，降附日至。三也。羅落遠設，間構不來。四也。賊退其守，羅落必淺，佃作易之。五也。坐食積穀，士不運輸。六也。釁隙時聞，討襲速決。七也。凡此七者，軍事之急務也。不據，則賊擅其資。據之，則利歸於國。不可不察也。夫屯壘相偪，形勢已交。智勇得陳，巧拙得用。策之，而知得失之計。角之，而知有餘不足。虜之情偽，將焉所逃。夫以小敵大，則役煩力竭。以貧敵富，則斂重財匱。故敵逸能勞之，飽能飢之，此之謂也。然後盛衆屬兵，以震之。參惠倍賞，以招之。多方廣似，以疑之。由不虞之道，以間其不戒。比及三年，左提右挈。虜必冰散瓦解，安受其弊，可坐算而得也。昔漢氏歷世，常患匈奴。朝臣謀士，早朝宴罷。介胄之將，則陳征伐。搢紳之徒，咸言和親。勇奮之士，思展搏噬。故樊噲願以十萬之衆，橫行匈奴，季布面折其短。李信求以二十萬，獨舉楚人，而果辱秦軍。今諸將有陳，越江陵險，獨步虜庭，卽亦向時之類也。以陛下聖德，輔相忠賢，法明士練。錯計於全勝之地，振長策以禦之。虜之崩潰，必然之數。故《兵法》曰，屈人之兵，而非戰也。拔人之城，而非攻也。若釋廟勝必然之理，而行萬一不必全之路。誠愚臣之所慮也。故謂大佃而偪之，計最長。時不從昶言。其年十一月，詔昶等征吳。五年正月，諸葛恪拒戰。大破衆軍於東關。（《魏志》注）

高貴鄉公甘露二年，征東大將軍諸葛誕斂兩淮屯田口十餘萬，官兵四五萬，反。

甘露二年四月，以征東大將諸葛誕為司空。五月，諸葛誕不就徵，發兵反。（《魏志》卷四）

二年五月，徵為司空，誕被詔書，愈恐，遂反。召會諸將，自出攻揚州刺史樂綝，殺之。斂淮南及淮北郡縣屯田口十餘萬，官兵揚州新附勝兵者，四五萬人，聚穀足一年食，閉城自守。遣長史吳綱，將小子靚，至吳請救。（《魏志·諸葛誕傳》）

罷屯田為郡縣　　　　陳留王咸熙元年，罷屯田官。諸典農皆為太守，都尉皆為令長。

咸熙元年，罷屯田官，以均政役。諸典農皆為太守，都尉皆為令長。（《魏志》卷四）

三、吳之屯田

吳初屯田　　　　孫權為將軍。陸遜年二十一，始仕幕府，歷東西曹令史，出為海昌屯田都尉，幷領縣事。勸督農桑，百姓蒙賴。

陸遜少孤。孫權為將軍，遜年二十一，始仕幕府。歷東西曹令

史，出為海昌屯田都尉，并領縣事。縣連年亢旱，遂開倉穀以振貧民，勸督農桑，百姓蒙賴。（《吳志・陸遜傳》）

魏使謝奇田皖，偏將軍呂蒙襲破之。曹操又使朱光屯皖，大開稻田。建安十九年，蒙勸權征皖，克之，獲光及男女數萬口。權嘉其功，即拜廬江刺史。賜以尋陽屯田六百戶。

以屯田戶賜呂蒙

呂蒙拜偏將軍，領潯陽令。魏使廬江謝奇，為蘄春典農，屯田皖鄉，數為邊寇。蒙使人誘之，不從，即伺襲擊。奇遂縮退。其部伍孫子才、宋豪等，皆攜負老弱，詣蒙降。曹公遣朱光為廬江太守，屯皖，大開稻田。又令間人，招誘鄱陽賊帥，使作內應。蒙曰，皖田肥美，若一收熟，彼眾必增。如是數歲，操勢見矣。宜早除之。乃具陳其狀。權乃親征皖，引見諸將，問以計策。蒙乃薦甘寧為升城督，督攻在前，蒙以精銳繼之。侵晨進攻，蒙手執枹鼓，士卒皆騰踊自升，食時破之。權嘉其功，即拜廬江太守。所得人馬皆分與之。別賜尋陽屯田六百戶，官屬三十人。（《吳志・呂蒙傳》）

建安十九年五月，權征皖城。閏月，克之。獲廬江太守朱光，及參軍董和，男女數萬口。（《吳志》卷二）

于時，三方之人，志相吞滅，戰攻不息，耕夫釋耒。江淮之鄉，尤缺儲峙。黃武五年，上大將軍陸遜，以所在穀少，表請，令諸將增廣農畝。權報曰，甚善，今孤父子親自受田，車中八牛，以為四耦，亦欲眾均其勢也。因令州郡寬恤農民。而《晉書・食貨志》誤以為，有吳之務農重穀，始於此焉。

從陸遜請令諸將廣田

黃武五年春，令曰，軍興日久，民離農畔。父子夫婦，不能相卹。孤甚愍之，今北虜縮竄，方外無事。其下州郡，有以寬息。是時，陸遜以所在少穀，表令諸將，增廣農畝。權報曰，甚善，今孤父子，親自受田。車中八牛，以為四耦。雖未及古人，亦欲與眾均

121

等其勞也。（《吳志》卷二）

于時，三方之人，志相吞滅，戰勝攻取，耕夫釋耒。江淮之鄉，尤缺儲峙。吳上大將軍陸遜抗疏，請令諸將，各廣其田。權報曰，甚善，孤今父子，親自受田。車中八牛，以為四耦。雖未及古人，亦欲與衆均其勞也。有吳之務農重穀，始於此焉。（《晉書·食貨志》）

遣兵佃於江北

嘉禾五年春，權遣兵數千家，佃於江北。至八月，為魏人所襲破。

青龍三年（即吳嘉禾五年）春，權遣兵數千家，佃於江北。至八月，（魏征東將軍）滿寵以為田向收熟，男女布野。其屯衞兵，去城遠者數百里，可掩擊。遣長史，督二軍，循江東下。摧破諸屯，焚燒穀物而還。詔美之，因以所獲盡為將士賞。（《魏志·滿寵傳》）

諸葛恪佃於皖口

六年，諸葛恪平山越事畢，拜威北將軍。恪乞率衆佃廬江皖口。因輕兵襲舒，掩得其民而還。

諸葛恪以丹陽山險，民多果勁。雖前發兵，徒得外縣平民而已。其餘深遠，莫能禽盡。屢自求乞為官出之，三年，可得甲士四萬。權拜恪撫越將軍，領丹陽太守。授棨戟，武騎三百。拜畢，命恪備威儀，作鼓吹，導引歸家。時年三十二。恪到府，乃移書四部屬城長吏。令各保其疆界，明立部伍。其從化平民，悉令屯居。乃分內諸將，羅兵幽阻。但繕藩籬，不與交鋒。候其穀稼將熟，輒縱兵芟刈，使無遺種。舊穀既盡，新田不收。平民屯居，略無所入。於是，山民飢窮，漸出降首。恪乃復勅下曰，山民去惡從化，皆當撫慰。徙出外縣，不得嫌疑，有所執拘。臼陽長胡伉得降民周遺。遺舊惡民，困迫暫出，內圖叛逆。伉縛遺送府。恪以伉違教，遂斬以徇。以狀表上。民聞伉坐執人被戮，知官惟欲出之而已。於是，老幼相攜而出。歲期人數皆如本規。恪自領萬人，餘分給諸將。權嘉其功，遣尚書僕射薛綜勞軍，拜恪威北將軍，封都鄉侯。恪乞率衆佃廬江皖口，因輕兵襲舒，掩得其民而還。（《吳志·諸葛恪傳》）

嘉禾六年，諸葛恪平山越事畢，北屯廬江。（《吳志》卷二）

赤烏中，新都都尉陳表，吳郡都尉顧承，各率所領人，會佃毘陵，男女各數萬口。表病死，權以諸葛融代之。

諸郡會佃毗陵

《吳書》曰。諸葛融拜騎都尉，赤烏中，諸郡出部伍。新都都尉陳表、吳郡都尉顧承，各率所領人，會佃毗陵，男女各數萬口。表病死，權以融代。（《三國志注》）

八年八月，遣校尉陳勳，將屯田，及作士三萬，鑿句容中道，自小其至雲陽、西城。

命屯田作士修道路

赤烏八年八月，遣校尉陳勳，將屯田及作士三萬，鑿句容中道，自小其至雲陽、西城。通會市，作邸閣。（《吳志》卷二）

孫亮建興二年，太傅諸葛恪圍魏新城，不克。引歸江渚。圖起田於潯陽。以詔召相銜，徐乃還師。

諸葛恪謀引兵田於潯陽不果

諸葛恪建興元年，加荊、揚州牧，督中外諸軍事。明春，恪圍新城，攻守連月，城不拔。恪引軍而去，出住江渚一月。圖起田於潯陽。詔召相銜，徐乃還師。（《吳志·諸葛恪傳》）

孫休永安二年，以吏民軍士多事商賈，良田漸廢。詔勸務農桑。

勸軍民務農桑

永安二年三月詔曰，朕以不德，託於王公之上，夙夜戰戰，忘寢與食。今欲偃武修文，以崇大化。推此之道，當由士民之贍，必須農桑。管子有言，倉廩實，知禮節。衣食足，知榮辱。夫一夫不耕，有受其饑。一婦不織，有受其寒。饑寒並至，而民不為非者，未之有也。自頃年以來，州郡吏民，及諸營兵，多違此業。皆浮船長江，賈作上下。良田漸廢，見穀日少。欲求大定，豈可得哉。亦由租入過重，農人利薄，使之然乎。今欲廣開田業，輕其賦稅。差科彊羸，課其田畝。務令優均，官私得所。使家給戶贍，足相供養。則愛身重命，不犯科法。然後刑罰不用，風俗可整。以羣僚之忠賢，若盡心於時，雖太古盛化，未可卒致。漢文升平，庶幾可及。及之，則臣主俱榮。不及，則損削侵辱。何可從容俯仰而已。諸卿尚書可共咨度，務取便佳。田桑已至，不可後時。事定施行，稱朕意焉。（《吳志》卷三）

取屯田為兵　　　　　六年十月，丞相濮陽興建議，取屯田萬人，以為兵。

永安六年十月，丞相興建取屯田萬人為兵。（《吳志》卷三）

第五章　晉南北朝隋之屯田

一、晉之屯田

罷屯田農官

西晉之初，悉罷屯田農官。

泰始二年十二月，罷農官為郡縣。（《晉書・武帝紀》）

羊祜分兵屯田

武帝泰始五年，羊祜都督荊州。吳之石城守，去襄陽七十餘里，每為邊害。祜患之，以計令吳人罷之。於是，邏戍減半，分以墾田八百餘頃。祜之至也，軍無百日之糧。及至季年，有十年之積。

泰始五年二月，以尚書左僕射羊祜都督荊州諸軍事。（《晉書・武帝紀》）

羊祜為都督荊州諸軍事，假節散騎常侍，衛將軍如故。祜率營兵，出鎮南夏。開設庠序，綏懷遠近，甚得江漢之心。吳石城守，去襄陽七十餘里，每為邊害。祜患之。竟以詭計，令吳罷守。於是，戍邏減半，分以墾田，八百餘頃，大獲其利。祜之始至也，軍無百日之糧。及至季年，有十年之積。（《晉書・羊祜傳》）

司馬駿率將士屯田

六年，汝陰王司馬駿為鎮西大將軍，鎮關中。勸督農桑，與士卒分役。己及僚佐，并將帥兵士，咸事耕種。且具奏以聞。詔普下州縣，使各務農事。

泰始五年七月，以汝陰王駿為鎮西大將軍，都督雍、涼二州諸軍事。（《晉書・武帝紀》）

汝陰王駿遷鎮西大將軍，使持節，都督雍、涼等州諸軍事，代汝南王亮，鎮關中。加袞冕之服。駿善撫御，有威恩。勸督農桑，與士卒分役。己及寮佐，并將帥兵士等，人限田十畝。具以表聞。詔遣普下州縣，使各務農事。（《晉書・宣五王傳》）

咸寧元年六月，西域戊己校尉馬循討叛鮮卑，破之。

咸寧元年六月，西域戊己校尉馬循，討叛鮮卑，破之，斬其渠帥。（《晉書·武帝紀》）

十二月，詔令鄴奚官奴婢，著新城。代田兵種稻。

令官奴代屯田兵種稻

咸寧元年十二月，詔曰，出戰入耕，雖自古之常。然事力未息，未嘗不以戰士為念也。令鄴奚官奴婢，著新城，代田兵種稻。奴婢各五十人為一屯，屯置司馬，使皆如屯田法。（《晉書·食貨志》）

二年七月，鮮卑阿羅多等寇邊，馬循擊降之。

咸寧二年七月，鮮卑阿羅多等寇邊，西域戊己校尉馬循討之。斬首四千餘級，獲生九千餘人。於是來降。（《晉書·武帝紀》）

建武元年，元帝為晉王，課督農功。詔令諸軍，非宿衞要任，皆宜赴農，各自佃作。

元帝令諸軍屯田自給

建武元年三月，西陽王羕等上尊號。帝不許，請依魏、晉故事，為晉王，許之。（《晉書·元帝紀》）

元帝為晉王，課督農功。詔二千石長吏，以入穀多少為殿最。其非宿衞要任，皆宜赴農。使軍各自佃作，即以為廩。（《晉書·食貨志》）

太興二年，三吳大飢。元帝使百官各上封事。後軍將軍應詹表請，如曹操故事，興復農官。簡擇流民，廣建屯田。並選都督有文武經略者，鎮壽春。綏集流散，專務農功。諸軍自非對敵，皆宜齊課。

應詹請興屯田

太興二年，三吳大飢，死者日以百數。元帝時使百官，各上封事。後軍將軍應詹表曰，夫一人不耕，天下必有受其飢者。而軍興以來，征戰運漕，朝廷宗廟，百官用度，既已殷廣。下及工商，流寓僮僕，不親農桑而遊食者，以十萬計。不思開立美利，而望國足人給，豈不難哉。古人有言曰，飢寒並至，雖堯、舜不能使野無寇盜。貧富并兼，雖皋陶不能使強不陵弱。故有國有家者，何嘗不務農重穀。近曹操用棗祇、韓浩之議，廣建屯田，又於征伐之中，分帶甲之士，隨宜開墾。故下不甚勞，而大功克舉也。間者，流人奔東吳。東吳今儉，皆已還反。江西良田，曠廢來久，火耕水耨，為功差易。宜簡流人，興復農官。功勞報賞，皆如魏氏故事。一年中與百姓，二年分稅，三年計賦稅以使之，公私兼濟。則倉盈庾億，可計日而待也。又曰，昔高祖使蕭何鎮關中，光武令寇恂守河內，曹操委鍾繇以西事。故能使八表夷蕩，區內輯寧。今中州蕭條，未蒙疆理，此兆庶所以企望。壽春一方之會，去此不遠。宜選都督，有文武經略者，遠以振河洛之形勢，近以為徐豫之藩鎮。綏集流散，使人有攸依。專委農功，令事有所局。趙充國農於金城，以平先零。諸葛亮耕於渭濱，規抗上國。今諸軍自不對敵，皆宜齊課。（《晉書·食貨志》）

溫嶠請令諸軍且田且守

孝武帝太寧三年四月，以天下凋弊，國用不足。詔公卿詣都坐，論時之所先。前將軍溫嶠奏，軍國要務，請保固徐豫，勸課農桑。諸軍非臨敵之兵，且田且守。并遣軍出屯，沿江開墾。議奏，多納之。

太寧三年四月，詔曰：大事初定，其命維新。其令太宰司徒已下，詣都坐，參議政道。諸所因革，務盡事中。（《晉書·孝武帝紀》）

溫嶠進號前將軍，是時，天下凋弊，國用不足。詔公卿以下，詣都坐，論時政之所先。嶠因奏軍國要務。其一曰，祖約退舍壽陽，有將來之難。今二方守禦，為功尚易。淮、泗都督，宜竭力以資之。選名重之士，配征兵五千人，又擇一偏將，二千兵，以益壽陽。可以保固徐、豫，援助司土。其二曰，一夫不耕，必有受其飢者。今不耕之夫，動有萬計。春廢勸課之制，冬峻出租之令。下未見施，

惟賦是聞。賦不可以已，當思令百姓，有以殷實。司徒置田曹掾❶
州一人。勸課農桑，察吏能否，今宜依舊置之。必得清恪奉公，足
以宣示惠化者，則所益實弘矣。其三曰，諸外州郡將兵者，及都督
府，非臨敵之軍，且田且守。又先朝使五校出田，今四軍五校有兵
者，及護軍所統外軍，可分遣二軍，出屯要處。緣江上下，皆有良
田。開荒須一年之後卽易。且軍人累重者，在外有樵採蔬食之人，
於事為便。議奏，多納之。（《晉書·溫嶠傳》）

穆帝永和五年，石季龍死，關中大亂。六年，　　　　殷浩墾田給軍
以殷浩都督揚、豫、徐、兗、青五州諸軍事，謀北
征。浩開江西蕪田千餘頃，以為軍儲。

永和六年閏正月，加中軍將軍殷浩督揚、豫、徐、兗、青五州
諸軍事，假節。（《晉書·穆帝紀》）

石季龍死，胡中大亂。朝廷欲遂蕩平關河。於是，以浩為中軍
將軍，假節，都督揚、豫、徐、兗、青五州軍事。浩既受命，以中
原為己任，上疏北征許洛。既而以淮南太守陳逵、兗州刺史蔡裔為
前鋒，安西將軍謝尚、北中郎將荀羨為督統。開江西蕪田千餘頃，
以為軍儲。（《晉書·殷浩傳》）

升平初，荀羨為北中郎將，屯田於東陽之石　　　　荀羨屯田東陽
鱉，公私利之。

升平初荀羨為北府都督，鎮下邳。屯田於東陽之石鱉，公私利
之。（《晉書·食貨志》）

荀羨除北中郎將，徐州刺史，監徐、兗二州，揚州之晉陵諸軍
事，北鎮淮陽，屯田於東陽石鱉。（《晉書·荀崧傳》）

太元中，王弘為會稽王司馬道子驃騎府參軍主　　　　王弘請建屯田
簿。時，農務頓廢，末作繁興。弘以為宜建屯田，
陳之道子。

會稽王道子，太元初，拜散騎常侍，中軍將軍，進驃騎將軍。

---

❶　"掾"當為"掾"。——編者註

（《晉書·簡文三王傳》）

王弘弱冠為會稽王司馬道子驃騎參軍主簿。時農務頓息，末務繁興。弘以為宜建屯田，陳之曰：近面所諮，立屯田事，已具簡聖懷。南畝事興，時不可失。宜早督田畯，以要歲功。而府資單刻，控引無所。雖復厲以重勸，肅以嚴威。適足令囹圄充積，而無救於事實也。伏見南局諸冶，募吏數百。雖資以稟膳，收入甚微。愚謂若回以配農，必功利百倍矣。然軍器所須，不能都廢。今欲留銅官大冶，及都邑小冶，各一所。重其功課，一准揚州。州之求取，亦當無乏。餘者罷之，以充東作之要。又欲二局田曹，各立典軍募吏，依冶募比例，并聽取山湖人。此皆無損於私，有益於公者也。其中亦應疇量分判，番假及給稟多少，自可以委之本曹。親局所統，必當練悉。且近東曹板水曹參軍納之領此任，其人頗有幹能，自足了其事。頃年以來，斯務弛廢，田蕪稟虛，實亦由此。弘過蒙飾擢，志輸短效。豈可相與寢默，有懷弗聞耶。至於當否，尊當自裁以遠鑒。若所啟謬允者，伏願便以時施行。庶歲有務農之勤，倉有盈稟之實。禮節之興，可垂拱以待也。（《宋書·王弘傳》）

二、南朝之屯田

劉裕命毛修之屯田

晉安帝義熙十二年，劉裕為中外大都督，將北伐。命諮議參軍毛修之，修復芍陂，起田數千頃。

義熙十二年三月，加公中外大都督。會羌主姚興死，子泓立，兄弟相殺，關中擾亂。公乃戒嚴北討。（《宋書·武帝紀》）

毛修之為諮議參軍冠軍將軍。劉裕將伐羌，先遣修之復芍陂，起田數千頃。（《宋書·毛修之傳》）

文帝元嘉二十八年，以兗土凋荒，罷南兗州，併南徐州。當別置都督，住盱眙。開創屯田，應接遠近。欲以授南平王劉鑠，未果。

南平王鑠為豫州刺史，領安蠻校尉。元嘉二十八年，江夏王義恭領兗州刺史，鎮盱眙。丁母憂，還京師。上以兗土凋荒，罷南兗，併南徐州。當別置淮南都督，住盱眙。開創屯田，應接遠近。欲以授鑠，既而，改授散騎常侍，撫軍將軍，領兵戍石頭。（《宋書·文九王傳》）

泰豫元年，沈攸之為荊州刺史，養馬二千餘匹，分賦邏戍將士。使耕田而食，廩財悉充倉儲。

沈攸之泰豫元年，為鎮西將軍，荊州刺史，加都督。聚斂兵力，養馬至二千餘匹。皆分賦邏戍將士，使耕田而食，廩財悉充倉儲。（《南史·沈慶之傳》）

沈攸之使戍兵耕田

齊高帝建元中，敕平西將軍垣崇祖修治芍陂努力營田。

垣崇祖建元二年，進號平西將軍。上遣使入關，參虜消息還。敕崇祖曰，卿視吾是守江東而已邪，所少者食，卿但努力營田，自然平殄殘醜。敕崇祖修治芍陂田。（《南齊書·垣崇祖傳》）

齊高帝勅垣崇祖修理芍陂田曰，卿但努力營田，自然平殄虜寇。昔魏置典農，而中都足食。晉開汝潁，而河汴委儲。卿宜勉之。（《文獻通考》）

齊高帝敕垣崇祖屯田

武帝永明時，祖冲之為長水校尉，造《安邊論》，欲開屯田。後明帝，擬用之，會有軍事，不果。

祖冲之，永明時，轉長水校尉，造《安邊論》，欲開屯田，廣農殖。建武中，明帝使冲之巡行四方，興造大業，可以利百姓者。會連有軍事，事竟不行。（《南齊書·祖冲之傳》）

祖冲之請開屯田

建武四年，尚書令徐孝嗣以連歲戰爭，軍國虛乏。表請建立屯田，曰，緣淮諸郡，仰給京師，費引既殷，漕運艱澀。聚糧待敵，每苦不周。淮南舊

徐孝嗣請建屯田

田，隨處極目。陂堨不修，咸成茂草。今邊備既嚴，戍卒增衆。遠資餽運，近廢良疇。可為嗟歎。乞使隨地墾闢。州郡縣戍主帥以下，悉分番赴農。諸州各當境規度，勿有所遺。若緣邊足食，江南自豐。時明帝已寢疾，加以兵事未已，不克施行。

徐孝嗣為中軍大將軍，尚書令。建武四年，即本號開府儀同三司，固讓不受。是時，連年虜動，軍國虛乏。孝嗣表立屯田，曰，有國急務，兵食是同。一夫輟耕，於事彌切。故井陌疆里，長穀盛於周朝。屯田廣置，勝戈富於漢室。降此以還，詳略可見。但求之自古，為論則賒。即以當今，宜有要術。竊尋緣淮諸鎮，皆取給京師。費引既殷，漕運艱澀。聚糧待敵，每苦不周。利害之基，莫此為急。臣比訪之故老，及經彼宰守。淮南舊田，觸處極目。陂堨不脩，咸成茂草。平原陸地，彌望尤多。今邊備既嚴，戍卒增衆。遠資餽運，近廢良疇。士多飢色，可為嗟歎。愚欲使刺史二千石，躬自履行，隨地墾闢。精尋灌溉之源，善商肥确之異。州郡縣戍主帥以下，悉分番附農。今水田雖晚，方事菽麥。菽麥二種，益是北土所宜。彼人便之，不減粳稻。開創之利，宜在及時。所啟允合，請即使至徐、兗、司、豫，爰及荊、雍，各當境規度，勿有所遺。別立主曹，專司其事。田器耕牛，臺詳所給。歲終言殿最，明其刑賞。此功克舉，庶有弘益。若緣邊足食，則江南自豐。權其所饒，略不可計。事御，見納。時帝已寢疾，兵事未已，竟不施行。（《南齊書·徐孝嗣傳》）

蕭憺屯田荊州

梁武帝天監元年，始興王蕭憺為荊州刺史。時軍旅之後，公私困乏。憺勵精為治，廣闢屯田，民甚安之。

始興王憺為使持節都督荊、湘、益、寧，南北秦六州諸軍事，平西將軍，荊州刺史。未拜。天監元年，加安西將軍，都督刺史如故，封始興郡王，食邑三千戶。時軍旅之後，公私空乏。憺厲精為治，廣闢屯田，減省力役，存問兵死之家，供其窮困，民甚安之。

（《梁書·高祖五王傳》）

裴邃為竟陵太守，開置屯田，公私便之。後遷北梁、秦二州刺史。復開創屯田數千頃，倉廩盈實，省息邊運，民吏獲安。

裴邃屢開屯田

> 裴邃，天監中，為竟陵太守，開置屯田，公私便之。再遷為游擊將軍，朱衣直閣，直殿省。尋遷假節明威將軍，西戎校尉，北梁、秦二州刺史。復開創屯田數千頃。倉廩盈實，省息邊運，民吏獲安。乃相率餉絹千餘匹。邃從容曰，汝等不應爾，吾又不可逆，納其絹二匹而已。（《梁書·裴邃傳》）

梁武溺情內教，朝政縱弛。後軍行參軍郭祖深輿櫬詣闕上封事，言今游食轉多，農夫日少，請興屯田，賤金貴粟。

郭祖深請興屯田

> 郭祖深徙後軍行參軍。帝溺情內教，朝政縱弛。祖深輿櫬詣闕，上封事。其略曰，臣聞人為國本，食為人命。故禮曰，國無六年之儲，謂非其國也。推此而言，農為急務。而郡縣苛暴，不加勸獎。本年豐歲稔，猶人有飢色。設遇水旱，何以救之。陛下昔歲尚學，置立五館。行吟坐詠，誦聲溢境。比來慕法，普天信向。家家齋戒，人人懺禮。不務農桑，空談彼岸。夫農桑者，今日濟育。功德者，將來勝因。豈可墮本勤末，置邇效賒也。今商旅轉繁，游食轉眾。耕夫日少，抒軸日空。陛下若廣興屯田，賤金貴粟。勤農桑者，擢以階級。惰耕織者，告以明刑，如此數年，則家給人足，廉讓可生，謹上封事，伏願少察。帝雖不能悉用，然嘉其正直。擢為員外散騎常侍。普通七年，改南州津為南州校尉。以祖深為之。（《南史·循吏傳》）

中大通二年，陳慶之為都督南北二司州刺史，屢破北魏。遂罷義陽鎮兵，停水陸轉運，開田六千頃。二年之後，倉廩充實。

陳慶之開田司州

> 陳慶之中大通二年，除都督南北司、西豫、豫四州諸軍事，南

北司二州刺史，慶之至鎮，遂圍懸瓠，破魏潁州刺史婁起、揚州刺史是云寶於湊水。又破行臺孫騰、大都督侯進、豫州刺史堯雄、梁州刺史司馬恭於楚城。罷義陽鎮兵，停水陸轉運。江湖諸州，並得休息。開田六千頃，二年之後，倉廩充實。武帝每嘉勞之，（《梁書·陳慶之傳》）

夏侯夔率軍治堰
溉田

六年，夏侯夔為豫州刺史。時積歲連兵，民頗失業。夔乃率軍人，於蒼陵立堰，溉田千餘頃。歲收穀百餘萬石，以充儲備，兼振貧乏。百姓賴之。

夏侯夔，中大通六年，轉使持節督豫、淮、陳、潁、建、霍、義七州諸軍事，豫州刺史。豫州積歲寇戎，人頗失業。夔乃帥軍人，於蒼陵立堰，溉田千餘頃。歲收穀百餘萬石，以充儲備，兼贍貧人。境內賴之。慶兄亶先經此任。至是，夔又居焉。兄弟並有恩惠於鄉里，百姓歌之，曰，我之有州，頻仍夏侯。前兄後弟，布政優優。（《梁書·夏侯亶傳》）

墾作蠻田

大同八年三月，於江州立頌平屯，墾作蠻田。

大同八年三月，於江州、新蔡、高埭，立頌平屯，墾作蠻田。（《梁書·武帝紀》）

魯悉達力田保境

侯景之亂，兵荒飢饉，人多餓死。魯悉達糾合鄉人，保新蔡。力田蓄穀，流亡歸之。悉達分給糧廩，置屯以處之。招集晉熙等五郡，盡有其地。

魯悉達為梁南平嗣王中兵參軍。侯景之亂，悉達糾合鄉人，保新蔡，力田蓄穀。時兵荒饑饉，京都及上川，餓死者十八九。有得存者，皆攜老幼以歸焉。悉達分給糧廩，其所濟活者甚衆，仍於新蔡置頓以居之。招集晉熙等五郡，盡有其地。（《陳書·魯悉達傳》）

三、北朝屯田

魏道武帝素重農事。登國元年，始稱代王，卽息衆課農。

登國元年正月，帝卽代王位。二月，幸定襄之盛樂，息衆課農。
（《魏書·道武帝紀》）

九年三月，使東平公元儀屯田於河北，自五原　　　使元儀屯田
至梱陽塞外。五月，田于河東。

登國九年三月，帝北巡，使東平公元儀屯田於河北五原，至於
梱陽塞外。夏五月，田于河東。（《魏書·道武帝紀》）

孝文帝延興四年，詔太尉隴西王源賀都督三道　　源賀請募兵屯田
諸軍，屯漠南。是時，每歲秋冬，遣軍三道並出，
以備北虜。至春，乃還。賀以為勞役京師，非長
計。請募勇士三萬人，分為三部。萬人築一城，給
強弩車牛，及諸器械，使武略大將鎮撫之。冬則講
武，春則種植，且戍且耕，以備不虞。不可每歲舉
衆遠戍。事寢不報。

延興四年正月，太尉隴西王源賀以病辭位。（《魏書·孝文帝
紀》）

源賀以年老辭位，詔不許。又詔都督三道諸軍，屯于漠南。是
時，每歲秋冬，遣軍三道並出，以備北寇，至春中乃班師。賀以勞
役京都，非禦邊長計。乃上言，請募諸州鎮有武健者，三萬人。復
其徭賦，厚加賑恤。分為三部，二鎮之間，築城。城置萬人，給彊
弩十二床，武衛三百乘。弩一床給牛六頭，武衛一乘給牛二頭。多
造馬槍及諸器械，使武略大將三人以鎮撫之。冬則講武，春則種殖，
並戍並耕。則兵未勞，而有盈畜矣。又於白道南，三處立倉，運近
州鎮租粟以充之，足食足兵，以備不虞，於事為便。不可歲常舉衆，
連動京師。令朝廷恆有北顧之慮也。事寢不報。（《魏書·源賀
傳》）

太和四年，薛虎子為彭城鎮將。時，戍兵絹資　　薛虎子分兵墾公
不入公庫，任其私用，常苦飢寒。虎子表請曰，金　　田

湯之固，非粟不守。韓白之勇，非糧不戰。今在鎮之兵數萬，資糧之絹人十二匹。用度無準，常苦飢寒。徐州左右，水陸沃壤。其中良田，十餘萬頃。若分減戍卒，以兵絹市牛萬頭。興力公田，必當大獲稻粟。且耕且守，不妨捍邊。一歲之收，過於十倍之絹。暫時之耕，可供數載之食。於後軍資，不須內庫。五稔之後，穀帛俱溢。孝文納之。

薛虎子除平南將軍，太和四年，以本將軍，為彭城鎮將。至鎮，雅得民和，除開府，徐州刺史。時州鎮戍兵，資絹自隨，不入公庫。任其私用，常苦飢寒。虎子上表曰，臣聞金湯之固，非粟不守。韓、白之勇，非糧不戰。故自用兵以來，莫不先積聚，然後圖兼并者也。今江左未賓，鯨鯢待戮。自不委粟彭城，以彊豐沛。將何以拓定江關，掃一衡霍。竊惟在鎮之兵，不減數萬。資糧之絹，人十二匹。卽自隨身，用度無準。未及代下，不免飢寒。論之於公，無毫釐之潤。語其利私，則橫費不足。非所謂納民軌度，公私相益也。徐州左右，水陸壤沃。清汴通流，足盈激灌。其中良田，十萬餘頃。若以兵絹市牛，分減戍卒。計其牛數，足得萬頭。興力公田，必當大獲粟稻。一歲之中，且給官食。半兵糶植，餘兵尚衆。且耕且守，不妨捍邊。一年之收，過於十倍之絹。暫時之耕，足充數載之食。於後兵資，不須內庫。五稔之後，穀帛俱溢。匪直戍士有豐飽之資，於國有吞敵之勢。昔杜預、田宛、葉以平吳，充國耕西零以彊漢。臣雖識謝古人，任當邊守。庶竭塵露，有增山海。孝文納之。（《魏書·薛野腊傳》）

從李彪請取民戶屯田

十二年，詔羣臣求安民之術。祕書丞李彪上封事七條。其三曰，漢家以民食少，設常平。魏氏以兵糧乏，制屯田。頃年山東飢，去歲京師歉。內外人庶，出入就豐。既發營產，疲而乃達。臣以為析州郡常調九分之二，京都度支歲用之餘，各立官司。年豐糴積於倉，時儉則糶之於民。又別立農官，取州郡戶十之一，以為屯田民。市牛科給，令其肆力。帝覽而善之，尋皆施行。自此公私豐贍，雖有水旱不為災害。《通考》誤以為文帝大統十二年之事。

太和十二年，詔羣臣，求安民之術。有司上言，請析州郡常調九分之二，京都度支歲用之餘，各立官司。豐年糴貯於倉，時儉則加私之二，糶之於民。如此民必力田以買官絹，積財以取官粟。年登則常積，歲凶則直給。又別立農官，取州郡戶，十分之一，以為屯民。相水陸之宜，斷頃畝之數。以贓贖雜物，市牛科給，令其肆力。一夫之田，歲責六十斛。蠲甄其正課，并征戍雜役。行此二事，數年之中，則穀積而民足矣。帝覽而善之，尋施行焉。自此公私豐贍，雖時有水旱，不為災也。（《魏書·食貨志》）

李彪遷祕書丞，上封事七條。其三曰：臣聞國本黎元，人資粒食。是以昔之哲王，莫不勤勸稼穡，盈畜倉廩。故堯、湯水旱，人無菜色者。蓋由備之有漸，積之有素。暨于漢家，以人食少，乃設常平以給之。魏氏以兵糧乏，制屯田以供之。用能不匱當時，軍國取濟。又記云，國無三年之儲，謂國非其國。光武以一斛不實，罪及牧守。聖人之憂世重穀，殷勤如彼。明君之恤人勸農，相切若此。頃年山東飢，去歲京師儉。內外人庶，出入就豐。既廢營產，疲而乃達。又於國體，實有虛損。若先多積穀，安而給之。豈有驅督老弱，餬口千里之外。以今況古，誠可懼也。臣以為宜析州郡常調九分之二，京都度支歲用之餘，各立官司。年豐糴積於倉，時儉則加私之二，糶之於人。如此，民必力田，以買官絹。又務貯財，以取官粟。年登則常積，歲凶則直給。又別立農官，取州郡戶十分之一，以為屯人。相水陸之宜，料頃畝之數。以贓贖雜物餘財，市牛科給，令其肆力。一夫之田，歲責六十斛。蠲其正課，并征戍雜役。行此二事，數年之中，則穀積而人足，雖災不為害。孝文覽而善之。事皆施行。（《魏書·李彪傳》）

後魏文帝大統十一年大旱，十二年祕書丞李彪上表請別立農官，取州郡戶十分之一，為屯田人。相水陸之宜，料頃畝之數。以贓贖雜物，市牛科給，令其肆力。一夫之田，歲責六十斛。甄其正課，并征戍雜役。行此二事，數年之中，穀積而人足矣。帝覽而善之，尋施行焉。自此公私豐贍，雖有水旱不為害。（《文獻通考》）

十七年，田益宗率四千餘戶來降，使騎都尉杜纂詣廣陵贍之，給以田廩。後纂又詣赭陽、舞陰二郡，課種公田，隨供軍費。

太和十七年四月，蕭頤征虜將軍蠻酋田益宗，率部落四千餘戶，內屬。（《魏書·孝文帝紀》）

杜纂除騎都尉。緣淮慰勞，豫州刺史田益宗率戶歸國。使纂詣廣陵，安慰初附，贍給田廩。又詣赭陽、舞陰二郡，課種公田，隨供軍費。（《魏書·良吏傳》）

詔戍兵耕墾

宣武帝正始元年九月，詔緣淮鎮戍，及秋播麥，春種稻粟。

正始元年九月，詔曰：緣淮南北，所在鎮戍。皆令及秋播麥，春種粟稻。隨其土宜，水陸兼用。必使地無遺利，兵無餘力。比及來稔，令公私俱濟也。（《魏書·宣武帝紀》）

命范紹為營田大使廣開屯田

其冬，發河北田兵二萬五千人，通緣淮戍兵，合五萬餘人，廣開屯田。以范紹為六州營田大使。紹勤於勸課，頻歲大穫。

正始元年八月，假鎮南將軍元英破梁將馬仙琕，攻拔義陽。（《北史·宣武帝紀》）

范紹丁母憂，去職。值義陽初復，起紹除寧遠將軍，郢州龍驤府長史，帶義陽太守。其年冬，使還都。值朝廷有南討之計，發河北數州田兵萬五千人，通緣淮戍兵，合五萬餘人，廣開屯田。八座奏紹為西道六州營田大使，加步兵校尉。紹勤於勸課，頻歲大穫。（《魏書·范紹傳》）

西魏文帝大統三年，薛善為汾陰令，幹用强明。太守王羆令善，兼督六縣事。時欲廣置屯田，乃除善司農少卿，領同州夏陽二十屯監。

薛善領二十屯監

薛善大統三年為汾陰令，善幹用彊明，一郡稱最。太守王羆美之，令善兼督六縣事。尋徵為行臺郎中。時欲廣置屯田，以供軍費。乃除司農少卿，領同州夏陽二十屯監。又於夏陽諸山置鐵冶，復令善為冶監。每月役八千人，營造軍器。善親自督課，兼加慰撫。甲兵精利，而皆忘其勞苦焉。加通直散騎常侍，遷大丞相府從事中郎。追論屯田功，賜爵龍門縣子。（《周書・薛善傳》）

八年，驃騎大將軍王思政鎮弘農。修城營田，守備完固。

王思政遷并州刺史，鎮玉壁。八年，東魏來寇。思政守禦有備，敵人晝夜攻圍，卒不能克，乃收軍還。以全城功受驃騎大將軍。復命思政鎮弘農。於是，修城郭，起樓櫓，營田農，積芻秫。凡可以守禦者，皆具焉。弘農之有備，自思政始也。（《周書・王思政傳》）

十一年，大行臺度支尚書兼司農卿蘇綽建置屯田，以資軍國。

蘇綽建置屯田

蘇綽大統十一年，授大行臺度支尚書，領著作，兼司農卿。宇文泰方欲革易時政，務弘彊國富民之道。故綽得盡其智能，贊成其事。減官員，置二長。并置屯田，以資軍國。（《周書・蘇綽傳》）

十六年，復用綽言，倣《周典》，置六軍。籍民之有材力者為兵，蠲其賦役。刺史以農隙教之戰陣，合為百府。

用蘇綽言設府兵

宇文泰輔西魏時，用蘇綽言，始倣周典，置六軍，籍六等之民。擇魁健材力之士，以為之首，盡蠲租調。而刺史以農隙教之，合為百府。每府一郎將主之。分屬二十四軍。開府各領一軍。大將軍凡十二人，每一將軍統二開府，一柱國主二大將軍，復加持節都督以

139

統焉。凡柱國六員，衆不滿五萬人。（《文獻通考》）

大寶元年（卽西魏文帝大統十六年），安定公宇文泰，始籍民之有材力者，為府兵。身租庸調，一切蠲之。以農隙講閱戰陳。馬畜糧糒，六家供之。合為百府。（《通鑑·梁簡文帝紀》）

李賢屯田河州

周武帝保定四年，李賢為河州總管，大營屯田，以省漕運。多設斥候，以備戎寇。羌、渾斂跡，不敢東向。

保定四年，王師東討。朝議以西道空虛，慮羌渾侵擾。乃授賢使持節河州，總管三州七防諸軍事，河州刺史。河州舊非總管，至是創置焉。賢乃大營屯田，以省運漕。多設斥候，以備寇戎。於是，羌、渾斂迹，不敢東向。（《周書·李賢傳》）

韋孝寬請屯田圖齊

建德之後，武帝志欲平齊，柱國韋孝寬疏陳三策。其二曰：宜與陳人，分其兵勢。廣事屯田，預為貯積。彼東南有敵，我出兵擾之。彼興師赴援，則堅壁清野。待去遠，我復出師。我無宿春之費，彼有奔命之勞。三數年中，必自離叛。

韋孝寬進位柱國。建德之後，武帝志在平齊。孝寬乃上疏陳三策。其第二策曰：若國家更為後圖，未卽大舉。宜與陳人，分其兵勢。三鵶以北，萬春以南，廣事屯田，預為貯積。募其驍悍，立為部伍。彼既東南有敵，戎馬相持。我出奇兵，破其疆場。彼若興師赴援，我則堅壁清野。待其去遠，還復出師。常以邊外之軍，引其腹心之衆。我無宿春之費，彼有奔命之勞。一二年中，必自離叛。且齊氏昏暴，政出多門。鬻獄賣官，唯利是視。荒淫酒色，忌害忠良。闔境熬然，不勝其弊。以此而觀，覆亡可待。然後，乘間電掃。事等摧枯。（《周書·韋孝寬傳》）

從崔昂請屯田邊郡

東魏孝靜帝武定中，高澄普令內外，極言得失。司徒右長史崔昂上書，曰：屯田之設，其來尚矣。頃懷洛兩邑，鄰接邊境。薄屯豐稔，糧儲以

贍。幽、安、兗、豫，連接強鄰。遣使營田，則倉
廩充實，軍國俱利。澄納之。

崔昂遷司徒右長史。武定中，高澄普令內外，極言得失。昂上
書曰，屯田之設，其來尚矣。曹魏破蜀，業以興師。馬晉平吳，兵
因取給。朝廷頃以懷、洛兩邑，鄰接邊境。薄屯豐稔，糧儲已贍。
準此而論，甌鏡非遠。其幽、安二州，控帶奚賊蠕蠕。徐、揚、兗、
豫，連接吳、越強鄰。實藉轉輸之資，常勞私糴之費。諸道別遣使
營之，每考其勤惰，則人加勸勵，倉廩充實。供軍濟國，實謂在茲。
澄納之。(《北史‧崔昂傳》)

北齊廢帝乾明中，尚書左丞蘇珍芝建議，修石　　　蘇珍芝議修石鼈
鼈等屯。自是淮南軍糧充足。　　　　　　　　　　屯田

廢帝乾明中，尚書左丞蘇珍芝議，修石鼈等屯，歲收數萬石。
自是，淮南軍防，糧廩充足。(《隋書‧食貨志》)

孝昭帝皇建中，平州刺史稽曄開督亢舊陂，置　　　稽曄大開屯田
長城左右營屯，歲收稻粟數十萬石。又於河內，置
懷義等屯，以給河南之費。

孝昭皇建中，平州刺史稽曄建議，開幽州督亢舊陂，長城左右
營屯。歲收稻粟數十萬石。北境得以周贍。又於河內，置懷義等屯，
以給河南之費。自是，稍止轉輸之勞。(《隋書‧食貨志》)

武成帝河清三年，定令。民十八受田，二十充　　　北齊兵制
兵，六十免役。

河清三年，定令。乃命人居十家為比鄰，五十家為閭里，百家
為族黨。男子十八以上，六十五以下，為丁。十六已上，十七已下，
為中。六十六已上，為老。十五已下，為小。率以十八受田，輸租
調。二十充兵。六十免力役。六十六退田，免租調。(《隋書‧食貨
志》)

並令緣邊，皆營屯田。置都使子使以統之。　　　令緣邊屯田

河清三年，定令。緣邊城守之地，堪墾食者，皆營屯田。置都

使子使，以統之。一子使營田五十頃，歲終考其所入，以論褒貶。
（《隋書·食貨志》）

四、隋之屯田

隋代兵制　　　　　　隋文帝授禪，頒行新令，制民為保、閭、族、里、黨。設保長、閭正、族正、里長、黨正，以相檢察。民十八為丁，從課役。六十為老，乃免。其受田之制，悉用北齊之舊。

文帝受禪，頒新令。制人五家為保，保有長。保五為閭，閭四為族。皆有正。畿外置里正，比閭正。黨長比族正。以相檢察焉。男女三歲以下為黃。十歲以下為小。十七以下為中。十八以上為丁。丁從課役。六十為老，乃免。自諸王已下，至于都督，皆給永業田，各有差。多者至一百頃，少者四十畝。其丁男中男，永業露田，皆遵後齊之制。並課樹以桑榆及棗。其園宅，率三口給一畝。奴婢則五口給一畝。丁男一牀，租粟三石。桑土調以絹絁以疋，加綿三兩。布以端，加麻三斤。單丁及僕隸，各半之。未受地者，皆不課。（《隋書·食貨志》）

開皇三年，改令軍人以二十一成丁，並減徭賦。

開皇三年正月，帝入新宮。初令軍人以二十一成丁。減十二番，每歲為二十日役。減調絹一疋，為二丈。（《隋書·食貨志》）

令西北邊屯田防　　　突厥吐谷渾數寇邊。軍旅屢興，轉輸渾敝。帝
寇　　　　　　　　乃令朔州總管趙仲卿，大興屯田於長城以北。又令河西，勒百姓立堡營田。

開皇三年，突厥犯塞，吐谷渾寇邊。軍旅數起，轉輸勞敝。帝

乃令朔州總管趙仲卿，於長城以北，大興屯田，以實塞下。又於河西，勒百姓立堡，營田積穀。(《隋書·食貨志》)

仲卿法令嚴猛，事多克濟。收穫歲廣，邊戍無饋運之憂。

趙仲卿拜朔州總管。于時，塞北盛興屯田，仲卿總統之。微有不理者，仲卿輒召主掌，撻其胸背，或解衣倒曳於荊棘之中。時人謂之猛獸，事多克濟。由是，收穫歲廣，邊戍無饋運之憂。(《隋書·趙仲卿傳》)

而河西立堡營田之舉，則以行軍總管賀婁子幹力言其不便，遂未施行。且罷原設屯田之疎遠者。

賀婁子幹拜工部尚書。突厥復犯塞，以行軍總管從竇榮定擊之。文帝以隴西頻被寇害，甚患之。彼俗不設村塢，勅子幹勒民為堡。營田積穀，以備不虞。子幹上書曰，比者兇寇侵擾，蕩滅之期，匪朝伊夕。伏願聖慮，勿以為懷。今臣在此，觀機而作。不得準詔行事。且隴西河右，土曠民稀。邊境未寧，不可廣為田種。比見屯田之所，獲少費多。虛役人功，卒逢踐暴。屯田疎遠省，請皆廢省。但隴右之民，以畜牧為事。若更屯聚，彌不獲安。只可嚴謹斥候，豈容集人聚畜。請要路之所，加其防守。但使鎮戍連接，烽候相望。民雖散居，必謂無慮。文帝從之。(《隋書·賀婁子幹傳》)

五年，郭衍為朔州總管。所部恆安鎮，北接虜境，常勞轉運。衍選沃饒之地，置屯田。歲儲萬餘石。

郭衍屯田朔州

郭衍開皇五年，選授朔州總管。所部恆安鎮，北接蕃境，常勞轉運。衍乃選沃饒地，置屯田，歲剩粟萬餘石。民免轉輸之勞。(《隋書·郭衍傳》)

九年，平陳之後，詔令偃武修文。翌年，又罷山東、河南及北方緣邊新置軍府。命軍人悉屬州縣。墾田籍帳，一與民同。軍府統領，咸依舊式。

開皇九年正月，獲陳主陳叔寶，陳國平。四月，詔曰，往以吳越之野，羣黎塗炭。干戈方用，積習未寧。今率土大同，含生遂性。太平之法，方可流行。兵可立威，不可不戢。刑可助化，不可專行。禁衛九重之餘，鎮守四方之外。戎旅軍器，皆宜停罷。武力之子，俱可學文。人間甲仗，悉皆除毀。有功之臣，降情文藝。家門子姪，各守一經。令海內翕然，高山仰止。頒告天下，咸悉此意。（《隋書·文帝紀》）

開皇十年五月，詔曰，魏末喪亂，寓縣瓜分。役車歲動，未遑休息。兵士軍人，權置坊府。南征北伐，居處無定。家無完堵，地罕苞桑。恆為流寓之人，竟無鄉里之號。朕甚愍之。凡是軍人，可悉屬州縣。墾田籍帳，一與民同。軍府統領，宜依舊式。罷山東河南，及北方緣邊之地，新置軍府。（《隋書·文帝紀》）

謫罪人屯田西域

煬帝大業五年，高昌王伊吾吐屯設等，獻西域數千里之地。置西海、河源、鄯善、且末四郡。謫罪人戍之，大開屯田。

大業五年六月，高昌王麴伯雅來朝。伊吾吐屯設等獻西域數千里之地。上大悅，置西海、河源、鄯善、且末等四郡，上御觀風行殿，盛陳文物。奏九部樂，設魚龍曼延。宴高昌王吐屯設於殿上，以寵異之。其蠻夷陪列者，三十餘國。（《隋書·煬帝紀》）

大業五年，於西域之地，置西海、鄯善、且末等郡。謫天下罪人，配為戍卒，大開屯田。發西方諸郡，運糧以給之。（《隋書·食貨志》）

令劉權屯田積石鎮

又令衛尉卿劉權，過頭曼赤水，置河源郡積石鎮。廣建屯田，留鎮西境。諸羌懷附，貢賦歲入。

劉權拜衛尉卿。大業五年，從征吐谷渾。權率眾出伊吾道，與賊相遇，擊走之。逐北至青海，虜獲千餘口。乘勝至伏俟城。帝復令權過曼頭赤水，置河源郡積石鎮。大開屯田，留鎮西境。在邊五載，諸羌懷附，貢賦歲入。吐谷渾餘燼遠遁，道路無壅。徵拜司農卿，加位金紫光祿大夫。（《隋書·劉權傳》）

第六章　唐之屯田

初置府兵　　　　　唐高祖武德元年九月，置軍府。因周隋府兵之制，一寓之於農。

　　武德元年九月，始置軍府。（《新唐書・高祖紀》）

　　古之有天下國家者，其興亡治亂，未始不以德。而自戰國、秦、漢以來，鮮不以兵。夫兵豈非重事哉。然其因時制變，以苟利趨便，至於無所不為。而考其法制，雖可用於一時，而不足施於後世者，多矣。惟唐立府兵之制，頗有足稱焉。蓋古者兵法起於井田。自周衰，王制壞而不復。至於府兵，始一寓之於農。其居處教養，畜材待事，動作休息，皆有節目。雖不能盡合古法，蓋得其大意焉。府兵之制，起自西魏後周，而備於隋，唐興因之。（《新唐書・兵志》）

　　　　　　　二年七月，置十二軍，以關內諸府分隸之。

　　武德二年七月，置十二軍，以關內諸府分隸焉。（《舊唐書・高祖紀》）

竇軌屯田以備羌　　三年，益州道行臺左僕射竇軌破左封，走其患　　　　　　　　眾。軌度羌必為患，始屯田於松州，以備之。

　　竇軌武德三年，遷益州道行臺左僕射，許以便宜行事。（《舊唐書・竇威傳》）

　　竇軌遷益州道行臺左僕射。党項引吐谷渾寇松州，詔軌與扶州刺史蔣善合援之。善合先期至，敗之鉗州。軌進軍臨洮，擊左封走其眾。度羌必為患，始屯田松州。（《新唐書・竇威傳》）

　　　　　　　是年，王世充亦遣其臺省官，督十二郡營田。

　　王世充武德三年，遣其臺省郎官，督十二郡營田。（《新唐書・王世充傳》）

李孝恭屯田荊州　　四年，趙郡王李孝恭破蕭銑，遷荊州大總管。開置屯田，創立銅冶，百姓利之。

　　武德四年秋，夔州總管趙郡王孝恭率十二總管兵，以討蕭銑。十月，敗銑於荊州，執之。（《新唐書・高祖紀》）

蕭銑據江陵。孝恭數進策圖銑，帝嘉納。進王趙郡。乃大治舟艦，肆水戰，進荊、湘道總管，統水陸十二軍，發夷陵，破銑二鎮，銑內外阻絕，遂降。遷荊州大總管，詔圖破銑狀以進。孝恭治荊，為置屯田，立銅冶，百姓利之。（《新唐書·宗室傳》）

六年，以天下既定，廢十二軍。居歲餘，復置之。

武德初，始置軍府，以驃騎車騎兩將軍府領之。六年，以天下既定，遂廢十二軍。改驃騎曰統軍，車騎曰別將。居歲餘，復十二軍，而軍置將軍一人。（《新唐書·兵志》）

時又罷遣義兵，其願留宿衛者三萬人，以渭北腴田給之，號元從禁軍。

以腴田給元從義軍

初，高祖以義兵起太原。已定天下，悉罷遣歸。其願留宿衛者，三萬人，以渭北白渠傍腴田分給之，號元從禁軍。後老不任事，以其子弟代，謂之父子軍。（《新唐書·兵志》）

武德初，復有山南道副大使薛大鼎，開屯田以實倉廩。

薛大鼎屯田山南

薛大鼎，高祖兵興時，謁見龍門，授大將軍府察非掾。出為山南道副大使，開屯田以實倉廩。（《新唐書·循吏傳》）

時，突厥數為邊患，糧道不繼，并州大總管府長史竇靜表請屯田太原，以省饋運。議者以流亡未復，不宜動衆。靜頻上書爭之。乃召靜入朝，與裴寂、封德彝等廷議。寂等不能屈。遂從靜策。

從竇靜請屯田太原

竇靜武德初，累轉并州大總管府長史。時，突厥數為邊患，師旅歲興，軍糧不屬。靜表請太原置屯田，以省饋運。時議者以民物凋零，不宜動衆。書奏，不省，靜頻上書，辭甚切至。於是，徵靜入朝，與裴寂、蕭瑀、封德彝等爭論於殿庭。寂等不能屈，竟從靜議。歲收數千斛，高祖善之。令檢校并州大總管。靜又以突厥頻來入寇，請斷石嶺以為鄣塞。復從之。（《舊唐書·竇威傳》）

張公謹屯田代州　　　太宗貞觀元年，代州都督張公謹表請屯田，以省轉運。納之。

張公謹貞觀元年，拜代州都督。上表，請置屯田，以省轉運。又前後言時政得失十餘事，並見納用。（《舊唐書·張公謹傳》）

定府兵之制　　　十年，更號諸府總曰折衝府。凡天下置府六百三十四，而關內二百六十有一，皆以隸諸衛。凡府三等，上府兵一千二百，中府一千，下府八百。府置折衝都尉、左右果毅都尉、長史、兵曹、別將、校尉。

太宗貞觀十年，更號統軍為折衝都尉，別將為果毅都尉。諸府總曰折衝府。凡天下十道，置府六百三十四，皆有名號。而關內二百六十有一。皆以隸諸衛。凡府三等，兵千二百人為上，千人為中，八百人為下。府置折衝都尉一人，左右果毅都尉各一人，長史、兵曹、別將各一人，校尉五人。士以三百人為團，團有校尉。五十人為隊，隊有正。十人為火，火有長。（《新唐書·兵志》）

凡民二十為兵，六十而免。有越騎、步兵、武騎、排䂍手、步射之別。

凡民二十為兵，六十而免。其能騎而射者為越騎。其餘為步兵、武騎、排䂍手、步射。（《新唐書·兵志》）

募罪戍邊　　　十六年正月，募人戍西州。聽罪人自首應募，又徙死囚以實之。

貞觀十六年正月，募戍西州者，前犯流死亡匿，聽自首以應募。徙天下死罪囚，實西州。（《新唐書·太宗紀》）

李素立屯田瀚海　　　二十年，銕勒、回紇諸部內附，以其地為瀚海都護府。詔李素立領之。素立開屯田，建官署。

貞觀二十年八月，幸靈州。銕勒、回紇等十一姓，各遣使朝貢。歸命天子，乞置漢官。詔遣會靈州。九月諸部落，遣使相繼而至靈州者，數千人，固請置吏。咸請至尊為天可汗。於是，北荒悉平。
（《舊唐書·太宗紀》）

李素立貞觀中，累轉揚州大都督府司馬。時突厥鐵勒部相率內附，太宗於其地置瀚海都護府以統之。以素立為瀚海都護。又有闋泥孰別部，猶為邊患，素立遣使招諭降之。夷人感其惠，率馬牛以饋素立。素立唯受其酒一盃，餘悉還之。為建立廨舍，開置屯田。
（《舊唐書·良吏傳》）

高宗龍朔二年，平百濟。詔留帶方刺史劉仁軌統兵鎮守。賑貧貸乏，勸課耕種。百濟餘衆，各安其業。於是，營建屯田，積糧撫士。以經略高麗。

劉仁軌屯田百濟經略高麗

顯慶五年，詔蘇定方為神丘道行軍大總管。發新羅兵，討百濟，平其國。命郎將劉仁願守百濟城，王文度為熊津都督。文度卒，以劉仁軌代之。扶餘福信與浮屠道琛反，圍仁願。龍朔元年，仁軌發新羅兵往救。二年，盡平諸城。仁願勅兵還，留仁軌代守。（《新唐書·東夷傳》）

劉仁軌檢校帶方刺史，百濟之餘燼悉平。孫仁師與劉仁願，振旅而還，詔留仁軌勒兵鎮守。初，百濟經福信之亂，合境凋殘，殭屍相屬。仁軌始令收斂骸骨，瘞埋弔祭之。修錄戶口，署置官長。開通塗路，整理村落。建立橋梁，補葺堤堰。修復陂塘，勸課耕種。賑貸貧乏，存問孤老。百濟餘衆，各安其業。於是，漸營屯田，積糧撫士。以經略高麗。（《舊唐書·劉仁軌傳》）

儀鳳三年九月，吐蕃敗洮河行軍大總管李敬玄，總管劉審禮死之。帝博諮羣臣，求所以禦之之術。或言不可和，或言屯田嚴守為便。其議帝俱未用。

儀鳳三年正月，李敬玄為洮河道行軍大總管，以伐吐蕃。九月，李敬玄、劉審禮及吐蕃戰于青海，敗績。審禮死之。（《新唐書·高宗紀》）

中書令李敬玄為洮河道行軍大總管，西河鎮撫大使，鄯州都督。

下詔募猛士，毋限籍役痕負。帝自臨遣。敬玄率劉審禮擊吐蕃青海上。審禮戰沒，敬玄頓承風嶺，礙險不得縱，吐蕃壓王師屯。左領軍將軍黑齒常之率死士五百，夜斧其營。虜驚，自相轥藉而死者甚衆，乃引去。敬玄僅得脫。帝既懦仁，無遠略。見諸將數敗，乃博咨近臣，求所以禦之之術。帝曰，朕未始摜甲履軍。往者滅高麗百濟，比歲用師，中國騷然。朕至今悔之。今吐蕃內侵，盍為我謀。中書舍人劉禕之等具對，須家給人足可擊也。或言賊險黠不可與和，或言營田嚴守便。惟中書侍郎薛元超謂縱敵生患，不如料兵擊之。帝顧黃門侍郎來恆曰，自李勣亡，遂無善將。恆卽言，向洮河兵足以制敵。但諸將不用命，故無功。帝殊不悟，因罷議。（《新唐書‧吐蕃傳》）

黑齒常之屯田河源以備吐蕃

　　調露二年，黑齒常之為河源軍經略大使。以地當賊衝，欲加兵鎮守。又恐有轉運之費，遂遠置烽戍七十餘所。開營田五千餘頃，歲收百餘萬石。常之在軍七年，吐蕃畏服，不敢犯邊。

　　調露二年七月，吐蕃寇河源，屯于良非川。河西鎮撫大使李敬玄與吐蕃將贊婆戰于湟中，官軍敗績。時左武衛將軍黑齒常之力戰，大破蕃軍。遂擢為河源軍經略大使。（《舊唐書‧高宗紀》）

　　黑齒常之充河源軍副使，時吐蕃贊婆及素和貴等，賊徒三萬餘，屯於良非川。常之率精騎三千，夜襲賊營，殺獲二千級，獲羊馬數萬。贊婆等單騎而遁。擢常之為大使，又賞物四百匹。常之以河源軍正當賊衝，欲加兵鎮守，恐有運轉之費。遂遠置烽戍七十餘所，度開營田五千餘頃。歲收百餘萬石。開耀中，贊婆等屯於青海，常之率精兵一萬騎，襲破之，燒其糧貯而還。常之在軍七年，吐蕃深畏憚之，不敢復為邊患。（《舊唐書‧黑齒常之傳》）

陳子昂論河西屯田

　　武后垂拱初，麟臺正字陳子昂上書，謂河西諸州，糧儲乏竭。涼州屯田，不能償費。惟甘州地廣粟多，瓜肅以西，皆仰其餉運。一旬不往，士已枵腹。但戶止三千，勝兵者少。且其四十餘屯，水泉良沃。不待天時，歲收二十萬斛。昔甘涼士馬强盛，吐蕃不敢東侵。今甘州兵少，賊敢大入。燔蓄穀，踐諸屯，河西諸州將無食以守。宜益屯兵，外以防寇，內以營農。

陳子昂擢麟臺正字。垂拱初，上疏曰，河西諸州，軍興以來，公私儲蓄，尤可嗟痛。涼州歲食六萬斛，屯田所收不能償墾。陛下欲制河西，定戎亂。若此空虛，未可動也。甘州所積四十萬斛，觀其山川，誠河西喉咽地。北當九姓，南逼吐蕃。姦回不測，伺我邊釁。故甘州地廣粟多，左右受敵。而戶止三千，勝兵者少。屯田廣夷，倉庚豐衍。瓜肅以西，皆仰其餫。一旬不往，士已枵飢。是河西之命，係于甘州矣。且其四十餘屯，水泉良沃。不待天時，歲取二十萬斛。但人力寡乏，未盡墾發。異時吐蕃不敢東侵者，繇甘涼士馬彊盛，以抗其入。今甘州積粟萬計，兵少，不足以制賊。致吐蕃敢大入，燔蓄穀，踐諸屯。則河西諸州，我何以守。宜益屯兵，外得以防盜，內得以營農。取數年之收，可飽士百萬。則天兵所臨，何求不得哉。(《新唐書·陳子昂傳》)

天授初，武后以河源軍司馬并知營田事婁師德，率士屯田，積穀數百萬。不煩和糴之費，無復轉輸之艱。授左金司吾將軍，豐州都督。依舊知營田事。降書勞之。

獎婁師德屯田之功

婁師德遷殿中侍御史，兼河源軍司馬，并知營田事。天授初，累授左金吾將軍，兼檢校豐州都督，仍依舊知營田事。則天降書勞曰，卿素積忠勤，兼懷武略。朕所以寄之襟要，授以甲兵。自卿受委北陲，總司軍任。往還靈夏，檢校屯田。收率既多，京坻遽積。不煩和糴之費，無復轉輸之艱。兩軍及北鎮兵，數年咸得支給。勤勞之誠，久而彌著。覽以嘉尚，欣悅良深。(《舊唐書·婁師德傳》)

婁師德，天授初，檢校豐州都督。衣皮袴，率士屯田。積穀數百萬，兵以饒給，無轉餉和糴之費。武后降書勞之。(《新唐書·婁

151

師德傳》）

師德以宰相復出
屯田

　　長壽中，師德為宰相。武后謂師德曰，王師外
鎮，必待邊鎮屯田。卿不可憚勞，使為河源、積
石、懷遠等軍，河、蘭、鄯、廓等州，檢校營田大
使。聖歷元年，又以師德為隴右諸軍大使，檢校河
西營田事。

　　長壽元年，召拜夏官侍郎，判尚書事。明年，同鳳閣鸞臺平章
事。則天謂師德曰，王師外鎮，必藉邊境營田。卿須不憚劬勞，更
充使檢校。又以為河源、積石、懷遠等軍，及河、蘭、鄯、廓等州，
檢校營田大使。（《舊唐書·婁師德傳》）

　　聖歷元年四月，婁師德為隴右諸軍大使，檢校河西營田事。
（《舊唐書·武后紀》）

郭元振令李漢通
屯田

　　大足元年，郭元振為涼州都督。令甘州刺史李
漢通，開置屯田，盡水陸之利。連歲豐稔，積軍糧
至支數十年。

　　郭元振大足元年，遷涼州都督，隴右諸軍州大使。先是，涼州
封界，南北不過四百餘里。既逼突厥、吐蕃二寇，頻歲奄至城下，
百姓苦之。元振始於南境破口，置和戎城。北界磧中，置白亭軍。
控其要路。乃拓州境一千五百里。自是，寇虜不復更至城下。元振
又令甘州刺史李漢通，開置屯田，盡其水陸之利。舊涼州粟價，斛
售至數千。及漢通收率之後，數年豐稔，乃至一匹絹粟數十斛。積
軍糧支數十年。（《舊唐書·郭元振傳》）

王晙開桂州屯田

　　中宗景龍末，王晙為桂州都督。州舊有屯兵，
常運衡、永等州糧，以給之。晙始築城郭，罷戍
卒。開屯田數千頃，以息轉漕。百姓賴之。

　　王晙景龍末，累轉為桂州都督。桂州舊有屯兵，常運衡、永等
州糧，以饋之。晙始改築羅郭。奏罷屯兵，及轉運。又堰江水，開
屯田數千頃。百姓賴之。尋上疏請歸鄉拜墓，州人詣闕請留晙。乃

下敕曰，彼州往緣寇盜，戶口凋殘。委任失材，乃令至此。卿處事強濟，遠邇寧靜。築城務農，利益已廣。隱括綏緝，復業者多。宜須政成，安此黎庶。百姓又有表請，不須來也。晙在州又一年，州人立碑，以頌其政。（《舊唐書·王晙傳》）

玄宗開元五年，復置營州都督府於柳城，以宋慶禮為都督。開屯田八十餘所。不數年，倉廩充溢，居民蕃輯。遂罷海運，邊亭晏然。

宋慶禮大開營州屯田

開元五年三月，於柳城依舊置營州都督府。（《舊唐書·玄宗紀》）

宋慶禮為河北度支營田使。初營州都督府治柳城，扼制奚、契丹。武后時，趙文翽失兩蕃情，攻殘其府，更治東漁陽城。玄宗時，奚、契丹款附，帝欲復治故城。宋璟固爭不可，獨慶禮執處其利。乃詔與太子詹事姜師度，左驍衛將軍邵宏等，為使。築城，裁三旬畢。俄兼營州都督，開屯田八十餘所。追拔漁陽、淄、青沒戶，還舊田宅。又集商胡，立邸肆。不數年，倉廩充溢，居人蕃輯。卒，贈工部尚書。慶禮為政嚴，少私，吏畏威不敢犯。太常博士張星以好巧自是，諡曰專。禮部員外郎張九齡、申駁曰，慶禮國之勞臣，在邊垂三十年。往城營州，士纔數千，無甲兵彊衛。指斯而往，不失所慮。遂罷海運，收歲儲。邊亭晏然。其功可推，不當醜諡。慶禮兄子辭玉亦自詣闕訴，改諡曰敬。（《新唐書·宋慶禮傳》）

六年，詔令府兵六歲一簡。

玄宗開元六年，始詔折衝府兵六歲一簡。（《新唐書·兵志》）

其年，姜師度為河中尹，設鹽屯，公私大收其利。八年，為同州刺史。又於朝邑、河西二縣，開稻田二千餘頃，置屯十餘所，收穫萬計。

姜師度設鹽屯開屯田

姜師度開元初，遷陝西刺史，六年，以蒲州為河中府，拜師度為河中尹，令其繕緝府寺。先是，安邑鹽池漸涸，師度發卒開拓，疏決水道，置為鹽屯。公私大收其利。再遷同州刺史，又於朝邑、河西二縣界，就古通靈陂，擇地引雒水，及堰黃河灌之。以種稻田，

凡二千餘頃。內置屯十餘所，收穫萬計。特加金紫祿大夫。（《舊唐書·良吏傳》）

幽州、大同橫野軍，有鹽屯。每屯有丁，有兵。歲得鹽二千八百斛，下者千五百斛。（《新唐書·食貨志》）

開元八年十月，姜師度開置朝邑屯田。（《玉海》）

張說奏設彍騎

自高宗武后時，天下久不用兵，府兵之法寖壞。後益耗散，至不能備宿衛。十年，宰相張說為節度大使，巡邊，奏罷邊兵二十餘萬，勒還營農。十一年，說又以當番衛士逃散略盡，請召募強壯，令其宿衛。帝從之。旬日，得精兵十三萬，分隸諸衛為六番。十二年，更號為彍騎。自是諸士益多不補，折衝將又積歲不得遷擢。士人皆恥為之。

張說開元九年，拜兵部尚書，同中書門下三品。明年，又勅說為朔方軍節度大使。往巡五城，處置兵馬。先是，緣邊鎮兵，常六十餘萬。說以時無強寇，不假師衆。奏罷二十餘萬，勒還營農。玄宗頗以為疑。說奏曰，臣久在疆場，具悉邊事。軍將但欲自衛，及雜使營私。若禦敵制勝，不在多擁閑冗，以妨農務。陛下若以為疑，臣請以闔門百口為保。以陛下之明，四夷畏伏，必不慮減兵而招寇也。上乃從之。時當番衛士浸以貧弱，逃亡略盡。說又建策。請一切召募強壯，令其宿衛。不簡色役，優為條例，逋逃者必爭來應募。上從之。旬日得精兵一十三萬人，分繫諸衛。更番上下，以實京師。其後彍騎是也。（《舊唐書·張說傳》）

自高宗武后時，天下久不用兵，府兵之法寖壞。番役更代，多不以時，衛士稍稍亡匿。至是，益耗散，宿衛不能給。宰相張說乃請一切募士宿衛。十一年，取京兆蒲同岐華府兵，及白丁，而益以潞州長從兵，共十二萬，號長從宿衛。歲二番。命尚書左丞蕭嵩，與州吏共選之。明年，更號曰彍騎。自是，諸府士益多不補，折衝將又積歲不得遷。士人皆恥為之。（《新唐書·兵志》）

彍騎分隸十二衛，總十二萬，為六番。每衛萬人。京兆彍騎六萬六千，華州六千，同州九千，蒲州萬二千三百，絳州三千六百，晉州千五百，岐州六千，河南府三千，陝、虢、汝、鄭、懷、汴六州各六百，內弩手六千。其制，皆擇下戶白丁，宗丁，品子，彊壯五尺七寸以上。不足則兼以戶八等，五尺以上，皆免賦役。（《新唐書·兵志》）

說又嘗表請，置河北屯田。

張說請置河北屯田

臣某言，臣聞求人安者，莫過於足食。求國富者，莫先於疾耕。臣再任河北，備知川澤。竊見漳水可以灌巨野，洪水可以溉湯陰。若開屯田，不減萬頃。化萑葦為秔稻，變斥鹵為膏腴。用力非多，為利甚溥。諺曰，歲在申西，乞醬得酒。來歲甫邇，春事方興。願陛下不失天時，急趨地利。上可以豐國，下可以廩邊。河漕通流，易於轉運，此百代之利也。當今國儲未贍，邊軍未息。靜人農業，願留聖意。亦常賜前階之食，承後騎之顧。竟唯唯而無言者，豈敢隱情於聖主哉。正以職在仗衛，憂於部伍。馬上非公議之所，囿遊須朝廷之事。今昧死上愚見，乞與大臣籌謀，速下河北支度及溝渠使檢料施功，不後農節。謹附賀正使隨軍前曹州考城縣尉同希再奉以聞，謹言。（張說《請置屯田表》）

十四年，廢在京諸司職田。議者欲以之為屯田。宰相李元紘謂恐得不償失，徒為煩費。遂未施行。

李元紘開元十四年，擢拜中書侍郎，同中書門下平章事。初廢京司職田。議者請於關輔置屯田，以實倉廩。元紘建議曰，軍國不同，中外異制。若人閑無役，地棄不墾。發閑人以耕棄地，省饋運以實軍糧。於是乎有屯田，其為益多矣。今百官所退職田，散在諸縣，不可聚也。百姓所有私田，皆力自耕墾，不可取也。若置屯田，卽須公私相換，徵發丁夫。徵役，則業廢於家。免庸，則賦闕於國。內地置屯，古所未有。得不補失，或恐未可。其議遂止。（《舊唐書·李元紘傳》）

十六年正月，許徒罪以下囚人，保任營農至三月，免營農囚罪。

開元十六年正月，許徒以下囚，保任營農。三月，免營農囚罪。（《新唐書·玄宗紀》）

宰相張九齡兼稻
田使開水屯

二十二年，開河南水屯百餘，以宰相張九齡兼河南稻田使。二十五年，敕以為不便，分給貧民。

開元二十二年五月，張九齡為中書令。（《新唐書·玄宗紀》）

張九齡為中書令。始議開河南水屯，兼河南稻田使。（《新唐書·張九齡傳》）

天下諸州屯九百九十有二，開元二十二年，河南道陳、許、豫、壽，又置百餘屯。二十五年，敕以為不便。并長春田三百四十餘頃，分給貧民。（《唐六典》）

大修屯政

二十五年，詔定屯官敍功之法，大修屯政。

開元二十五年，詔屯官敍功，以歲豐凶，為上下。鎮戍地可耕者，人給十畝，以供糧方春，屯官謫作不時者。天下屯田，收穀百九十萬斛。（《新唐書·食貨志》）

開元二十五年，令諸屯，隸司農寺者，每三十頃以下，二十頃以上，為一屯。隸州鎮諸軍者，每五十頃，為一屯。應置者，皆從尚書省處分。其舊屯重置者，一依承前封疆為定。新置者，並取荒閑無籍，廣占之地。其屯雖定五十頃，易田之處，各依鄉原，量事加數。其屯官，取勛官五品以上，及武散官，并前資邊州縣府鎮戍八品以上，文武官內，簡堪者充。據所收斛斗等級，為功優。諸屯田應用牛之處，山原川澤，土有硬軟，至於耕墾，用力不同。土軟處，每一頃五十畝，配牛一頭。土硬處，一頃二十畝，配牛一頭。諸田有五十頃外，更有剩地，配丁牛者，所收斛斗，皆準頃畝折除。其大麥、䴚麥、乾蘿蔔等，准粟計折斛斗，以定等級。（《通典》）

初，吐蕃候積石軍麥熟，常來盜之。天寶六載，哥舒翰為河源軍使，虜復以五千騎，入塞盜麥。翰設伏軍，盡擒殺之，匹馬無還者。

哥舒翰天寶六載，擢授右武衛員外將軍，充隴西節度副使，都

知關西兵馬使，河源軍使。先是，吐蕃每至麥熟時，卽率部衆至積
石軍，穫取之。共呼為吐蕃麥莊，前後無敢拒之者。至是，翰使王
難得、楊景暉等，潛引兵至積石軍，設伏以待之。吐蕃以五千騎至。
翰於城中率驍勇馳擊，殺之略盡。餘或挺走，伏兵邀擊，匹馬不還。
（《舊唐書・哥舒翰傳》）

七載，築神威軍於龍駒島。翰以其地宜畜牧，
謫罪人二千戍之。由是吐蕃不敢近青海。

瑜年，築神威軍於青海上，吐蕃攻破之。又築城於青海中龍駒
島，有白龍見，遂名為應龍城。翰相其川原，宜畜牧，謫罪人二千
戍之。由是，吐蕃屏跡，不敢近青海。（《新唐書・哥舒翰傳》）

八載，詔翰攻吐蕃石堡城，下之。遂以赤嶺為
西塞。開屯田，備軍實。

哥舒翰屯田赤嶺

天寶八載，詔翰以朔方河東羣牧兵十萬，攻吐蕃石堡城，數日
未克，翰怒，捽其將高秀巖、張守瑜，將斬之。秀巖請三日期，如
期而下。遂以赤嶺為西塞。開屯田，備軍實。加特進，賜賚彌渥。
（《新唐書・哥舒翰傳》）

是歲，折衝諸府，至無兵可交。李林甫請停發
下上符契，其後徒有兵額官吏。而彍騎之法亦壞。
及安祿山反，六軍宿衞皆不能受甲矣。

府兵彍騎二制之
壞

凡發府兵，皆下符契。州刺史與折衝勘契，乃發。凡當宿衞者，
番上。兵部以遠近給番。天寶八載，折衝諸府至無兵可交。李林甫
遂請停上下魚書。其後，徒有兵額官吏。（《新唐書・兵志》）

天寶以後，彍騎之法，又稍變廢。士皆失撫循。故時人目番上
宿衞者，曰待官，言侍衞天子。至是，衞佐悉以假人為童奴。京師
人恥之，至相罵辱，必曰侍官。而六軍宿衞皆市人。富者販繒綵，
食粱肉。壯者為角觝、拔河、翹木，扛鐵之戲。及祿山反，皆不能
受甲矣。（《新唐書・兵志》）

初，府兵之置。無事則耕於野，而番上宿衞京

師。若四方有警，則命將率之以出征。軍事既平，則兵歸於府，將歸於朝。及府兵法壞而方鎮盛，武夫悍將，專制一方。悉據有其土地人民甲兵財賦，以布列於天下。後方鎮日強，朝廷日弱，而唐室遂以之滅亡矣。

　　初，府兵之置。居無事時，耕於野。其番上者，宿衛京師而已。若四方有事，則命將以出，事解輒罷。兵散於府，將歸於朝。故士不失業，而將帥無握兵之重。所以防微杜漸，絕禍亂之萌也。及府兵法壞，而方鎮盛。武夫悍將，雖無事時，據要險，專方面。既有其土地，又有其人民，又有其甲兵，又有其財賦，以布列天下。然則方鎮不得不彊，京師不得不弱。自高宗永徽之後，都督帶使持節者，始謂之節度使，然猶未以名官。景雲二年，以賀拔延嗣為涼州都督，沙西節度使。自此而後，接乎開元，朔方、隴右、河東、河西諸鎮，皆置節度使。及范陽節度使安祿山反，犯京師。天子之兵弱，不能抗，遂陷兩京。肅宗起靈武。而諸鎮之兵，共起誅賊。其後，祿山子慶緒，及史思明父子繼起，中國大亂。肅宗命李光弼等討之，號九節度之師。久之，大盜既滅，而武夫戰卒，以功起行陣，列為侯王者，皆除節度使。由是，方鎮相望於內地。大者連州十餘，小者猶兼三四。故兵驕則逐帥，帥彊則叛上。或父死，子握其兵，而不肯代。或取捨由於士卒。往往自擇將吏，號為留後，以邀命於朝。天子顧力不能制，則忍恥含垢，因而撫之。謂之姑息之政。蓋姑息起於兵驕，兵驕由於方鎮。姑息愈甚，而兵將俱愈驕。由是，號令自出，以相侵擊。虜其將帥，并其土地。天子熟視，不知所為。反為和解之，莫肯聽命。始時為朝廷患者，號河、朔三鎮。及其末，朱全忠以梁兵，李克用以晉兵，更犯京師。而李茂貞、韓建近據岐華，妄一喜怒，兵已至於國門。天子為殺大臣，罪己悔過，然後去。及昭宗用崔胤，召梁兵以誅宦官，而劫天子。天子奔岐，梁兵圍之逾年。當此之時，天下之兵，無復勤王者。嚮之所謂三鎮者，徒能始禍而已。其他大鎮，南則吳、浙、荊、湖、閩、廣，西則岐、蜀，北則燕、晉，而梁盜據其中。自國門以外，皆分裂於方鎮矣。故兵之始重於外也，土地民賦，非天子有。既其盛也，號令征伐非其有。又其甚也，至無尺土，而不能庇其妻子宗族，遂以滅亡。（《新唐書·兵志》）

十二載，哥舒翰收九曲故地，遂置神策、宛秀等軍。中國無邊警，伊吾、輪臺屯田禾黍彌望。

哥舒翰破洪濟、大莫門諸城，收九曲故地列郡縣。實天寶十二載。於是，置神策軍於臨洮西，澆河郡於積石西，及宛秀軍，以實河曲。（《新唐書·吐蕃傳》）

太宗平薛仁杲得隴上地，虜李軌得涼州，破吐谷渾高昌，開四鎮。玄宗繼收黃河、積石、宛秀等軍。中國無斥候警。輪臺、伊吾屯田，禾菽彌望。開遠門揭候，署曰，西極道九千九百里。示戍人無萬里也。（《新唐書·吐蕃傳》）

肅宗上元中，置洪澤、芍陂屯田。

上元中，於楚州射陽湖，置洪澤屯。於壽州置芍陂屯。厥田沃壤。大獲其利。（《通典》）

代宗廣德初，以兵禍連結不解，編戶三耗其二。將帥多於官吏，士卒多於農夫。宰相元載為營田使，分命諸道節度觀察使，統其事。擇閒田以為屯。設官府，備胥吏。田有官，官有徒。野有夫，夫有任。上下相維如郡縣。浙西觀察使李栖筠所轄有三屯，以嘉禾為大。命大理評事朱自勉主之。收穀數與浙西六州稅相埒。李翰為文以頌其功甚詳備。

禹平九土，溝洫之功大。棄粒蒸人，稼穡之務重。自古有國家，莫不率由斯道，底慎其業。故登平足以厚生殖，禍難足以定凶災。未有易此而能理者。自邊警旁告，天步時艱。兵連不解，十有四年。因之以飢饉，重之以夭扎。死者暴露，存者惰游。編版之戶，三耗其二。歸耕之人，百無其一。將多於官吏，卒衆於農人。古者八家

哥舒翰屯田西域

屯田洪澤芍陂

宰相元載為營田使命諸道皆興屯田

為鄰，一家從軍，七家供之。猶曰，興師十萬，內外騷動。不得操
農業者，七十萬家。今乃以一夫家食一伍，一餘子衣一卒。師將不
立，人將不堪。此聖上所以旰食宵興，求古今令典，可以濟斯難者，
莫出乎屯田。廣德初，乃命宰相元公倡其謨。分命諸道節度使，觀
察都團練，統其事。擇封內閒田荒壤，人所不耕者，為其屯。求天
下良才善政，以食為首者，掌其務。屯有都知，羣士為之。都知有
治，卽邑為之官府。官府既建，吏胥備設。田有官，官有徒。野有
夫，夫有任。上下相維如郡縣，吉凶相恤如鄉黨。有誅賞之政，御
其眾。有教令之法，頒於時。此其所以為屯也。雖天子命之，股肱
贊之。至於宣上命，齊下力。經地域，制地事。辨土宜，均土法。
簡稼器，修稼政。陳三壤之種，而敬其始。考九農之要，而成其終。
則都知之職，專達其事焉，詎可以非其人哉。浙西觀察都團練使御
史中丞兼吳郡守贊皇公王國大賢，憂公如家。愼擇厥官，以對明命。
浙西有三屯，嘉禾為之大。乃以大理評事朱自勉主之。且揚州在九
州之地最廣，全吳在揚州之域最大，嘉禾在全吳之壤最腴。故嘉禾
一穰，江淮為之康。嘉禾一歉，江淮為之儉。公首選於衆，獨當其
任。有寬簡惠和之德，知艱難勤儉之事。政達乎本，智通乎時。仁
愛足以結下，機權足以成務。嘉禾大田二十七屯，廣輪曲折千有餘
里。公盡為對疆，屬於海。濬其畎澮，達於川。求遂氏治野之法，
修稻人稼澤之政。芟以殄草，剔以除木。風以布種，土以附根。頒
其法也。冬耕春種，夏耘秋穫。朝巡夕課，日考旬會。趨其時也。
勤者勞之，惰者勸之，合耦助之。移田救之。宣其力也。下稽功事，
達之於上。上制祿食，復之於下。敍其勞也。至若義感於內，誠動
於中。徇國忘家，恤人猶己。野次露宿，簞食瓢漿。盡四體之勤，
趨一時之役。大寒栗烈，而猶執鼗鼓。盛暑赫曦，而不傳車蓋。如
登高去梯，與之死生。投醪均味，忘其飢渴。然後知仁義之政，必
見於耕穫。井田之法，可施於甲兵。夫如是，人將竭其力，地將盡
其利，天將與其時。自贊皇為郡，無兇歲，自朱公為屯，無下年。
元年各收入若干斛，數與浙西六州稅垺。朝嘉厥庸，授廷尉評。公
又稽氣授時，如前代法。有白雀集於高豐屯廩，蓋大穰之徵也。屯
官某乙等聚而稱曰，初公為屯，人有二懼焉。邑人懼其暴，屯人懼

其擾。今溝封犬牙，而不相侵。疆埸日履，而人不知。方舟而上，
以餽師旅。此功及於國也。登量而入，以寬征稅。此德加於人也。
古者，知效一官，政修一鄉。猶歌之詠之，手之足之。況朱公績如
此其大者乎。遂相與斲琬琰，表阡陌。南陽太守，豈專刻石之功。
桐鄉嗇夫，終踐大農之位。其辭曰，茫茫九區，陽九躔災。丘荒札
瘥，田卒污萊。天步未移，連師滿野。不耕不穫，仰食於下。嗷嗷
遺人，餔口餽軍。帝曰予憂，爰立其屯。且戰且耕，古之善經。辟
師肅祗，王命是聽。嘉禾之田，際海茫茫。取彼榛荒，畫為封疆。
朱公蒞之，展器授方。田事既飭，黎人則康。我屯之稼，如雲漠漠。
星羅棋布，溝封綺錯。朱公履之，勸穡趨穫。稂莠不生，螟蟘不作。
歲登億計，征寬稅薄。息我蒸人，遂其耕鑿。我屯之庾，如京如坻。
嘉量是登，方舟是維。贊皇獻之，達於京師。飽我六軍，肅將天威。
畎距於溝，溝達於川。故道既堙，變將為田。朱公濬之，執用以先。
浩浩其流，乃與湖連。上則有塗，中亦有船。旱則溉之，水則泄焉。
曰雨曰霽，以溝為天。俾我公私，永無饑年。公田翼翼，私田蕻蕻。
不侵其畔，不犯其穡。我倉既盈，爾廩維億。屯人熙熙，邑人怡怡。
不擾其務，不干其時。我無爾暴，爾無我欺。我有官屬，朱公訓之。
我有徒卒，朱公恤之。我有眾役，朱公率之。我有微功，朱公序之。
起於田中，印綬纍纍。何以祝之，福祿如茨。何以久之，刻篆於碑。
（李翰《蘇州嘉禾屯田紀績頌》）

　　元載遷戶部侍郎度支使，拜同中書門下平章事。旬日，肅宗晏
駕，代宗卽位。遷中書侍郎，同中書門下平章事。載以度支轉運使
職務繁碎，負荷且重。慮傷名，阻大位。素與劉晏相友善。乃悉以
錢穀之務，委之，薦晏自代。載自加營田使。（《舊唐書・元載
傳》）

　　李栖筠為常州刺史，以治行封贊皇縣子。會平盧行軍司馬許杲
恃功，擅留上元，有窺江吳意。朝廷以創殘，重起兵。卽拜栖筠浙
西都團練觀察使，圖之。栖筠至，張設武備。遣辯士，厚齎金幣，
抵杲軍賞勞，使士歆愛，奪其謀。杲懼，悉眾度江。掠楚泗而潰。
以功進御史大夫。（《新唐書・李栖筠傳》）

大歷元年，中書令郭子儀以河中軍食常乏。自耕田百畝。將校以是為差。於是士卒皆不勸而耕。是歲，河中野無曠土，軍有餘糧。

大歷元年，郭子儀以河中軍食常乏。乃自耕田百畝。將校以是為差。於是，士卒皆不勸而耕。是歲，河中野無曠土，軍有餘糧。（《資治通鑑》）

詔罷天下屯田

五年，詔罷諸州所置屯田，特留華、同、澤三州屯田。

大歷五年，詔諸州所置屯田並停，特留華、同、澤等三州屯。仍悉以度支之務，委於宰臣。（《冊府元龜》）

八年八月，又廢華州屯田，以給貧民。

大歷八年八月，廢華州屯田，給貧人。（《新唐書·代宗紀》）

元載請屯田防吐蕃不果

是年，吐蕃入寇邠寧。後，朝議以三輔以西，無可固守。元載言於帝曰，國家西境，極於潘原。吐蕃防戍，在摧沙堡。而原州界其間，當西塞之固，接隴山之險，舊壘存焉。雖早霜，不能藝黍稷。而東接平涼，耕其一縣，可以足食。請移京西軍，戍原州。移郭子儀大軍居涇，以為根本。分兵守關河之險。朝廷可以安枕。兼圖其地形以獻。且使人踰隴山，入原州。量井泉，具器械。檢校左僕射田神功沮之。後載又得罪，其事遂止。

大歷八年，蕃戎入邠寧之後，朝議以為三輔已西，無襟帶之固。而涇州散地，不足為守。載嘗為西州刺史，知河西隴右之要害，指畫於上前。曰，今國家西境，極于潘源。吐蕃防戍，在摧沙堡。而原州界其間。原州當西塞之口，接隴山之固。草肥水甘，舊壘存焉。吐蕃比毀其垣墉，棄之不居。其西則監牧故地，皆有長濠巨塹，重複深固。原州雖早霜，黍稷不蓺。而有平涼附其東，獨耕一縣，可以足食。請移京西軍戍原州，乘間築之。貯粟一年。戎人夏牧，多在青海。羽書覆至，已逾月矣。今運築並作，不二旬可畢。移子儀大軍居涇，以為根本。分兵守石門、木峽、隴山之關，北抵于河，皆連山峻嶺，寇不可越。稍置鳴沙縣、豐安軍，為之羽翼。北帶靈武五城，為之形勢。然後舉隴右之地，以至安西。是謂斷西戎之脛，朝廷可高枕矣。兼圖其地形以獻。載密使人踰隴山，入原州。量井泉，計徒庸。車乘畚鍤之器皆具。檢校左僕射田神功沮之，曰，夫興師料敵，老將所難。陛下信一書生言，舉國從之。聽誤矣。上遲疑不決。會載得罪，乃止。（《舊唐書·元載傳》）

　　十二年，李抱真領懷澤潞留後，密揣山東當有變。上黨且為兵衝。而土瘠賦重，無以養軍，籍戶口，三男選其一，免其租徭，給以弓矢，令農隙習射。歲終課試，示以賞罰。比及三年，得兵二萬。前既未費糧廩，府庫益實。乃繕器甲，為戰具。遂雄視山東。

李抱真寓兵於農

大歷十二年三月，河西、隴右副元帥，鳳翔、懷澤潞、秦隴等州節度觀察等使李抱玉卒。（《舊唐書·代宗紀》）

李抱真，抱玉從父弟也。為懷澤潞觀察使留後，凡八年。抱玉卒，抱真仍領留後。抱真密揣山東當有變，上黨且當兵衝。是時，乘戰餘之地，土瘠賦重，人益困，無以養軍士。藉戶丁男，三選其一。有材力者，免其租徭，給弓矢。令之曰，農之隙，則分曹角射。歲終，吾當會試。及期，按簿而徵之，都試以示賞罰。復命之如初。比三年，則皆善射。抱真曰，軍可用矣。於是，舉部內鄉，得成卒二萬。前既不廩費，府庫益實。乃繕甲兵，為戰具，遂雄視山東。是時，天下稱昭義軍步兵，冠諸軍。（《舊唐書·李抱真傳》）

　　十三年，吐蕃酋馬重英以四萬騎，塞河渠，擾靈州屯田。為朔方留後常謙光所逐。

吐蕃擾屯田

大歷十三年，吐蕃酋馬重英以四萬騎，寇靈州。塞漢御史尚書三渠，以擾屯田。為朔方留後常謙光所逐。（《新唐書·吐蕃傳》）

大歷中，又嘗詔昭義軍裨將朱忠亮鎮普潤，掌屯田。

> 朱忠亮初事薛嵩為將。大歷中，詔鎮普潤縣，掌屯田。（《舊唐書·朱忠亮傳》）

> 朱忠亮事昭義節度使薛嵩，為裨將，屯普潤，開田峙糧。以功擢太子賓客。（《新唐書·朱忠亮傳》）

楊炎請屯田豐州

德宗建中元年正月，宰相楊炎請屯田豐州，發關輔之民，開陵陽渠。京兆尹嚴郢言其不可，不如修復五城舊屯。炎不聽，渠卒不成。

> 建中元年正月，浚豐州陵陽渠。（《舊唐書·德宗紀》）

> 建中初，宰相楊炎請置屯田於豐州，發關輔民，鑿陵陽渠，以增溉。京兆尹嚴郢嘗從事朔方，知其利害，以為不便。疏奏不報。郢又奏，五城舊屯，其數至廣。以開渠之糧，貸諸城，約以冬輸。又以開渠功直布帛，先給田者，據估轉穀。如此則關輔免調發，五城田闢。比之浚渠，利十倍也。時楊炎方用事，郢議不用，而陵陽渠卒不成。（《新唐書·食貨志》）

李承興楚州屯田水利

是年，遣黜陟使十一人，分行天下。李承使淮南西道，奏置常豐堰於楚州，以溉屯田，禦海潮。歲收十倍於昔。

> 建中元年二月，遣黜陟使一十一人，分行天下。（《舊唐書·德宗紀》）

> 李承遷淮南西道黜陟使。奏置常豐堰於楚州，以禦海潮，溉屯田堉鹵。常收十倍佗歲。（《新唐書·李承傳》）

韓滉請以屯田制吐蕃恢復河湟

貞元二年，韓滉兼度支諸道轉運鹽鐵等使。時中土寧謐，滉上言，吐蕃盜據河湟，為日已久。大歷以前，中國多難，所以任其侵軼。然吐蕃西迫大食，北備回紇，南防南詔。河隴之兵，當不過數萬。若令良將，率衆十萬。於涼、鄮、洮、渭並修堅城，各置二萬人。臣以所蓄本道財賦，運充三年之費。然後營田積穀，且戰且耕。收復河隴二十餘州，可翹足以待。德宗甚納其言。會滉卒，其事遂寢。

韓滉拜鎮海軍節度。貞元二年春，封晉國公。其冬，來朝京師，加度支諸道轉運鹽鐵等使。時兩河罷兵，中土寧乂。滉上言，吐蕃盜有河湟，為日已久。大曆已前，中國多難，所以肆其侵軼。臣聞其近歲已來，兵衆寖弱。西迫大食之強，北病回紇之衆，東有南詔之防。計其分鎮之外，戰兵在河隴，五六萬而已。國家第令三數良將，長驅十萬衆。於涼、鄮、洮、渭並修堅城，各置二萬人，足當守禦之要。臣請以當道所貯蓄財賦，為饋運之資，以充三年之費。然後營田積粟，且耕且戰。收復河隴，二十餘州，可翹足而待也。上甚納其言。滉之入朝也，路由汴州，厚結劉玄佐，將薦其可任邊事。玄佐納其賂，因許之。及來覲，上訪問焉。初頗稟命，及滉以疾歸第。玄佐意怠，遂辭邊任。盛陳犬戎未衰，不可輕進。滉貞元三年二月，以疾薨，遂寢其事。（《舊唐書·韓滉傳》）

三年，李泌為宰相。初，泌勸德宗復府兵，至是，帝問其策於泌。泌對曰，今歲徵關東卒，戍京西者，十七萬。歲食二百四萬斛，為錢三百六萬緡。今吐蕃久居原會之間，以牛運糧。糧盡，牛無所用。請發左藏惡繒，染之。因党項，以市吐蕃之牛。計十八萬匹，可致六萬餘頭。命諸冶鑄農器，糴麥種。募戍卒，耕荒田。約麥熟，倍償其種。餘據時價，五分增一，官為糴之。來春種禾，亦如之。戍卒因屯田致富，則安於其土，不復思歸。舊制，戍卒三年而代，及期下令，有願留者，即以其

李泌請興屯田以復府兵

田為永業。家人願來者，原籍給食遣之。諸帥得免更代之煩，亦喜聞矣。不過數番，則戍卒土著，乃以府兵之法理之。帝喜曰，如此，天下無復事矣。既而，戍卒願耕屯田者，什五六。

初，上與李泌議復府兵，泌因為上歷敍府兵自西魏以來，興廢之由。且言，府兵平日皆安居田畝，每府有折衝領之。折衝以農隙教習戰陳。國家有事徵發，則以符契，下其州及府，參驗發之。至所期處，將帥按閱。有教習不精者，罪其折衝。甚者，罪及刺史。軍還，則賜勳加賞，便道罷之。行者，近不踰時，遠不經歲。高宗以劉仁軌為洮河鎮守使，以圖吐蕃，於是始有久戍之役。武后以來，承平日久。府兵浸墮，為人所賤。百姓恥之，至蒸熨手足，以避其役。又牛仙客以積財得宰相，邊將效之。山東戍卒多齎繒帛自隨，邊將誘之，寄於府庫。晝則苦役，夜縶地牢，利其死，而沒入其財。故自天寶以後，山東戍卒還者，什無二三。其殘虐如此。然未嘗有外叛內侮，殺帥自擅者。誠以顧戀田園，恐累宗族，故也。自開元之末，張說始募長征兵，謂之彍騎，其後益為六軍。及李林甫為相，奏諸軍皆募人為之。兵不土著，又無宗族。不自重惜，忘身徇利。禍亂遂生，至今為梗。曏使府兵之法，常存不廢，安有如此下陵上替之患哉。陛下思復府兵，此乃社稷之福，太平有日矣。上曰，俟平河中，當與卿議之。貞元三年六月，泌為中書侍郎，同平章事。上復問泌，以復府兵之策。對曰，今歲徵關東卒，戍京西者，十七萬人，計歲食粟二百四萬斛。今粟斗直百五十，為錢三百六萬緡。國家比遭饑亂，經費不充。就使有錢，亦無粟可糴。未暇議復府兵也。上曰，然則柰何。亟減戍卒歸之，何如。對曰，陛下用臣之言，可以不減戍卒，不擾百姓。糧食皆足，粟麥日賤，府兵亦成。上曰，苟能如是，何為不用。對曰，此須急為之，過旬日則不及矣。今吐蕃久居原會之間，以牛運糧。糧盡，牛無所用。請發左藏惡繒，染為綵纈。因党項以市之。每頭不過二三匹，計十八萬匹，可致六萬餘頭。又命諸冶，鑄農器，糴麥種，分賜沿邊軍鎮。募戍卒，耕荒田而種之。約明年麥熟，倍償其種。其餘據時價，五分增一，官為糶之。來春種禾，亦如之。關中土沃，而久荒，所收必厚。戍卒獲利，耕者浸多。邊地居人至少，軍士月食官糧，粟麥無所售，其價必賤。名為增價，實比今歲所減多矣。上曰，善，即命行之。泌又言，邊地官多闕，請募人入粟，以補之。可足今歲之糧。上亦從之。因問曰，卿言府兵亦集，如何。對曰，戍卒因屯田致富，則安於其土，不復思歸。舊制，戍卒三年而代。及其將滿，下令，有願留者，即以所開田為永業。家人願來者，本貫給長牒，續食而遣之。據應募之數，移報本道。雖河朔諸帥，得免更代之煩，亦喜聞矣。不過數番，則戍卒土著，乃悉以府兵之法，理之。是變關中之疲弊為富彊也。上喜曰，如此，天下無復事矣。既而，戍卒應募，願耕屯田者，什五六。（《資治通鑑》）

四年，劉昌為四鎮北庭行營節度使。身率士墾田，蒞鎮三年，而軍有羨食，兵械銳新，邊障安謐。

劉昌率士墾田

貞元四年正月，以宣武軍行營節度使劉昌為涇州刺史，四鎮北庭行營，涇原等州節度使。（《舊唐書·德宗紀》）

劉昌改四鎮北庭行營，兼涇原節度。在邊凡十五年。身率士墾田，三年而軍有羨食，兵械銳新，邊障安寧。（《新唐書·劉昌傳》）

是年，李元諒節度隴右，鎮良原。良原故隴東要地，虜常入寇。元諒遠烽候，修城郭。身率士卒，闢田耕種，歲收數十萬斛。又進築新城，以據便地。虜深憚之。

李元諒率軍耕種

李元諒貞元四年，加隴右節度，度支營田觀察臨洮軍使，移鎮良原。良原古城，多摧圮，隴東要地。虜入寇，常牧馬休兵於此。元諒遠烽堠，培城補堞。身率軍士，與同勞逸。艾林薙草，斬荊榛，俟乾，盡焚之。方數十里，皆為美田。勸軍士樹藝。歲收粟菽數十萬斛。生殖之業，陶冶必備。仍距城築臺，上殼車弩，守備益固。無幾，又進築新城，以據便地。虜每寇掠，輒擊卻之。涇隴由是乂

安。虜深憚之。（《舊唐書·李元諒傳》）

杜佑廣田淮南

五年，杜佑為淮南節度使。決雷陂，以廣灌溉。闢棄地為田，積米至五十萬斛。列營三十區。

貞元五年十二月，以陝虢觀察使杜佑檢校禮部尚書，兼揚州長史，淮南節度使。（《舊唐書·德宗紀》）

杜佑為淮南節度使。決雷陂，以廣灌溉。斥海瀕棄地為田，積米至五十萬斛。列營三十區，士馬整飭，四鄰畏之。（《新唐書·杜佑傳》）

佑議以屯田制吐蕃

佑又嘗議，修復河渠，繕壘屯田，以制吐蕃。收復河隴。

杜佑謂秦以區區關中，滅六彊國。今竭萬方之財，上奉京師。外有犬戎憑陵，陷城數百，內有兵革未寧，三紀矣。豈制置異術，古今殊時乎。周制，步百為畝，百畝給一夫。商鞅佐秦，以為地利不盡。更以二百四十步為畝，百畝給一夫。又以秦地曠而人寡，晉地狹而人夥。誘三晉之人耕，而優其田宅，復及子孫。使秦人應敵於外。非農與戰，不得入官。大率百人，以五十人為農，五十人習戰，故兵彊國富。其後仕宦途多，末業日滋。今大率百人纔十人為農，餘皆習佗技。又秦、漢，鄭渠溉田四萬頃，白渠溉田四千五百頃。永徽中，兩渠灌寖不過萬頃。大歷初，減至六千頃。畝朘一斛，歲少四五百萬斛。地利耗，人力散。欲求彊富，不可得也。漢時，長安北七百里，即匈奴之地，侵掠未嘗蹔息。計其舉國之衆，不過漢一大郡。鼂錯請備障塞，故北邊妥安。今潼關之西，隴山之東，鄜坊之南，終南之北。十餘州之地，已數十萬家。吐蕃縣力薄材，食鮮藝拙，不及中國遠甚。誠能復兩渠之饒，誘農夫趣耕。擇險要，繕城壘。屯田蓄力，河隴可復。豈唯自守而已。（《新唐書·突厥傳》）

杜亞營田無功

是年，杜亞為東都留守。奏請開苑內地，為營田，以資軍糧。而其地堪耕食者，先為留司中官。及軍人等開墾已盡，亞乃取軍中雜錢，貸於百姓。

至秋時，斂其菽粟為息，輸軍中。

> 杜亞貞元五年，改檢校吏部尚書，判東都尚書省事，充東都留守，都防禦使。既病風，尚建利以固寵。奏請開苑內地為營田，以資軍糧。減度支每年所給。從之。亞不躬親部署，但委判官張薦、楊暎。初奏請取荒地營田，其苑內地堪耕食者，先為留司中官。及軍人等開墾已盡，亞計急。乃取軍中雜錢，舉息與畿內百姓。每至田收之際，多令軍人車牛，散入村鄉，收斂百姓所得菽粟。將還軍，民家略盡，無可輸稅。人多艱食。由是，大致流散。（《新唐書·杜亞傳》）

八年，陸贄為宰相。河隴陷於吐蕃之後，西北邊常以河南江淮諸鎮之兵防秋。贄以中原之兵，不習邊事。而邊將名目太多，統制不一。乃上疏論其事，曰，自祿山構亂，肅宗始撤邊備，以靖中邦，借外威以寧內難。於是吐蕃乘釁，回鶻矜功。中國不振，四十餘年。率傷耗之民，竭力以事。西輸賄繒，北償馬資，尚不足滿其意。於是，調斂四方，以屯疆陲，又不能遏其侵。今財匱於中，人勞未瘳。而欲發師徒，以征討寇境。前有勝負未必之虞，後有餽運不繼之患。萬一撓敗，適所以啟戎心。五方之俗，長短各殊。虜以水草為居，射獵為主。便於馳突，不恥敗亡。而欲益兵蒐乘，爭驅角力。交鋒原野之上，決命尋常之間。以此禦寇，可謂勉所短而校其長矣。若乃擇將吏，修紀律。訓齊師徒。修封疆，守要害，列屯營，明斥候，務農足食，非萬全不謀。非百克不鬭。據險以乘之，多方以誤之。使其勇無所加，眾無所用。掠則靡獲，攻

陸贄請募土著屯田西北以代戍軍

則不能。進有背腹支敵之處。退有首尾不相救之患。以乘其弊，不戰而屈人之兵。此中國之長也。舍此不務，反為所乘。斯謂倒持戈矛，以鐏授寇者也。今封疆未固，戎寇未懲。謀無定用，衆無適從。又有六失焉。遠調屯士，以戍邊陲。晝則荷戈以耕，夜則倚烽以覘。有剽害之慮，無休暇之娛。非生其域，習其風。則不能寧居，而狃其敵也。關東百物阜殷，士忕溫飽。聞絕塞荒陬，則辛酸動容。聆強蕃勁虜，則懾駭褫情。使去親戚，捨園盧，甘所辛酸，抗所懾駭。將冀為用，不亦疏乎。又有休代之期，無統制之善。屈指計歸，張頤待飼。平居，殫資儲，以奉浮冗之士。臨難，棄城鎮，以搖遠近之心。其弊豈特無益哉。帥臣身不臨邊，士之犀銳，悉選以自奉，委疲羸者以守要衝。寇至而不支，則刦執芟蹂，恣所欲得。比都府聞之，虜已旋返。治兵若此，斯所謂措置乖方。一失也。賞以存勸，罰以示懲。今將之號令，不能行之軍。國之典刑，不能施之將。欲褒一有功，慮無功者怨，嫌疑而不賞。欲責一有罪，畏同惡者竦，隱忍而不誅。此義士勇夫，所以痛心解體也。又如遇敵而守不固，陳謀而功不成。責將帥，將帥曰，資糧不足。責有司，有司曰，須給無乏。更相為解，而朝廷含糊，未嘗究詰。馭衆若此，可謂課責虧度。二失也。以課責之虧，措置之乖。將不得竭其才，卒不得盡其力。虜常橫行，惟曰兵少不敵。朝

廷莫之省，則又調發益師。無裨於備禦，而有弊於
供億。制用若此。可謂財匱於兵衆矣。三失也。今
四夷最强盛者，莫如吐蕃。舉吐蕃之衆，未當中國
十數大郡。而內虞外備，與中國不殊。又器不犀
利，甲不精完，材不趫敏。動則中國慹其衆，不敢
抗。靜則憚其强，不敢侵。何哉。良以我之節制
多，而彼之統帥一也。且節制多，則人心不一。人
心不一，則號令不行。氣勢自衰。開元、天寶時，
制西北二蕃。則朔方、河西、隴右三節度而已。尚
慮權分，或詔兼領之。中興未遑外討，則僑四鎮隸
安定。以隴右附扶風。所當二蕃，則朔方、涇原、
隴右、河東四節度而已。以關東戍卒屬之。雖任未
得人，而措置之法存焉。自賊泚亂，以誘涇原。懷
光反，以汗朔方。則分朔方為三節度。其鎮軍且四
十。皆特詔任之，咸得相抗，邊書告急。方使關白
用兵。是謂從容拯溺，揖讓救焚也。建軍若此，可
謂力分於將多矣。四失也。治戎之要，在均齊而
已。被邊長鎮之兵，皆百戰之餘。考服役則勞，察
臨敵則勇。然衣廩止於當身。又為家室所分，居常
凍餒。而關東戍卒，歲月更代。怯於應敵，懈於服
勞。然衣廩優厚，繼以茶藥。資以蔬醬。又有以邊
軍，詭為奏請，遙隸神策者。稟賜之饒，有三倍之
益。此士類所以忿恨，經費所以褊匱。養士若此，
可謂怨生於不均矣。五失也。凡任將帥，必先考察
行能。勞神於拔選，端拱於委任。然後覈否臧，信

賞罰。機宜不以遠決，號令不以兩從。今陛下命帥，先求易制者。多其部，使力分。輕其任，使心弱。一則聽命，二亦聽命。千里之遠，九重之深。陳述之難明，聽覽之不專。欲事無遺策，雖聖亦有所不能焉。用帥若此，可謂機失於遙制矣。六失也。臣愚，謂宜罷四方之防秋者，以其數析而三之。其一，責本道節度，募壯士，願屯邊者，徙焉。其一，第以本道衣廩，責關內河東，募用蕃夏子弟，願傅軍者，給焉。其一，以所輸資糧，給應募者，以安其業。詔度支市牛，召工就諸屯，繕完器具。至者，家給牛一，耕耰水火之器畢具。一歲給二口糧，賜種子，勸之播蒔。須一年，則使自給。有餘粟者，縣官倍價以售。既息調發之煩，又無幸免之弊。出則人自為戰，處則家自為耕。與夫暫屯遽罷，豈同日論哉。然後建文武大臣一人，為隴右元帥。自涇原鳳翔，薄長武城，盡山南西道，凡節度府之兵，皆屬焉，又詔一人為朔方元帥。由鄜坊邠寧，捷靈夏，凡節度府之兵屬焉。又詔一人為河東元帥。舉河東，極振武節度府之兵屬焉。各以臨邊要州為治所，所部州若府，遴揀良吏為刺史。外奉軍興，內課農桑。懼守中國所長，謹行當今之所易。則八利可致，六失可去矣。帝愛重其言，優詔獎之。

陸贄貞元八年四月，為中書侍郎，同中書門下平章事。以河隴陷蕃已來，西北邊常以重兵守備，謂之防秋。皆河南江淮諸鎮之軍也。更番往來，疲於戍役。贊以中原之兵，不習邊事。及扞虜戰賊，多有敗衄。又苦邊將名目太多，諸軍統制不一，緩急無以應敵。乃上疏論其事，曰，臣歷觀前代書史，皆謂鎮撫四夷，宰相之任。不揆闇劣，屢敢上言。誠以備邊禦戎，國家之重事。理兵足食，備禦之大經。兵不治，則無可用之師。食不足，則無可固之地。理兵在制置得所，足食在斂導有方。陛下幸聽愚言，先務積穀。人無加賦，官不費財。坐致邊儲，數逾百萬。諸鎮收糴，今已向終。分貯軍城，用防艱急。縱有寇戎之患，必無乏絕之憂。守此成規，以為永制。常收冗費，益贍邊農。則更經二年，可積十萬人三歲之糧矣。足食之原粗立，理兵之術未精。敢議籌量，庶備採擇。伏以戎、狄為患，自古有之。其於制禦之方，得失之論。備存史籍，可得而言。大抵尊卽序者，則曰，非德無以化要荒。曾莫知威不立，則德不能馴也。樂武威者，則曰，非兵無以服凶獷。曾莫知德不修，則兵不可恃也。務和親者，則曰，要結可以睦鄰好。曾莫知我結之，而彼復解也。美長城者，則曰，設險可以固邦國，而扞寇讎。曾莫知力不足兵不堪，則險之不能有也。尚薄伐者，則曰，驅遏可以禁侵暴，而省征徭。曾莫知兵不銳壘不完，則遏之不能勝，驅之不能去也。議邊之要，略盡於斯。雖互相譏評，然各有偏駮。聽一家之說，則例理可徵。考歷代所行，則成敗異効。是由執常理，以御其不常之勢，徇所見，而昧於所遇之時。夫中夏有盛衰，夷狄有強弱。事機有利害，措置有安危。故無必定之規，亦無長勝之法。夏后以序戎而聖化茂，古公以避狄而王業興。周城朔方而玁狁攘，秦築臨洮而宗社覆。漢武討匈奴而貽悔，太宗征突厥而致安。文景約和親，而不能弭患於當年，宣元弘撫納，而足以保寧於累葉。蓋以中夏之盛衰異勢，夷狄之強弱異時。事機之利害異情，措置之安危異便。知其事而不度其時，則敗。附其時而不失其稱，則成。形變不同，胡可專一。夫以中國強盛，夷狄衰微，而能屈膝稱臣，歸心受制。拒之則阻其嚮化，威之則類於殺降。安得不存而撫之，卽而序之也。又如中國強盛，夷狄衰微，而尚棄信奸盟，蔑恩肆毒。諭之不變，責之不懲。安得不取亂推亡，息人固境也。其有遇中國喪亡之弊，當夷狄強盛之時。圖之則彼釁未萌，禦之則我力不足。安得不卑詞降禮，約好通和，喒之以親，紓其交禍。縱不必信，且無大侵。雖非禦戎之善經，蓋時事亦有不得已也。儻或夷夏之勢，強弱適同。撫之不寧，威之不靖。力足以自保，不足以出攻。得不設險以固軍，訓師以待寇。來則薄伐，以遏其深入。去則攘斥，而戒於遠追。雖為安邊之令圖，蓋勢力亦有不得不然也，故夏之卽序，周之于攘，太宗之翦亂。皆乘其時，而善用其勢也。古公之避狄，文景之和親，高祖之降禮。皆順其時，而不失其稱也。秦皇之長城，漢武之窮討。皆知其事，而不度其時者也。向若遇孔熾之勢，行卽序之方。則見侮而不從矣。乘可取之資，懷畏避之志。則失機而養寇矣。有攘卻之力，用和親之謀。則示弱而勞費矣。當降屈之時，務翦伐之略。則召禍而危殆矣。故曰，知其事而不度其時，則敗。附其時而不失其稱，則成。是無必定之規，亦無長勝之法。得失著効，不其然歟。至於察安危之大情，計成敗之大數。百代之不變易者，蓋有之矣。其要在於失人肆慾則必蹶，任人從衆則必全。此乃古今所同，而物理之所壹也。國家自祿山搆亂，河隴用兵以來。肅宗中興，撤邊備以靖中邦，借外威以寧內難。於是，吐蕃乘釁，吞噬無厭。回紇矜功，憑陵亦甚。中國不遑振旅，四十餘年。使傷耗遺甿，竭力蠶織。西輸賄幣，北償馬資。尚不足塞其煩言，滿其驕志。復乃遠徵士馬，列戍疆陲。猶不能遏其奔衝，止其侵侮。小入則驅略黎庶，深入則震驚邦畿。時有議安邊策者，多務於所難，而忽於所易。勉於所短，而略於所長。遂使所易所長者，行之而其要不精。所難所短者，圖之而其功靡就。憂患未弭，職斯之由。夫制敵行師，必量事勢。勢有難易，事有先後。力大而敵脆，則先其所難。是謂奪人之心，暫勞而永逸者也。力寡而敵堅，則先其所易。是謂固國之本，觀釁而後動者也。頃屬多故，人勞未廖。而欲廣發師徒，深踐寇境。復其侵地，攻其堅城。前有勝負未必之虞，後有餽運不繼之患。儻或撓敗，適所以啟戎心，而挫國威。以此為安邊之謀，可謂不量事勢，而務於所難矣。天之授者，有分事，無全功。地之產者，有物宜，無兼利。是以五方之俗，長短各殊。長者不可踰，短者不可企。勉所短而敵其所長，必殆。用所長而乘其所短，必安。強虜乃以水草為邑居，以射獵供飲茹。多馬而尤便馳突，輕生而不恥敗亡。此戎狄之所長也。戎狄之所長，乃中國之所短。而欲益兵蒐乘，角力爭驅。交鋒原野之間，決命尋常之內。以此為禦寇之術，可謂勉所短，而校其所長矣。務所難，勉所短。勞費百倍，終於無成。雖果成之，不挫則廢。豈不以越天授而違地產，虧時勢以反物宜者哉。將欲去危就安，息費從省。在慎守所易，精用所長而已。若乃擇將吏，以撫寧眾庶。修紀律，以訓齊師徒。耀德以佐威。能邇以柔遠。禁侵抄之暴，以彰吾信。抑攻取之議，以安戎心。彼求和，則善待而勿與結盟。彼為寇，則嚴備而不務報復。此當今之所易也。賤力而貴智，惡殺而好生，輕利而重人，忍小以全大，安其居而後動，俟其時而後行。是以修封疆，守要害。塹蹊隧，壘軍營。謹禁防，明斥候。務農以足食。練卒以蓄威。非萬全不謀，非百克不鬪。寇小至，則張聲勢，以遏其入。寇大至，則謀其人，以邀其歸。據險以乘之，多方以悮之。使其勇無所加，眾無所用。掠則靡獲，攻則不能。進有腹背受敵之虞，退有首尾難救之患。所謂乘其弊，不戰而屈人之兵。此中國之所長也。我之所長，乃戎狄之所短。我之所易，乃戎狄之所難。以長制短，則用力寡而見功多。以易敵難，則財不匱而事速就。捨此不務，而反為所乘。斯謂倒持戈矛，以鐏授寇者也。今則皆務之矣。猶守封未固，寇戎未懲者。其病在於謀無定用，眾無適從。所任不必才，才者不必任。所聞不必實，實者不必聞。所信不必誠，誠者不必信。所行不必當，當者未必行。故令措置乖方，課責虧度。財匱於兵眾。力分於將多。怨生於不均。機失於遙制。臣請為陛下，粗陳六者之失。惟明主慎聽而熟察之。臣聞工欲善其事，必先利其器。武欲勝其敵，必先練其兵。練兵之中，所用復異。用之於救急，則權以紓難。用之於鎮守，則緩以應機。故事有便宜，而不拘常制。謀有奇詭，而不徇眾情。進退死生，唯將所命。此所謂攻討之兵也。用之於屯戍，則事資可久，勢異從權。非物理所愜不寧，非人情所欲不固。夫人情者，利焉則勸，習焉則安。保親戚則樂生，顧家業則忘死。故可以理術馭，不可以法制驅。此所謂鎮守之兵也。夫欲備封疆，禦戎狄，非一朝一夕之事。固當選鎮守之兵以置焉。古之善選者，必量其性習，辨其土宜，察其伎能，知其欲惡。用其力，而不違其性。齊其俗，而不易其宜。引其善，而不責其所不能。禁其非，而不處其所不欲。而又類其紀伍，安其室家。然後能使之樂其居，定其志。奮其氣勢，結其恩情。撫之以惠，則感而不驕。臨之以威，則肅而不怨。靡督課，而人自為用。弛禁防，而衆自不攜。故出則足兵，居則足食。守則固，戰則強。其術無他，便於人情而已矣。今者，散徵士卒，分戍邊陲。更代往來，以為守備。是則，不量性習，不辨土宜。邀其所不能，強其所不欲。求廣其數，而不考其用。將致其力，而不察其情。斯可以為羽衞之儀，而無益於備禦之實也。何者，窮邊之地，千里蕭條。寒風裂膚，驚沙慘目。與豺狼為鄰伍，以戰鬭為嬉遊。晝則荷戈而耕，夜則倚烽而覘。日有剽害之慮，永無休暇之娛。地惡人勤，於斯為甚。自非生於其域，習於其風。幼而覩焉，長而安焉，不見樂土而遷焉。則罕能寧其居，而狎其敵也。關東之地，百物阜殷。從軍之徒，尤被優養。慣於溫飽，狎於歡康。比諸邊隅，若異天地。聞絕塞荒陬之苦，則辛酸動容。聆強蕃勁虜之名，則懾駭奪氣。而乃使之去親族，捨園廬。甘其所辛酸，抗其所懾駭。將冀為用，不亦疎乎。矧又有休代之期，無統帥之馭。資奉若驕子，姑息如倩人。進不邀之以成功，退不處之以嚴憲。其來也，咸負得色。其止也，莫有固心。屈指計歸，張頤待飼。徼倖者，猶患還期之賒緩，常念戎醜之充斥。王師挫傷，則將乘其離亂，布路東潰。情志且爾，得之奚為。平居則殫耗資儲，以奉浮冗之衆。臨難則拔棄城鎮，以搖遠近之心。其弊豈惟無益哉，固亦將有所撓也。復有抵犯刑禁，謫徙軍城。意欲增戶實邊，兼令展効自贖。既是無良之類，且加懷土之情。思亂幸災，又甚戍卒。適足煩於防衞，諒無望於功庸。雖前代時或行之，固非良算之可遵者也。復有擁旄之帥，身不臨邊。但分偏師，俾守疆場。大抵軍中壯銳，元戎例選自隨。委其疲羸，乃配諸鎮。節將既居內地，精兵祇備紀綱。遂令守要禦衝，常在寡弱之輩。寇戎每至，乃勢不支。入壘者，纔足閉關。在野者，悉遭劫執。恣其芟蹂，盡其搜敺。比及都府聞知，虜已尅獲旋返。且安邊之本，所切在兵。理兵若斯，可謂措置乖方矣。夫賞以存勸，罰以示懲。勸以懲有庸，懲以威不恪。故貴❶罰之於馭衆也，猶繩墨之施曲直，權衡之揣重輕，輗軏之所以行車，銜勒之所以服馬也。馭衆而不用賞罰，則善惡相混而能否莫殊。用之而不當功過，則姦妄寵榮而忠實擯抑。夫如是，若聰明可衒，律度無章。則用與不用，其弊一也。自頃權移於下，柄失於朝。將之號令，既鮮克行之於軍。國之典章，又不能施之於將。務相遵養，苟度歲時。欲賞一有功，飜慮無功者反側。欲罰一有罪，復慮同惡者憂虞。罪以隱忍而不彰，功以嫌疑而不賞。姑息之道，乃至於斯。故使忘身効節者，獲誚於等夷。率衆先登者，取怨於士卒。償軍蹙國者，不懷於愧畏。緩救失期者，自以為智能。褒貶既闕而不行，稱毀復紛然相亂。人雖欲善，誰為言之。況又公忠者，直己而不求於人，反罹困厄。敗撓者，行私而苟媚於衆，例獲優崇。此義士所以痛心，勇夫所以解體也。又有遇敵而所守不固，陳謀則其効靡成。將帥則以資糧不足為詞，有司復以供給無闕為解。既相執證，理合辨明。朝廷每為含糊，未嘗窮究曲直。措理者，吞聲而靡訴。誣善者，罔上而不懲。馭衆若斯，可謂課責虧度，措置乖方。將不得竭其材，卒不得盡其力。屯集雖衆，戰陣莫前。虜每越境橫行，若涉無人之地。遞相推倚，無敢誰何。虛張賊勢上聞，則曰兵少不敵。朝廷莫之省察，惟務徵發益師。無裨備禦之功，重增供億之弊。閭井日耗，徵求日繁。以編戶傾家破產之資，兼有司榷鹽稅酒之利。總其所入，半以事邊。制用若斯，可謂材匱於兵衆矣。今四夷之最強盛，為中國甚患者，莫大於吐蕃。吐蕃舉國勝兵之徒，纔當中國十數大郡而已。其於內虞外備，亦與中國不殊。所能寇邊，數則蓋寡。且又器非犀利，甲不堅完。識迷韜鈐，藝乏趫敏。動則中國畏其衆，而不敢抗。靜則中國憚其強，而不敢侵。厥理何哉。良以中國之節制多門，蕃醜之統帥專一，故也。夫統帥專，則人心不分。人心不分，則號令不貳。號令不貳，則進退可齊。進退可齊，則疾徐如意。疾徐如意，則機會靡愆。機會靡愆，則氣勢自壯。斯乃以少為衆，以弱為強。變化翕闢，在於反掌之內。是猶臂之使指，心之制形。若所任得人，則何敵之有。夫節制多門，則

---

❶　“貴”當為“賞”。——編者註

人心不一。人心不一，則號令不行。號令不行，則進退難必。進退難必，則疾徐失宜。疾徐失宜，則機會不及。機會不及，則氣勢自衰。斯乃勇廢為尫，衆散為弱。逗撓離析，兆乎戰陣之前。是猶一國三公，十羊九牧。欲令齊肅，其可得乎。開元天寶之間，控禦西北兩蕃。唯朔方、河西、隴右三節度而已。猶慮權分勢散，或使兼而領之。中興已來，未遑外討。僑隸四鎮於安定。權附隴右於扶風。所當西北兩蕃，亦朔方、涇原、隴右、河東節度而已。關東戍卒，至則屬焉。雖委任未盡得人，而措置尚存典制。自頃逆泚誘涇隴之衆。叛懷光汙朔方之軍。割裂誅鋤，所餘無幾。而又分朔方之地，建牙擁節者，凡三使焉。其餘鎮軍，數且四十。皆承特詔委寄，各降中貴監臨。人得抗衡，莫相稟屬。每俟邊書告急，方令計會用兵。既無軍法下臨，唯以客禮相待。是乃從容拯溺，揖讓救焚。冀無阽危，固亦難矣。夫兵以氣勢為用者也。氣聚則盛，散則消。勢合則威，析則弱。今之邊備，勢弱氣消。建軍若斯，可謂力分於將多矣。理戎之要，最在均齊。故軍法無貴賤之差。軍實無多少之異。是將所以同其志，而盡其力也。如或誘其志意，勉其藝能。則當閱其材，程其勇。校其勞逸，度其安危。明申練覆優劣之科，以為衣食等級之制。使能者企及，否者息心。雖有薄厚之殊，而無觖望之釁。蓋所謂日省月試，餼稟均事。如權量之無情於物。萬人莫不安其分，而服其平也。今者，窮邊之地，長鎮之兵。皆百戰傷夷之餘，終年勤苦之劇。角其所能，則練習。度其所處，則孤危。考其服役，則勞。察其臨敵，則勇。然衣糧所給，唯止當身。例為妻子所分。常有凍餒之色。而關東戍卒，歲月踐更。不安危城，不習戎備。怯於應敵，懈於服務。然衣糧所頒。厚踰數等。繼以茶藥之餽，益以蔬醬之資。豐約相形，懸絕斯甚。又有素非禁旅，本是邊軍。將校詭為媚詞，因請遙隸神策。不離舊所，唯改虛名。其於稟賜之饒，遂有三倍之益。此儔類所以忿恨，忠良所以憂嗟，疲人所以流亡，經費所以褊匱。夫事業未異，而結養有殊。人情之所不能甘也。況乎矯佞行，而稟賜厚。績藝劣，而衣食優。苟未忘懷，能無慍怒。不為戎首，則已可嘉。而欲使其協力同心，以攘寇難。雖有韓、白、孫、吳之將，臣知其必不能焉。養士若斯，可謂怨生於不均矣。凡欲選任將帥，必先考察行能。然後指以所授之方，語以所委之事。令其自揣可否，自陳規模。須某色甲兵，藉某人參佐。要若干士馬，用若干資糧。某處置軍，某時成績。始終要領，悉俾經綸。於是，觀其計謀，校其聲實。若謂材無足取，言不可行。則當退之於初，不宜貽慮於其後也。若謂志氣足任，方略可施。則當要之於終，不宜掣肘於其間也。夫如是，則疑者不使，使者不疑。勞神於選才，端拱於委任。既委其事，既足其求。然後可以覈其否臧，行其賞罰。受賞者不以為濫，當罰者無得而辭。付授之柄既專，苟且之心自息。是以古之遣將帥者，君親推轂而命之。曰，自閫以外，將軍裁之。又賜鈇鉞，示令專斷。故軍容不入國，國容不入軍。將在軍，君命有所不受。誠謂機宜不可以遠決，號令不可以兩從。未有委任不專，而望其剋敵成功者也。自頃邊軍去就，裁斷多出宸衷。選置戎臣，先求易制。多其部，以分其力。輕其任，以弱其心。雖有所懲，亦有所失。遂令分閫責成之義廢，死綏任咎之志衰。一則聽命，二亦聽命，爽於軍情亦聽命，乖於事宜亦聽命。若所置將帥，必取於承順無違，則如斯可矣。若有意平兇靖難，則不可。夫兩境相接，兩軍相持。事機之來，間不容息。蓄謀而俟，猶恐失之。臨時始謀，固已疎矣。況乎千里之遠，九重之深。陳述之難明，聽覽之不一。欲其事無遺策。雖聖者亦有所不能焉。設使謀慮能周，其如權變無及。戎虜馳突，迅如風飈。驛書上聞，旬月方報。守土者，以兵寡不敢抗敵。分鎮者，以無詔不肯出師。逗留之間，寇已奔逼。託於救援未至，各且閉壘自全。牧馬屯牛，鞠為椎剽。樵夫樵婦，罄作俘囚。雖詔諸鎮發兵，唯以虛聲應援。互相瞻顧，莫敢遮邀。賊既縱掠退歸，此乃陳功告捷。其敗喪則減百而為一，其擒獲則張百而成千。將帥既幸於總制在朝，不憂於罪累。陛下又以為大權由己，不究事情。用師若斯，可謂機失於遙制矣。理兵而措置乖方。馭將而賞罰虧度。制用而財匱。建兵而力分。養士而怨生。用師而機失。此六者，疆場之蟊賊，軍旅之膏肓也。蟊賊不除，而但滋之以糞溉。膏肓不療，而唯啗之以滑甘。適足以養其害，速其災。欲求稼穡豐登，膚革充美，固不可得也。臣愚謂宜罷諸道將士，番替防秋之制。率因舊數，而三分之。其一分，委本道節度使，募少壯，願住邊城者，以徙焉。其一分，則本道但供衣糧。委關內河東諸軍州，募蕃漢子弟，願傳邊軍者，以給焉。又一分，亦令本道但出衣糧，加給應募之人，以資新徙之業。又令度支，散於諸道，和市耕牛。兼雇召工人，就諸軍城，繕造器具。募人至者，每家給耕牛一頭，又給田農水火之器，皆令充備。初到之歲，與家口二人糧。并賜種子，勸之播植。待經一稔，俾自給家。若有餘糧，官為收糴。各酬倍價，務獎營田。既息踐更徵發之煩，且無幸災苟免之弊。寇至則人自為戰，時至則家自力農。是乃兵不得不強，食不得不足。與夫倏來忽往。豈可同等而論哉。臣又謂，宜擇文武能臣一人，為隴右元帥。應涇隴、鳳翔、長武城、山南西道等節度管內兵馬，悉以屬焉。又擇一人為朔方元帥。應鄜坊、邠寧、靈夏等節度管內兵馬，悉以屬焉。又擇一人為河東元帥。河東、振武等節度管內兵馬，悉以屬焉。三帥各選臨邊要會之州，以為理所。見置節度，有非要者，隨所便近而併之。唯元帥得置統軍，餘並停罷。其三帥部內，太原、鳳翔等府，及諸部戶口稍多者。慎揀良吏以為尹守。外奉師律，內課農桑。俾為軍糧，以壯戎府。理兵之宜既得，選帥之授既明。然後減奸濫虛浮之費，以豐財。定衣糧等級之制，以和衆。弘委任之道，以宣其用。懸賞罰之典，以考其成。而又慎守中國之所長，謹行當今之所易。則八利可致，六失可除。如是，而戎狄不威懷，疆場不寧謐者，未之有也。諸侯軌道，庶類服從。如是而教令不行，天下不理者，亦未之有也。以陛下之英鑒，民心之思安，四方之小休，兩寇之方靜。加以頻年豐稔，所在積糧。此皆天贊國家，可以立制垂統之時也。時不久居，事不常兼。已過而追，雖悔無及。明主者，不以言為罪，不以人廢言。罄陳狂愚，惟所省擇。德宗極深嘉納。優詔褒獎之。（《舊唐書·陸贄傳》）

吐蕃擾屯田

是年，吐蕃寇靈州，塞營田渠。又寇涇州，掠田軍千人。

吐蕃貞元八年，寇靈州。陷水口，塞營田渠。發河東振武兵，合神策軍擊之，虜引還。又寇涇州，掠田軍千人。（《新唐書·吐蕃傳》）

十年，李復為鄭滑節度使。置營田數百頃，以
資軍食，不賦於民。

李復為華州刺史。貞元十年，鄭滑節度使李融卒。軍中潰亂，
以復檢校兵部尚書，兼滑州刺史，義成軍節度，鄭滑觀察營田等使，
兼御史大夫。復到任，置營田數百頃，以資軍食，不率於民。衆皆
悅之。(《舊唐書·李暠傳》)

十二年，王翃留守東都，開田二十餘屯。修器
械，練士卒。俄而吳少誠叛，東畿有備。關東
賴之。

王翃貞元十二年，檢校禮部尚書。代董晉為東都留守，判尚書
省事，畿汝防禦使。凡開置二十餘屯。市勁剙良鐵以為兵器，簡練
士卒，軍政頗修。無何，吳少誠阻命，翃賦車籍甲，不待完繕。東
畿之人賴之。(《舊唐書·王翃傳》)

是年，李景略為豐州刺史。豐州窮塞苦寒，邊
民勞悴。景略開渠溉田，糧械畢具，威令肅然。回
紇畏服。

貞元十二年九月，以河東行軍司馬李景略為豐州刺史，天德軍，
豐州，西受降城都防禦使(《舊唐書·德宗紀》)

塞外傳言，回鶻將南寇。拜李景略為豐州刺史，天德軍，西受
降城都防禦使。窮塞苦寒，土地瘠磽，邊戶勞悴。景略至州，節用
約己，與士卒同甘蓼。開咸應、永清二渠，溉田數百頃。儲稟器械
畢具。威令肅然，聲雄北疆。回鶻畏服。(《新唐書·李景略傳》)

德宗時，復有容州刺史韋丹，置屯田二十四
所，教種茶麥。

韋丹德宗時，為容州刺史。教民耕織，止惰遊，興學校，民貧
自鬻者贖歸之。始城州，周十三里。置屯田二十四所。教種茶麥。
仁化大行。(《新唐書·循吏傳》)

憲宗元和三年，罷東都防禦使，以其兵屯田舊

李復置華州營田

王翃屯田東都

韋丹屯田容州

屯田東都舊苑

苑。至六年，又罷其營田兵。

元和三年五月，敕東都畿汝都防禦使，及副使宜停。所管將士三千七百三十人，隨畿汝界分留守及汝州防禦使分掌之。（《舊唐書·憲宗紀》）

元和三年六月，以東都防禦使兵舊苑內營田六百五十頃。至六年，令河南府收管營種。歲終，具所得聞奏。其營田兵罷之。（《册府元龜》）

韓重華為代北水
運使屯田振武

六年，盧坦為戶部侍郎，判度支。表韓重華為代北水運使，開廢田。列壁二十，益兵三千。歲收二十萬石。而《食貨志》謂宰相李絳❶因振武軍飢，請建營田，乃命重華為之。

元和六年四月，以刑部侍郎鹽鐵轉運使盧坦，為戶部侍郎，判度支。（《舊唐書·憲宗紀》）

盧坦再遷戶部侍郎，判度支。表韓重華為代北水運使，開廢田。列壁二十，益兵三千人。歲取粟二十萬石。（《新唐書·盧坦傳》）

元和中，振武軍飢。宰相李降請開營田，可省度支漕運，及絕和糴欺隱。憲宗稱善，乃以韓重華為振武京西營田和糴水運使。起代北，墾田三百頃。出贓罪吏九百餘人，給以未耜耕牛，假種糧，使償所負粟。二歲，大熟。因募人為十五屯，每屯百三十人，人耕百畝。就高為堡，東起振武，西逾雲州，極於中受降城。凡六百餘里，列柵二十。墾田三千八百餘頃，歲收粟二十萬石，省度支錢二千餘萬緡。重華入朝，奏請益開田五千頃，法用人七千，可以盡給五城。會李絳已罷，後宰相持其議而止。（《新唐書·食貨志》）

九年，以潘孟陽為戶部侍郎，兼京北五城營田使。太府王遂與孟陽不協，議以為營田不便。遂罷孟陽為左散騎常侍。

---

❶ “絳”當為“降”。——編者註

元和九年二月，戶部侍郎判度支潘孟陽兼京北五城營田使。
（《舊唐書·憲宗紀》）

潘孟陽為戶部侍郎，判度支，兼京北五城營田使。以和糴使韓
重華為副。太府卿王遂與孟陽不協，議以營田非便，持之不下。孟
陽忿憾，形於言。二人俱請對。上怒，不許。乃罷孟陽為左散騎常
侍。（《舊唐書·潘孟陽傳》）

十二年，析蔡州四縣為溵州。以高承簡為刺
史，治郾城。開屯田，修堤防。瀕溵水之地，皆成
腴田。

高承簡屯田溵州

元和十二年十一月，以蔡州、郾城為溵州。析上蔡、西平、遂
平三縣隸焉。（《舊唐書·憲宗紀》）

蔡平。詔析上蔡、郾城、遂平、西平四縣，為溵州。拜高承簡
為刺史，治郾城。始開屯田，列堤防。瀕溵綿地二百里，無復水敗。
皆為腴田。（《新唐書·高崇文傳》）

穆宗即位。以李聽為靈鹽節度使。境內有光祿
渠，久廢塞。聽復開渠，引水屯田，以省轉運。

李聽復靈鹽屯田

穆宗元和十五年正月，憲宗崩，太子即皇帝位。六月，以金吾
將軍李佑檢校左散騎常侍兼夏州刺史充夏、綏、銀宥節度使，代李
聽。以聽為靈鹽州大都督府長史，充朔方靈鹽節度使。（《舊唐書·
穆宗紀》）

李聽以功兼御史大夫，夏、綏、銀宥節度使。又徙靈鹽。部有
光祿渠，久塞廢。聽始復屯田，以省轉餉。即引渠溉塞下地，千餘
頃。後人賴其饒。（《新唐書·李晟傳》）

長慶元年，楊元卿為涇原節度使。奏置屯田五
千頃。每屯築牆，高數仞，寇至，可以守。居涇六
年，百姓德之。

楊元卿置涇原屯
田

長慶元年八月，以左金吾將軍楊元卿為涇州刺史，充四鎮北庭
行營，涇原節度使。（《舊唐書·穆宗紀》）

楊元卿為左金吾將軍。長慶初，易置鎮魏守臣。元卿詣宰相，深陳利害，幷見表其事。後穆宗感悟，賜白玉帶。旋授檢校左散騎常侍，涇州刺史，涇原渭節度觀察等使，兼充四鎮北庭行軍。元卿乃奏置屯田五千頃。每屯築牆，高數仞，鍵閉牢密。卒然寇至，盡可保守。加檢校工部尚書，營田成，復加使號。居六年，涇人論奏，為立德政碑。（《舊唐書·楊元卿傳》）

置靈州營田

敬宗長慶四年，疏靈州特進渠，置營田六百頃。

長慶四年七月，疏靈州特進渠。置營田六百頃。（《舊唐書·敬宗紀》）

寶歷元年，元卿移滄景節度使。詔以所置屯田，有裨國用，命兼充當道營田使。是冬，元卿上言，營田收粟二十萬斛。請付度支，充軍糧。

寶歷元年，楊元卿為滄景節度使。詔以所置屯田，有裨國用，命兼充本道營田使。是冬，元卿上言，營田收廩粟二十萬斛。請付度支，充軍糧。（《册府元龜》）

殷侑置滄德營田

文宗太和三年，殷侑為齊、德、滄節度使。時大亂之後，侑單身之官。以仁惠為治，流亡爭返。遂為營田，奏市耕牛給之。州兵三萬，初仰給度支。侑至二歲，賦入足以周用。滄、德節度使至五年，始賜號義昌軍。《新唐書》謂三年侑為義昌節度者，誤。

太和三年七月，以衛尉卿殷侑檢校工部尚書，為齊、德、滄節度使。五年正月，賜滄德節度使曰義昌軍。（《舊唐書·文宗紀》）

殷侑為衛尉卿。文宗即位，李同捷叛。而王廷湊陰為脣齒，兵久不解。詔五品以上官，義尚書省。帝銳欲討賊，羣臣無敢異論者。獨侑請舍廷湊，而專事同捷。且言願以宗社安危為計。善師攻心為武，含垢安人為遠圖，網漏吞舟為至誠。帝不納，然內嘉尚。同捷平，以侑嘗為滄州行軍司馬，遂拜義昌軍節度使。於時，瘴荒之餘，骸骨蔽野，墟里生荊棘。侑單身之官。安足蠲淡，與下共勞苦。以仁惠為治。歲中，流戶襁屬而還。遂為營田。丐耕牛三萬。詔度支賜帛四萬匹，佐其市。初，州兵三萬，仰稟度支。侑始至一歲，自以賦入贍其半。二歲，則周用。乃奏罷度支所賜。戶口滋饒，廥儲盈腐，上下便安。請立石紀政。（《新唐書·殷侑傳》）

文宗太和中，殷侑為滄、齊、德等州觀察使。上言，當管河北兩州，百姓乏耕牛。見管戶一萬三千六百九十四。除老弱單獨外，其間大半堪營種。去年，緣無耕牛，百姓掘草根充糧。一年虛過，饑餓相繼，轉死道路。臣去年躬親勸責，酌量人力。於一萬三千戶內，每戶請牛一具，支絹綾五匹。計三萬餘二千戶，不得牛營田，不敢不奏。詔曰，滄州營田已有次第。耕牛欠數，頻有奏論。方及春農，實資濟恤。宜更賜綾絹一萬疋。其來年將士糧米，便勒本道自供。（《冊府元龜》）

四年，李德裕為劍南西川節度使。料擇州兵，汰其老弱。遠請弓弩甲冑之匠，以製利器。於二百戶中，取一丁，習戰鬭，免其徭役。緩則務農，急則任戰。謂之雄邊子弟。置步騎十一軍。築仗義、禦侮、柔遠三城，復卭崃關，徙巂州治臺登。以奪蠻寇之險。邊民乃安，二虜畏服。南詔請還所俘掠四千人，吐蕃維州來降。

李德裕置雄邊子
弟以資耕戰

太和四年十月，以東都留守崔元略，檢校吏部尚書，兼滑州刺史，義成軍節度使。代李德裕。以德裕檢校兵部尚書，兼成都尹，充劍南西川節度使。（《舊唐書·文宗紀》）

李德裕徙西川劍南。蜀自南詔入寇，敗杜元穎。而郭釗代之，病不能事。民失職，無聊生。德裕至，則完殘奮怯，皆有條次。成都既南失姚嶲，西亡維松，由清溪下沫水而左，盡為蠻有。始韋皋招來南詔，復巂州。傾內資，結蠻好。示以戰陣文法。德裕以皋啟戎資盜，其策非是。養成癰疽，第未決耳。至元穎時，遇隙而發。

故長驅深入，蹂剔千里，蕩無孑遺。今瘢夷尚新，非痛矯革，不能刷一方恥。乃建籌邊樓。按南道山川險要，與蠻相入者，圖之左。西道與吐蕃接者，圖之右。其部落衆寡，饋餫遠邇，曲折咸具。乃召習邊事者，與之指畫商訂。凡虜之情僞，盡知之。又料擇伏瘴舊獠，與州兵之任戰者。廢遣獰耄什三四。士無敢怨。又請甲人於安定，弓人河中，弩人浙西。繇是，蜀之器械皆犀銳。率戶二百，取一人，使習戰。貸勿事。緩則農，急則戰。謂之雄邊子弟。其精兵曰，南燕保義、保惠、兩河慕義、左右連弩。騎士曰飛星、鶩擊、奇鋒、流電、霆聲、突騎。總十一軍。築杖義城，以制大度、青溪關之阻。作禦侮城，以控榮經犄角勢。作柔遠城，以陁西山吐蕃。復卭崍關，徙舊州治臺登，以奪蠻險。舊制，歲杪運內粟，贍黎巂州，起嘉眉，道陽山江，而達大度。乃分餉諸戍。常以盛夏至。地苦瘴毒，輦夫多死。德裕命轉運雅粟。以十月為漕。始先夏而至。以佐陽山之運。饋者不涉炎月，遠民乃安。於是，二邊寢懼。南詔請還所俘掠四千人。吐蕃維州將悉怛謀以城降。維距成都四百里，因山為固。東北繇索叢嶺而下二百里，地無險，走長川不三千里，直吐蕃之牙。異時戍之，以制虜入者也。德裕既得之，即發兵以守，且陳出師之利。牛僧孺居中，沮其功。命返悉怛謀於虜，以信所盟。德裕終身以為恨。會監軍使王踐言入朝，盛言悉怛謀死，拒遠人向化意。帝亦悔之。（《新唐書·李德裕傳》）

五年，以河陽三城節度使陽元卿營田有裨國用，就加官階。

楊元卿移授懷州刺史，充河陽三城節度觀察等使。太和五年，就加檢校司空，進階光祿大夫。以其營田納粟二十萬石，有裨經費故也。（《舊唐書·楊元卿傳》）

從王起請置靈武邠寧營田

六年，戶部尚書判度支王起，請置營田於邠寧、靈武，以省餽輓。從之。

王起遷戶部尚書，判度支。以西北備邊，歲有和市，以給軍須，勞人餽輓。奏於靈武、邠寧，起營田。（《舊唐書·王播傳》）

太和六年二月，戶部尚書判度支王起言，靈武、邠寧田地寬廣，

又復肥濃。悉堪種蒔。承前但逐年旋支錢收糴，悉無貯積。請與本道會計立營田。從之。（《册府元龜》）

七年，敕罷宣武軍營田田卒。節度使楊元卿請加稅營田小麥，以給其糧，而留其卒。詔許之。

太和七年四月，以宣武軍先置營田，別加田卒。至是，勅罷其卒。計所停糧，五萬七千餘斛。節度使楊元卿奏，請於營田頃畝之內，加稅小麥三萬九千餘斛。以代給其糧，而留其卒。詔許之。（《册府元龜》）

開成元年，度支請停京西營田。

開成元年三月，度支請停京西營田。（《册府元龜》）

三年，突厥刼振武營田。振武節度使劉沔發吐渾、契丹、沙陀部擊之，盡獲其衆。因築都護府西北四壘。

劉沔擢涇原節度使，徙振武。開成三年，突厥劫營田。沔發吐渾、契苾、沙陀部，萬人，擊之。賊一轡無反者。悉頒所獲馬羊於戰卒。築都護西北四壘。（《新唐書·劉沔傳》）

會昌六年三月，宣宗卽位。赦死罪囚，并家口流靈武、天德三城，仍令軍鎮收管。兼借給農具，使務耕植。

武宗會昌六年三月，宣宗卽位赦節文。靈武、天德三城，封部之內，皆有良田。緣無居人，久絕耕種。自今已後，天下囚徒，合處死刑，情非巨蠹者，特許生全，并家口，配流此三道。仍令本軍鎮，各收管安存。兼接借農具，務使耕植。（《册府元龜》）

大中三年，吐蕃宰相論恐熱以秦、原、安樂三州，及石門等七關，歸降。未幾，復謀寇邊。會糧絕，奔廓州。涇原節度使康季榮等，悉收其地。詔獎立功將士，募民耕墾。諸道將士能於本處營田

突厥擾營田

赦死罪囚流邊境務農

募軍民耕墾西邊新復疆土

者，度支賜給牛種。

大中三年正月，涇原節度使康季榮奏，吐蕃宰相論恐熱以秦、原、安樂三州，及石門等七關之兵民歸國。詔太僕卿陸耽往喻旨。仍令靈武節度使朱叔明、邠甯節度使張景緒各出本道兵馬，應接其來。六月，康季榮奏，收復原州、石門驛、藏木峽、制勝、六盤、石峽等六關訖。邠甯張君緒奏，今月十三日，收復蕭關。敕於蕭關置武州。改長樂為威州。七月，三州七關軍人百姓，皆河隴遺黎，數千人見於闕下。上御延喜門，撫慰。令其解辮，賜之冠帶。共賜絹十五萬疋。八月，鳳翔節度使李玭奏，收復秦州。制曰，自昔皇王之有國也，曷嘗不文以守成，武以集事。參諸二柄，歸乎大甯。朕猥荷丕圖，思弘景運。憂勤庶政，四載于茲。每念河湟土疆，縣亘遐闊。自天寶末，犬戎乘我多難，無力禦姦。遂縱腥羶，不遠京邑。事更十葉，時近百年。進士試能，靡不竭其長策。朝廷下議，皆亦聽其直詞。盡以不生邊事為永圖，且守舊地為明理。荏苒於是，收復無由。今者，天地儲祥，祖宗垂佑。左衽輸款，邊壘連降。刷恥建功，所謀必剋。實樞衡妙算，將帥雄稜。副玄元不爭之文，絕漢武遠征之悔。甌脫頓空於內地，斥堠全據於新封。莫大之休，指期而就。況將士等，櫛沐風雨，暴露郊原。被荊棘而刁斗夜嚴。逐豺狼而穿廬曉破。動皆如意，古無與京。念此誠勤，宜加寵賞。涇原宜賜絹六萬疋，靈武五萬疋，鳳翔、邠甯各四萬疋，並以戶部產業物色充。仍待季榮、叔明、李玭、君緒各迴戈到鎮。度支差腳支送。四道立功將士，各具名銜聞奏。當議甄酬。其秦、威、原三州，及七關側近，訪聞田土肥沃，水草豐美。如百姓能耕墾種蒔，五年內不加稅賦。五年已後，重定戶籍，便任為永業。溫池鹽利，可贍邊陲。委度支制置聞奏。鳳翔、邠甯、靈武、涇原守鎮將士，如能於本戍處，耕墾營田。即度支給賜牛糧子種。每年量得斛斗，便充軍糧。亦不限約定數。三州七關鎮守官健，每人給衣糧兩分。一分依常年例支給。一分度支加給。仍二年一替換，其家口委長吏切加安存。官健有莊田戶籍者，仰州縣放免差役。秦州至隴州已來道路，要置堡柵，與秦州應接。委李玭與劉皋即便計度聞奏。如商旅往來，官健父兄子弟，通傳家信，關司並不得邀詰阻滯。三州七關刺史關

使，將來訓練桿防，有効能者，並與超序官爵。劍南西川沿邊，沒
蕃州郡，如力能收復，本道亦宜接借。三州七關創置戍卒，且要務
靜。如蕃人求市，切不得通。有來投降者，申取長吏處分。嗚呼，
七關要書，三郡膏腴。候館之殘址可尋，唐人之遺風尚在。追懷往
事，良用興嗟。夫取不在廣，貴保其金湯。得必有時，詎計於遲速。
今則便務修築不進干戈。必使足食足兵，有備無患。載洽亭育之道，
永致生靈之安。中外臣寮，宜體朕意。（《舊唐書·宣宗紀》）

　　論恐熱保謂州，求册為贊普，奉表歸唐。宣宗詔太僕卿陸耽持
節慰勞。命涇原、靈武、鳳翔、邠甯、振武等兵迎援。恐熱至，詔
尚書左丞李景讓就問所欲。恐熱倨夸自大，且求河渭節度使。帝不
許。還過咸陽橋，咄歎曰，我舉大事。覬得濟此河，與唐分境。於
是，復趣落門川，收散卒，將寇邊。會久雨糧絶，恐熱還奔廓州。
於是，鳳翔節度使李珄復清水涇原節度使康季榮復原州，取石門等
六關，得人畜幾萬。靈武節度使李欽取安樂州，詔為威州。邠甯節
度使張欽緒復蕭關。鳳翔收秦州。山南西道節度使鄭涯得扶州。鳳
翔兵與吐蕃戰隴州，斬首五百級。（《新唐書·吐蕃傳》）

　　時又以裴識帥涇原，畢誠帥邠甯，帝親臨遣
之，俱置屯田。誠所部歲收穀三十萬。十年，移鎮
澤潞。而《舊唐書》謂誠懿宗時，始至邠甯者，
誤也。

　　裴識為涇原節度使，時蕃酋尚恐熱上三州七關，列屯分守。宣
宗擇名臣，以識帥涇原，畢誠帥邠甯，李福帥夏州，帝親臨遣。識
至，治堠障，整戎器，開屯田。初，將士守邊，或積歲不得還。識
與立戍限，滿者代。親七十，近戍。由是，人感悦。（《新唐書·裴
度傳》）

　　畢誠遷刑部侍郎。自大中末，黨項、羌叛，屢擾河西。懿宗召
學士對邊事。誠卽援引古今，論列破羌之狀。上悅，曰，吾方擇能
帥，安集河西。不期頗牧在吾禁署。卿為朕行乎。誠忻然從命。卽
用誠為邠甯節度，河西供軍安撫等使。誠至軍。遣使告喩叛徒，諸
羌率化。又以邊境禦戎，以兵多積穀為上策。乃召募軍士，開置屯

裴識、畢誠屯田
涇原邠甯

田。歲收穀三十萬石，省度支錢數百萬。詔書嘉之。就加檢校工部尚書，移鎮澤潞，充昭義節度使。（《舊唐書·畢諴傳》）

大中十年十月，以邠甯慶節度使，檢校禮部尚書，邠州刺史，上柱國，賜紫金魚袋畢諴為檢校兵部尚書，潞州大都督府長史，御史大夫，充昭義節度副大使知節度使，潞、邢、洺等州觀察使。（《舊唐書·宣宗紀》）

張義潮結壯士且耕且戰復十一州疆土

五年八月，沙州刺史張義潮以瓜、沙、伊、肅、鄯、甘、河、西、蘭、岷、廓十一州，戶口地圖，歸於朝廷。諸州久為吐蕃所陷，義潮結壯士，逐其沙州守將。遂攝州事。繕治甲兵，且耕且戰。悉復十一州。遣兄義澤奏聞。帝嘉其功，遣使慰勞。以義潮為瓜、沙、伊州節度使。尋賜號逞義軍。

大中五年八月，沙州刺史張義潮遣兄義澤，以瓜、沙、伊、肅等十一州戶口，來獻。自河隴陷蕃，百餘年。至是，悉復隴右故地。以義潮為瓜、沙、伊等州節度使。（《舊唐書·宣宗紀》）

大中五年十月，沙州人張義潮以瓜、沙、伊、肅、鄯、甘、河、西、蘭、岷、廓十一州，歸於有司。（《新唐書·宣宗紀》）

沙州首領張義潮奉瓜、沙、伊、肅、甘等十一州地圖以獻。始義潮陰結豪英，歸唐。一日，衆擐甲譟州門，漢人皆助之。虜守者驚走，遂攝州事。繕甲兵，耕且戰。悉復餘州。以部校十輩，皆操挺。內表其中。東北走天德城。防禦使李丕以聞。帝嘉其忠，命使者齎詔收慰。擢義潮沙州防禦使。俄號歸義軍，遂為節度使。（《新唐書·吐蕃傳》）

大中時，杜悰為劍南西川節度使。蜀有可縣，在雟州西南。地寬平，多水泉。人勸悰屯田其地，以省轉運。判官楊收謂本非中國地，不可。其議遂罷。

楊收擢進士，淮南杜悰表署推官。悰大中時，又節度劍南、西川，復為悰節度府判官。蜀有可縣，直巂州西南。地寬平多水泉，可灌秔稻。或謂悰計興屯田，省轉饋以飽邊士。悰將從之。收曰，田可致，兵不可得。且地當蠻衝，本非中國。今輟西南屯士往耕，則姚巂兵少，賊得乘間。若調兵捍賊，則民疲士怨。假令大穰，蠻得長驅。是資賊糧，豈國計耶。乃止。（《新唐書·楊收傳》）

宣宗時，盧鈞鎮太原。其節度府判官盧簡方後為大同軍防禦使，大開屯田。精練兵士。沙陀畏附。其年月無可考。

盧簡方屯田太原

大中六年七月，檢校司空太子少師盧鈞可太原尹，北都留守、河東節度使。（《舊唐書·宣宗紀》）

盧簡方失其世系，不知所以進。盧鈞鎮大原，表為節度府判官。累遷江州刺史，徙大同軍防禦使。大開屯田，練兵侈闢，沙陀畏附。（《新唐書·盧鈞傳》）

唐代嘗置東西狹石、綠疇、米磚、長楊、黃花、紫蒙、白狼等戍於榆關，以扼契丹。戍兵自耕為食，皆有田宅，長子孫。以堅守為己利。唐末，幽薊割據，戍兵廢散。契丹因得入陷營平諸州。而幽薊歲苦寇鈔，自涿州至幽州，人跡斷絕。

距幽州北七百里，有榆關。關東臨海，北有兔耳，覆舟山。山皆斗絕。並海東北有路，狹僅通車。其傍地可耕植。唐時置東西狹石、淥疇、米磚、長楊、黃花、紫蒙、白狼等戍，以扼契丹於此。戍兵常自耕食，惟衣絮歲給幽州。久之，皆有田宅，長子孫。以堅守為己利。自唐末幽薊割據，戍兵散廢。契丹因得出，陷平營。而幽薊之人，歲苦寇鈔。自涿州至幽州，百里人跡斷絕。轉餉常以兵護送，契丹多伏兵於鹽溝，以擊奪之。（《新五代史·契丹傳》）

僖宗光啟三年，李罕之、張全義，據河陽、洛陽。罕之自領河陽節度使，表全義為河南尹。初，

張全義且田且守安輯流亡

蔡賊孫儒、諸葛爽爭洛陽，迭相攻伐。七八年間，都城灰燼。全義始至，惟與部下，聚居故市。井邑窮民，不滿百戶。全義善撫軍民，勸耕農，置屯將、屯副、屯判官。於舊十八縣中，令招流民耕種。不一二年，每屯戶至數千。乃於農隙，選丁夫，授以弓矢鎗劍，教習戰鬥。行之二年，得壯丁善戰者，二萬餘人。遇有盜賊，即時擒捕。刑寬事簡，遠近歸之。五年之內，號為富庶。

光啟三年五月，鄆、兗、汴三鎮之師，大破蔡賊於邊孝村。王師收孟、洛、許、汝、懷、鄭、陝、虢等州。諸葛爽舊將李罕之自澤州收河陽，懷州刺史張全義收洛陽。（《舊唐書·僖宗紀》）

張全義亡命入黃巢軍，巢敗。依諸葛爽。爽卒，其子仲方為留後。部將李罕之與劉經爭據洛陽。全義與罕之同盟，攻經於河陽，為經所敗。乞師於李克用，克用助之，劉經、仲方委城奔汴。罕之遂自領河陽，表全義為河南尹。全義性勤儉，善撫軍民。雖賊寇充斥，而勸耕務農。由是，倉儲殷積。初蔡賊孫儒、諸葛爽爭據洛陽，迭相攻伐。七八年間，都城灰燼，滿目荊榛。全義初至，惟與部下，聚居故市。井邑窮民，不滿百戶。全義善於撫納，課部人披榛種藝，且耕且戰。以粟易牛，歲滋墾闢。招復流散，待之如子。每農祥勸耕之始，全義必自立畎畝，餉以酒食。政寬事簡，吏不敢欺。數年之間，京畿無閒田，編戶五六萬。乃築壘于故市，建置府署，以防外寇。（《舊五代史·張全義傳》）

《洛陽搢紳舊聞記》：王始至洛，于麾下百人中，選可使者，一十八人。命之曰屯將。每人給旗一口，榜一道。于舊十八縣，中招農戶，令自耕種。流民漸歸。王于百人中，又選可使者十八人。命之曰屯副。民之來者，撫綏之。除殺人者死，餘但加杖而已。無重刑，無租稅，流民之歸漸衆。王又于麾下，選書計一十八人。命之曰屯判官。不一二年，十八屯申❶，每屯戶至數千。農隙，選丁夫，授以弓矢槍劍，為坐作進退之法。行之一二年，每屯增戶，大者六七千，次者四千，下之二三千。共得丁夫閑弓矢槍劍者，二萬餘人。有賊盜，即時擒捕之。刑寬事簡，遠近歸之如市。五年之內號為富庶。于是，奏除各縣令簿，以主之。（《舊五代史注》）

附　後唐、後周、南唐之屯田

後唐莊宗同光元年，以張籛為西京管內三白渠營田制置使。

張籛兄筠為大梁四鎮客將。後唐莊宗都洛，筠鎮長安。自衛內指揮使，授檢校司空，右千牛衛將軍同正，領饒州刺史，西京管內三白渠營田制置使。（《舊五代史·張筠傳》）

同光元年十一月，以張筠為西都留守，行京兆尹。（《舊五代史·唐書·莊宗紀》）

三年，西京奏，三白渠起置營田務十一務。

同光三年，西京奏，三白渠起置營田務十一。（《册府元龜》）

明宗天成二年，戶部員外郎于嶠請，命邊上兵士，起置營田。庶令且耕且戰，望致輕徭。

天成二年八月，戶部員外郎于嶠上言，請命邊上兵士，起置營田。學趙充國、諸葛亮之術。庶令且耕且戰，望致輕徭。（《册府元龜》）

左司郎中盧損亦以南征運糧糜費，請興置營田。庶減民役，而備軍行。

天成二年十二月，左司郎中盧損上言，以今歲南徵，運糧糜費。唐、鄧、復、郢地質膏腴。請以下軍官健，興置營田。庶減民役，

置三白渠營田使

三白渠起營田務

于嶠請令邊兵營田

盧損請營田唐鄧

---

❶　疑有誤。——編者註

而備軍行。（《册府元龜》）

長興二年，詔營田務，衹許耕無主荒田，各招浮客。不得留占屬縣民戶。

長興二年九月，詔天下營田務，衹許耕種無主荒田，各招浮客。不得留占屬縣編戶。（《舊五代史·唐書·明宗紀》）

張希崇屯田靈州　　是歲，張希崇為靈州留後。州有戍兵，運糧經五百里，常患剽奪。希崇廣務屯田，軍食大濟。明宗嘉之，擢靈武節度使。《新五代史》以為希崇為節度使時始開屯田者，誤也。

長興二年十一月，以汝州防禦使張希崇為靈州兩使留後。四年五月，以靈武留後張希崇，為本州節度使。（《舊五代史·唐書·明宗紀》）

張希崇遷靈州兩使留後。先是，靈州戍兵，歲運糧餉之。經五百里，有剽攘之患。希崇乃告諭邊士，廣務屯田。歲餘，軍食大濟。璽書褒之，因正授旄節。（《舊五代史·張希崇傳》）

張希崇遷靈武節度使。靈州地接戎狄，戍兵餉道，常苦鈔掠。希崇乃開屯田，教士耕種。軍食以足，而省餽運。明宗下詔褒美。（《新五代史·張希崇傳》）

三年，以費多收少，詔罷城南稻田務。

長興三年二月，詔罷城南稻田務。以其所費多而所收少。欲復其水利，資於民間碾磑故也。（《舊五代史·唐書·明宗紀》）

四年，以京兆、秦、岐等十州輦運軍糧。詔免其元年、二年係欠兩稅，及營田莊宅務課利。

長興四年三月，詔除放京兆、秦、岐、邠、涇、延、慶、同、華、興元之十州係欠夏秋稅物，及營田莊宅務課利。以其曾輦運供軍糧料也。（《舊五代史·唐書·明宗紀》）

罷諸道營田務　　周太祖廣順三年，詔罷諸道府州縣，係屬戶部之營田務。並廢其官。以其民隸州縣，其田廬耕

牛，便賜原佃戶為永業。蓋以帝在民間，夙知其
弊。而李穀、張凝俱以為言也。

廣順三年正月，詔諸道州府，係屬戶部營田，及租稅課利等。
除京兆府莊宅務，贍國軍榷鹽務，兩京行從莊外，其餘並割屬州縣。
所徵租稅課利，官中只管舊額。其職員節級，一切停廢。應有客戶
元佃，係省莊田，桑土舍宇，便賜逐戶，充為永業。仍仰縣司，給
與憑由。應諸處元屬戶部營田院，及係縣人戶，所納租牛課利，起
今年後，並與除放。所有見牛犢，並賜本戶，官中永不收係云。帝
在民間，素知營田之弊。至是，以天下係官莊田，僅萬計。悉以分
賜見佃戶，充永業。是歲，出戶三萬餘。百姓既得為己業，比戶欣
然。于是，葺屋植樹，敢致功力。又東南郡邑，各有租牛課戶。往
因梁太祖渡淮，軍士掠民牛以萬計，盡給與諸州民輸租課。自是，
六十餘載，時移代改，牛租猶在。百姓苦之。至是，特與除放。未
幾，京兆府莊宅務，及榷鹽務，亦歸州縣，依例處分。或有上言，
以天下係官莊田，甚有可惜者。若遣貨之，當得三十萬緡，亦可資
國用。帝曰，苟利于民，與資國何異。（《舊五代史·周書·太祖
紀》）

李穀廣順初，拜中書侍郎平章事，仍判三司。奏罷屯田務。以
民隸州縣，課役盡除宿弊。（《宋史·李穀傳》）

廣順初，張凝請罷戶部營田務，從之。以其民隸州縣，其田廬
牛具，並賜見者為永業。悉除牛課。（《治平略》）

是年冬，又廢共城稻田務，任人蒔佃。

廣順三年十一月，廢共城稻田務，任人蒔佃。（《舊五代史·周
書·太祖紀》）

世宗顯德四年，取泰州，以荆罕儒為刺史，兼
海陵、鹽城兩監屯田使。　　　　　　　　　　　置屯田使

荆罕儒顯德初，從平淮南，領光州刺史，改泰州。四年，泰州
初下，真拜刺史，兼海陵、鹽城兩監屯田使。（《宋史·荆罕儒
傳》）

屯田楚州

南唐李景嘗命內臣車延規、傅宏，營屯田於楚州。處事苛細，致盜賊羣起。景命試知制誥徐鉉巡撫。鉉至楚州，奏罷屯田。

徐鉉仕南唐，試知制誥。李景命內臣車延規、傅宏，營屯田於楚州。處事苛細，人不堪命，致盜賊羣起。命鉉乘傳巡撫。鉉至楚州，奏罷屯田。延規等懼，逃罪，鉉捕之急。權近側目。及捕得賊首，卽斬之，不俟報。坐專殺，流舒州。（《宋史·文苑傳》）

第七章　宋之屯田

<table>
<tr><td>宋初屯田</td><td>

宋太祖建隆以來，保州有屯田兵。熙寧以後仍之。

凡諸州騎兵、步兵、禁廂兵之類，其不同者，分為建隆以來及熙寧以後之制。建隆以來之制，屯田保州。熙寧以後之制，屯田保州。（《宋史·兵志》）

時，雄武軍亦有屯田，以軍使知其事。而海陵、鹽城亦設之。

杜漢徽建隆三年，出為天長軍使。移雄武軍使，知屯田事。是冬，被病卒。（《宋史·杜漢徽傳》）

乾德元年四月，兵部郎中曹匪躬棄市，海陵、鹽城屯田副使張翽除名。並坐不法。（《宋史·太祖紀》）

開寶二年，以萬州盃氏屯田務為梁山軍。

梁山軍同下州。開寶二年，以萬州盃氏屯田務置軍，撥梁山縣來隸。熙寧五年，又析忠州貴溪地益軍。元祐元年，還隸萬州，尋復故，縣一梁山。（《宋史·地理志》）

八年，發渭州民治城壕。因立為保毅軍弓箭手，分戍鎮寨。

開寶八年，發渭州平源、藩源二縣民，治城壕。因立為保毅軍弓箭手，分鎮戍寨。能自置馬者，免役。逃死，以親屬代。蓋因周廣順之制。周廣順中，點秦州稅戶充保毅軍。（《文獻通考》）

</td></tr>
<tr><td>給騎兵土田號家戶馬</td><td>

太宗太平興國四年，遷雲、朔二州，及河東安慶民，於許、汝、并、潞諸州。給以土田，為騎兵。號家戶馬。

清朔指揮四，西京二，許、汝各一。太平興國四年，遷雲、朔州民於內地，得自置馬，以為騎兵。謂之家戶馬。雍熙四年立。（《宋史注》）

擒戎指揮五，西京、許各二，汝一。太平興國四年，遷雲、朔州民於西京、許、汝等州。給以土田，充家戶馬。端拱二年立。

</td></tr>
</table>

（《宋史注》）

太平興國四年，遷雲、朔及河東歸明、安慶民，分屯幷、潞等州。給以土田。雍熙四年，立為安慶直。太原一，潞三。（《宋史·兵志》）

時，汝州有稻田務，設官監之。

畢士安太平興國初，為大理寺丞，選知台州。召還，為監察御史。復出知乾州。以母老願降任就養，改監汝州稻田務。（《宋史·畢士安傳》）

雍熙二年，罷汝州洛南務種稻兵。後眞宗時，復置官專掌，募民耕之。

汝州舊有洛南務，內園兵人種稻。雍熙二年，罷賦予民。至咸平中，復置，命京朝官專掌。募民戶二百餘，自備耕牛，立團長。墾地六百頃，導汝水灌漑。歲收二萬三千石。（《宋史·食貨志》）

端拱二年，以自雄州東至於海，多積水。契丹患之，不得入寇。議大開屯田，濬溝洫，以限戎馬。分命陳恕、樊知古為河北東西路招置營田使，以魏羽、索湘副之。張齊賢為河東制置方田都部署，翟守素為代北方田都部署。且命郭延濬等共往規畫，邢州都部署米信、洺州都部署徐興監其事。恕以為古者兵出民間，故能且耕且戰。今之士卒，皆募致，衣食仰給縣官。若使之屯田，恐生變故。度支使李惟清則以為妨農，求罷之。遂不果行。

議開屯田濬溝洫以限胡馬

端拱二年二月，令河北東西路招置營田。（《宋史·太宗紀》）

宋太宗伐契丹，河朔連歲驛騷，耕織失業。州縣多閒田，而緣邊益增戍兵。自雄州東際於海，多積水。契丹患之，不得肆其侵突。順安軍西至北平，二百里，其地平曠。歲自此入寇。議者謂度地形高下，因水陸之便，建阡陌，濬溝洫，益樹五稼。可以實邊廩，而限戎馬。端拱二年，分命左諫議大夫陳恕、右諫議大夫樊知古，為河北東西路招置營田使。恕對，極言非便。行數日，有詔令修完城堡，通導溝瀆，而營田之議遂寢。時又命知代州張齊賢制置河東諸州營田，尋亦罷。（《宋史·食貨志》）

陳恕遷右諫議大夫，知潭州。驛召為河北東路營田制置使。太宗諭以農戰之旨。恕對曰，古者兵出於民，無寇則耕，寇至則戰。今之戎士，皆以募致，衣食仰給縣官。若使之冬持兵禦寇，春執耒服田。萬一生變，悔無及矣。太宗曰，卿第行，朕思之。恕行數日，果有詔，止令修完城堡，通導溝瀆而已。營田之議遂寢。（《宋史·陳恕傳》）

魏羽改鹽鐵判官。時北邊多警，朝議耕戰之術，以羽為河北東路營田副使。（《宋史·陳恕傳》）

樊知古端拱初，遷右諫議大夫，河北東西路轉運使。二年，詔加河北西路招置營田使。（《宋史·樊知古傳》）

索湘雍熙中，為駕部員外郎。端拱二年，河北治方田。命副樊知古為招置營田使。（《宋史·索湘傳》）

張齊賢雍熙三年，知代州，與部署潘美同領緣邊兵馬。端拱二年，置屯田，領河東制置方田都部署。（《宋史·張齊賢傳》）

郭延濬雍熙三年，改崇儀使。詔與翟守素、田仁朗、王繼恩往河北，按行諸州城壘。端拱二年，詔建河北方田，命延濬等五人，共往規畫。會罷其務而止。（《宋史·郭廷謂傳》）

徐興為洺州部署。初議建方田。命興董其事。尋復輟。（《宋史·徐興傳》）

米信授彰武軍節度。端拱初，詔置方田。以信為邢州兵馬都部署，以監之。（《宋史·米信傳》）

李惟清端拱初，遷右諫議大夫，改度支使。會遣使河朔治方田，大發兵。惟清以盛春妨農，懇求罷廢。太宗曰，兵夫已發矣，止令完治邊城而已。（《宋史·李惟清傳》）

何承矩請屯田順安軍

時，六宅使何承矩請於順安砦西，開易河蒲口，東注於海。築堤貯水，以為屯田。可遏虜騎之

奔軼。帝從其言。而霖雨為災，沮之者頗衆。承矩
引漢魏至唐屯田故事，以折衆論。

何承矩為六宅使。端拱元年，領潘州刺史，命護河陽屯兵。米
信知滄州，以其不習吏事，命承矩知節度副使。實專郡治。時，契
丹撓邊。承矩上疏曰，臣幼侍先臣關南征行，熟知北邊道路，川原
之勢。若於順安砦西，開易河蒲口，導水東注于海。東西三百餘里，
南北五七十里。資其陂澤，築隄貯水，為屯田。可以遏胡騎之奔軼。
俟期歲間，關南諸泊，悉壅閼，即播為稻田。其緣邊州軍，臨塘水
者。止留城守軍士，不煩發兵廣戍。收地利以實邊，設險固以防塞。
春夏課農，秋冬習武。休息民力，以助國經。如此數年，將見彼弱
我強，彼勞我逸。此禦邊之要策也。其順安軍以西，抵西山。百里
許，無水田處。亦望選兵戍之，簡其精銳，去其冗繆。夫兵不患寡，
患驕慢而不精。將不患怯，患偏見而無謀。若兵精將賢，則四境可
以高枕而無憂。太宗嘉納之。屬霖雨為災，論者多議其非便。承矩
引援漢魏至唐屯田故事，以折衆論。務在必行。（《宋史·何承矩
傳》）

米信端拱二年，改鎮橫海軍。信不知書，所為多橫暴。上命何
承矩為之副，以決州事。及承矩領護屯田，信遂專恣不法。（《宋
史·米信傳》）

淳化五年，承矩知雄州，又請因積潦為陂，大
作稻田。會臨津令黃懋上言，河北州軍多陂塘。引
水溉田，省加易就。詔承矩按視，還奏，如懋言。
乃以承矩為制置河北緣邊屯田使，懋充判官，發兵
萬八千人，給其役。初年種稻，值霜不成，沮之者
益甚，幾罷其役。懋取江南早稻種之，遂大熟。承
矩載稻數車送闕下，議者乃息。而莞蒲魚蛤之饒，
民賴其利。而《文獻通考》以為四年之事。

何承矩屯田河北

及承矩知雄州。又言，宜因積潦，蓄為陂塘。大作稻田，以足

食。會滄州臨津令閩人黃懋上書，言，閩地惟種水田，緣山導泉，倍費功力。今河北州軍，多陂塘，引水溉田，省功易就。五三年間，公私必大獲其利。詔承矩按視，還奏，如懋言。遂以承矩為制置河北沿邊屯田使，懋為大理寺丞，充判官。發諸州鎮兵一萬八千人。給其役。凡雄、莫、霸州、平戎、順安等軍，興堰六百里。置斗門，引淀水灌溉。初年種稻，值霜不成。懋以晚稻九月熟，河北霜早，而地氣遲。江東早稻七月卽熟，取其種，課令種之。是歲八月，稻熟。初，承矩建議，沮之者頗衆。武臣習攻戰，亦恥於營茸。既種稻不成，羣議愈甚，事幾為罷。至是，承矩載稻穗數車。遣吏送闕下。議者乃息。而茺蒲蜃蛤之饒。民賴其利。（《宋史·食貨志》）

何承矩淳化四年，擢西上閤門使，知滄州。踰年，徙雄州。（《宋史·何承矩傳》）

淳化四年，知雄州何承矩請於順安寨西，引易河，築隄為屯田。既而，河朔頻年霖澍水潦，河流湍溢。壞城壘民舍。復請因積潦處，畜積為陂塘。大作稻田，以足食。（《文獻通考》）

陳堯叟請屯田以省江淮漕運

時，度支判官陳堯叟等言，漢、魏、晉、唐，於陳、許、鄧、潁暨蔡、宿、亳至于壽春，修水利。墾屯田。陳蹟具在。議選官大開屯田，以復水利。可省江淮漕運。帝覽奏嘉之。遣使按視規度，然不果行。

度支判官陳堯叟等亦言，漢、魏、晉、唐，於陳、許、鄧、潁暨蔡、宿、亳至于壽春。用水利墾田，陳迹具在。議選官大開屯田，以通水利。發江淮下軍散卒，及募民充役。給官錢市牛，置耕具，導溝瀆，築防堰。每屯百人，人給一牛，治田五十畝。雖古制一夫百畝，今且墾其半。俟久而古制可復也。畝約收三斛，歲可收十五萬斛。七州之間，置二十屯。可得三百萬斛。因而益之。數年，可使倉廩充實，省江淮漕運。民田未闢，官為種植，公田未墾，募民墾之。歲登所取，並如民間主客之例。傅子曰。陸田命懸於天。人力雖修，苟水旱不時，則一年之功棄矣。水田之制，由人力。人力

苟脩，則地利可盡。且蟲災之害，亦少於陸田。水田既修，其利兼
倍。帝覽奏嘉之。遣大理寺丞皇甫選、光祿寺丞何亮乘傳按視經度，
然不果行。(《宋史・食貨志》)

至道元年，朝議城古威州。遣內侍訪於陝西轉
運使鄭文寶。文寶請先建白魚、青岡、清遠三城。
俟一二年間，秦民息肩。行營田實邊之策。修五原
故城，專三池鹽利，收党項為朝廷之用。不惟安朔
方，且可經營安西，綏復河湟。詔從其議。文寶至
賀蘭山下，見唐代營田舊址，建議興復。而清遠城
卒為山水所壞，乃貶文寶為藍田令。

鄭文寶屯田賀蘭
山

至道元年十月，陝西轉運使鄭文寶坐撓邊，責授藍山縣令。
(《宋史・太宗紀》)

鄭文寶為陝西轉運使。朝廷議，城古威州。遣內侍馮從順訪于
文寶。文寶言，威州在清遠軍西北八十里，樂山之西。唐大中時，
靈武朱叔明收長樂州，邠寧張君緒收六關，即其地也。故壘未圮，
水甘土沃，有良木薪秸之利。約葫蘆臨洮二河，壓鳴沙、蕭關兩戍。
東控五原，北固峽口。足以襟帶西涼，咽喉靈武。城之便。然環州
至伯魚，伯魚抵青岡。青岡距清遠，皆兩舍。而清遠當羣山之口，
扼塞門之要。努車野宿，行旅頓絕。威州故城東隅，堅石盤互，不
可浚池。城中舊乏井脈。又飛烏泉，去城尚千餘步。一旦緣邊警急，
賊引平夏勝兵三千，據清遠之衝。乘高守險。數百人守環州甜水谷，
獨家原。傳箭野狸十族，脅從山中熟戶党項，孰敢不從。又分千騎
守磧北清遠軍之口，即自環至靈七百里之地，非國家所有。豈威州
可禦哉，請先建伯魚、青岡、清遠三城，為頓師歸重之地。古人有
言，金城湯池，非粟不能守。俟一二年間，秦民息肩。臣請建營田
積粟實邊之策。修五原故城，專三池鹽利。以金帛啖党項酋豪子弟，
使為朝廷用。不惟安朔方，制豎子。至於經營安西，綏復河湟，此
其漸也。詔從其議。文寶至賀蘭山下，見唐室營田舊制，建議興復。
可得秔稻萬餘斛，減歲運之費。清遠據積石嶺，在旱海中。去靈環

皆三四百里。素無水泉。文寶發民負水百里外，留屯數千人。又募民以榆槐雜樹，及貓狗鴉烏至者，厚給其直。地烏鹵，樹皆立枯。西民甚苦其役。而城之不能守，卒為山水所壞。又令寧慶州為水磑，亦為山水漂去。乃命鹽鐵副使宋太初為轉運使代文寶。還下御史臺鞫問，貶藍山令。（《宋史·鄭文寶傳》）

陳靖請募民屯田俟成功後分授於民

二年，詔有司議均田法。太常博士陳靖請先命大臣，為租庸使，或兼屯田制置使。檢責兩京東西荒地及逃民之產，募人耕作。賜以室盧牛種。數歲之後，盡罷官屯田，悉以賦民。量人授田，度地均稅。然後為定法，頒行四方。太宗乃以靖為京西勸農使。而議者多謂其功難成，帝猶欲行之。靖請假緡錢二萬，試行其法。鹽鐵使陳恕復以為不可。帝以羣議終不同，遂罷之。而《食貨志》謂恕請如靖議。且未言靖請先置屯田，俟功成之後，再分授於民。未知孰是。

陳靖遷太常博士。太宗務興農事，詔有司，議均田法。靖議曰，法未易遽行也。宜先命大臣，或三司使，為租庸使。或兼屯田制置。仍擇三司判官，選通知民事者二人，為之貳。兩京東西千里，檢責荒地，及逃民產，籍之。募人耕作，賜耕者室盧牛犁種食。不足，則給以庫錢。別其課為十分，責州縣勸課，給印紙書之。分殿最為三等。凡縣管墾田一歲得課三分，二歲六分，三歲九分，為下最。一歲四分，二歲七分，三歲至十分，為中最。一歲五分，未及三歲盈十分者，為上最。其最者，令佐免選，或超資。殿者，即增選降資。每州，通以諸縣田為十分，視殿最行賞罰。候數歲，盡罷官屯田，悉用賦民。然後量人授田，度地均稅。約井田之制，為定以法頒行四方。不過如此矣。太宗謂呂端曰，朕欲復井田，顧未能也。靖此策合朕意。乃召見，賜食遣之。他日，帝又語端曰，靖說雖是。第田未必墾，課未必入。請下三司雜議。於是，詔鹽鐵使陳恕等，各選判官二人，與靖議。以靖為京西勸農使，命大理寺丞皇甫選、光祿寺丞何亮副之。選等言其功難成，帝猶謂不然。既而，靖欲假緡錢二萬，試行之。陳恕等言，錢一出後不能償，則民受害矣。帝以羣議終不同，始罷之。（《宋史·循吏傳》）

　　至道二年，太常博士、直史館陳靖上言。先王之欲厚生民，莫先於積穀而務農。鹽鐵榷酤，斯為末矣。按天下土田，除江淮、湖湘、兩浙、隴蜀、河東諸路，地里夐遠。雖加勸督，未遽獲利。今京畿周環二十三州，幅員數千里。地之墾者，十纔二三。稅之入者，又十無五六。復有匿里舍而稱逃亡，棄耕農而事游惰。賦額歲減，國用不充。詔書累下，許民復業。蠲其租調，寬以歲時。然鄉縣擾之，每一戶歸業，則剌報所由。朝耕尺寸之田，暮入差徭之籍。追胥責問，繼踵而來。雖蒙蠲其常租，實無補於損瘠。況民之流徙，始由貧困。或避私債，或逃公稅。亦既亡遽，則鄉里檢其資財，至於室廬什器，桑棗材木，咸計其直。或鄉官用以輸稅，或債主取以償逋。生計蕩然，還無所詣。以茲浮蕩，絕意歸耕。如授以閑曠之田，廣募游惰。誘之耕墾，未計賦租。許令別置版圖，便宜從事。酌民力豐寡，農畝肥磽。均配督課，令其不倦。其逃民歸業，丁口授田，煩碎之事，並取大司農裁決。耕桑之外，令益樹雜木蔬果，孳畜羊犬雞豚。給授桑土，潛擬井田。營造室居，使立保伍。養生送死之具，慶弔問遺之資，並立條制。候至三五年間，生計成立。即計戶定征，量田輸稅。若民力不足，官借糴錢。或以市餱糧，或以營耕具。凡此給授，委於司農。比及秋成，乃令償直。依時價折納。以其成數關白戶部。帝覽之喜，令靖條奏以聞。靖又言，逃民復業，及浮客請佃者。委農官勘驗，以給授田土，收附版籍。州縣未得議其差役。乏糧種耕牛者，令司農以官錢給借。其田制為三品，以膏沃而無水旱之患者，為上品。雖沃壤而有水旱之患，埆瘠而無水旱之慮者，為中品。既埆瘠，復患於水旱者，為下品。上田，人授百畝。中田，百五十畝。下田，二百畝。並五年後收其租。亦只計百畝，十收其三，一家有三丁者，請加受田如丁數。五丁者，從三丁之制。七丁者，給五丁。十丁，給七丁。至二十、三十丁者，以十丁為限。若寬鄉田多即委農官裁度，以賦之。其室廬蔬韭，及梨棗榆柳，種藝之地。每戶十丁者，給百五十畝。七丁者，百畝。五丁者，七十畝。三丁者，五十畝。不及三丁者，三十畝。除桑功，五年後計其租。餘悉蠲其課。宰相呂端謂靖所立田制，多改舊法。又大費資用，以其狀付有司。詔鹽鐵使陳恕等共議，請如靖奏。乃以靖為京西勸農使。按行陳、許、蔡、潁、襄、鄧、唐、汝等州，勸民墾田。以大理寺丞皇甫選、光祿寺丞何亮副之。選、亮上言，功難成，願罷其事。帝志在勉農，猶詔靖經度。未幾，三司以費官錢數多，萬一水旱，恐致散失。事遂寢。（《宋史·食貨志》）

置河北忠順且田且守

太宗時，又置河北忠順三千人，分番巡徼，輪半營農。

河北忠順，自太宗朝以瀛、莫、雄、霸州、乾寧、順安、保定軍置忠順，凡三千人。分番巡徼，隸沿邊戰櫂巡檢司。自十月悉上，人給糧二升。至二月，輪半營農。（《宋史·兵志》）

《儒林傳》稱李覺累上書，言時務，述養馬、漕運、屯田三事。太宗嘉其詳備，令送史館。語見本志。惟覺所述各事，諸志亦均未載。

李覺累上書言時務，述養馬，漕運，屯田三事。太宗嘉其詳備，令送史館。語見本志。（《宋史·儒林傳》）

命耿望制置京西營田

真宗咸平二年，以耿望為京西轉運，使朱台符副之。並兼制置本路營田，先是望知襄州，請置營田上中下三務，帝遂命望躬任其事。

咸平二年四月，先是左正言耿望知襄州，建議襄陽縣有淳河，舊作隄，截水入官渠，溉民田三十頃。宜城縣有蠻河，溉田七百頃。又有屯田三百餘頃。請於舊地，兼括荒田，置營田上中下三務。調夫五百築隄，仍集鄰州兵每務二百人開河，市牛七百頭。分給之。帝曰，屯田廢久矣。苟如此，亦足為勸農之始。令望躬案視，即以為右司諫，京西轉運使。與副使朱台符竝兼本路制置營田事。（《續資治通鑑》）

三年，何承矩復上言，契丹恃騎戰之利，頻年犯塞。今建設陂塘，綿亘滄海，胡騎不能衝突。高陽一路，東負海，西抵順安，士庶安居。屯田之利也。順安以西，雖有邱陵，亦多川瀆。因而廣之，制為塘埭。訓士闢田，勸農積粟。謹烽燧，繕保戍。來則禦之，去則備之。則邊城安堵。而邊鄙之人，多負壯勇，知夷狄情偽，山川形勢。望置營召募，必有成功。乃中國之長算也。

真宗卽位，復遣知雄州。咸平三年，召還，拜引進使。州民百餘，詣闕貢馬，乞借留承矩。詔書嘉獎，復遣之。承矩上言曰，契丹輕而不整，貪而無親。勝不相讓，敗不相救。以馳騁為容儀，以弋獵為耕釣。櫛風沐雨，不以為勞。露宿草行，不以為苦。復恃騎戰之利，故頻年犯塞。臣聞兵有三陣。日月，風雲，天陣也。山陸水泉，地陣也。兵車士卒，人陣也。今用地陣而設險，以水泉而作固。建設陂塘，綿亘滄海。縱有胡騎，安能衝突。昨者，契丹犯邊。高陽一路，東負海，西抵順安，士庶安居。卽屯田之利也。今順安西至西山，地雖數軍，路纔百里。縱有邱陵岡阜，亦多川瀆泉源。因而廣之，制為塘埭。自可息邊患矣。今緣邊守將，多非其才。不悅詩書，不習禮樂，不可守疆界。制御無方，動誤國家。雖提貔虎之師，莫遏犬羊之衆。臣按兵法，凡用兵之道，校之以計而索其情。謂將孰有能，天地孰得，法令孰行，兵衆孰強，士卒孰練，賞罰孰明。此料敵制勝之道也。知此而用戰者必勝，否則必敗。夫惟無慮而易敵者，必擒於人也。伏望慎擇疆吏，出牧邊民。厚之以奉祿，使悅其心。借之以威權，使嚴其令。然後深溝高壘，秣馬厲兵，為戰守之備。修仁立德，布政行惠，廣安輯之道。訓士卒，闢田疇，勸農耕，畜芻粟，以備凶年。完長戟，修勁弩，謹烽燧，繕保戍，以防外患。來則禦之，去則備之。如此，則邊城安堵矣。臣又聞古之明王，安集吏民，順俗而教。簡募良材，以備不虞。齊桓、晉文，皆募兵以服鄰敵。故強國之君，必料其民。有膽勇者，聚為一卒。

何承矩請廣河北屯田

樂進戰効力，以顯忠勇者，聚為一卒。能踰高赴遠，輕足善鬬者，聚為一卒。此三者，兵之練銳。內出可以決圍，外出可以屠城。況小大異形，強弱異勢，險易異備。卑身以事弱，小國之形也。以蠻夷伐蠻夷，中國之形也。故陳湯統西域，而郅支滅。常惠用烏孫，而邊部寧。且聚膽勇樂戰輕足之徒，古稱良策。請試行之。且邊鄙之人，多負壯勇。識夷狄之情偽，知山川之形勝。望於邊郡，置營召募。不須品度人才，止求少壯有武藝者萬人。俟契丹有警，令智勇將統而用之，必顯成功。乃中國之長算也。又如榷場之設，蓋先朝從權立制，以惠契丹。縱其渝信犯盟，亦不知廢，似全大體。今緣邊榷場，因其犯塞，尋即停罷。去歲，以臣上言，於雄州置場賣茶。雖貨貨並行，而邊氓未有所濟。乞延訪大臣，議其可否。或文武中，有抗執獨議，是必別有良謀。請委之邊任，使施方略，責以成功。苟空陳浮議，上惑聖聰，秖如靈州，足為證驗。況茲契丹，又非夏州之比也。四年十月，建議選銳兵於乾寧軍。挽力魚船，自界河直趨平州境，以牽西面之勢。五年，詔兼領制置屯田使。始建榷場。（《宋史·何承矩傳》）

錢若水請令沿邊屯田

　　時，契丹數寇邊。帝訪于知開封府錢若水。若水陳備邊之要五事，其二曰募鄉兵，其三曰積芻粟。請令沿邊各廣營田，以州郡長官兼其使。

　　咸平三年正月，駐蹕大名府。（《宋史·眞宗紀》）

　　錢若水從幸大名，陳安邊之策。俄知開封府。時，北邊未寧，內出手札，訪若水以策。若水陳備邊之要有五。一曰，擇郡守。二曰，募鄉兵。三曰，積芻粟。四曰，革將帥。五曰，明賞罰。何謂擇郡守。今之所患，在戰守不能同心。望陛下選沉厚有謀諳邊事者，任為邊郡刺史。令兼緣邊巡檢。許召勇敢之士，為隨身部曲。廩贍不充，則官為支給。然後嚴亭障，明斥候。每得事宜，密相報示。寇來則互為救應，齊出討除。寇去則不令遠追，各務安靜。苟無大過，勿為替移。儻立微功，就加爵賞。如此則戰守必能同心，敵人不敢近塞矣。何謂募鄉兵。今之所患，患在不知敵情。望詔逐州沿邊民為招收軍，給與糧賜，蠲其賦租。彼兩地之中，各有親屬。使其懷惠，來布腹心。彼若舉兵，此必預知。苟能預知，則百戰百勝矣。何謂積芻粟。今之所患，患在困民力。望陛下令緣邊各廣營田。以州郡長官，兼其使額。每歲秋夏較其課程。立鼓旗以齊之，行賞罰以勸之。仍縱商人，入粟緣邊。儻鎮戍有三年之備，則敵人不敢動矣。何謂革將帥。今之所患，患在重兵居外，輕兵居內。去歲傅潛以八萬騎屯中山。魏博之間，鎮兵全少。非鑾輅親征，則城邑危矣。望陛下慎選將臣，任河北近鎮。仍依舊事，節制邊兵。未能削部署之名，望且減行營之號。有警則暫巡邊徼，無事則却復舊藩。豈惟不敢戎心，況復待勞以逸。如此則不失備邊之要，又無舉兵之名。且使重兵不屯一處，進退動靜無施不可矣。何謂明賞罰。今之所患，患在戎卒驕惰。臣自知府以來，見侍衛殿前兩司，送到邊上亡命軍卒甚多。臣試訊之，皆以思親為言。此蓋令之不嚴也。平時尚敢如此，況臨大敵乎？望陛下以此言示將帥，俾申嚴號令，以警其下。古人云賞不勸，謂之止善。罰不懲，謂之縱惡。又曰，法不可移，令不可違。臣嘗聞郭進出鎮山西，太祖每遣戍卒，必諭之，曰，汝等謹奉法。我猶赦汝，郭進殺汝矣。其假借如此。故郭進所至，未嘗少衄。陛下能鑒前日之事，卽今日之元龜也。（《宋史·錢若水傳》）

是年，籍河北民為強壯。勝甲者，免其賦役。

咸平三年，詔河北，家二丁三丁，籍一。四丁五丁，籍二。六丁七丁，籍三。八丁以上，籍四。為強人。五百人為指揮使。百人為都。置正副都頭二人，節級四人。所在置籍。擇善騎射者，第補校長。聽自置馬。勝甲者，蠲其賦役。（《宋史·兵志》）

四年，陝西轉運使劉綜獻議，置屯田務於鎮戎軍。詔從其請。 從劉綜請屯田鎮戎軍

劉綜充陝西轉運使，咸平四年，獻議，於鎮戎軍置屯田務。又錄唐安國鎮制置城壕鎮戍古記石本，以進。詔從其請。（《宋史·劉綜傳》）

知保州趙彬奏決雞距泉，分徐河水南流，廣置水陸屯田。詔駐泊都監王昭遜共成之。自是，定州 從趙彬請增保定屯田

亦置屯田。

> 咸平四年，知保州趙彬復奏決雞距泉。自州西至蒲城縣，分徐河水南流，注運渠，廣置水陸屯田。詔駐泊都監王昭遜共成之。自是，定州亦置屯田。（《宋史·食貨志》）

又募河北民為强人。無事，散處田里。寇至，給器甲口糧，遣之出塞擊賊。

> 咸平四年，募河北民，諳契丹道路，勇銳可為間伺者，充強人。置都頭指揮使。無事，散處田野。寇至追集，給器甲口糧食錢，遣出塞偵斫賊壘。能斬首級，奪馬者，如賞格。虜獲財畜，皆畀之。（《宋史·兵志》）

從牛睿請令增緣
邊屯田

五年，殿直牛睿請增廣方田。詔邊臣經度之。

> 真宗咸平五年，殿直牛睿請增廣方田。疏治溝塍，為胡馬之閡。詔邊臣經度之。順安軍、威虜軍、保州、定州皆有屯田。（《文獻通考》）

閻承翰鑿渠便漕
並為方田

鎮定高陽關三路都鈐轄閻承翰請鑿渠引唐河，合沙河，入界河。旁為方田。渠成，人以為便。帝詔褒之。

> 閻承翰為內侍副都知。咸平五年，入內都知，韓守英為鎮定高陽關三路排陣都鈐轄。上以其素無執守，議別擇人。因謂宰相曰，承翰雖無武勇，然涖事勤恪。乃令代守英。時中山屯兵甚衆，艱於飛輓。承翰請鑿渠，計引唐河水。自嘉山至定州三十二里，又至蒲陰東六十二里，合沙河。經邊吳泊，入界河。以濟饋運。亦可旁為方田。上嘉而從之。渠成，人以為便。優詔褒之。（《宋史·宦者傳》）

裴濟屯田靈州

是歲，夏人陷靈州，知州事裴濟死之。濟在州二年，興屯田之利，民甚賴焉。以無救為寇所攻陷。

> 咸平五年三月，李繼遷陷靈州，知州裴濟死之。（《宋史·真宗

紀》）

　　裴濟知天雄軍，咸平初，李繼遷叛。以濟領順州團練使，知靈州，兼都部署。至州二年，謀緝八鎮，興屯田之利。民甚賴之。其年，清遠軍陷。夏人大集，斷饟道，孤軍絕援。濟刺指血染奏，求救甚急。兵不至，城陷死之。上聞嗟悼，特贈鎮江軍節度使。（《宋史·裴濟傳》）

　　罷襄州營田下務。

咸平五年罷襄州營田下務。（《宋史·食貨志》）

　　六年，耿望又請於唐州置營田務。如襄州。

咸平六年，耿望又請於唐州赭陽陂置務，如襄州。歲種七十餘頃。方城縣令佐掌之。調夫耕耘。（《宋史·食貨志》）

　　是時，軍費寖廣。言營屯田者，輒詔邊臣行之。四年，知靜戎軍事王能，五年，順安兵馬都監馬濟請壅鮑河，入順安、威虜二軍。以開方田。盡靜戎順安之境。至是年，命內侍閤文慶與能濟督其役。莫州部署石普，威虜部署魏能，及保州楊延昭、北平田敏特角為備。踰年而畢。據魏能諸人傳及《河渠志》，俱為是年。《食貨志》謂係四年從濟所請者，誤也。　　　　　　　　　大興河北屯田

　　眞宗咸平四年，知靜戎軍王能請自姜女廟東，決鮑河水，北入閻臺淀。又自靜戎之東，引之北注三臺小李村。其水溢入長城口而南，又壅使北流而東，入于雄州。五年，順安軍兵馬都監馬濟復請自靜戎軍東，擁鮑河，開渠入順安軍。又自順安軍之西，引入威虜軍。置水陸營田於渠側。濟等言，役成，可以達糧漕，隔虜騎。帝許之。獨鹽臺淀稍高，恐決引非便。不從其議。因詔莫州部署石普護其役。踰年功畢。帝曰，普引軍壁馬村以西，開鑿深廣，足以張大軍勢。若邊城壕溝悉如此，則遼人倉卒難馳突，而易追襲矣。（《宋史·河渠志》）

咸平四年，是時，兵費寖廣。言屯營田者，輒詔邊臣經度行之。順安軍兵馬都監馬濟請於靖戎軍東，壅鮑河，開渠。入順安、威虜二軍。置水陸營田於其側。命莫州部署石普護其役，踰年而畢。（《宋史·食貨志》）

王能咸平初，自捧日右廂都指揮使，出為濟州團練使，知靜戎軍。建議，決鮑河。斷長城口，北注雄州塘水。為戎馬限。方舟通漕，以實塞下。又開方田，盡靜戎、順安之境。北邊來寇，能擊走之。（《宋史·王能傳》）

石普徙為莫州總管。初，契丹南侵，敗宋師於望都。既而諜言，虜復欲大入寇。帝自畫軍事信圖以授諸將。後數月，敕輔臣曰，北邊已屯大軍，而邊奏至，敵未有釁。且聚軍，虛費民力，何以給之。宜有制畫以控遏。且靜戎，順安軍界，先開營田河道。可以扼黑盧口、三台、小李路。亦可通漕運至邊。宜乘此用眾浚治，使及軍城。虜或撓吾役，卽擊之。李沆等曰，設險以制敵，守邊之利也。遂詔內侍閣文慶與靜戎順安知軍事王能、馬濟督其役。而徙普屯順安之西。與威虜魏能、保州楊延昭、北平田敏為犄角。（《宋史·石普傳》）

魏能咸平六年，改威虜軍部署，知軍事。會浚順安軍營田河道，以扼寇。徙莫州路部署石普屯兵順安之西境。詔能與楊延昭、田敏犄角為備。（《宋史·魏能傳》）

知鎮戎軍李繼和請募貧民，及弓箭手墾田。亦咸平中事。

李處耘子繼隆、繼和。繼隆為環靈十州都部署。先是，受詔送軍糧，赴靈州，必由旱海路。自冬至春，而餉粟始集。繼隆請由古原州蔚茹河路便。眾議不一，繼隆固執論其事。太宗許焉。遂率師以進，壁古原州，令京使胡守澄城之。是為鎮戎軍。初，繼隆之請城鎮戎也，朝廷不果於行。繼和面奏曰，平涼舊地，山川阻險，旁扼夷落，為中華襟帶。城之為便。太宗乃許焉。後復不守。咸平中，繼和又以為言，乃命版築。以繼和知其軍，兼原渭儀都巡檢使。城畢，加領平州刺史。建議募貧民，及弓箭手，墾田積粟。（《宋

史·李處耘傳》)

景德元年詔保州置屯田兵籍。

景德元年四月，詔保州置屯田兵籍。(《玉海》)

詔相州，備牛具，選兵士，置屯田莊。

景德元年十月，詔相州，草地未宜牧馬者，官給牛具，選習耕兵士，置屯田莊。羣牧判官王曉請依諸州職田例，募民種蒔。以沃瘠分三等輸課。(《玉海》)

放懷、孟、澤、潞等州強壯歸農。

景德元年十二月，遣使撫諭懷、孟、澤、潞等州，放強壯歸農。(《宋史·眞宗紀》)

是歲，又集河北河東民為強壯，給糧訓練。寇至守城，寇退營農。

景德元年，遣使分詣河北河東集強壯。借庫兵，給糧訓練。非緣邊，卽分番迭教。遇虜入寇，悉集守城。寇退，放營農。(《文獻通考》)

命白守素戍靜戎，兼蒞營田之役。

白守素為鈐轄，戍順安。景德元年，加領康州刺史。提騎卒戍靜戎軍，兼蒞營田之役。(《宋史·白守素傳》)

二年，放河北強壯歸農，令有司市牛給之。

景德二年正月，以契丹講和，大赦天下。放河北強壯歸農，令有司市牛給之。(《宋史·眞宗紀》)

詔沿邊有屯田州軍長吏，並兼制置屯田事。

景德二年正月，詔定保、雄、莫、霸州、順安、平戎，信安軍長吏，兼制置屯田事。舊兼使者如故。(《玉海》)

令官吏，按視保州屯田塘水。

景德二年三月，詔保州塘水以漑屯田。令官吏按視，勿廢前功。(《玉海》)

夔路轉運使薛顏言，施黔等州屯田，歲獲粟萬餘石。

景德二年九月，夔漕薛顏言，施黔等州屯田，歲獲粟萬餘石。（《玉海》）

曹瑋請給土田募邊民為弓箭手

知鎮戎軍曹瑋言，邊民有應募為弓箭手者，請給以閑田。蠲其賦役。詔從其言。並設堡，置官以統之。其後鄜延、環慶、涇原并河東州軍，亦各募置。

景德二年，鎮戎軍曹瑋言，有邊民應募為弓箭手者，請給以閒田。蠲其徭賦。有警，可參正兵為前鋒，而官無資糧戎械之費。詔人給田二頃，出甲士一人。及三頃者，出戰馬一匹。設堡戍，列部伍，補指揮使以下。有功勞者，亦補軍都指揮使。置巡檢以統之。其後，鄜延、環慶、涇原并河東州軍，亦各募置。慶曆中，諸路總三萬二千四百七十四人，為指揮一百九十二。（《宋史·兵志》）

三年，趙彬請廣保州屯田，以圖來獻。不從。

景德三年十二月，趙彬請於保州城，東北廣屯田，以圖來獻。上曰，邊封徹警，當勸課農民，咸使樂業。不必侵畎畝，妨墾殖。（《玉海》）

李允則增雄州屯田

李允則知雄州，兼安撫使。廣閭承翰所置屯田。

景德三年九月，雄州團練使何承矩以老疾，累表求解邊任。帝令自擇其代。承矩薦安撫副使李允則，即命允則知雄州，兼安撫使。（《續資治通鑑》）

李允則遷西上閤門副使。何承矩為河北緣邊安撫，提點榷場。及承矩疾，詔自擇代，仍請允則知雄州。始州民多以草覆屋，允則取材木西山，大為倉廩營舍。始教民陶瓦甓，標里閈，置廊市，邸舍水磑。城上悉累甓，下環以溝塹。蒔麻，植榆柳。廣閭承翰所修屯田。架石橋，構亭榭。列隧道以通安肅，廣信，順安軍。歲脩禊事，召界河戰棹為競渡。縱北人遊觀，潛寓水戰。州北舊多設陷馬阬，城上起樓為斥堠，望十里。自罷兵，人莫敢登。允則曰，南北既講和矣，安用此為。命徹樓夷阬，為諸軍蔬圃。浚井疏洫，列畦隴，築短垣，縱橫其中。植以荊棘，而其地益阻隘。因治坊巷，徒浮圖北原上。州民旦夕登，望三十里。下令安撫司，所治境有隙地，悉種榆。久之，榆滿塞下。顧謂僚佐曰，此步兵之地，不利騎戰。豈獨資屋材耶。（《宋史‧李允則傳》）

大中祥符二年，增保州屯田務兵。

大中祥符二年六月，保州增屯田務兵三百人。（《宋史‧真宗紀》）

四年，涇原鈐轄曹瑋言，籠竿川熟蕃，以閑田輸官。請於要害，募兵以居。從之。

曹瑋請以田募兵

大中祥符四年九月，涇原鈐轄曹瑋言，籠竿川熟戶蕃部，以閑田輸官。請於要害地，募兵以居。從之。（《宋史‧真宗紀》）

五年，令保安軍稻田務，旬具墾殖功狀以聞。

大中祥符五年正月，令保安軍稻田務，旬具墾殖功狀以聞。（《玉海》）

河北安撫副使賈宗上緣邊塘泊隄道圖。下屯田司遵守。

大中祥符五年七月，河北安撫副使賈宗上緣邊塘泊隄道圖，下屯田司遵守。（《玉海》）

九年，改定州保州營田務，為屯田務。遣官監諸州屯田。

大中祥符九年，改定州、保州、順安軍營田務為屯田務。凡九州軍，皆遣官監務，置吏屬。（《宋史‧食貨志》）

至天禧末，屯田在淮南兩浙，僅存其名。在河北者，所入亦無幾。諸州歲收不及三萬石，而保州逾其半焉。

屯田漸廢

淮南兩浙，舊皆有屯田。後多賦民，而收其租，第存其名。在

215

河北者，雖有其實，而歲入無幾。利在蓄水以限戎馬而已。天禧末，諸州屯田，總四千二百餘頃。河北歲收二萬九千四百餘石。而保州最多，逾其半焉。（《宋史·食貨志》）

河北轉運使陳貫嘗請疏徐、鮑、曹、易四水，興屯田。及募土人，籍丁壯，為府兵。使捍契丹西夏。亦真宗時事。

陳貫數上言邊事，舉進士。真宗識貫名，擢置高第。累遷，領河北轉運使。請疏徐、鮑、曹、易四水，興屯田。又嘗上形勢，選將，練兵論三篇。大略言，地有六害。今北邊既失古北之險，然自威虜城東，距海三百里，沮澤磽确。所謂天設地造，非敵所能輕入。由威虜西極狼山，不百里。地廣平，利馳突。此必爭之地。凡爭地之利，先居則佚，後起則勞，宜有以待之。昔李漢超守瀛州，契丹不敢視關南尺寸地。今將帥大抵用恩澤進，雖謹重可信。卒與敵遇，方略何從而出邪。故敵勢益張，兵折於外者二十年。方國家收天下材勇，以備禁旅。賴廩給賜予而已。恬于休息，久不識戰。可以衞京師，不可以戍邊境。請募土人，隸本軍。籍丁民，為府兵。使北捍契丹，西捍夏人。敵之情偽，地勢之險易，彼皆素知。可不戰而屈人之兵矣。（《宋史·陳貫傳》）

王沿請屯田實邊

仁宗天聖初，太常博士王沿上言，宋興七十年，而契丹數犯邊。先朝患征調之不已，屈己與之盟。然虜以攻戰為生業，而我壘不堅，兵不練，徒恃盟歃，豈能久安？夫禦寇，必思務農實邊之計。河北地方數千里，古稱豐實。魏史起開十二渠，引漳水溉田，河內饒。唐至德後，渠廢，漳水旁地，累遭水患，不可耕種。牧監芻地，又廣占民田。故生民大困。請罷諸監收為屯田，發役卒刑徒耕之。能歲獲數十萬斛。修復十二渠，可使數郡斥鹵之地為膏腴。如是，則民富而帑廩有餘。帝雖嘉之，詔

河北轉運使規度，而事未卽行。宋史沿傳，稱語在
《河渠志》，而《志》無其文。

王沿天聖初，遷太常博士。上書，論漢唐之初，兵革纔定，未
暇治邊圉，則屈意以講和。承平之後，武力有餘。而外侮不已，則
以兵治之。孝武之於匈奴，太宗之於突厥頡利，是也。宋興七十年，
而契丹數侵深、趙、貝、魏之間。先朝患征調之不已也，故屈己與
之盟。然彼以戈矛為耒耜，以劉虜為商賈。而我壘不堅，兵不練，
而規規于盟歃之間。豈久安之策哉。夫善禦敵者，必思所以務農實
邊之計。河北為天下根本，其民儉嗇勤苦，地方數千里，古號豐實。
今其地十三為契丹所有。餘出征賦者，七分而已。魏史起鑿十二渠，
引漳水，溉斥鹵之田，而河內饒足。唐至德後，渠廢，而相、魏、
磁、洺之地並漳水者，累遭決溢。今皆斥鹵，不可耕。故沿邊郡縣，
數蠲租稅。而又牧監芻地，占民田數百千頃。是河北之地，雖十有
其七。而得賦之實者，四分而已。以四分之力，給十萬防秋之師。
生民不得不困也。且牧監養馬數萬，徒耗芻豢，未嘗獲其用。請擇
壯者配軍，衰者徙之河南，孳息者養之民間。罷諸坰牧，以其地為
屯田，發役卒刑徒田之。歲可用獲穀數十萬斛。夫漳水一石，其泥
數斗。古人以為利，今人以為害。繫乎用與不用爾。願募民復十二
渠，渠復則水分，水分則無奔決之患。以之灌溉，可使數郡瘠鹵之
田，變為膏腴。如是，則民富十倍，而帑廩有餘矣。以此馭敵，何
求而不可。詔河北轉運使規度。而通判洺州王軫言，漳河岸高水下，
未易疏導。又其流濁，不可溉田。沿方遷監察御史，卽上書駁軫說。
帝雖嘉之，而不卽行。語在《河渠志》。（《宋史·王沿傳》）

三年，以夔州舊籍民為營田，為百姓害。詔
除之。

天聖三年八月，以忠州鹽井歲增課。夔州、奉節、巫山舊籍民
為營田，萬州戶有稅者，歲糴其穀，皆為民害。詔悉除之。（《宋
史·仁宗紀》）

四年，廢襄唐州營田務。

廢夔州營田

廢襄唐營田

天聖四年九月，廢襄唐州屯田務。（《宋史·仁宗紀》）

襄唐三州營田既廢。景德中，轉運使許遜復之。初，耿望借種田人牛，及調夫耨穫，歲入甚廣。後張異改其法，募水戶分耕。至遜又參以兵夫。久之，無大利。天聖四年，遣尚書屯田員外郎劉漢傑往視。漢傑言。二州營田，自復至今，襄州得穀三十三萬餘石，為緡錢九萬餘。唐州得穀六萬餘石，為緡錢二萬餘。所給吏兵俸廩官牛雜費，襄州十三萬餘緡。唐州四萬餘緡。得不補失，詔廢以給貧民，頃收半稅。（《宋史·食貨志》）

從劉平請開河北方田

明道二年，劉平知成德軍，請乘契丹國內多事，以引水植稻為名，開方田。自順安軍至長城口，隨田塍四面穿溝。廣丈，深二丈。溝間為徑路，纔通步兵，引曹鮑諸水注之。命安撫都監劉志、宦官楊懷敏主之。帝從其言，以懷敏領屯田司。高陽關鈐轄王果謂水侵民田，無益邊備。懷敏怒，訴果以不法，貶官。遂廣為塘泊，吞沒民田，百姓苦之。盜決以求免水患。懷敏奏立嚴法，以繩之。

仁宗明道二年，劉平自雄州徙知成德軍。奏曰，臣嚮為沿邊安撫使，與安撫都監劉志，嘗陳備邊之略。臣今徙眞定，路由順安、安肅、保、定州界，自邊吳淀，望趙曠川，長城口，乃契丹出入要害之地。東西不及一百五十里。臣竊恨聖朝七十餘年，守邊之臣，何可勝數。皆不能為朝廷，預設深溝高壘，以為扼塞。臣聞太宗朝，嘗有建請置方田者。今契丹國多事，兵荒相繼，我乘此以引水植稻為名，開方田。隨田塍四面，穿溝渠。縱廣一丈，深二丈。鱗次交錯。兩溝間，屈曲為徑路。才令通步兵。引曹河、鮑河、徐河、雞距泉，分注溝中。地高則用水車汲引，灌溉甚便。願以劉志知廣信軍，與楊懷敏共主其事。數年之後，必有成績。帝遂密敕平與懷敏，漸建方田。侍禁劉宗言又奏請，種木於西山之麓，以法榆塞。云可以限契丹也。後劉平去眞定，懷敏猶領屯田司。塘泊益廣，至吞沒民田，蕩溺邱墓。百姓始告病。乃有盜決以免水患者。懷敏奏立法，依盜決堤防律。（《宋史‧河渠志》）

　　王果領賀州刺史，兼高陽關路兵馬鈐轄。中官楊懷敏領沿邊屯田事。大廣塘水。邊臣莫敢言。果獨抗辨。水侵民田，無益邊備。懷敏怒，訴果以不法，左遷青州兵馬都監。（《宋史‧王果傳》）

　　景祐三年，尹洙貶監唐州酒稅。時，西北久安。作《敍燕》、《息戍》二篇。以為武備不可弛。息戍言，宋棄朔方，西師不出三十年。而亭徼千里，西北四帥，戍卒十餘萬。一卒歲給二萬，以十萬卒計之，自靈武罷兵，所費六百餘億。雖厚利募人入粟。然不通漕運，所致亦少。頃年嘗稍匱矣。倘其乘我飢饉入寇，我必濟師。餽餉當出於關中。則未戰而西陲已困。若擬唐置府兵，籍民為之。農隙講肄，選材武者，為什長，隊正。愼簡守帥。堅其守衛。積粟多，教士銳。使虜無隙可乘。無恃其不來，恃吾有以待之。

尹洙議復府兵務農戰以備邊

　　景祐三年五月，天章閣待制范仲淹坐譏刺大臣，落職，知饒州。集賢校理余靖，館閣校勘尹洙，歐陽修並落職補外。詔戒百官，越職言事。（《宋史‧仁宗紀》）

　　尹洙為館閣校勘，遷太子中允。會范仲淹貶。勅牓朝堂，戒百官為朋黨。洙上奏曰，仲淹忠亮有素。臣與之義兼師友，則是仲淹之黨也。今仲淹以朋黨被罪，臣不可苟免。宰相怒，落校勘，復為掌書記，監唐州酒稅。西北久安，洙作《敍燕》、《息戍》二篇。以為武備不可弛。《息戍》曰，國家割棄朔方，西師不出，三十年。而亭徼千里，環重兵以戍之。雖種落屢擾，即時輯定。然屯戍之費，亦已甚矣。西戎為寇，遠自周世。西漢先零，東漢燒當，晉氏、羌，唐禿髮，歷朝侵軼，為國劇患。興師定律，皆有成功。而勞弊中國，東漢尤甚。費用常以億計。孝安世，羌叛十四年，用二百四十億。永和末，復經七年，用八十餘億。及段紀明，用裁五十四億，而剪滅殆盡。今西北涇原、邠寧、秦鳳、鄜延四帥，戍卒十餘萬。一卒歲給，無慮二萬。騎卒與冗卒較其中者，總廩給之數，恩賞不在焉。以十萬較之。歲用二十億。自靈武罷兵，計費六百餘億。方前世數倍矣。平世屯戍，且猶若是。後雖有他警，不可一日輟去。是十萬衆，有增而無損期也。國家厚利募人入粟，傾四方之貨。然無水漕之運，所輓致，亦不過被邊數郡爾。歲不常登，廩有常給。頃年亦嘗稍匱矣。儻其乘我薦飢，我必濟師，饋饟當出於關中。則未戰而西垂已困，可不慮哉。按唐府兵，上府千二百人。中府千人。下府八百人。為今之計。莫若籍丁民為兵。擬唐置府。頗損其數。又今邊鄙雖有鄉兵之制，然止極塞數郡。民籍寡少。不足備敵。料京兆西北數郡，上戶可十餘萬。中家半之。當得兵六七萬。質其賦，無他易。賦以帛名者，不易以五穀。畜馬者，又蠲其雜徭。民幸於庇宗。樂然隸籍。農隙講事。登材武者，為什長，隊正。盛秋旬閱，常若寇至。以關內河東勁兵傅之。盡罷京師禁旅。慎簡守帥。分其統，專其任。分統則兵不重，專任則將益勵。堅其守衛，習其形勢，積粟多，教士銳。使虜衆無隙可窺，不戰而懾。兵志所謂無恃其不來，恃吾有以待之。其廟勝之策乎。（《宋史・尹洙傳》）

屢謀屯田陝西不成

寶元初，西夏趙元昊反，陝西用兵。詔轉運司，度隙地，置營田，助邊費。並以同州監牧地為之。知延州范雍括諸路民牛，頗煩擾。未幾遂罷。右正言田況言，鎮戎原渭數百里間，民田皆廢。可大興營田。以保捷兵不習戰者，耕種。置官領之。農隙習武。疏奏，不用。後命三司副使夏安期等，議置邊境屯田。亦訖不能成。

寶元元年十二月，鄜延路言趙元昊反。（《宋史・仁宗紀》）

陝西用兵。詔轉運司，度隙地，置營田，以助邊計。又假同州沙苑監牧地，為營田。而知永興軍范雍括諸部牛，頗煩擾。未幾，遂罷。右正言田況言，鎮戎原渭，地方數百里，舊皆民田。今無復農事。可卽其地，大興營田。以保捷兵不習戰者，分耕。五百人為一堡。三兩堡置營田官一，領之。播種以時。農隙則習武事。疏奏，不用。後乃命三司戶部副使夏安期等，議並邊置屯田。迄不能成。（《宋史·食貨志》）

范雍知河南府。元昊反。拜振武軍節度使，知延州。雍好謀少成。在陝西嘗括諸路牛，以興營田，亦隨廢。（《宋史·范雍傳》）

慶曆六年五月，命戶部副使夏安期使陝西，與提刑曹穎叔相度興置緣邊屯田，卒不果成。（《玉海》）

二年，詔河北轉運使，兼都大制置營田屯田事。

寶元二年九月，詔河北都轉運使，兼都大制置營田屯田事。（《宋史·仁宗紀》）

是年，詔陝西安撫龐籍，諭旨知永興軍夏竦，議西夏事。竦上十策。六曰，募土人為兵，以代戍卒。七曰，增置弓手壯丁，以備城守。頗採用之。

寶元二年，先是，詔陝西安撫使龐籍諭旨知永興軍夏竦。議西鄙事。六月，竦上十策。一，教習彊弩，以為奇兵。二，羈縻屬羌，以為藩籬。三，詔唃囉斯父子，并力破賊。四，度地形險易遠近，寨柵多少，軍士勇怯，而增減屯兵。五，詔諸路互相應援。六，募土人為兵，號神虎保捷，州各一二千人，以代東兵。七，增置弓手壯丁獵戶，以備城守。八，竝邊小寨，毋積芻糧。賊攻急，則棄小寨，入保大寨。以全兵力。九，關中民坐罪若過誤者，許入粟贖罪。銅一斤，為粟五斗。以贍邊計。十，損竝邊冗兵冗官，及減騎軍，以紓饋運。當時頗采用之。（《續資治通鑑》）

康定元年，范仲淹兼知延州。用种世衡策，築青澗城。開屯田，二千頃。募商賈，貸以本錢，使通有無。城遂富實。

范仲淹用种師道
屯田青澗

康定元年八月，以范仲淹兼知延州。（《續資治通鑑》）

范仲淹為陝西都轉運使。會夏竦為陝西經略安撫招討使，進仲淹龍圖閣直學士以副之。延州諸砦多失守，仲淹自請行，遷戶部郎中，兼知延州。時塞門承平，諸砦既廢。用种世衡策，城青澗以據賊衝。大興營田。且聽民得互市，以通有無。（《宋史·范仲淹傳》）

种世衡簽書同州鄜州判官事。西邊用兵，守備不足。世衡建言，延安東北二百里，有故寬州。請因其廢壘而興之，以當寇衝。右可固延安之勢，左可致河東之粟，北可圖銀夏之舊。朝廷從之，命董其役。夏人屢出爭，世衡且戰且城之。然處險無泉，議不可守。鑿地百五十尺，始至于石。石工辭不可穿，世衡命屑石一畚酬百錢。卒得泉。城成，賜名青澗城。遷內殿崇班，知城事。開營田二千頃。募商賈，貸以本錢，使通貨贏其利。城遂富實。（《宋史·种世衡傳》）

詔仲淹與葛懷敏領兵，驅塞門等砦蕃騎出境。募弓箭手，以居其地。

康定元年八月，詔范仲淹、葛懷敏，領兵驅逐塞門等砦蕃騎出境。仍募弓箭手給地以居之。（《宋史·仁宗紀》）

詔麟州，募歸業人為義軍，免其租稅。

麟州義軍，與弓箭手略同，而不給田。康定元年，詔麟州府，募歸業人增補，俾耕本戶故地，免其租稅。（《文獻通考》）

慶曆元年，置陝西營田務。涇原強壯，弓箭手。

慶曆元年十月，置陝西營田務。十一月，置涇原路強壯，弓箭手。（《宋史·仁宗紀》）

詔陝西置營田

詔以陝西屯重兵。罄本路租稅，益以內庫錢帛，四川歲輸，而軍儲猶不足。宜度地為營田務，命四路總管轉運，兼領營田使。

慶曆元年十二月，詔陝西四路總管，及轉運使，兼營田使。（《宋史·仁宗紀》）

初，元昊反，析秦鳳涇原為四路。是歲，詔曰，陝西屯重兵。罄本路租稅，益以內庫錢帛，并四川歲輸，而軍儲猶不足。宜度隙地為營田務，四路總管，轉運，兼領使。（《宋史·兵志》）

募陝西土人為護塞軍。月給鹽茗。有警召集，無事營農。

慶曆元年十二月，置陝西護塞軍。（《宋史·仁宗紀》）

陝西護塞，慶曆元年，募土人，熟山川道路蕃情，善騎射者，涅手背充之。二百人為指揮。自備戎械，就鄉閭習武技，季一集州教閱。無事放營農，月給鹽茗。有警召集防守，卽廩給之，無出木路。（《宋史·兵志》）

梁適使陝西，還，知慶州范仲淹附奏攻守二議。其守議，謂前在延州，种世衡言，欲營田，聞已獲萬石。今之邊塞，皆可使弓箭手置營田，徙家塞下守之。則轉輸之患息。比之戍兵，功相遠矣。

范仲淹請募弓箭手置營田

慶曆元年，梁適使陝西，還，知慶州范仲淹附奏攻守二議。其守議曰，臣昨在延州，見知青澗城种世衡言，欲於本處，漸興田利，今聞僅獲萬石。臣觀今之邊寨，皆可使弓手土兵以守之。因置營田，據畝定課。兵獲羨餘，中糶於官。人樂其勤，公收其利。則轉輸之患，久可息矣。且使其兵，徙家塞下。重田利，習地勢，父母妻子共堅其守。比之東兵，不樂田利，不習地勢。復無懷戀者，功相遠矣。守愈久而備愈充，雖賊時為患，不能困我。此假土兵弓手之力，以置屯田為守之利也。（《續資治通鑑》）

二年，王堯臣為涇原安撫使，籠竿砦弓箭手叛。堯臣適過境上，諭以禍福，眾遂出降。堯臣既還，又請於涇原五州營田，益置弓箭手。從之。

王堯臣請置涇原營田弓箭手

慶曆二年十月，以翰林學士王堯臣為涇原路安撫使。（《續資治

通鑑》）

王堯臣入翰林為學士，仁宗使堯臣再安撫涇原。初，曹瑋開山外地，置籠竿等四砦。募弓箭手，給田使耕戰自守。其後將帥失撫御，稍侵奪之，衆怨怒。遂劫德勝砦將姚貴，閉城畔。堯臣適過境上，作書射城中，諭以禍福。衆遂出降。乃為申明約束，如舊而去。既還，上言，鄜延、環慶路，皆險固易守。惟涇原自漢唐以來，為衝要之地。自鎮戎軍至渭州，沿涇河大川，直抵涇邠，略無險阻。雖有城砦，據平地，賊徑交屬，難以捍防。如郭子儀、渾瑊常宿重兵守之。自元昊叛命，數年，由此三入寇。朝廷置帥府於涇州，為控扼關陝之會。誠合事機，然頻經敗覆，邊地空虛，士氣不振。願深監近弊，精擇將佐。其新集之兵，未經訓練，宜易以舊人。儻一路兵力完實，則賊不敢長驅入寇矣。因論沿邊城砦，控扼要害，賊徑通屬，及備禦輕重之策，為五事。上之。又請於涇原五州營田，益置弓箭手。皆報可。（《宋史·王堯臣傳》）

罷陝西營田

三年，罷陝西營田。

慶曆三年七月，罷陝西管內營田。（《宋史·仁宗紀》）

龐籍使狄青募民耕種給軍周美令兵營田

鄜延安撫招討使龐籍使部將狄青，築招安砦，於橋子谷傍。募民耕種，收粟以贍軍。而右騏驥使周美築柵於官道谷，令士卒營田，歲收六千斛。

慶曆二年十一月，復都部署，兼招討等使。命韓琦、范仲淹、龐籍分領之。（《宋史·仁宗紀》）

龐籍知延州，俄兼鄜延都總管，經略安撫緣邊招討使。明年，改延州觀察使，力辭，換左諫議大夫。自元昊陷金明、承平、塞門、安遠、栲栳砦，破五龍川，邊民焚掠殆盡。籍至，稍葺治之。戍兵十萬，無壁壘，皆散處城中。畏籍，莫敢犯法。金明西北有渾州川，土沃衍。川尾曰橋子谷，寇出入之隘道。使部將狄青將萬餘人，築招安砦於谷旁。數募民耕種，收粟以贍軍。周美襲取承平砦，王信築龍安砦。悉復所亡地，築十一城。（《宋史·龐籍傳》）

周美徙知保定軍，經略使龐籍表留之，改東路都巡檢使。元昊大入，據承平砦，諸將會兵議攻討。洛苑副使种世衡請齎三日糧，直搗敵穴。美曰，彼知吾來，必設伏待我，不如間道掩其不意。世衡不聽。美獨以西兵出芙蓉谷，大破敵。世衡等果無功。未幾，敵復略土塠砦，美迎擊于野家店，追北至拓跋谷，大敗其衆。以功遷右騏驥使。軍還，築柵于葱梅官道谷，以據敵路。令士卒益種營田，歲收穀六千斛。（《宋史·周美傳》）

范仲淹請倣府兵之法務農教戰

帝數問當世事於參知政事范仲淹，為之開天章閣，召二府條對。仲淹上十事。七曰修武備，倣府兵之法，募畿輔强壯為衞士，以助正兵。三時務農，一時教戰。俟有成效，則推行之於天下。帝方信仲淹，餘事皆采用之。獨府兵法，衆以為不可。未能施行。

慶曆三年七月，命范仲淹宣撫陝西。八月，以范仲淹參知政事。韓琦代范仲淹宣撫陝西。（《宋史·仁宗紀》）

范仲淹為陝西宣撫使，未行，復除參知政事。帝方銳意太平，數問當世事。仲淹語人曰，上用我至矣。事有先後，久安之弊，非朝夕可革也。帝再賜手詔，又為之開天章閣，召二府條對。仲淹皇恐，退而上十事。一曰明黜陟。二府非有大功大善者，不遷。內外須在職滿三年，在京百司非遷舉而授，須通滿五年，乃得磨勘。庶幾考績之法矣。二曰抑僥倖。罷少卿監以上乾元節恩澤。正郎以下，若監司邊任，須在職滿三年，始得蔭子。大臣不得薦子弟，任館閣職。任子之法無冗濫矣。三曰精貢舉。進士諸科，請罷糊名法。參考履行無闕者，以名聞。進士先策論後詩賦。諸科取兼通經義者。賜第以上，皆取詔裁。餘優等，免選注官。次第人，守本科選。進士之法，可以循名而責實矣。四曰擇長官。委中書樞密院，先選轉運使，提點刑獄，大藩知州。次委兩制，三司，御史臺，開封府官，諸路監司。舉知州，通判。知州，通判舉知縣令。限其人數。以舉主多者，從中書選除。刺史縣令，可以得人矣。五曰均公田。外官廩給不均，何以求其為善耶。請均其入，第給之，使有以自養。然

後可以責廉節，而不法者可誅廢矣。六曰厚農桑。每歲預下諸路，
風吏民言農田利害。堤堰渠塘，州縣選官治之。定勸課之法，以興
農利，減漕運。江南之圩田，浙西之河塘，隳廢者，可興矣。七曰
修武備。約府兵法，募畿輔彊壯為衛士，以助正兵。三時務農，一
時教戰。省給贍之費。畿輔有成法，則諸道皆可舉行矣。八曰推恩
信。赦令有所施行，主司稽違者，重寘於法。別遣使按視，其所當
行者。所在無廢格上恩者矣。九曰重命令。法度所以示信也，行之
未幾，旋即釐改。請政事之臣參議，可以久行者，删去煩宂。裁為
制敕行下。命令不至於數變更矣。十曰減徭役。戶口耗少，而供億
滋多。省縣邑戶少者，為鎮。併使州兩院為一。職官白直給以州兵，
其不應受役者，悉歸之。農民無重困之憂矣。天子方信嚮仲淹，悉
采用之。宜著令者，皆以詔書畫一頒下。獨府兵法，衆以為不可而
止。（《宋史・范仲淹傳》）

歐陽修請募弓箭
手耕禁地為明鎬
所沮

四年，河東都轉運使歐陽修言，代州、岢嵐、
寧化、火山軍邊境，荒田數萬頃，禁不許人耕種。
而私糴契丹粟麥供軍。實為大患。請募弓箭手墾
種。詔宣撫使范仲淹議之，仲淹以為便。遂以岢嵐
軍北，草城川禁地，募人於邊界十里外耕種。得二
千餘戶，歲輸租數萬斛，自備弓馬為弓箭手。既
而，以知幷州明鎬沮議而止。仲淹慶曆四年，宣撫
河東，翌年正月罷去。《宋史・食貨志》以為寶元
中事，且謂竟無益邊備者，誤也。

慶曆四年六月，范仲淹宣撫陝西河東。五年正月，范仲淹富弼
罷。（《宋史・仁宗紀》）

慶曆中，河東都轉運使歐陽修言，代州、岢嵐、寧化、火山軍
被邊地，幾二三萬頃。請募人墾種，充弓箭手。詔宣撫使范仲淹議，
以為便。遂以岢嵐軍北，草城川禁地，募人拒敵界十里外占耕。得
二千餘戶，歲輸租數萬斛。自備弓馬，涅手背為弓箭手。既而以幷

州明鎬沮議而止。(《宋史·兵志》)

　　寶元中，歐陽修奉使河東，還言，河東禁並邊地不許人耕。而私糴北界粟麥為兵儲。最為大患。遂詔岢嵐，火山軍閑田，並邊壕十里外者，聽人耕。然竟無益邊備，歲糴契丹界中如故。(《宋史·食貨志》)

　　皇祐四年，河北都轉運使包拯請徙河北戍兵，駐河南兗、鄆諸州。如戍兵不可減，則請募義勇代之。則一年所須，不及戍兵一月之費。不報。

　　皇祐四年三月，包拯為河北都轉運。(《續資治通鑑》)

　　包拯為三司戶部副使。契丹聚兵近塞，邊郡稍警，命拯往河北調發軍食。拯曰，漳河沃壤，人不得耕。邢、洛、趙三州，民田萬五千頃，率用牧馬，請悉以賦民。從之。除河北都轉運。嘗建議，無事徙兵內地。不報。至是，請罷河北屯兵，分之河南兗、鄆、齊、濮、曹、濟諸郡。設有警，無後期之憂。借曰戍兵不可遽減，請訓練義勇，少給糗糧。每歲之費，不當屯兵一月之用。一州之賦，則所給者多矣。不報。(《宋史·包拯傳》)

　　五年，韓琦知并州，以趙滋管勾河東經略司公事。滋建言，代州寧化軍有棄地萬頃，皆肥美，可募弓箭手墾之。琦從其言。《宋史·兵志》以為至和二年，富弼知并州時事者，誤也。

韓琦從趙滋言募弓箭手耕禁地

　　皇祐五年正月，以知定州韓琦為武康軍節度使，知并州。(《續資治通鑑》)

　　趙滋為京東東路都巡檢，超授定州路駐泊都監。嘗因給軍食，同列言粟不善。滋叱之曰，爾欲以是怒衆邪，使衆有一言，當先斬爾以徇。韓琦聞而壯之，以為真將帥材。及琦在河東，又奏滋權并代路鈐轄，改管勾河東經略司公事。建言，代州寧化軍有地萬頃，皆肥美，可募人田作。教戰射，為堡砦。人以為利。(《宋史·趙滋傳》)

　　韓琦為武康軍節度使，知并州。始潘美鎮河東，患寇鈔，令民悉內徙，而空塞下不耕。於是忻、代、寧化、火山之北，多廢壤。琦以為此皆良田，今棄不耕，適足以資敵。將皆為所有矣。遂請距北界十里為禁地，其南則募弓箭手居之。墾田至九千六百頃。（《宋史·韓琦傳》）

至和二年，韓琦奏訂鎬議非是，曰，昔潘美患契丹數入寇，遂驅旁塞耕民內徙，苟免一時失備之咎。其後，契丹講和，因循不復許人復業，遂名禁地。歲久為戎人侵耕，漸失疆界。今代州寧化軍有禁地萬頃，請如草城川，募弓箭手，可得田千餘戶。下并州富弼議，弼請如琦奏。詔其為條視山坡川原均給，人二頃。其租秋一輸。川地畝五升，坂原地畝三升。毋折變科斂。仍指揮卽山險為屋，以便居止，備征防。無得擅役。（《宋史·兵志》）

詔訓練閱視河北義勇

嘉祐三年，有上封事者。謂河北義勇，有事則戰，無事歸田，得寓兵於農之意。惜束於列郡，止以為城守之用。誠能於邢、冀二州，分置二路，令二郡守臣領之。寇至，率以腹背夾擊，則河北常伏銳師。詔諸路帥臣議之。大名李昭亮等，以為唐李抱真，籍民戶丁男，三選其一為步兵，雄視山東。此近代之明效。但無事時，便分兩路。置官統領，作用兵之勢。使敵疑而生謀，非計之得。姑令所在點集訓練。至於部分布列，量敵應機，亦難預圖。詔如所議。令每歲閱試，并以其數上聞。

嘉祐三年，有上封事者。論河北義勇，有事則集于戰陳，無事散歸田里。以時講習，無待儲廩。得古寓兵於農之意。惜其束於列郡，止以為城守之備。誠能於邢、冀二州，分東西兩路，命二郡守臣分領。寇至，卽帥兩路義勇之師，翔進赴援，傍出掩擊，使其腹背受敵。則河北二十餘所，常伏銳兵矣。議下河北路帥臣等。時，大名府李昭亮、定州龐籍、眞定府錢明逸、高陽關王贄等上議，曰，唐澤潞留後李抱眞籍戶丁男，三選其一。農隙則分曹角射，歲終都試，示以賞罰。三年，皆善射，舉部內得勁卒二萬。既無廩費，府庫益實。乃繕甲兵，為戰具。遂雄視山東。是時，天下稱昭義步兵，冠於諸軍。此近代之顯效。而或者謂民兵祇可城守，難備戰陳，誠非通論。但當無事時，便分兩路，置官統領，以張用兵之勢。外使敵人疑而生謀，內亦搖動衆心，非計之得。姑令在所點集訓練。三二年，武藝稍精，漸習行陳。遇有警得將臣如抱眞者統馭，制其陳隊，示以賞罰。何戰之不可哉。至於部分布列，量敵應機，繫於臨時便宜，亦難預圖。況河北本皆邊胡之地，自置義勇，州縣以時按閱。耳目已熟，行固無疑。詔如所議。歲閱，以新舊籍，并闕數上聞。（《續資治通鑑》）

四年，遣河北提刑薛向、都水丞孫琳等，相度興修保州屯田塘泊。

嘉祐四年，鹽鐵判官楊佐等往保州，視屯田塘泊隄道，以圖上之。命河北提刑薛向、都水丞孫琳同張茂則相度興修。（《玉海》）

六年，從河南屯田使曹偕請，罷每歲進屯田司地圖。

嘉祐六年三月，河南屯田使曹偕請罷每歲進屯田司地圖，從之。（《玉海》）

置廣南東路槍手。

廣南東路槍手，嘉祐六年，廣、惠、梅、潮、循五州以戶籍置。三等已上免身役，四等以下免戶役。歲以十月一日集縣閱教。（《宋史・兵志》）

七年，置廣南西路土丁。

廣南西路土丁，嘉祐七年，籍稅戶。應常役外，五丁點一，為之。凡得三萬九千八百人。分隊伍行陣，習槍鏢排。冬初，集州按閱。後遞歲州縣迭教，察視兵械，以妨收刈。改用十一月教一月罷。（《宋史・兵志》）

仁宗時，天下生齒日繁。獨京西、唐、鄧間，尚多曠土，人亦有請置屯田者。

仁宗時，天下生齒日繁，闢田日廣。獨京西、唐、鄧間尚多曠土，入草莽者十八九。或請徙戶實之，或請置屯田。（《宋史·食貨志》）

李壽朋知滄州，括荒田三萬頃，縱民耕。擇其壯者，使習兵。石元孫為廣信安肅軍都巡檢，開屯田，鑿塘水。江都主簿王琪請置營田。田京知滄州，倣古屯田，不能成。俱仁宗時事。

李壽朋知滄州。滄地震，壞城郭帑庾。壽朋以席為屋，督吏寀繕葺。未數月，復其舊。括蕪田三萬頃，縱民耕。擇其壯者使習兵。（《宋史·李若谷傳》）

石元孫知莫州，徙保州，領廉州刺史，兼廣信，安肅軍緣邊都巡檢。時開屯田，鑿塘水。有訟元孫擅污民田者，遣官按視，訟者以誣服。卽賜白金五百兩，詔褒諭之。（《宋史·石守信傳》）

王琪起進士，調江都主簿，上時務十二事。請建義倉，置營田，減度僧，罷鬻爵，禁錦、綺、珠、貝，行鄉飲，籍田，復制科，興學校。仁宗嘉之，除館閣校勘。（《宋史·王珪傳》）

田京知滄州，兼轉運使。京能招輯流民，為之給田，除稅租。凡增戶萬七千。特遷工部郎中。然傳者謂流民之數多不實。又強為人田，非其所樂。侵民稅地，倣古屯田法。其後法不成，所給種錢牛價，民多不償。鞭笞督責，至累年不能平。公私皆患之。（《宋史·田京傳》）

從韓琦請刺陝西民為義勇

英宗治平元年，宰相韓琦言，府兵之法，久廢不能復。今河北、河東之義勇，稍加簡練。與府兵不異。陝西、河北、河東皆控禦西北，事當一體。帝從之。遣使籍陝西戶，三丁選一，刺為義勇。諫官司馬光累疏諫之，不允。又詔置保毅田。承其名額者，亦刺為義勇。

治平元年十一月，科陝西戶三丁之一，刺以為義勇軍。凡十三

萬八千四百六十五人，各賜錢二千。諫官司馬光累上疏諫之，不允。（《宋史·英宗紀》）

治平元年，宰相韓琦言，古者籍民為兵，數雖多而贍至薄。唐置府兵，最為近之。後廢不能復。今之義勇，河北幾十五萬，河東幾八萬。勇悍純實，出於天性。而有物力資產，父母妻子之所係。若稍加練簡，與唐府兵何異。陝西嘗刺弓手為保捷，河北、河東、陝西皆控西北，事當一體。請於陝西諸州，亦點義勇，止涅手背，一時不無小擾，終成長利。天子納其言，乃遣籍陝西義勇，得十三萬八千四百六十五人。是時，諫官司馬光累奏，謂陝西頃嘗籍鄉弓手，始諭以不去鄉里。既而，涅為保捷正兵，遣戍邊州。其後不可用，遂汰為民。徒使一路騷然，而於國無補。且祖宗平一海內，曷嘗有義勇哉。自趙元昊反，諸將覆師相繼，終不能出一旅之衆，涉區脫之地。當是時，三路鄉兵數十萬，何嘗得一人之力。議者必曰河北河東，不用衣廩，得勝兵數十萬，閱教精熟，皆可以戰。又兵出民間，合於古制。臣謂不然。彼數十萬者，虛數也。閱教精熟者，外貌也。兵出民間者，名與古同而實異。蓋州縣承朝廷之意，止求數多。閱教之日，觀者但見其旗號鮮明，鉦鼓備具，行列有序，進退有節，莫不以為眞可以戰。殊不知彼猶聚戲，若遇敵，則瓦解星散，不知所之矣。古者兵出民間，農桑所得，皆以衣食其家。故處則富足，出則精銳。今既賦斂農民粟帛，以給正軍，又籍其身以為兵，是一家而給二家之事也。如此，民之財力，安得不屈。臣愚以為河北、河東已刺之民，猶當放還，況陝西未刺之民乎。帝弗聽。於是三路鄉兵，唯義勇為最盛。（《宋史·兵志》）

治平初，詔置保毅田，承名額者，悉揀刺以為義勇。（《宋史·兵志》）

二年，置邕欽溪洞壯丁。

邕欽溪洞壯丁，治平二年，廣南西路安撫司集左右兩江四十五溪洞知州、洞將。各占隣，迭為救應。仍籍壯丁補校長，給以旗號。峒丁以三十人為一甲置節級，五甲置都頭，十甲置指揮使，五十甲置都指揮使。總四萬四千五百人，以為定額。各置戎械。遇有寇警，

召集之。二年一閱，察視戎械，有老病，並物故名闕，選少壯者填。三歲一上。（《宋史·兵志》）

河北屯田幾廢　三年，河北屯田僅餘三百六十七頃。

治平三年，河北屯田三百六十七頃，得穀三萬五千四百六十八石。（《宋史·食貨志》）

郭逵請募弓箭手　四年，陝西宣撫使郭逵言，秦州青雞川蕃部，願獻地。請於牟谷口築城，募弓箭手以斷賊入寇之路。至閏三月，收原州九砦，蕃官三百餘員，蕃兵萬人。

郭逵，治平二年，以檢校太保，同簽書樞密院，旋出領陝西宣撫使，判渭州。（《宋史·郭逵傳》）

治平四年，郭逵言，秦州青雞川蕃部願獻地。請於州南，牟谷口置城堡，募弓箭手。以通秦州、德順二州之援，斷賊入寇之路。閏三月，收原州九砦，蕃官三百八十一人。總二百二十九族，七千七百三十六帳，蕃兵萬人，馬千匹。是歲，罷四路內臣主蕃部者，選逐路升朝使臣，諳練蕃情者為之。（《宋史·兵志》）

王素李參增募弓箭手　治平初，復有知渭州王素增募弓箭手，築堡使居之。聽散耕田野，有警則聚。知秦州李參討平藥家族，得良田五百頃，以募弓箭手。

王素知許州，治平初，夏人寇靜邊砦，召拜端明殿學士，復知渭州。於是，三鎮涇原蕃夷故老，皆歡賀。比至，敵解去，拓渭西南城，濬隍三周，積粟支十年。屬羌奉土地來獻，悉增募弓箭手，行陳出入之法，身自督訓。其居舊穿土為室，寇至，老幼多焚死，為築八堡，使居之。其衆領於兩巡檢，人莫得自便。素曰，是豈募民兵意邪。聽散耕田里，有警則聚。故士氣感奮精悍，他道莫及。（《宋史·王素傳》）

李參治平初，再遷樞密直學士，知秦州。蕃酋藥家族作亂，討平之。得良田五百頃，以募弓箭手。（《宋史·李參傳》）

神宗熙寧元年，內侍程昉為河北屯田都監。諭邊臣營治沿邊塘濼，為守禦之備。

神宗熙寧元年六月，河決冀州棗強。都水監丞宋昌與屯田都監內侍程昉獻議，開二股以導東流。是歲，又遣程昉諭邊臣，營治諸濼以備守禦。（《宋史·河渠志》）

程昉熙寧初，為河北屯田都監。河決棗強，釃二股河，導之使東。（《宋史·宦者傳》）

從樞密副使邵亢之請，詔以坊監牧馬餘地立田官。令專稼政，以資牧養之用。

神宗熙寧元年，詔以坊監牧馬餘地，立田官，令專稼政，以資牧養之用。按原武、單鎮、洛陽、沙苑、淇水、安陽、東平七監地，餘良田萬七千頃。可賦民租佃，收草粟以備枯寒。從樞密副使邵亢請也。（《文獻通考》）

三年，知渭州蔡挺乞以義勇，為五番教閱。案府兵遺法，俾之分戍，以補土兵之闕。歲省粟帛緡錢十三萬有奇。取邊民私市蕃部田八千頃，以給弓箭手。築城於定戎軍，曰熙寧砦。開地二千頃，募率❶三千人耕守之。蕃部歲飢，以田質於弓箭手。過期，輒沒之。挺貸以官錢，歲息什一。後遂推為蕃漢青苗助役法。

熙寧三年七月，王安石進呈，蔡挺乞以義勇，為五番教閱事。帝患密院不肯措置。安石曰，陛下誠欲行，則孰能禦，此在陛下也。涇、渭、儀、原四州義勇，萬五千人，舊止戍守。經略使蔡挺始令遇上番，依諸軍結隊，分隸諸將。選藝精者，遷補，給官馬。月廩時帛郊賞，與正兵同。遂與正兵相參戰守。時土兵有闕，召募三千人。挺奏，以義勇點刺，累年雖訓肄以時，而未施於征防。意可以案府兵遺法，俾之番戍，以補土兵闕。詔復問以措置遠近番之法。

右側批注：從邵亢請以牧地立田官

右側批注：蔡挺用府兵法練義勇增弓箭手

---

❶ "率"當為"卒"。——編者註

挺卽條上，以四州義勇，分五番，番三千人。防秋，以八月十五日至十月罷。防春，以正月十五日至三月罷。周而復始。詔從之，行之諸路。（《宋史·兵志》）

　　蔡挺知渭州，舉籍禁兵，悉還府，不使有隱占。建勤武堂，五日一訓之，偏伍鎮鈹之法甚備。儲勁卒於行間，遇用奇則別為一隊。甲兵整習，常若寇至。又分義勇為伍番，番三千人。參正兵防秋與春，以八月正月集，四十五日而罷。歲省粟帛錢縉十三萬有奇。括並邊生地，冒耕田千八百頃，募人佃種，以益邊儲。取邊民闌市番部田八千頃，以給弓箭手。又築城定戎軍，為熙寧砦。開地二千頃，募卒三千人，耕守之。蕃部歲飢，以田質於弓箭手，過期輒沒。挺為資官錢，歲息什一，後遂推為蕃漢青苗助役法。（《宋史·蔡挺傳》）

從王韶請墾濱河田

　　管幹秦鳳經略司機宜文字王韶言，渭原而下，至秦州成紀，旁河五六百里間，良田未墾者甚多。若置市易司，籠商賈之利，取其贏以治田。耕千頃，歲可得穀三十萬斛。帝從其言，仍命韶提舉。經略使李師中奏沮其謀，宰相王安石主韶議。詔竇舜卿代師中，遣李若愚、王克臣等按視。若愚等復奏，與師中同。再下沈起，起奏，恐招人耕種，致西蕃驚疑。侍御史謝景溫言，起妄指弓箭手地，以塞韶妄。中書言，起未助韶。而師中在秦州，與韶更相論奏，互有曲直。韶責保平軍節度推官，師中亦落待制。後韓縝知秦州，言實有古渭砦弓箭手未請空地，四千餘頃。遂復韶官，從其所請行之。《宋史·韶傳》言安石譎師中舜卿，而擢韶為太子中允者，妄也。

　　熙寧三年，王韶言，渭原城而下，至秦州成紀，旁河五六百里，良田不耕者，無慮萬頃。歲可得三十萬斛。知秦州李師中論韶，指極邊見招弓箭手地，恐秦州益多事。詔遣王克臣等按視，復奏與師中同。再下沈起，起奏不見詔所指何地，雖實有之，恐召人耕種，西蕃驚疑。侍御史謝景溫言，聞沈起妄指甘谷城，弓箭手地，以塞詔妄。而竇舜卿奏，實止有閒田一頃四十三畝。中書言，起未嘗指甘谷城地，以實詔奏。而師中前在秦州，與詔更相論奏，互有曲直。詔遂以妄指閒田，自著作佐郎責保平軍節度推官。師中亦落待制，其後韓縝知秦州，乃言實有古渭砦弓箭手未請空地，四千餘頃。遂復詔故官，從其所請行之。（《宋史・食貨志》）

　王韶，熙寧元年，詣闕上平戎策三篇，神宗異其言，召問方略，以韶管幹秦鳳經略機宜文字。韶又言，渭源至秦州，良田不耕者萬頃。願置市易司，頗籠商賈之利，取其贏以治田。帝從其言，改著作佐郎，仍命韶提舉。經略使李師中言，韶乃欲指古極邊弓箭手地耳。又將移市易司於古渭，恐秦州自此益多事，所得不補所亡。王安石主韶議，為罷師中，以竇舜卿代，且遣李若愚按實。若愚至，問田所在，韶不能對。舜卿檢索，僅得地一頃，既地主有訟，又歸之矣。若愚奏其欺。安石又為罷舜卿，而命韓縝，縝遂附會實其事。師中、舜卿皆坐謫。帝志復河隴，築古渭為通遠軍，以韶知軍事。（《宋史・王韶傳》）

知定州滕甫言，河北民間，有弓箭社及獵射人，習慣與夷人無異。乞令本道諸州，募有武勇，願習弓箭者，自為之社。每歲春，長吏閱試之，可備緩急。從之。

從滕甫請募河北
民為弓箭社

　弓箭社，河北舊有之。熙寧三年十二月知定州滕甫言，河北州縣近山谷處，民間各有弓箭社及獵射人，習慣便利，與夷人無異。欲乞下本道逐州縣，並令募諸色公人，及城郭鄉村百姓，有武勇，願習弓箭者，自為之社。每歲之春，長吏就閱之。北人勁悍，緩急可用。從之。（《宋史・兵志》）

帝嘗論唐租庸調法，而善之。且謂府兵，與租庸調法相須。王安石以為義勇土軍，雖無租庸調

神宗欲復府兵王安
石請立保甲之法

法。上番供役，入衞出戍，亦同府兵。惟義勇皆良民，當以禮義獎養之。今皆倒置，人所不樂，宜反其道行之。使民利於為義勇，則俗可變而技可成。願擇鄉間豪傑為將校，稍獎拔，則人自悅服。今募兵為宿衞，亦有積官至刺史以上者。移此與彼，固無不可。況不至如此，人已樂為。審擇近臣皆有政事之材，則異時可使分將義勇。今募兵出於無賴，尚可為軍廂主，近臣豈不及此輩。帝以為然。帝又言節財用。安石對以減兵為最急。帝曰，比仁宗時已甚減。且慮緩急或闕事。安石曰，臣屢言，河北舊為武人割據，內抗朝庭，外敵四隣。亦有禦奚契丹者。兵儲不假外求而足。今舉天下財物奉之，常若不足以當一面之敵。則三路事，有當講畫者，在善用其民而已。馮京、文彥博等爭難之。帝曰，募兵專於戰守，故可恃。民兵則兵農之業相半，可恃以戰守乎。安石曰，募兵與民兵無異，顧所用將帥何如爾。帝曰，經遠之策，必什伍其民，費省而兵衆，且與募兵相為用。安石曰，欲公私財用不匱，為宗社久長計，募兵之法誠當變革。請立保甲之法。大臣皆以為不便，而安石主議甚力。帝卒從之。是年，始詔畿內之民，十家為保，設保長。五十家為大保，設大保長。十大保為都保，選衆所服者為都保正。戶有兩丁以上，選一人為保丁。以捕盜賊相保任，尚未肄以武事。

熙寧初，王安石變募兵而行保甲，帝從其議。三年，始聯比其民，以相保任。乃詔畿內之民，十家為一保，選主戶有幹力者一人，為保長。五十家為一大保，選一人為大保長。十大保為一都保，選為眾所服者為都保正，又以一人為之副。應主客戶，兩丁以上，選一人為保丁，附保兩丁以上，有餘丁而壯勇者，亦附之。內家資最厚，材勇過人者，亦充保丁。兵器非禁者，聽習。每一大保，夜輪五人儆盜。凡告捕所獲，以賞格從事。同保犯強盜、殺人、放火、強姦、略人、傳習妖教、造畜蠱毒，知而不告，依律伍保法。餘事非干己，又非敕律所聽糾，皆毋得告，雖知情亦不坐。若於法保隣合坐罪者，乃坐之。其居停強盜三人，經三日，保隣雖不知情，科失覺罪，逃移死絕。同保不及五家，併他保。有自外入保者，收為同保，戶數足則附之。俟及十家，則別為保。置牌，以書其戶數姓名。既行之畿甸，遂推之五路，以達于天下。時則以捕盜賊相保任，而未肄以武事也。（《宋史・兵志》）

　保甲立法之初，故老大臣皆以為不便，而安石主議甚力，帝卒從之。今悉著其論難，使來者考焉。帝嘗論租庸調法，而善之。安石對曰，此法近井田，後世立事粗得先王遺意，則無不善。今亦無不可為，顧難速成爾。及帝再問。對曰，人主誠能知天下利害，以其所謂害者，制法，而加於兼併之人，則人自不敢保過限之田。以其所謂利者，制法，而加於力耕之人，則人自勸於力耕，而授田不能過限。然此須漸，乃能成法。使人主誠知利害之權，因以好惡加之，則所好何患人之不從，所惡何患人之不避。若人主無道以揆之，則多為浮議所奪，雖有善法，何由立哉。帝謂府兵與租庸調法相須。安石對曰，今義勇土軍，上番供役，既有廩給，則無貧富，皆可以入衛出戍。雖無租庸調法，亦自可為。第義勇皆良民，當以禮義獎養，今皆倒置者，以涅其手背也，教閱而糜費也，使之運糧也，三者，皆人所不樂。若更敺之就敵，使被殺戮，尤人所憚也。馮京曰，義勇亦有以挽彊得試推恩者。安石曰，挽彊而力有不足，則絕於進取。是朝廷有推恩之濫，初非勸獎使人趨武用也。今欲措置義勇，皆當反此。使害在於不為義勇，而利在於為義勇。則俗可變，而眾技可成。臣願擇鄉間豪傑，以為將校，稍加獎拔，則人自悅服。矧今募兵為宿衛，亦有積官至刺史以上者。移此與彼，固無不可。況不至如此費官祿，已足使人樂為哉。陛下誠能審擇近臣，皆有政事之材，則異時可使分將此等軍矣。今募兵出於無賴之人，尚可為軍廂主。則近臣以上，豈不及此輩。此乃先王成法，社稷之長計也。帝以為然。時有欲以義勇代正兵者，曾公亮以為置義勇弓手，漸可以省正兵。安石曰，誠然。第今江淮置新弓手，適足以傷農。富弼亦論京西弓手非便。安石曰，撥文教，奮武衛，先王所以待遠邇者，固不同。今處置江淮，與三邊事當有異。帝又言，節財用。安石對以減兵最急。帝曰，比慶曆數已甚減矣。因舉河北、陝西兵數，慮募兵太少，又訓擇不精，緩急或闕事。安石對曰，精訓練募兵，而鼓舞三路之民習兵，則兵可省。臣屢言，河北舊為武人割據。內抗朝廷，外敵四鄰，亦有禦奚契丹者，兵儲不外求而足。今河北戶口蕃息，又舉天下財物奉之。常若不足以當一面之敵，其施設乃不如武人割據時。則三路事有當講畫者，在專用其民而已。帝又言，邊兵不足以守，徒費衣廩，然固邊圉又不可悉減。安石曰，今更減兵，卽誠無以待急緩。不減，則費財困國無已時。臣以為儻不能理兵，稍復古制，則中國無富彊之理。帝曰，唐都長安，府兵多在關中，則為彊本。今都關東，而府兵盛，則京師反不足待四方。安石曰，府兵在處可為，又可令入衛，則不患本不彊。韓絳、呂公弼皆以入衛為難。文彥博曰，如曹濮人專為盜賊，豈宜使入衛。安石曰，曹濮人豈無應募，皆暴猾無賴之人，尚不以為虞。義勇皆良民，又以物力戶為將校，豈當復以為可虞也。陳升之欲令義勇以漸戍近州。安石曰，陛下若欲去數百年募兵之敝，則宜果斷，詳立法制，令本末備具。不然，無補也。帝曰，制而用之在法，當預立條制，以漸推行。彥博等又以為，土兵難使千里出戍。安石曰，前代征流求，討党項，豈非土兵乎？帝曰，募兵專於戰守，故可恃。至民兵，則兵農之業相半，可恃以戰守乎。安石曰，唐以前未有黥兵，然亦可以戰守。臣以謂募兵與民兵無異，顧所用將帥如何爾？將帥非難求，但人主能察見羣臣情偽，善駕御之，則人材出而為用，不患無將帥。有將帥，則不患民兵不為用矣。帝曰，經遠之策，必須什伍其民，費省而兵衆，且與募兵相為用矣。安石對曰，欲公私財用不匱，為宗社長久計。募兵之法，誠當變革。時開封鞠保戶，有質衣而買弓

箭者。帝恐其貧乏，難於出備。安石曰，民貧宜有之。抑民使置弓
箭則法所弗去也。往者，冬閱及巡檢番上，唯就用在官弓矢。不知
百姓何故，至於質衣也。且府界素多羣盜，攻劫殺掠，一歲之間，
至二百火，逐火皆有賞錢。備賞之人，即今保丁也。方其備賞之時，
豈無賣易衣服，以納官賞者。然人皆以謂賞錢宜出於百姓。夫出錢
之多，不足以止盜。而保甲之能止盜，其効已見。則雖令民出少錢，
以置器械，未有損也。權知開封府韓維等言，諸縣團結保甲，鄉民
驚擾，祥符等縣已畢，其餘縣乞候農閑排定。時曾孝寬為府界提點，
榜募告捕扇惑保甲者，雖甚嚴，有匿名書封邱郭門者。於是，詔重
賞捕。安石曰，乃者保甲人得其願，上番狀，然後使之。宜於人
情無所驚疑。且今居藏盜賊，及為盜賊之人，固不便新法。陛下觀
長社一縣，捕獲府界劇賊，為保甲迫逐出外者，至三十人。此曹既
不容京畿，又見捕於輔郡，其計無聊，專務扇惑。比聞為首扇惑者，
已就捕。然至京師，亦止有二十許人。以十七縣十數萬家，而被扇
惑者才二十許人，不可謂多。今輔郡保甲宜先遣官諭上旨，後以法
推行之。帝曰，然。一日，帝謂安石曰，曾孝寬言，民有斬指訴保
甲者。安石曰，此事得於蔡騊、趙子幾，使騊驗問，乃民因斲木誤
斬指，參證者數人。大抵保甲法，上自執政大臣，中則兩制，下則
盜賊及停藏之人，皆所不欲。然臣召鄉人問之，皆以為便。則雖有
斬指以避丁者，不皆然也。況保甲非特除盜，固可漸習為兵。既人
皆能射，又為旗鼓變其耳目。且約以免稅上番，代巡檢兵。又自正
長而上，能捕賊者，獎之以官，則人競勸。然後使與大兵相參，則
可以銷募兵驕志，且省財費。此宗社長久之計。帝遂變三路義勇，
如府畿保甲法。馮京曰，義勇已有指揮使，指揮使即其鄉里豪傑。
今復作保甲，令何人為大保長。安石曰，古者，民居則為鄉，伍家
為比，比有長。及用兵，即五人為伍，伍有伍司馬。二十五家為閭，
閭有閭胥。二十五人為兩，兩有兩司馬。兩司馬即閭胥，伍司馬即
比長，第隨事異名而已。此乃三代六鄉六軍之遺法，其法見於書，
自夏以來，至周不改。秦雖決裂阡陌，然什伍之法，尚如古制。此
所以兵衆而強也。征伐唯府兵為近之。今舍已然之成憲，而乃守五
代亂亡之餘法，其不足以致安強無疑。然人皆恬然，不以因循為可

憂者，所見淺近也。安石又奏，義勇須三丁以上。請如府界，兩丁以上，盡籍之。三丁卽出戍，誘以厚利。而兩丁卽止令於巡檢上番，如府界法。大略不過如此，當遣人與經略轉運司，及諸州長吏，議之。及訪本路民情所苦所欲，因以寓法。帝曰，河東修義勇強壯法，又令團集保甲，如何。安石對曰，義勇須隱括丁數。若因團集保甲，卽一動而兩業就。今旣遣官隱括義勇，又別遣官團練保甲，卽分為兩事，恐民不能無擾。或曰，保甲不可代正軍上番，然否。安石曰，俟其習熟，然後上番。然東兵技藝，亦弗能優於義勇保甲。臣觀廣勇虎翼兵固然。今為募兵者，大抵皆偷惰頑猾，不能自振之人。為農者，皆朴力一心，聽令之人。則緩急莫如民兵可用。文彥博曰，以道佐人主者，不以兵強天下。安石曰，以兵強天下者，非道也。然有道者，固能柔能剛，能弱能強。方其能剛強，必不至柔弱。張皇六師，固先王之所尚也。但不當專務兵強爾。帝卒從安石議。帝曰，保甲義勇，芻糧之費，當預為之計。安石曰，當減募兵之費，以供之。所供保甲之費，纔養兵十之一二。帝曰，畿內募兵之數，已減於舊。強本之勢，未可悉減。安石曰，既有保甲代其役，卽不須募兵。今京師募兵，逃死停放，一季乃數千。但勿招填，卽為可減。然今廂軍既少，禁兵亦不多。臣願早訓練民兵，民兵成，則募兵當減矣。又為上言，今河北義勇雖十八萬，然所可獎慰者，不過酋豪百數十人而已。此府兵之遺意也。帝以為然，令議其法。樞密院傳上旨，以府界保甲，十日一番，慮太促，無以精武事。其以一月為一番。安石奏曰，今保甲十日一番，計一年餘八月當番。若須一月，卽番愈疏。又昨與百姓約，十日一番。今遽改命，恐愈為人扇惑。宜俟其習熟，徐議其更番。且今保甲閱藝，八等勸獎至優，人競私習，不必上番，然後就學。臣愚謂假以數年，其藝非特勝義勇，必當勝正兵。正兵技藝，取應官法而已。非若保甲，人人有勸心也。（《宋史·兵志》）

四年，始詔畿內保丁肄習武事。農隙閱試，第一等，保明以聞。天子親試之，命以官。二、三、四等，免其賦役有差。附甲單丁願就試者，聽。雖使習武技，尚未令之番上。

熙寧四年，始詔畿內保丁肄習武事。歲農隙，所隸官期日，於要便鄉村都試，騎步射，並以射中親疏遠近為等。騎射，校其用馬。有餘藝而願試者聽。第一等，保明以聞，天子親閱試之，命以官使。第二等，免當年春天一月馬藥四十，役錢二千。本戶無可免，或所免不及，聽移免他戶，而受其直。第三、第四等，視此有差，藝未精，願候閱試，或附甲單丁，願就閱試者，並聽。都副保正武藝雖不及等，而能整齊保戶無擾，勸誘丁壯習藝及等，捕盜比他保最多，弭盜比他保最少，所隸官以聞，其恩視第一等焉。都副保正有闕，選大保長充。都副保正雖勸誘丁壯習藝，而輒彊率妨務者，禁之。吏因保甲事受賕斂掠，加乞取監臨三等，杖徒編管配隸。告者，次第賞之。命官犯者，除名。時雖使之習武技，而未番上也。（《宋史·兵志》）

是年，河北屯田司奏，豐歲屯田入不償費，詔罷之。募民耕佃，收屯田兵為廂軍。

罷河北屯田

熙寧四年，河北屯田司屢言，豐歲所入，亦不償費。詔沿邊屯田不以水陸，悉募民租佃。罷屯田務，收其兵為州廂軍。（《文獻通考》）

廂軍者，諸州鎮之兵也。建隆初，選諸州募兵之壯勇者，送京師，以備禁衞。餘留本城，類多給役而已。（《宋史·兵志》）

五年夏，從知延州趙卨請，括閑田，募弓箭手。初，鄜延墾田，為弓箭手者，寶元用兵後，凋耗殆盡。其地為諸酋所有。卨使之自募家丁，占田充兵，悉補亡籍。又檢括閑田，共得萬五千頃。蕃漢兵萬七千。

趙卨括閑田募弓箭手

熙寧五年四月，括閑田，置弓箭手。（《宋史·神宗紀》）

熙寧五年，知延州趙卨乞根括閑田，及募弓箭手。詔如其請行之。（《文獻通考》）

時，陝西曠土多未耕，屯戍不可撤，遠方有輸送之勤。知延州趙卨請募民耕，以紓朝廷憂。詔下其事，經略安撫使郭逵言，懷寧砦所得地百里，以募弓箭手，無間田。卨又言之。遂括地，得萬五千餘頃。募漢蕃兵幾五千人，為八指揮。詔遷卨官，賜金帛。（《宋史·食貨志》）

熙寧五年，趙卨為鄜延路，以其地萬五千九百頃，募漢蕃弓箭手四千九百人。帝嘉其能省募兵之費，褒賞之。（《宋史·兵志》）

趙卨，熙寧初，知延州。初，鄜延地皆荒瘠，占田者不出租賦，倚為藩蔽。寶元用兵後，凋耗殆盡，其曠土為諸酋所有。卨因招問曰，往時汝族戶若干，今皆安在。對以大兵之後，死亡流散，其所存止此。卨曰，其地存乎。酋無以對。卨曰，聽汝自募家丁，使占田充兵，若何。吾所得者人爾，田則吾不問也。諸酋皆感服，歸募，悉補亡籍。又檢括境內公私間田，得七千五百餘頃，募騎兵萬七千。卨以異時蕃兵提空簿，漫不可考，因議涅其手。屬歲飢，卨令蕃兵願刺手者，貸常平穀一斛。於是，人人願刺。因訓練以時，精銳過於正兵。神宗聞而嘉之，擢天章閣待制。（《宋史·趙卨傳》）

詔太原置弓箭手

冬，詔太原置弓箭手。

熙寧五年十二月，詔太原置弓箭手。（《宋史·神宗紀》）

是年，司農寺言，保戶數以狀詣縣，願分番隸巡檢司習武。詔保丁願上番者，十日一更。月給口糧薪菜錢。巡檢司量留廂軍給使，餘兵悉罷之。

熙寧五年，右正言知制誥判司農寺曾布言，近日保戶，數以狀詣縣，願分番隸巡檢司，習武技。提點司以聞朝廷及司農寺，未敢輒議，願下提點司，送中書詳審，付司農具為令。於是，詔主戶保丁，願上番於巡檢司，十日一更。疾故者次番代之，月給口糧薪菜錢，分番巡警。每五十人，輪大保長二，都副保正一，統領之。都副保正，月各給錢七千，大保長三千，當番者，毋得輒離本所。捕逐劇盜，雖下番人，亦聽追集，給其錢斛，事訖遣還。毋過上番人數，仍折除其上番日。巡檢司量留廂軍給使，餘兵悉罷。應番保丁

武技及第三等已上，並記于籍。遇歲凶五分已上者，第振之，自十五石至三石。（《宋史·兵志》）

六年，王韶取河、宕、岷、疊、洮五州。拓地千二百里，招降三十餘萬口。募勇敢士九百餘人，耕田百頃。王安石請令韶如諸路，推行青苗、保馬、保甲法，變其夷俗。

王韶，熙寧五年，以龍圖待制知熙州。六年，三月，取河州，遷樞密直學士。降羌叛，韶回軍擊之。瞎征以其間據河州，韶進破訶諾木藏城，穿露骨山南，入洮州境，道陿隘，釋馬徒行，或日至六七。瞎征留其黨守河州，自將尾官軍，韶力戰破走之。河州復平，連拔宕、岷二州，疊、洮羌酋皆以城附。軍行五十有四日，涉千八百里，得州五，斬首數千級，獲牛羊馬以萬計。進左諫議大夫，端明殿學士。（《宋史·王韶傳》）

熙寧六年，王韶拓熙河地千二百里，招附三十餘萬口。安石奏曰，今以三十萬之衆，漸推文法，當卽變其夷俗。然韶所募勇敢士九百餘人，耕田百頃，坊三十餘所。蕃部旣得為漢，而其俗又賤土貴貨。漢人得以貨與蕃部易田，蕃人得貨，兩得所欲。而田疇墾，貨殖通，蕃漢為一，其勢易以調御。請令韶如諸路，以錢借助收息。又捐百餘萬緡，養馬於蕃部。且什伍其人，獎勸以武藝，使其人民富足，士馬強盛。奮而使之，則所嚮可以有功。今蕃部初附，如洪荒之人，唯我所御而已。（《宋史·兵志》）

從經略司言，詔熙河路，以公田募弓箭手。許人投充保甲，以地給之。仍許百姓壯勇者占田，依內地排保甲，並聽民戶受蕃部地。

熙寧六年十月，熙河經略司言，乞許人投充義勇，以地給之，起立稅額。以官地招弓箭手，仍許近裏百姓壯勇者占射，依內地起稅，排保甲。卽義勇願投充，及民戶願受蕃部地者，聽之。其頃畝，令經略司以肥瘠定數。（《宋史·兵志》）

熙寧六年十月，詔熙河路以公田募弓箭手。其旁塞民強勇願占

王韶取河洮等五州募勇士耕墾

詔熙河以公田募弓箭手以地給保甲

田出租賦聯保伍，或義勇願應募，或民戶願受蕃部地者，聽。（《宋史·兵志》）

改諸道民兵為保甲

是年。罷河北弓箭社。荊湖路義軍、土丁、弩手，廣東路槍手，邕欽溪峒壯丁，並改為保甲。

河朔被邊州軍，自澶淵講和以來，百姓自相團結，為弓箭社。不論家業高下，戶出一人。又自相推擇，家資武藝衆所服者，為社副錄事，謂之頭目。帶弓而鋤，佩劍而樵，出入山阪，飯食長枝，與敵國同。私立賞罰，嚴於官府。分番巡邏，鋪屋相接。透漏北賊，及本土強盜不獲，其當番人，皆有重罰。遇其警急，擊鼓集衆，頃刻可致千人。器甲鞍馬，常若寇至。蓋親戚墳墓所在，人自為戰，敵深畏之。先朝名臣帥定州者韓琦、龐籍，皆加意拊循其人，以為爪牙耳目之用。而籍又增損其約束賞罰。熙寧六年，行保甲法，強壯、弓箭社，並行罷廢。（《宋史·兵志》）

荊湖路義軍土丁弩手，不見創置之始。北路辰、豐二州，南路全、邵、道、永四州，皆置。蓋溪洞諸蠻，保據巖險，叛服不常，其控制須土人。故置是軍，皆選自戶籍。蠲免徭賦，番戍砦柵。大率安其風土，則罕嬰瘴毒。知其區落，則可制狡獪。其校長則有都指揮使、副都指揮使、指揮使、副指揮使、都頭、副都頭、軍頭、頭首、採斫、招安頭首、十將、節級，皆敍功遷補，使相綜領。施之西南，實代王師。有禦侮之備，而無饋餉之勞。其後荊南、歸、峽、鼎、郴、衡、桂陽亦置。熙寧六年，諸路行保甲，司農寺請令全、邵二州土丁、弩手、弩團，與本村土人共為保甲。以正副指揮使，兼充都副保正。以都頭、十將、虞侯、頭首、都甲頭，兼充保長。以左右節級、甲頭，兼充小保長。番上，則本鋪土丁、弩手、弩團等同為一保。其隔山，領不及五大保者，亦各置都保正一人。（《宋史·兵志》）

熙寧六年，廣東駐泊楊從先言，本路槍手萬四千，今為保甲，兩丁取一，得丁二十五萬。三丁取一，得丁十三萬。以少計之，猶十倍於槍手，願委路分都監二員，分提舉教閱。詔司農寺定法以聞。其後，戶四等以上，有三丁者，以一為之。每百人為一都，一都之

下為一指揮。自十一月至二月，月輪一番。閱習凡三日一試，擇其技優者，先遣之。（《宋史·兵志》）

熙寧中，王安石言，募兵未可全罷，民兵則可漸復。至於二廣，尤不可緩。今中國募禁軍，往戍南方，多死，害於仁政。陛下誠移軍職所得官，十二三，鼓舞百姓豪傑，使趨為兵，則事甚易成。於是，蘇緘請訓練二廣洞丁，舊制，一歲教兩月。安石曰，訓練之法，當什伍其人，拔其材武之士，以為什百之長。自首領以下，各以祿利勸獎，使自勤於閱習。卽事藝可成，部分可立，緩急可用。六年，廣南西路經略沈起言，邕州五十一郡，峒丁凡四萬五千二百，請行保甲，給戎械，教陣隊。藝出衆者，依府界推恩補授。奏可。（《宋史·兵志》）

七年，命帶御器械王中正詣熙河路，以土田募弓箭手，仍令中正提舉。

命熙河路以土田募弓箭手

熙寧七年正月，命帶御器械王中正詣熙河路，以土田募弓箭手。所募人毋拘路分遠近，不依常格，差官召募，仍親提舉。（《宋史·兵志》）

十一月，王中正團結熙河界，洮河以西蕃部，得正兵三千八十六人，正副隊將六十人，供贍一萬五千四百三十人。（《宋史·兵志》）

王韶言，河州近城川地，招漢弓箭手外。其山坡地，招蕃弓箭手，人給田百畝。仍募漢弓箭手為隊長。《宋史·食貨志》以為四年之事者誤，且語亦不詳。

王韶請募蕃弓箭手

熙寧七年三月，王韶言，河州近城川地，招漢弓箭手外。其山坡地，招蕃弓箭手，人給地一頃，蕃官兩頃，大蕃官三頃。仍募漢弓箭手等為甲頭，候招及人數，補人員，與蕃官同管。自來出軍，多為漢兵盜殺蕃兵以為首功。今蕃兵各願於左耳前，刺蕃兵字。從之。（《宋史·兵志》）

熙寧七年，王韶言，討平河州叛蕃，闢土甚廣，已置弓箭手。

又以其餘地募蕃兵弓箭手，每砦三指揮，或至五指揮。每指揮二百五十人，人給田百畝。以次蕃官二百畝。大蕃官三百畝，仍募漢弓箭手為隊長，稍衆則補將校，暨蕃官同主部族之事。其蕃弓箭手，並刺蕃兵字於左耳，以防漢兵之盜殺，而效首者。詔如其請。（《宋史·兵志》）

熙寧三年，王韶言，渭原城而下，至秦州成紀，旁河五六百里，良田無慮萬頃。治千頃，歲可得三十萬斛。知秦州李師中論韶，指極邊見招弓箭手地，恐秦州益多事。明年，熙州王韶又請，以河州蕃部近城川地，招弓箭手，以山坡地招蕃兵弓箭手。每砦五指揮，以二百五十人為額，人給地一頃，蕃官二頃，大蕃官三頃。（《宋史·食貨志》）

詔秦鳳路興營田　　是年，詔委提點秦鳳路刑獄鄭民憲興營田。《宋史·食貨志》謂樞密使吳充復於其事上言。今之屯田，誠未易行。若因弓箭手，倣古助法，一夫受田百畝，又受十畝為公田。官無所費，而民不勞。可省轉輸，平糴價。民憲謂弓箭手之招，未安其業，而種糧無所仰給。又責其借力於公田。慮人心易搖。《宋史·宰輔表》及《充傳》，均謂充八年始為樞密使。《文獻通考》則以為元豐九年，充因知河州鮮于師中請，以未募弓箭手地，為屯田。始有是議。《食貨志》所言，當有誤。

熙寧七年，詔委提點秦鳳路刑獄鄭民憲興營田，許奏辟官屬以集事。樞密使吳充上疏曰，今之屯田，誠未易行。古者一夫百畝，又受田十畝，為公田。莫若因弓箭手，倣古助田法，行之。熙河四州，田無慮萬五千頃，十分取一，以為公田。大約中歲，畝一石，則公田所得，十五萬石。官無屯營牛具廩給之費，借用衆力，而民不勞，大荒不收，而官無所損。省轉輸，平糴價，如是者，其便有六。而提點刑獄鄭民憲言，祖宗時，屯營田皆置務。屯田以兵，營田以民，固有異制。然襄州營田，既調夫矣，又取鄰州之兵，是營田不獨以民也。邊州營屯，不限兵民，皆取給用，是屯田不獨以兵也。至於招弓箭手不盡之地，復以募民，則兵民參錯，固無異也。而前後施行，或侵占民田，或差借耨夫，或諸郡括牛，或兵民雜耕，或諸州廂軍，不習耕種，不能水土，頗致煩擾。至於歲之所入，不償其費，遂又報罷。惟因弓箭手，為助田法，一夫受田百畝，別以十畝為公田，俾之自備種糧功力，歲畝收一石，水旱三分除一。官無廩給之費，民有耕墾之利，若可以為便。然弓箭手之招至，未安其業，而種糧無所仰給。又責其借力於公田，慮人心易搖，乞候稍稔推行。（《宋史·食貨志》）

熙寧七年十一月，秦鳳提刑鄭民憲以熙河營田入對，詔兼提舉熙河營田弓箭手。（《玉海》）

吳充，熙寧三年，拜樞密副使，八年，進檢校太傅樞密使。（《宋史·吳充傳》）

熙寧八年四月，吳充自樞密副使，右諫議大夫，除檢校太傅，工部尚書，樞密使。（《宋史·宰輔表》）

元豐九年知河州鮮于師中乞以未募弓箭手地百頃為屯田，從之。樞密使吳充言，實邊之策，惟屯田為利。近聞鮮于師中建請朝廷，以計置弓箭手，重於改作，故裁令試治百頃而已。然屯田之法，行之於今，誠未易。惟有因今弓箭手，以為助法。公田似有可為。且以熙河四州較之，無慮一萬五千頃。十分取一，以為公田，大約歲收，畝一石。則公田所得，十五萬。水旱肥瘠，三分除一，亦可得十萬。官無營屯牛具廩給之費，借用衆力，而民不勞，大荒不收，而官無損。省轉輸，平糴價，凡六便。詔議其事，議者謂弓箭手皆新招，重以歲連不善，若使之自備功力耕佃，恐人心動搖，宜俟稍稔推行。（《文獻通考》）

經制瀘州夷事熊本募土丁五千人，入夷界。蕩平四十六村，闢地二百四十里，募民耕墾。聯夷屬為保甲。

川陝土丁，熙寧七年，經制瀘州夷事熊本募土丁五千人。入夷

界，捕戮水路大小四十六村，蕩平其地，二百四十里，募民墾耕，聯其夷屬以為保甲。（《宋史·兵志》）

知桂州劉彝言。舊制，宜、融、桂、欽、邕五郡土丁，成丁以上，皆籍之。新制，戶四等以上，三取一，為保丁。旁塞戶多非四等以上。且三丁取一，則減舊丁十之七。恐邊備有闕，請如舊制。奏可。

熙寧七年，知桂州劉彝言，舊制宜、融、桂、邕、欽五郡土丁，成丁已上者，皆籍之。既接蠻徼，自懼寇掠，守禦應援，不待驅策。而近制，主戶自第四等以上，三取一，以為土丁，而旁塞戶多非四等以上。若三丁籍一，則減舊丁十之七，餘三分以為保丁。保丁多處內地，又俟其益習武事，則當蠲土丁之籍。恐邊備有闕，請如舊制便。奏可。（《宋史·兵志》）

給田募役

是年，詔諸路如弓箭手法，給田募役。

熙寧七年，詔諸路公人，如弓箭手法，給田，募人為之。凡逃絕監牧之田，籍於轉運司者，不許射買請佃。提刑司以其田給募者，而覈其所直。準一年雇役，為錢幾何，而歸其直於轉運司。八年，罷給田募役法，已就募人如舊，闕者勿補。元豐元年，中書舍人蘇軾言給田募役法五利。上官均王嵒叟言其不可。軾議遂格。五年，具差役綱目。其十一月，陝西鎮戍衛前，皆受田於官，以當募直。內地戶願如其法，應募者聽。（《宋史·兵志》）

令廂軍耕弓箭手墾種不及之田

九年，詔熙河路，弓箭手耕種不及之田，令廂軍佃之。官給牛具農器，人種一頃。

熙寧九年，詔，熙河弓箭手耕種不及之田，經略安撫司點廂軍佃之。官置牛具農器，人一頃。歲終參較弓箭手廂軍所種優劣，為賞罰。弓箭手逃地，并營田，召佃租課。許就近於本城砦輸納，仍免支移折變。（《宋史·食貨志》）

十年，詔置江南西路槍仗手。

江南西路槍仗手，熙寧十年，詔籍虔、汀、漳三州鄉丁，槍手置。以制置盜賊司言，三州壤界嶺外，民喜販鹽且為盜，非土人不能制，故也。（《宋史·兵志》）

元豐元年，以福建路槍仗手編排保甲，農隙部使者分閱，依弓手法賞罰之。

福建路槍仗手，元豐元年，轉運使蹇周輔言，廖恩為盜，以槍仗手捕殺，乃有冒槍仗手之名，乘賊勢，驚擾村落，患有甚於廖恩者。詔犯者特加刺配。周輔清額定槍仗手人數，歲集閱之，下其章兵部。兵部請依保甲法編排。罷舊法，以隸提刑司。居相近者，五人為小保，保有長。五小保為一大保長，十大保為一都副保正。具教閱，捕盜賊，食直等令，頒焉。總一萬二百人有奇，以歲之農隙，部使者分閱，依弓手法賞罰之。（《宋史·兵志》）

二年，知定州韓絳以封樁錢市地為屯田。

韓絳市地為屯田

元豐二年十二月，知定州韓絳以封樁錢市地為屯田。（《玉海》）

改定州屯田司為水利司。以所收不及額，罷沅州屯田務。《宋史·食貨志》謂是年之後始罷者誤。

改定州屯田司為水利司罷沅州屯田

元豐二年，改定州屯田司為水利司。及章惇築沅州，亦為屯田務，其後遂罷之。募民租佃，役兵各還所隸。（《宋史·食貨志》）

熙寧七年，章惇初築沅州，亦為屯田務，元豐二年，以所收不及額，罷之。（《文獻通考》）

三年，詔河北、河東、陝西路，各選官提舉義勇保甲。

元豐三年六月，詔河北、河東、陝西路，各選文武官一員，提舉義勇保甲。（《宋史·神宗紀》）

四年，從蒲宗孟言，改開封府五路義勇為保甲，從遂推行於諸路。

元豐四年，蒲宗孟言，乞開封府五路義勇，並改為保甲。自此，

以次行於諸路矣。（《宋史·兵志》）

增募鄜延路弓箭手

　　五年，鄜延路經略司乞以新收復米脂、吳堡等五砦地，置漢蕃弓箭手。從之。

　　元豐五年正月，鄜延路經略司言，乞以新收復米脂、吳堡、義合、細浮國、塞門五砦地，置漢蕃弓箭手。及春耕種，其約束補職，並用舊條，從之。（《宋史·兵志》）

　　詔提舉熙河等路弓箭手，營田蕃部共為一司，隸涇原路制置司。

　　元豐五年二月，詔提舉熙河等路弓箭手，營田蕃部共為一司，隸涇原路制置司。（《宋史·兵志》）

熙河路募廂軍耕種無功

　　提舉熙河弓箭手營田蕃部司康識、兼提舉營田張大寧，乞差官分畫新收復土地經界。選募知農事廂軍，人耕一頃。餘招弓箭手營田，五十頃為一營。置官專掌。詔皆從之，後諸路以募發廂軍，不閑田作。遂各遣還其州。

　　元豐五年七月，提舉熙河路弓箭手營田蕃部司康識、兼提舉營田張大寧言，乞應新收復地，差官分畫經界。選知農事廂軍耕佃，頃一人。其部押人員節級，及雇助人工，歲入賞罰，並用熙河官莊法，餘並招弓箭手營田，每五十頃為一營，差諳農事官一員幹當。從之。（《宋史·兵志》）

　　元豐五年，提舉熙河營田康識言，新復土地，乞命官分畫經界，選知田廂軍，人給一頃，耕之。餘悉給弓箭手，人加一頃。有馬者，又加五十畝。每五十頃為一營。四砦堡見缺農作廂軍，許於奏鳳、涇原、熙河三路，選募廂軍及馬遞鋪卒。願行者人給裝錢二千。詔皆從之。（《宋史·食貨志》）

　　河東進築堡砦，自麟石鄜延，南北近三百里。及涇原、環慶、熙河、蘭會新復城砦地土，悉募廂軍配卒耕種免役。已而，營田司言，諸路募發廂軍，皆不閑田作。遂還其州。（《宋史·

食货志》）

七年，知太原府吕惠卿雇五县耕牛，发兵护之。垦葭芦吴堡间膏腴地，号木瓜原者，得田五百余顷。麟府丰州地七百三十顷。弓箭手与边民之无力耕种，及昔宋人、西夏两不耕者，又九百六十顷。初，惠卿尝上疏，请营田。谓葭芦米脂内外良田万顷，若耕其半，则两路新砦兵费，已可不资内地。前以外无捍卫，不敢进耕。今千里边疆，皆为内地。昔为夏人所侵，及苏安靖弃为两不耕者，皆可垦辟。俟财力稍丰，推行于麟州神木。则横山膏腴之地，皆为我有。至是，惠卿以所得可助边计，乞推之陕西。

知太原府吕惠卿尝上营田疏曰，今葭芦米脂里外，良田不啻一二万顷。夏人名为真珠山，七宝山，言其多出禾粟也。若耕其半，则两路新砦兵费，已不尽资内地，况能尽辟之乎。前此所不敢进耕者，外无捍卫也。今于葭芦，米脂相去一百二十里间，各建一砦，又其间置小堡铺相望。则延州之义合白草，与石州之吴堡尅明以南诸城砦，千里边面，皆为内地。而河外三州，荒闲之地，皆可垦辟，以赡军用。凡昔为夏人所侵，及苏安靖弃之以为两不耕者，皆可为法耕之。于是就耀河外，而使河内之民，被支移者，量出脚乘之直。革百年远输贵耀，以免困公之弊。财力稍丰，又通葭芦之道，于麟州之神木，其堡砦亦如葭芦米脂之法。而横山膏腴之地，皆为我有矣。七年，惠卿雇五县耕牛，发将兵外护，而耕新疆，葭芦，吴堡间膏腴，号木瓜原者，凡得地五百余顷，麟府丰州地七百三十顷，弓箭手与民之无力，及异时两不耕者，又九百六十顷。惠卿自谓所得极厚，可助边计，乞推之陕西。（《宋史·食货志》）

八年，枢密院奏，去年耕种木瓜原。用兵万八

吕惠卿兴木瓜原

丰州营田

千人，費錢七千餘緡，穀近九千石，草萬四千餘束。保甲守禦費錢千三百緡，米三千二百石，收米粟萬八千石，草十萬二千，不償所費。慮經略司來年再欲耕種，乞早賜約束。詔諭惠卿，毋蹈前失。

元豐八年，樞密院奏，去年耕種木瓜原。凡用將兵萬八千餘人，馬二千餘匹，費錢七千餘緡，穀近九千石，糗糒近五萬斤，草萬四千餘束。又保甲守禦，費緡錢千三百，米石三千二百，役耕民千五百，雇牛千具。皆彊民為之。所收禾粟蕎麥萬八千石，草十萬二千，不償所費。又借轉運司錢穀，以為子種，至今未償。增入人馬防拓之費，仍在年計之外。慮經略司，來年再欲耕種，乞早約束。詔諭惠卿，毋蹈前失。（《宋史·食貨志》）

從司馬光請罷保甲

哲宗嗣位，知陳州司馬光上疏，乞罷保甲。謂兵出民間，雖云古法。自唐開元以來，民兵法壞。戍守攻戰，盡募長征兵士。承平既久，頒白之老，不識兵革。一旦畎畝之人，皆戎服執兵。耆舊歎息，以為不祥。巡檢指使按行鄉村，保正、保長依倚弄權，坐索供給。朝廷時遣使者，徧行按閱。所至賞賚，糜費金帛以鉅萬計。若使之捕盜，何必如此之多。使之事征伐，則中國之民，大半服田力穡。雖教之擊刺，教場之中，有似嚴整。若與敵人相遇，其奔北潰敗，可以前料。萬一遇數千里之蝗旱，而失業飢寒，武藝成就之人，所在蜂起。其為國家之患，可勝言哉。昔干進之士，說先帝以征伐之策，故立保甲等法。近者登極赦書有云，沿邊州軍，不得侵擾外界。此蓋聖意欲休息生民，則保甲復何所用。請悉罷之。每五十戶置弓手一人，依弓箭手法，免其稅役，但令捕賊。其巡檢兵士、弓手、壯丁，並乞依祖宗舊法。五月，光為宰相。復言，教閱保甲，公私勞費而無所用。監察御史王巖叟亦屢以為言。遂罷提舉保甲錢糧司，並罷提舉教閱。而光所請，五十戶置弓手一人之事，亦未施行。

元豐八年，哲宗嗣位。知陳州司馬光上疏，乞罷保甲。曰：兵出民間，雖云古法。然古者八百家，纔出甲士三人，步卒七十二人，閑民甚多。三時務農，一時講武，不妨稼穡。自兩司馬以上，皆選賢士大夫為之，無侵漁之患。故卒乘輯睦，動則有功。今籍鄉村之民，二丁取一，以為保甲。授以弓弩，教之戰陣，是農民半為兵也。三四年來，又令河北、河東、陝西置都教場。無問四時，每五日一教，特置使者，比監司、專切提舉。州縣不得關預。每一丁教閱，一丁供送，雖云五日，而保正長以泥堋除草為名，聚之教場，得賂則縱，否則留之。是三路耕耘收穫，稼穡之業，幾盡廢也。自唐開元以來，民兵法壞，戍守戰攻，盡募長征兵士，民間何嘗習兵。國家承平百有餘年，戴白之老不識兵革。一旦畎畝之人，皆戎服執兵，奔驅滿野，耆舊歎息，以為不祥。事既草創，調發無法。比戶騷擾，不遺一家。又巡檢指使，按行鄉村，往來如織。保正、保長依倚弄權，坐索供給，多責賂遺。小不副意，妄加鞭撻。蠶食行伍，不知紀極。中下之民，罄家所有，侵肌削骨，無以供億。愁苦困弊，靡所投訴。流移四方，襁屬盈路。又朝廷時遣使者，徧行按閱。所至犒設賞賚，糜費金帛以巨萬計。此皆鞭撻平民，銖兩丈尺而斂之，一旦用之如糞土。而鄉村之民，但苦勞役，不感恩澤。農民之勞既如彼，國家之費又如此，終何所用哉。若使之捕盜賊，衛鄉里，則何必如此之多。使之戍邊境，事征伐，則彼遠方之民，以騎射為業，以攻戰為俗，自幼及長，更無他務。中國之民，大半服田力穡。雖復授以兵械，教之擊刺。在教場之中，坐作進退，有似嚴整。必若使之與敵人相遇，填然鼓之，鳴鏑始交，其奔北潰敗，可以前料，決無疑也。豈不誤國事乎。又悉罷三路巡檢下兵士，及諸縣弓手，皆易以保甲，主簿兼縣尉，但主草市。其鄉村盜賊，悉委巡檢兼掌巡按，保甲教閱，朝夕奔走，猶恐不辦，何暇逐捕盜賊哉。又保甲中，往往有自為盜者，亦有乘保馬行劫者。然則設保甲、保馬，本以除盜，乃更資盜也。自教閱保甲以來，河東、陝西、京西盜賊已多。至敢白晝公行入縣鎮，殺官吏。官軍追討，經歷歲月，終不能制。況三路未至大飢，而盜猖熾已如此。萬一遇數千里之蝗旱，而失業飢寒，武藝成就之人，所在蜂起以應之。其為國家之患，可勝言哉。此非小事，不可以忽。夫奪其衣食，使無以為生，是驅民為盜也。使比屋習戰，勸以官賞，是教民為盜也。又撤去捕盜之人，是縱民為盜也。謀國如此，果為利乎害乎。且嚮者干進之士，說先帝以征伐開拓之策，故立保甲、戶馬、保馬等法。近者登極赦書有云，應緣邊州軍，仰逐處長吏，并巡檢使臣，鈐轄兵士，及邊上人戶，不得侵擾外界。務要靜守彊場，勿令騷擾。此蓋聖意欲惠綏殊方，休息生民。中外之人，孰不歸戴。然則保甲、戶馬，復何所用。或今雖罷戶馬，寬保馬，而保甲猶存者，蓋未有以其利害之詳奏聞者也。臣愚，以為悉罷保甲，使歸農。召提舉官還朝，量逐縣戶口，每五十戶，置弓手一人。略依緣邊弓箭手法，許蔭本戶田二頃，悉免其稅役。除出賊地分，更不立三限科校，但令捕賊給賞。若獲賊數多，及能獲強惡賊人者，各隨功大小，遷補職級，或補班行。務在優假弓手，使人勸募。然後募本縣鄉村戶，有勇力武藝者，投充。計即今保甲中，有勇力武藝者，必多願應募。若一人缺額，有二人以上爭投者，即委本縣令尉，選武藝高強者充。或武藝衰退者，許他人指名與之比較。若武藝勝於舊者，即令衝替。其被替者，不得蔭田。如此，則不必教閱，試藝自然精熟。一縣之中，其壯勇者既為弓手，其羸❶弱者，雖使為盜，亦不能為患。仍委本州，及提點刑獄，常按察令佐，有取舍不公者，嚴行典憲。若召募不足，且即於鄉村戶上，依舊條權差，候有投名者，即令充替。其餘巡檢兵士，縣尉弓手，耆老壯丁，逐捕盜賊，並乞依祖宗舊法。五月，以光為

---

❶ "羸"當為"羸"。——編者註

門下侍郎，光欲復申前說。以為教閱保甲，公私勞費，而無所用。
是時，資政殿學士韓維、侍讀呂公著欲復上前奏。先是，進呈乞罷
團教，詔府界三路保甲，自來年正月以後，並罷團教。仍依舊，每
歲農隙，赴縣教閱一月。其差官置場，排備軍器，教閱法式，番次
按賞費用，令樞密院一省同立法。後六日，光再上奏，極其懇切。
蔡確等執奏不行，詔保甲依樞密已得指揮，保馬別議立法。九月，
監察御史王巖叟言，保甲之害，三路之民，如在湯火。未必皆法之
弊，蓋由提舉一司，上下官吏，逼之使然。而近日指揮，雖令冬教，
然尚存官司。則所以為保甲之害者，十分之六七猶在，陛下所不知
也。此皆奸邪，遂非飾過。而巧辭強辯，以欺惑聖聽。天下之識者，
皆言陛下不絕害源，百姓無由樂生。不屏羣邪，太平終是難致。臣
願陛下奮然獨斷，如聽政之初行數事。則天下之大體無虧，陛下高
枕而臥矣。十月詔提舉府界三路保甲官並罷，令逐路提刑及府界提
點司兼領。所有保甲，止冬教三月。又詔逐縣監教官並罷，委令佐
監教。十一月，巖叟又乞罷三路提舉保甲錢糧司。及罷提舉教閱。
及每歲為保甲為兩番，於十一、十二兩月上教，不必分為四番。且
不必自京師遣官視教，止令安撫司差那使臣為便。並從之。（《宋
史·兵志》）

元祐元年，罷提舉熙河等路弓箭手營田蕃
部司。

元祐元年，詔罷提舉熙河等路弓箭手營田蕃部司。（《宋史·兵
志》）

以府界三路保甲，已罷團教。其教閱器械，悉
令送官。並立禁約。

元祐元年正月，樞密院言，府界三路保甲，已罷團教。其教閱
器械，悉令送官，仍立禁約。（《宋史·兵志》）

五年，涇原路經略司請，諸違制典買蕃部田土
者，許其免罪責。令刺為弓箭手及買馬備邊。

元祐五年七月，涇原路經略司言，諸人違制，典買蕃部田土，

罷提舉弓箭手營
田司

許以免罪。自二頃五十畝以下責其出刺弓箭手及買馬備邊用。（《宋史·哲宗紀》）

詔戶部遣官往熙河蘭岷路，措置弓箭手土田。

元祐五年，詔戶部，遣官往熙河蘭岷路代孫路措置弓箭手土田。（《宋史·兵志》）

蘇軾請獎用弓箭社

八年，知定州蘇軾言，北邊久和，河朔無事。將驕卒惰，例皆飲博逾濫。既輕犯法，動輒逃亡。緩急恐不可用。趙元昊反，屯兵四十餘萬。招刺宣毅，保捷二十五萬。皆不得其用，卒無成功。范仲淹等，專務整緝蕃漢弓箭手。藩籬既成，賊來無所得利。故元昊復臣。自澶淵講和以來，河朔百姓，自相團結，為弓箭社。戶出一人，推衆所服者，為頭目。飲食長技，與胡虜同。私立賞罰，嚴於官府。分番巡邏，常若寇至。遇有警急擊鼓，頃刻可致千人。人自為戰，虜深畏之。先朝名臣韓琦、龐籍皆加意拊循。籍又為增損其約束。熙寧六年，雖罷為保甲。七年，仍令依舊存留，更不編排保甲。今名目雖存，實用不逮往日。近霸州、眞定，皆有北賊。捕盜官吏，拱手相視。禁兵弓手，皆不得力。使逐處皆有弓箭社，致命盡力。北賊豈敢輕犯邊境。已飭本路將吏，加意拊循。乞朝廷立法，少賜優異。明設賞罰，以示勸懲。本路弓箭社，共計三萬餘人。立法之後，使之分番巡邏。盜邊小寇，來卽擒獲，不生戎心。而事皆循舊，虜不疑畏，無由生事。奏凡兩上，皆不報。

元祐八年，知定州蘇軾上疏，乞存恤河北弓箭社，增修條約，不報。軾疏言，臣竊見北虜久和，河朔無事。沿邊諸郡，軍政少弛，將驕卒惰，緩急恐不可用。武藝軍裝，皆不逮陝西、河東遠甚。雖據即目邊防事勢，三五年間，必無警急。然居安慮危，有國之常備，事不素講，難以應猝。今者，河朔沿邊諸軍，未嘗出征，終年坐食，理合富強。臣近遣所辟幕官李之儀、孫敏行，親入諸營，按視曲折。審知禁軍，大率貧窘，妻子赤露飢寒，十有六七。屋舍大壞，不庇風雨。體問其故，蓋是將校不肅，斂掠乞取，坐放債負，習以成風。將校既先違法不公，則軍政無緣修舉。所以軍人例皆飲博逾濫，三事不止。雖是禁軍，不免寒餓，既輕犯法，動輒逃亡。此豈久安之道。臣自到任，漸次申嚴軍法，逃軍盜賊已覺少。年歲之間，庶革此風，然臣竊謂沿邊禁軍，緩急終不可用，何也。驕惰既久，膽力耗憊。雖近戍短使，輒與妻孥泣別。被甲持兵，行數十里，即便喘汗。臣若加嚴訓練，晝夜勤習，馳驟坐作，使耐辛苦。則此聲先馳，北虜疑畏，或致生事。臣觀祖宗以來，沿邊要地，屯聚重兵，止以壯國威，而消敵謀。蓋所謂先聲後實，形格勢禁之道耳。若進取深入，交鋒兩陣，猶當雜用禁旅。至於平日保境，備禦小寇，即須專用極邊土人。此古今不易之論也。鼂錯與漢文帝畫備邊策，不過二事。其一曰，徙遠方以實空虛。其二曰，制邊縣以備敵。寶元慶歷中，趙元昊反，屯兵四十餘萬，招刺宣毅，保捷二十五萬人。皆不得其用，卒無成功。范仲淹、劉滬、种世衡等，專務整輯番漢熟戶弓箭手，所以封殖其家，砥礪其人者，非一道。藩籬既成，賊來無所得。故元昊服臣。今河朔西路，被邊州軍，自澶淵講和以來，百姓自相團結，為弓箭社。不論家業高下，戶出一人。又自相推擇，家貲武藝眾所服者，為社頭、社副、錄事，謂之頭目。帶弓而鋤，佩劍而樵。出入山坂，飲食長技，與北虜同。私立賞罰，嚴於官府。分番巡邏，鋪屋相望。若透漏北賊，及本土強盜不獲，其當番人，皆有重罰。遇其警急，擊鼓集眾，頃刻可致千人。器甲鞍馬，常若寇至。蓋親戚墳墓所在，人自為戰，虜甚畏之。先朝名臣帥定州者，如韓琦、龐籍，皆加意拊循其人，以為爪牙耳目之用。而籍又增損其約束賞罰。奏得仁宗皇帝聖旨，見今具存。昨於熙寧六年，行保

甲法，準當年十二月四日聖旨，強壯弓箭社並行廢罷。又至熙寧七
年，再準正月十九日，中書劄子聖旨，應兩地供輸人戶，除元有弓
箭社、強壯、并義勇之類，並依舊籍留外，更不編排保甲。看詳上
件兩次聖旨，除兩地供輸村分，方許依舊置弓箭社，其餘並合廢罷。
雖有上件指揮，公私相承，元不廢罷。只是令弓箭社兩丁以上人戶，
兼充保甲。以至逐捕本界，及化外盜賊，並皆驅使弓箭社人戶，向
前用命捉殺。見今州縣，全藉此等，寅夜防托。灼見弓箭社，實為
邊防要用，其勢決不可廢。但以兼充保甲之故，召集追呼，勞費失
業。今雖名目具存，責其實用，不逮往日。臣竊謂陝西、河東弓箭
手，官給良田，以備甲馬。今河朔沿邊弓箭社，皆是人戶祖業田產，
官無絲毫之給。而捐軀捍邊，器甲鞍馬，與陝西、河東無異。苦樂
相遼，未盡其用。近日霸州文安縣，及眞定府北寨，皆有北賊，驚
劫人戶。捕盜官吏，拱手相視，無如之何。可以驗禁軍、弓手，皆
不得力。向使州縣逐處，皆有弓箭社人戶，致命盡力。則北賊豈敢
輕犯邊寨，如入無人之境。臣已戒飭本路將吏，申嚴賞罰，加意拊
循其人。輒復拾用龐籍舊奏約束，稍加增損，別立條目。欲乞朝廷
立法，少賜優異。明設賞罰，以示懲勸。今已密切會到本路極邊定
保兩州，安肅、廣信、順安三軍，邊面七縣一寨內管自來團結弓箭
社，五百八十八村，六百五十一夥，共計三萬一千四百一十一人。
若朝廷以為可行，立法之後，更敕將吏，常加拊循。使三萬餘人，
分番晝夜巡邏。盜邊小寇，來即擒獲。不至狃伏，以生戎心。而事
皆循舊，無所改作。虜不疑畏，無由生事。有利無害，較然可見。
奏上不報。是月，再奏，又不報。（《文獻通考》）

劉昌祚增募弓箭
手

知渭州劉昌祚按舉弓箭手給田養馬之法。又括
隴山閑田萬頃，招弓箭手五千餘人。

劉昌祚知延州，哲宗立，進步軍都虞侯，雄州團練使知渭州，
歷馬軍殿前都虞侯。渭地宜牧養，故時弓箭手，人授田二頃。有馬
者，復增給之。謂之馬口分地。其後馬死不補，而據地自若。昌祚
按舉其法。不二年，耗馬復初。又括隴山閒田，得萬頃，募士卒五
千，別置將統之。勁悍出諸軍右。（《宋史·劉昌祚傳》）

元祐八年，殿前副都指揮使劉昌祚奏，根括隴山地，凡一萬九百九十頃。招置弓箭手人馬，凡五千二百六十二人騎。敕書獎諭。（《文獻通考》）

紹聖三年，詔在京府界諸路馬軍槍手，並改充弓箭手。

紹聖三年五月，詔在京府界諸路馬軍槍手，並改充弓箭手，兼教蓄槍。（《宋史·兵志》）

四年，詔張詢巴宜，括安西金城膏腴地，可拓置弓箭手若干，具團結以聞。

紹聖四年，詔張詢巴宜，專根括安西金城膏腴地頃畝，可以招置弓箭手若干人，具團結以聞。（《宋史·兵志》）

元符元年，樞密院言，鍾傳奏，近往涇原，與章楶議，進築天都山等城砦。須於熙秦兩路，輟那新城土田，招弓箭手數千人，以充武備。從之。

增熙秦二路弓箭手

元符元年二月，樞密院言，鍾傳奏，近往涇原，與章楶講究，進築天都山，南牟等處。今相度，如展置青南訥心，須置一將。乞權於熙秦兩路，輟那新城內土田，并招弓箭手，仍置提舉官二員。熙秦兩路弓箭手，每指揮以三百人為額。乞作二十指揮招置。不一二年間，須得數千民兵，以充武備。從之。（《宋史·兵志》）

二年，御史中丞安惇奏，乞教習保甲。知樞密院事曾布言，陝西河東調發未已，河北連被水災，流亡未復。未可督責訓練。帝曰，府界豈不可先行。布請容檢尋文字進呈。蔡卞復勸帝，行畿內保甲教閱法。帝屢以督布，布進畿內保丁人數。因言，此事固當講求，然廢罷已久。一旦復行，與事初無異。熙寧中，施行亦有漸。容講求施行次第。《文獻通考》以為紹聖二年事，且以安惇為章惇，

復教保甲

均誤。惟紹聖二年，帝問義勇保甲之數。宰相章惇言，熙寧中，始行保甲教閱。既成，更勝正兵。神宗復親加按試，厚賞其武藝精熟者。而賜賚皆取諸封樁，及禁軍闕額，不費戶部一錢。元祐廢弛，深為可惜。時並未請復行教閱也。

元符二年九月，御史中丞安惇奏，乞教習保甲，月分差官按試。曾布言，保甲固當教習，然陝西、河東連年進築城砦，調發未已。河北連年水災，流民未復。以此未可督責訓練。帝曰，府界豈不可先行。布曰，熙寧中，教保甲，臣在司農。是時，諸縣引見保甲，事藝精熟。章惇即曰，多得班行。布曰，止是得殿侍軍將。然俱更差充巡檢司指揮。以此，仕宦及有力之家子弟，皆欣然趨赴。及引對，所乘皆良馬，鞍轡華楚，馬上事藝，往往勝諸軍。知縣、巡檢又皆得轉官，或減年。以此上下皆踴躍自效。然是時司農官親任其事，督責檢察極精密。縣令有抑令保甲置衣裝，非理騷擾者，亦皆衝替，故人莫敢不奉法。其後乃令上番。帝曰，且與先從府界檢舉施行。蔡卞曰，於先朝法中，稍加裁損，無不可之理。布以為甚便，容檢尋文字進呈。十一月，蔡卞勸上，復行畿內保甲教閱法。帝屢以督曾布，是月布進皇畿內保丁二十六萬。熙寧中教事藝者，凡七萬。因言，此事固當講求，然廢罷已十五年。一旦復行，與事初無異，當以漸行，則人不至於驚擾。帝曰，固當以漸行之。布曰，聖諭如此盡之矣。若便以元豐成法，一切舉行，當時保丁存者無幾。以未教習之人，便令上番，及集教，則人情洶洶，未易安也。熙寧中施行亦有漸。容臣講求施行次第。退以語卞。卞殊以為不快。乃云，熙寧初，人未知保甲之法。今耳目已習熟，自不同矣。布不答。（《宋史·兵志》）

紹聖二月，御史中丞章惇奏，乞教習保甲，月分差官按試。曾布言，保甲固當教習，然陝西、河東連年進築城寨，調發未已。河北連被水災，流民未復。以此未可督責訓練。熙寧中，教保甲，臣在司農，正當此職事。是時，司農官親任其事，督責檢察極精密。

縣令有抑令保甲置衣裝之類，非理騷擾者，亦皆衝替。故人莫敢不
奉法。其後乃令上番，至十一月，蔡卞勸上，復行畿內保甲教閱法。
帝屢以督曾布，是日布進呈，畿內保丁總二十六萬。熙寧中教事藝
者，凡七萬。因言，此事固當講求，然廢罷已十五年。一旦復行，
與事初無異，當以漸推行。則人不至驚擾。若便以元豐成法，一切
舉行。當時保甲存者無幾，以未教習之人，便令上番，及集教。則
人情洶洶，未易安也。熙寧中施行亦有漸。容臣講求施行次第。
（《文獻通考》）

　　紹聖二年七月，帝問義勇保甲數。宰臣章惇曰，義勇，自祖宗
以來舊法。治平中，韓琦請遣使詣陝西，再括丁數添刺。熙寧中，
先帝始行保甲法，府界三路，得七十餘萬丁。設官教閱，始於府界，
衆議沸騰。教藝既成，更勝正兵。元豐中，始遣使徧教三路。先帝
留神按閱，藝精者厚賞，或擢以差使軍將名目。而一時賞賚，率取
諸封樁，或禁軍闕額。未嘗費戶部一錢。元祐弛廢，深可惜也。
（《宋史·兵志》）

　　三年，罷提舉涇原路弓箭手司。

　　元符三年，提舉涇原路弓箭手，安師文知涇州，罷提舉弓箭手
司。（《宋史·兵志》）

　　徽宗崇寧元年，樞密院言，紹聖以來，開斥彊
土至廣。請遣官分往陝西河東，提舉招置弓箭手。
詔湯景仁河東路、董采秦鳳路、陶節夫環慶路、安
師文鄜延路，並提舉弓箭手。

遣官招募陝西河
東弓箭手

　　崇寧元年九月，樞密院勘會，陝西五路，并河東，自紹聖開斥
以來，彊土至廣。遠者數百里，近者不減百里。罷兵以來，未曾措
置，田多膏腴。雖累降詔，置弓箭手，類多貧乏，或致逃走。州縣
鎮砦，污吏豪民，冒占沃壤，利不及於平民。且並緣舊彊，侵占新
土。今遣官分往，逐路提舉措置，應緣新疆土地，分定腴瘠。招置
弓箭手，推行新降條法。舊弓箭手，如願出佃新疆，亦仰相度施行。
詔湯景仁河東路、董采秦鳳路、陶節夫環慶路、安師文鄜延路，並

提舉弓箭手。（《宋史·兵志》）

鄭僅請徙弓箭手耕新疆官莊

二年，詔熙河路都轉運使鄭僅，措置邊防。僅奏，朝廷給田，養弓箭手，本以備邊。今拓境益廣，熙秦弓箭手，乃在腹地。然人情重遷，乞且宜移出。家選一丁，官給口糧。使佃種官莊。候有成後，聽其所便。從之。是歲，收穀十餘萬斛。會西寧高永年戰沒，熙河帥臣歸咎官莊，奪屬羌地，致其怨叛。詔罷之。實則蔡京令邊將挑釁所致也。

崇寧三年九月，熙河路都轉運使鄭僅奉詔，相度措置熙河新疆邊防利害。僅奏，朝廷給田，養漢蕃弓箭手，本以藩扞邊面。使顧慮家產，人自為力。今拓境益遠，熙秦漢蕃弓箭手乃在腹裏，理合移出。然人情重遷，乞且家選一丁。官給口糧，團成耕夫，使佃官莊。遇成熟日，除糧種外，半入官，半給耕夫。候稍成次第，聽其所便。從之。（《宋史·兵志》）

鄭僅為陝西都轉運使，請籍閑田為官莊。是歲，鎮戎、德順收穀十餘萬斛。會西寧高永年戰沒，熙河帥臣歸咎官莊奪屬羌地，致其怨畔。詔罷之。（宋史·鄭僅傳）

崇寧三年，蔡京秉政。四年，詔西邊能招致者，毋問首從，賞同斬級。用京計也。陶節夫在延州，大加招誘，乾順遣使異請，皆拒之，又令殺其牧放者。夏人遂入鎮戎，略數萬口，執知廓州高永年而去。又攻湟州。自是，兵連者三年。（《宋史·外國傳》）

四年，以樞密院請，罷保甲月教。初，知太康縣李伯宗括壯丁千人為兵。上其名數，與按閱之法。知樞密院蔡卞薦為提舉京畿保甲，使行其說。至是，民多訴其不便。遂詔京畿三路，並於農隙教閱。貶伯宗為相州通判。

徽宗崇寧四年，樞密院言，比者京畿保甲投八百七十一牒，乞免教閱。又二百三十餘牒，遮樞密張康國馬首訴焉。是月，詔京畿三路保甲，並於農隙時教閱。其月教，指揮勿行。（《宋史·兵志》）

李伯宗知太康縣，建言，朝廷行方田均稅之法，令以豐歲推行。今州縣吏苟簡懷異者，指熟為災。而貪進幸賞者，掩災為熟。望深察其違戾，而寘諸罰。括縣壯丁為兵，得千人，上其名數，與按閱之法。知樞密院蔡卞喜而薦之，提舉京畿保甲，使行其說，增籍二萬。已而有訴者，陳牒至八百七十，左選相州通判。（《宋史·李伯宗傳》）

五年，趙挺之言，湟鄯二州之復，歲費朝廷千五百萬。官莊之議，入不償費。請令新降民供租賦。知樞密院張康國力言，蕃民已刺手背為兵，不可更出租賦。帝因諭，新民不可擾，兼已令多招弓箭手。挺之仍以為言，帝詔以已命姚雄括空地，招人耕墾出課。

崇寧五年三月，趙挺之言，湟鄯之復，歲費朝廷供億一千五百餘萬。鄭僅初建官莊之議，朝廷令會計其歲入。凡五莊之入，乃能支一莊之費。蓋鄯湟乃西蕃之二小國，湟州謂之邈川，鄯州謂之青唐，與河南本為三國。其地濱河，多沃壤。昔三國分據時，民之供輸於其國厚，而又每族各有酋長，以統領之。皆衣食贍足，取於所屬之民。自朝廷收復以來，名為使蕃民各占舊地以居。其實屢更戰鬬，殺戮竄逐，所存無幾。今兵將官帥臣知州，多召閒民以民。貪冒者，或受金乃與之地，又私取其羊馬駝畜，然無一毫租賦供官。若以昔輸於三國者，百分之一，入於縣官，即湟州資費有餘矣。帝深然之。翌日，知樞密院張康國入見，力言不可使新民出租，恐致擾動衆情。且言，蕃民既刺手背為兵，安可更出租賦。帝因宣諭，新民不可搖動，兼已令多招弓箭手矣。挺之奏，弓箭手官給以地，而不出租，此中國法也。若蕃兵，則其舊俗既輸納供億之物，出戰，又人皆為兵，非弓箭手之比。今朝廷所費不貲，經營數年，得此西蕃之地。若無一毫之入，而官吏戍卒饋餉之費，皆出於朝廷，何計之拙也。帝曰，已令姚雄經畫，時累詔令雄，括空閑地，召人耕墾出課。（《宋史·兵志》）

七年，詔以邊地膏腴荒閑，芻粟踴貴。累令措置開墾。而涇原路提舉弓箭手司，與經略司執見不同，不務和協。罷提舉錢歸善官。

崇寧七年，詔邊地廣，而耕墾未至，膏腴荒閑，芻粟翔踴，歲糴本不貲。昨累降指揮，令涇原路經略司，與提舉弓箭手司措置。召人開墾，以助塞下積粟，為備邊無窮之利。訪聞提舉弓箭手司與經略司執見不同。措置議論，不務和協，其提舉涇原路弓箭手錢歸善可罷。（《宋史·兵志》）

置稻田務

政和初，內外之費寖以不給。宦官楊戩以有言汝州地可為稻田者，因置稻田務，掌之。後易名為公田，遍行於府畿。南至襄唐，北踰大河。久之，山東河朔皆置焉。所括田凡三萬四千餘頃，皆內侍主之。民輸公田錢外，不能復輸正稅。

政和初，內外之費，寖以不給。中官楊戩主後苑作，以有言汝州地可為稻田者，因用其言，置務掌之，號稻田務。復行於府畿，易名公田。南暨襄唐，西及澠池，北踰大河，民田有溢於初券步畝者，輒使輸公田錢。政和末，又置營繕所，亦為公田。久之後苑營繕所公田，皆併於西城所盡山東河朔天荒逃田，與河堤退灘租稅，舉入焉。皆內侍主之。所括為田三萬四千三百餘頃，民輸公田錢外，不能復輸正稅。（《宋史·食貨志》）

募邊教民耕戰以鎮蠻

政和中，五溪蠻擾邊。知樞密院鄧洵武倣弓箭手例，募邊民，教以戰陣，勸之耕牧。得勝兵萬人，以鎮撫之。

鄧洵武，政和中，知樞密院。五溪蠻擾邊。卽倣陝西弓箭手例，募邊民習知溪洞險易者，置所司，教以戰陣，勸以耕牧。得勝兵萬

人，以鎮撫之。（《宋史·鄧綰傳》）

而《宋史·趙遹傳》，謂遹為瀘南招討使平晏州，拓地二千里，募人耕種，且習戰守，號曰勝兵。未知孰是。

趙遹為梓州路轉運使。政和五年，晏州夷酋卜漏反，陷梅嶺堡，知砦高公老遁。瀘帥賈宗諒以斂竹木擾夷部，且誣致其酋斗箇旁等罪。夷人咸怨，漏遂相結，因上元張燈，襲破砦，四出剽掠。遹行部昌州，聞之，倍道趨瀘州。賊分攻樂共城、長寧軍、武寧縣，宗諒皆遣將拒卻之。已而樂共城監押潘虎誘殺羅始黨族首領五十人，其族蠻憤怒，合漏等復攻樂共城。遹并劾之，詔斬虎，罷宗諒，代以康延魯，而聽遹節制。於是，詔發陝西軍、義軍、上軍、保甲三萬人，以遹為瀘南招討使。遹與別將馬覺、張思正分道出，期會于晏州。既抵晏州，覺、思正各以兵來會，俘斬數千人。卜漏突圍走，至輪多囤，追獲之。晏州平，諸夷落皆降，拓地環二千里。遹為建城砦，畫疆畝，募人耕種，且習戰守，號曰勝兵。詔置沿邊安撫司，以轉運副使孫義叟為安撫使。（《宋史·趙遹傳》）

政和末，從樓异請，於明州置高麗司，造舟以給使者。墾廣德湖為田，以供其費。遂以异知明州，治湖田七百餘頃，歲收三萬餘斛。

樓异，政和末，知隨州，入辭。請於明州，置高麗一司，刱百舟，應使者之須，以遵元豐舊制。州有廣德湖，墾而為田，收其租，可以給用。徽宗納其說，改知明州，賜金紫，出內帑緡錢六萬，為造舟費。治湖田七百二十頃，歲得穀三萬六千斛。（《宋史·樓异傳》）

自何承矩為塘濼，置屯田，後漸失其道。徽宗時，知瀛州王漢之請復講行之。

王漢之請復河北屯田

王漢之為太常少卿，蔡京置講議司，列為參詳官，擢顯謨閣待制，知瀛州。言，自何承矩設塘濼之地，為屯田，東達于海。其後又修保塞五州為堤道，備種所宜木，至三百萬本。此中國萬世之利

也。今寢失其道，願講行之。（《宋史·王漢之傳》）

　　而河北屯田，常以宦官典領，多侵民田，民屢上訴。提點河北刑獄虞奕疏其五不可，詔罷屯田。

　　虞奕，徽宗時，提點河北刑獄。自何承矩創邊地為塘濼，有定界。既中貴人典領，以屯田開拓為功，肆侵民田。民上訴，屢出使者按治，皆不敢與直。奕曲折上之，疏其五不可。詔罷屯田。（《宋史·虞奕傳》）

王恩增募弓箭手

　　知渭州王恩括地二萬三千頃，招弓箭手三十一部。

　　王恩為衞州防禦使。徽宗立，徙熙河，改知渭州。括隱地二萬三千頃，招弓箭手耕屯，為三十一部，以省餽運。（《宋史·王恩傳》）

從何灌請修漢唐
故渠增募弓箭手

　　提舉熙河蘭湟弓箭手何灌言，漢金城湟中穀斛八錢，今西寧、湟、廓卽其地。若修葺漢唐故渠，使田不病旱，則弓箭手應募者必多。從之，甫半歲，得善田二萬六千頃，募士七千四百人。

　　河灌知岷州，引邈川水獂開田千頃，湟人號廣利渠。徙河州，復守岷，提舉熙河蘭湟弓箭手。入言，漢金城湟中穀斛八錢，今西寧、湟、廓卽其地也。漢唐故渠尚可考，若先葺渠引水，使田不病旱。則人樂應募，而射士之額足矣。從之。甫半歲，得善田二萬六千頃，募士七千四百人，為他路最。童貫用兵西邊，灌取古骨龍馬進武軍，加吉州防禦使。（《宋史·何灌傳》）

　　知慶州錢卽築安邊城，歸德堡。墾田萬頃，歲得粟數十萬。俱徽宗時事。

　　錢卽，崇寧中，為陝西轉運判官，後除直龍圖閣。知慶州。至鎮，築安邊城，歸德堡。包地萬頃，縱耕其中，歲得粟數十萬斛。（《宋史·錢惟演傳》）

張愨愨請置巡社

　　高宗建炎元年，同知樞密院事張愨言，三河之

民，怨金虜，深入骨髓。請依唐人澤潞步兵雄邊子
弟遺意，募民，聯以什伍，而寓兵於農，謂之巡
社。詔集其說為書，行之諸路，並以忠義巡社為
名。紹興初罷之。

張愨權大名尹，建炎改元，為戶部尚書，除同知樞密院事，措
置戶部財用，兼御營副使。建言，三河之民，怨敵深入骨髓，恨不
殲殄其類，以報國家之仇。請依唐人澤潞步兵雄邊子弟遺意，募民
聯以什伍，而寓兵於農，使合力抗虜，謂之巡社。為法精詳，前此
論民兵者，莫及也。詔集為書行之。（《宋史·張愨傳》）

建炎元年，詔諸路州軍巡社，並以忠義巡社為名，隸宣撫司。
後募鄉民為之，每十人為一甲，有甲長，有隊長，四隊為一部，有
部長。五部為一社，有社長。五社為一都，有都正。於鄉井便處駐
劄。紹興初罷之。（《宋史·兵志》）

三年，詔江西、閩廣、荊湖諸路，團教峒丁槍
杖手。

建炎三年十月，詔江西、閩廣、荊湖諸路，團教峒丁槍杖手。
（《宋史·高宗紀》）

帝出手詔，訪給事中胡交修以弭盜保民裕國强
兵之要。交修疏言，昔人謂甑有麥飯，牀有故絮。
雖儀秦說之，不能使為盜。惟其凍餓無聊，日與死
迫。乃忍以其身，棄之於盜賊。沃野千里，殘為盜
區。取吾秔稻之地，操弓帶劍，白晝為盜，皆吾南
畝之民。若撫而納之，反其田里。無急征暴斂，啟
其不肖之心。則耕桑以時，各安其業。近翟興連西
路，董平據南楚。俱什伍其民，為農為兵。不數
年，積粟充牣，雄視一方。盜賊猶能如是，況以中
興二百郡地，欲强兵禦寇，不能為翟興董之所為

胡交修言大盜有
什伍其人且農且
戰者，宜傚行之
以保民裕國

乎。世以為名言。

　　胡交修，建炎初，以中書舍人召，辭不至。三年，復以舍人召，
詔守臣津發。尋進給事中，直學士院，兼侍講。帝又出手詔，訪以
弭盜保民、豐財裕國、彊兵禦戎之要。交修疏言，昔人謂甑有麥飯，
床有故絮。雖儀秦說之，不能使為盜。惟其凍餓無聊，日與死迫，
然後忍以其身，棄之於盜賊。陛下下寬大之詔，開其自新之路，禁
苛虐之暴，豐其衣食之源。則悔悟者，更相告語，歡呼而歸。其不
變者，黨與攜落，亦為吏士所係獲，而盜可弭。盜弭則可以保民矣。
沃野千里，殘為盜區，皆吾秔稻之地。操弓矢，帶刀劍，椎牛發冢，
白晝為盜，皆吾南畝之民。陛下撫而納之，反其田里，無急征暴斂，
啟其不肖之心。耕桑以時，各安其業。穀帛不可勝用，而財可豐，
財豐則可以裕國矣。日者，翟興連西路，董平據南楚，皆什伍其人，
為農為兵。不數年，積粟充牣，雄視一方。盜賊猶能爾，況以中興
二百郡地，欲彊兵以禦寇，不能為翟興董平之所為乎。世以為名言。
（《宋史·胡交修傳》）

林勳請復井田及
兵馬之賦

　　廣州教授林勳獻本政書十三篇。言宋兵農之
政，皆因唐末之制。今農貧而多失業，兵驕而不可
用。宜倣古井田之制，使民一夫，占田五十畝，出
十一之稅。每十六夫為一井，每井出二兵馬一匹之
賦。歲取五分之一，以供征役。無事則又分為四
番，以直官府，給守衛，卽以所出租稅供之。行之
十年，則民之口算、酒酤、茶、鹽、香、礬之稅，
皆可弛以與民。其說甚備。書奏，以勳為桂州節度
掌書記。勳後又獻比校書二篇，言桂州地利多遺，
財用不足，皆本政不修之故。

　　林勳為廣州教授，建炎三年八月，獻本政書十三篇。言國家兵
農之政，率因唐末之故。今農貧而多失職，兵驕而不可用，是以饑
民竄卒，類為盜賊。宜倣古井田之制，使民一夫，占田五十畝。其

有羨田之家，毋得市田。其無田與游惰末作者，皆驅之使為隸農。以耕田之羨者，而雜紐錢穀，以為十一之稅。宋二稅之數，視唐增至七倍。今本政之制，每十六夫為一井，提封百里，為三千四百井，率稅米五萬一千斛，錢萬二千緡。每井賦二兵馬一匹，率為兵六千四百人，馬三千四百匹。歲取五之一，以為上番之額，以給征役。無事則又分為四番，以直官府，以給守衛。是民凡三十五年，而役使一遍也。悉上，則歲食米萬九千餘斛，錢三千六百餘緡。無事，則減四分之三，皆以一同之租稅供之，匹婦之貢，絹三尺，綿一兩。百里之縣，歲收絹四千餘疋，綿三千四百斤。非蠶鄉，則布六尺，麻二兩，所收視絹綿，率倍之。行之十年，則民之口算，官之酒酤，與凡茶鹽香礬之権，皆可弛以予民。其說甚備。書奏，以勳為桂州節度掌書記。其後，勳又獻比校書二篇，大略謂桂州地東西六百里，南北五百里，以古尺計之，為方百里之國四十。當墾田二百二十五萬二千八百頃，有田夫二百四萬八千，出米二十四萬八千斛。祿卿大夫以下四千人，祿兵三十萬人。今桂州墾田約萬四十二頃，丁十一萬六千六百一十五，稅錢萬五千餘緡，苗米五萬二百斛有奇，州縣官不滿百員，官兵五千一百人。蓋土地荒蕪，而遊手末作之人衆。是以地利多遺，財用不足，皆本政不修之故。（《宋史·林勳傳》）

　　左司韓肖胄嘗言，淮南沃野千里，近多荒廢。若廣修農事，則轉餉可省，兵食可足。亦建炎中事。惟《宋史·肖胄傳》雖謂自是置局建康，屯田於江淮。而置局屯田之事，別無所考見。

　　韓肖胄，建炎二年，知江州，入為祠部郎，遷左司。嘗言，中原未復，所恃長江之險，淮南實為屏蔽。沃野千里，近多荒廢。若廣修農事，則轉餉可省，兵食可足。自是置局建康，行屯田於江淮。（《宋史·韓肖胄傳》）

　　紹興元年，命劉光世兼淮南京東路宣撫使，置司揚州，措置屯田。光世迄不行。

　　紹興元年三月，命劉光世兼淮南京東路宣撫使。治揚州，經畫

屯田。光世迄不行。（《宋史·高宗紀》）

　　劉光世充浙西安撫大使，知鎮江府。紹興元年，金虜渡淮。眞、揚州皆闕守，命光世兼淮南京東路宣撫使，置司揚州。措置屯田，迄不行。（《宋史·劉光世傳》）

置荊南營田

　　　　知荊南府解潛奏，辟宗綱樊賓措置屯田。詔以綱為荊南鎮撫使，措置營田官，賓副之。其後荊州軍食賴之，省縣官之半。

　　紹興元年五月，以直秘閣宗綱為荊南鎮撫使，措置營田官，樊賓為副。（《宋史·高宗紀》）

　　紹興元年，知荊南府解潛奏，辟宗綱樊賓措置屯田。詔除宗綱充荊南府，歸峽州荊門公安軍鎮撫使司，措置五州營田官，樊賓副之。渡江後營田，蓋始於此。其後，荊州軍食仰給，省縣官之半焉。（《宋史·食貨志》）

措置河南屯田

　　　　初措置河南諸鎮屯田。

　　紹興元年九月，初措置河南諸鎮屯田。（《史宋·高宗紀》）

沈與求應詔上屯田集議

　　　　詔侍御史沈與求，條畫屯田利害。與求為《屯田集議》二卷，上之。

　　紹興元年九月，措置河南諸鎮屯田。侍御史沈與求言，承詔條畫屯田利害，退而考閱。漢昭帝始元二年，屯田張掖，始有屯田之令。趙充國留屯以困羌，曹操屯許下，諸葛亮屯渭濱，鄧艾屯於淮南，羊祜杜預屯於荊襄，應詹屯於江西，荀羨屯於石鼈，皆有遺跡可考。隋唐以來，頗采舊聞行之。至今淞江諸郡，尚有屯田稅租之名，則江淛亦嘗屯田矣。淳化以來，始用何承矩，措置北邊屯田。開塘濼之利，以限北寇。西北二邊，相繼益廣屯田。淮南、京西、夔路率嘗行之。天聖二年，封事請鬻福建屯田，朱諫奏罷估賣，則屯田嘗行之福建矣。今以古今屯田利便，可施於江淛者，纂其大略，號曰屯田集議，上下二卷。詔付戶部。（《玉海》）

　　　　二年，減淮南營田歲租，三之二。

　　紹興二年二月，減淮南營田歲租，三之二，俟三年復舊。（《宋

史·高宗紀》)

　　淮南營田副使王實括閑田三萬頃，給六軍王實括田給軍

耕種。

　　紹興二年三月，淮南營田副使王實括閒田三萬頃，給六軍耕種。

(《宋史·高宗紀》)

　　命孟庾同都督江淮荊浙諸軍事，經畫屯田。詔孟庾經畫屯田

　　紹興二年十二月命孟庾同都督江淮荊浙諸軍事。詔都督府，總

制江東西、湖北、浙西帥臣，經畫屯田。(《宋史·高宗紀》)

　　三年，德安府復州漢陽軍鎮撫使陳規請倣古屯陳規請合軍民弓

田之制，合弓箭手、民兵，分地耕墾。軍士屯田，箭手立砦耕墾頒

皆立堡砦，且守且耕。弓箭手皆分半以耕，民戶營其法於諸鎮

田，水田賦米，陸田賦豆麥。流民歸者，亦置堡砦

屯聚，以田還之。詔嘉之。廷臣因規奏推廣，謂時

荒田甚多，當聽百姓耕墾。仍頒其法於諸鎮。

　　紹興三年，德安府、復州、漢陽軍鎮撫使陳規倣古屯田。凡軍

士相險隘，立堡砦，且守且耕。耕必給費，斂復給糧，依助田法，

餘並入官。凡民水田，畝賦秔米一斗，陸田豆麥，夏秋各五升。滿

二年，無欠，給為永業。兵民各處一方，流民歸業寖衆，亦置堡砦

屯聚之。凡屯田事，營田司兼之。營田事，府縣兼之。廷臣因規奏

推廣，謂一夫授田百畝，古制也。今荒田甚多，當聽百姓請射。其

有闕耕牛者，宜用人耕之法，以二人曳一犂。凡授田，五人為甲，

別給蔬地五畝，為廬舍場圃。兵屯以大使臣主之，民屯以縣令主之。

以歲課多少為殿最。下諸鎮推行之。(《宋史·食貨志》)

　　陳規守德安時，嘗條上營屯田事宜，欲倣古屯田之制，合射士

民兵，分地耕墾。軍士所屯之田，皆相險隘，立堡砦。寇至則保聚

捍禦，無事則乘時田作。射士皆分半以耕屯田。民戶所營之田，水

田畝賦粳米一斗，陸田賦麥豆各五升。滿三年無逋輸，給為永業。

流民自歸者，以田還之。凡屯田事，營田司兼行。營田事，府縣官

271

兼行。皆不更置官吏，條列以聞。詔嘉獎之，仍下其法於諸鎮。
（《宋史·陳規傳》）

詔韓世忠措置建
康營田

詔江東西宣撫使韓世忠措置建康營田，如陝西
弓箭手法。世忠言，沿江荒田雖多，大半有主，難
如陝西之例。乞募民承佃。詔湖北、浙西、江西皆
如之，並免其科徭。

紹興三年，詔江東西宣撫使韓世忠，措置建康營田，如陝西弓
箭手法。世忠言，沿江荒田雖多，大半有主，難如陝西例，乞募民
承佃。都督府奏，如世忠議。仍蠲三年租，滿五年，田主無自陳者，
給佃者為永業。詔湖北、浙西、江西皆如之。其徭役科配並免。
（《宋史·食貨志》）

四年，詔淮南帥臣，兼營田使。守令以下，兼
管營田。

紹興四年五月，詔淮南帥臣，兼營田使。守令以下，兼管營田。
（《宋史·高宗紀》）

岳飛營屯田荊湖

荊南鄂岳制置使岳飛請先取襄陽六郡，為恢復
中原基本。帝從其言。飛既復襄漢，奏言，金賊志
已驕惰，劉豫偽僭，人心終不忘宋。如以精兵二十
萬，直擣中原，誠易為力。襄陽、隋、郢地皆膏
腴，苟行營田，其利為厚。臣候糧足，卽過江北
討。及翌年，飛平荊湖募民營田，又為屯田，歲省
漕運之半。帝手書昔人屯田三事，賜之。

岳飛，紹興四年，除兼荊南鄂岳州制置使。飛奏，襄陽等六郡，
為恢復中原基本。今當先取六郡，以除心膂之病。李成遠遁，然後
加兵湖湘，以殄羣盜。帝以諭趙鼎。鼎曰，知上流利害，無如飛者，
遂授黃復州漢陽軍德安府制置使。飛渡江中流顧幕屬曰，飛不擒賊，
不涉此江。抵郢州城下，偽將京超號萬人敵，乘城拒飛。飛鼓眾而

登，超投崖死，復郢州。遣張憲、徐慶復隨州。飛趣襄陽，李成迎
戰，左臨襄江。飛笑曰，步兵利險阻，騎兵利平曠，成左列騎江岸，
右列步平地，雖眾十萬，何能為。舉鞭指王貴，曰，爾以長槍步卒，
擊其騎兵。指牛皋曰，爾以騎兵擊其步卒。合戰，馬應槍而斃，後
騎皆擁入江，步卒死者無數，成夜遁，復襄陽。劉豫益成兵，屯新
野，飛與王萬夾擊之，連破其眾。飛奏，金賊所愛，惟子女金帛，
志已驕惰。劉豫僭偽，人心終不忘宋。如以精兵二十萬，直擣中原，
恢復故疆，誠易為力。襄陽隨郢地皆膏腴，苟行營田，其利為厚。
臣候糧足，即過江北，勦戮敵兵。時方重深入之舉，而營田之議自
是興矣。進兵鄧州，成與金將劉合孛堇，列砦拒飛。飛遣王貴、張
憲掩擊，賊眾大潰。劉合孛堇僅以身免，賊黨高仲退保鄧城，飛引
兵一鼓拔之。擒高仲復鄧州，帝聞之喜曰，朕素聞岳飛行軍有紀律，
未知能破敵如此。又復唐州信陽軍。襄漢平，五年又除荊湖南北襄
陽路制置使，招捕楊么，荊湖平。募民營田，又為屯田，歲省漕運
之半。帝手書曹操諸葛亮羊祜三事賜之。飛跋其後，獨指操為姦賊，
而鄙之。（《宋史·岳飛傳》）

　　臣六月二十三日酉時，准御前金字牌，伏蒙聖慈，特降親札處
分，令臣條具襄陽、隨、郢利害。臣竊觀金人劉豫，皆有可取之理。
金人累年之間，貪婪侵陵，無所不至。今所愛惟金帛子女，志已驕
惰。劉豫僭臣賊子，雖以儉約結民，而人心終不忘宋德。攻討之謀，
正不宜緩。苟歲月遷延，使得修治城壁，添兵聚糧，而後取之，必
倍費力。陛下淵謀遠略，非臣所知。以臣自料，如及此時，以精兵
二十萬，直擣中原，恢復故疆。民心效順，誠易為力。此則國家長
久之策也，在陛下睿斷耳。若姑以目前論之，襄陽、隨、郢地皆膏
腴，民力不支。苟行營田之法，其利為厚。然即今將已七月，未能
耕墾，來年入春，即可措畫。陛下欲駐大兵於鄂州，則襄陽、隨、
郢，量留軍馬。又於安復、漢陽，亦量駐兵。兵勢相援，漕運相繼，
荊門、荊南，聲援亦已相接，江淮、荊南，皆可奠安。六州之屯，
且以正兵六萬，為固守之計。就撥江西湖南糧斛，朝廷支降券錢，
為一年支遣。候營田就緒，軍儲既成，則朝廷無餽餉之憂，進攻退
守，皆兼利也。惟是葺治之初，未免艱難，必仰朝廷，微有以資之。

基本既立，後之利源，無有窮已。又此地夏秋，則江水漲隔，外可以禦寇，內足以運糧。至冬後春初，江水淺澀，吾資糧已備，可以坐待矣。于今所先，在乎速備糧食，斟量屯守之兵，可善其後。臣識闇不學，輒具管見，仰報聖問。辭拙事真，伏乞聖慈裁決，干冒天威，臣不勝屏營戰慄之至，取進止。（岳飛《畫守襄陽等郡營田劄子》）

臣聞先正司馬光有言，德勝才謂之君子，才勝德謂之小人，論人者，能審於才德之分，則無失人矣。曹操募百姓屯田許下，所在積粟。諸葛亮分兵屯田，而百姓安堵。羊祜懷遠近，得江漢之心，亦以墾田獲利。若三子者，知重本務農，使兵無饑食，其謀猷術略，皆不在人下，才有足稱者。然操酷虐變詐，攬申商之法術，雖號超世之傑，豈正直中和者所為乎。許邵謂清平之奸賊，亂世之英雄，其德有貶云。亮開誠心，布公道，邦域之內，畏而愛之。祜增修德信，以懷柔初附，則德過於操遠矣。觀亮素志，欲龍驤虎視，包括四海，以興漢室。天不假以年，遽有渭南之恨。祜輔晉武，慨然有并吞之心，後平吳，身不及見。二子有意於功名，而志弗克伸，惜哉。臣庸德薄才，誠不敢妄論古人。伏蒙陛下親灑宸翰，鋪述三子屯田足食之事，俯以賜臣。臣敢不策駑礪鈍，仰副聖意萬一。夫服田力穡，乃亦有秋，農夫職爾。用屯田以足兵食，誠不為難。臣不揆，願遲之歲月，敢以奉詔。要使忠信以進德，不為君子之棄，則臣將勉其所不逮焉。若夫鞭撻四方，尊強中國，扶宗社於再安，輔明天子，以享萬世無疆之休。臣竊有區區之志，不知得伸歟否也。紹興十年正月初一日，武勝定國軍節度使，開府儀同三司，湖北京西路宣撫使兼營田大使，武昌郡開國公食邑四千戶，實封一千七百戶，臣岳飛謹書。（岳飛《御書屯田三事跋》）

沈晦請置兵沿江市田給之

浙西安撫使沈晦請令鎮江、建康、太平、池、鄂五郡，各置兵一二萬，以財賦易官田，給之。寇至，五郡合擊之。又自乞以兵五千，用昭義步兵法，鎮京口。不果用。

沈晦，紹興四年，起知鎮江府，兩浙西路安撫使。過行在，面對，言藩帥之兵可用。今沿江千餘里，若今鎮江、建康、太平、池、鄂五郡，各有兵一二萬。以本郡財賦，易官田給之。寇至，五郡以舟師守江，步兵守隘，虜難飛度。假使能渡，五郡合擊，虜雖善戰，不能一日破諸城也。若圍五郡，則兵分勢弱。或以偏師綴我，大軍南侵，則五郡尾而邀之，虜安敢遠去。此制稍定，三年後，移江北，糧餉器械悉自隨。又自乞分兵二千，及召募敢戰士三千，參用昭義步兵法，期年後，京口便成彊藩。時方以韓忠世軍屯鎮江，不果用。（《宋史·沈晦傳》）

是年春，兀朮撒離喝及劉夔入寇仙人關，利州路制置使吳玠擊卻之。夔乃劉豫腹心，本謂蜀可圖，攜孥而來。既不得逞，還據鳳翔屯田，自是不敢妄動。

吳玠充利州路階成鳳州制置使。紹興四年二月，虜復大入寇，攻仙人關。先是，吳璘在和尚原，餉饋不繼，玠又謂其地去蜀遠，命璘棄之。經營仙人關右殺金平，移原兵守之。至是兀朮撒離喝及劉夔，率十萬騎，入侵，自鐵山鑿崖開道，循嶺東下。玠以萬人當其衝。璘率輕兵，由七方關，倍道而至。與金兵轉戰七晝夜，始得與玠合。敵首攻玠營，玠擊走之。明日，大出兵，統領王喜王武率銳士，入金營，金陣亂，奮擊，射韓常，中左目。金人宵遁。玠遣統制官張彥劫橫山砦，王俊伏河池，扼其歸路，又敗之。是役也，金自元帥以下，皆攜孥而來。劉夔乃豫之腹心，本謂蜀可圖。既不得逞，度玠終不可犯，則還據鳳翔，授甲士田，為久留計。自是，不敢妄動。（《宋史·吳玠傳》）

五年，詔問前宰執及行在職事官，戰守方略。前同僉書樞密院事韓肖胄言，女真畏服西兵，而今三帥所統，多西人。吳玠繼有捷奏，軍聲益振。荊襄至江淮，綿亙數千里，宜按行險阻之地，屯兵積糧，則形勢相接。畿甸山東、關河之民，怨金人入

韓肖胄請招遺民擇軍士耕江淮荒田

275

骨。今淮南、江東、西，荒田至多，若招境上之民，給糧授田，必接跡而至。江南曠土甚多，沿江大將分地而屯。軍士舊為農者甚衆，擇之，使力耕。農隙則講武，秋成，以所獲均給之，或募罪人及貧民分耕，刓為營屯，以備戰守。

紹興五年正月，詔前宰執呂頤浩等十九人，及行在職事官，各條上攻戰備禦措置綏懷之策。（《宋史·高宗紀》）

韓肖冑同僉書樞密院事，與朱勝非議不合，力求去，以舊職知溫州，提舉臨安府洞霄宮。五年，詔問前宰執戰守方略。肖冑言，女眞等軍，皆畏服西兵，勁銳喜戰。今三帥所統，多西人。吳玠繼有捷奏，軍聲益振，敵意必搖。攻戰之利，臣固知之。自荊襄至江淮，綿亙數千里。不若擇文武臣僚，按行計度，求險阻之地，屯兵積糧，則形勢相接。今淮東西雖命宣撫使，然將屯置司，乃在江上，所遣偏裨分守，不過資以輕兵。勢孤力弱，難以責其固志。當移二將於江北，使藩籬可固。又言，諸大將之兵，自主庭戶，更相鬩疾。若欲並遣進攻，宜先命總帥，分以精銳，自成一軍。號令既一，則諸將疇敢不聽命。畿甸山東關河之民，怨金人入骨。當以安集流亡，招懷歸附為先。今淮南、江東、西，荒田至多，若招境上之人，授田給糧，捐其賦租，必將接跡而至。又奏，江之南岸，曠土甚多，沿江大將，各分地而屯，軍士舊為農者，十之五六。擇其非甚精銳者，使之力耕。農隙，則試所習之技藝。秋成，則均以所種之禾麥。或募江北流徒，及江南無業願遷之人，分給之。刓為營屯，止則固守，出則攻討。（《宋史·韓肖冑傳》）

李邴請屯田淮南

前權知行臺三省樞密院事李邴條上，戰陣、守備、措畫、綏懷各五事。其所言守備之宜，大略謂古之名將，內必屯田以自足，外必因糧於敵。誠能得功名自任者，舉淮南付之，使自為進取。則不至虛內以事外。度金虜他年入寇，懲創今日之敗，必

先以一軍來淮甸，為築室反耕之計以綴我。由登乘
泛海以出吾左，由武昌渡江，以出吾右，願預講防
守之策。不報。

李邴為資政殿學士，權知行臺三省樞密院事，以與呂頤浩論不
合，乞罷。遂以本職，提舉杭州洞霄宮。紹興五年，詔問宰執方略。
邴條上戰陣、守備、措畫、綏懷各五事。所謂戰陣之利有五。曰，
出輕兵，務遠略，儲將帥，責成功，重賞格。所謂守備之宜，有五。
曰，固根本、習舟師、防他道、講遺粲、列長戍。大略謂江浙為今
日根本，欲保守則失進取之利，欲進取則慮根本之傷。古之名將，
內必屯田以自足，外必因糧於敵。誠能得以功名自任如祖逖者，舉
淮南而付之，使自為進取，而不至虛內以事外。臣聞朝廷下福建，
造海船七百隻，必如期而辦。乞倣古制，建伏波下瀨，樓船之官，
以教習水戰，俾近上將佐領之。自成一軍，而專隸於朝廷。無事則
散之緣江州郡，緩急則聚而用之。臣度敵人，他年入寇，懲創今日
之敗，必先以一軍，來自淮甸，為築室反耕之計，以綴我師。然後
由登萊泛海，窺吳越，以出吾左。由武昌渡江，窺江池，以出吾右。
一處不支，則大事去矣。願預講左支右吾之策。夫兵之形無窮，願
詔臨江守臣，凡可設奇以誤敵者，如吳人疑城之類，皆預為措畫。
今長江之險，綿數千里，守備非一。苟制得其要，則用力少而見功
多。願差次其最緊處，屯軍若干人，一將領之，聽其郡守節制。次
緊稍緩處，差降焉。有事，則以大將兼統之。既久，則諳熟風土，
緩急可用，與旋發之師不侔矣。所謂措畫之方有五。曰，親大閱，
補禁衛，講軍制，訂使事，降勅榜。所謂綏懷之略有五。曰，宣德
意，先振恤，通關津，遺材能，務寬貸。不報。（《宋史·李邴
傳》）

夏，官給牛種，募民耕營田。　　　　　　　　　募民營田

紹興五年四月，募民耕營田，官給牛種。（《宋史·高宗紀》）

秋，罷荊南營田司，令安撫司，措置官兵耕　　王彥墾田給軍
種。安撫使王彥市牛千七百頭，墾田八百五十頃，

分給將士。

紹興五年八月，罷荊南營田司，令安撫司措置官兵耕種。（《宋史·高宗紀》）

王彥，紹興五年，差知荊南府，充歸峽荊門公安軍安撫使。彥因荊南曠土，措置屯田。自蜀買牛千七百頭，授官兵，墾營田八百五十頃，分給將士有差。（《宋史·王彥傳》）

冬，命兩淮、川陝、荊襄諸帥，各遣參謀官一員，提點屯田。

紹興五年十二月，命兩淮、川陝、荊襄、荊南諸帥府參謀官各一員，提點屯田。（《宋史·高宗紀》）

張峴請築堡興屯

是歲前利州路安撫司幹辦公事張峴疏言，王師屢捷，士氣漸振。然兵疲民勞，未可遽圖進取。為今日計，當築堡塢以守淮南之地，興屯田為久成之資。

張峴為利州路安撫司幹辦公事，以母病去官。紹興五年，召對。峴上疏曰，金人去冬，深涉吾地，王師屢捷，一朝宵遁。金有自敗之道，非我倖勝之也。今士氣稍振，乘其銳而用之，固無不可。然兵疲民勞，若便圖進取，似未可遽。臣竊謂為今日計，當築塢堡，以守淮南之地。興屯田，以為久成之資。備舟楫，以阻長江之險。以我之常，待彼之變。又荊襄壽春，皆古重鎮。敵之侵軼，多出此塗。願速擇良將勁兵，戍守其地，以重上流之勢。（《宋史·文苑傳》）

屯田郎中樊賓言，荊湖江浙膏腴之田，綿亙數千里，無人可耕。中原士民，扶攜南渡，幾千萬人。若使之盡墾荒田，則地無遺利，人無遺力，可以資中興。

紹興五年，屯田郎中樊賓言，荊湖江南與兩浙，膏腴之田，彌亙數千里，無人可耕，則地有遺利。中原士民，扶攜南渡，幾千萬

人，則人有餘力。今若使流寓失業之人，盡佃荒閑不耕之田。則地無遺利，人無遺力，可以資中興。（《文獻通考》）

興元府利夔路制置使王庶以士卒單寡，籍民丁為義士，得數萬人。

王庶，紹興五年，起復，知興元府利夔路制置使。庶以士卒單寡，籍興洋諸邑，及三泉縣強壯，兩丁取一，三丁取二，號義士。日閱於縣，月閱於州，厚犒之。不半年，有兵數萬。（《宋史·王庶傳》）

始置江陵府安撫使兼營田使。

江陵府江陵郡荊南節度，舊領荊湖北路兵馬鈐轄，兼提舉本路，及施夔州兵馬巡檢事。建炎二年，升帥府。四年，置荊南府歸峽州荊門公安軍鎮撫使。紹興五年，罷，始制安撫使兼營田使。（《宋史·地理志》）

六年，以諸路帥臣兼領營田大使，營田使。

紹興六年二月庚子，以諸路宣撫制置大使，並兼營田大使。宣撫副使、招討、安撫使，並兼營田使。（《宋史·高宗紀》）

右僕射都督張浚奏，改江淮屯田為營田。括官田，逃田，以五頃為一莊，募民五家承佃。莊設保長一人，給牛種農具，並貸以錢，命樊賓王弗行之。七月，又命賓提舉江淮營田，置司建康，弗副之。是歲，收穀三十餘萬石。按《宋史·高宗紀》是年二月庚子，命諸路帥臣兼營田使。壬寅，改江淮屯田為營田。《文獻通考》及《食貨志》，俱謂改屯田為營田後，尋命諸路帥悉領營田者，均誤。至七年，以羣臣多言營田之害，浚亦覺其擾，請罷提舉營田司，以監司兼領。於是，詔諸路安撫使運使司兼領原兼營田使者，仍舊。《食貨志》復誤為

命諸路帥臣兼領營田

張浚奏改屯田為營田，大為民害，尋罷之

是年，因此始命帥臣兼領營田，其訛舛更甚。

紹興六年二月壬寅，改江淮屯田為營田。（《宋史·高宗紀》）

紹興六年七月，以司農少卿樊賓提領營田公事。（《宋史·高宗紀》）

紹興七年六月，罷江淮營田司，令諸路安撫轉運使司兼領其事。（《宋史·高宗紀》）

紹興七年，監中嶽李宲言，營田之官，或抑配豪戶，或強科保正，田瘠難耕，多收子利。張浚亦覺其擾，請罷司，以監司兼領。於是，詔帥臣兼領營田，內見帶營田使名者，即仍舊。（《文獻通考》）

紹興六年，都督張浚奏，改江淮屯田為營田。凡官田、逃田、並拘籍，以五頃為一莊，募民承佃。其法，五家為保，共佃一莊，以一人為長。每莊給牛五具，未耜及種副之，別給十畝為蔬圃。貸錢七十千，分五年償。命樊賓王弗行之。尋命五大將劉光世、韓世忠、張浚、岳飛、吳玠及江淮、荊襄、利路帥，悉領營田使。遷賓司農少卿，提舉江淮營田，置司建康。弗屯田員外郎，副之。官給牛種，撫存流移。一歲中收穀三十萬石有奇。殿中侍御史石公揆，監中嶽李宲，及王弗皆言營田之害。張浚亦覺其擾，請罷司，以監司領之。於是，詔帥臣兼領營田。（《宋史·食貨志》）

紹興六年，右僕射張浚奏改江淮屯田為營田。凡官田逃田，並拘籍，以五頃為一莊，募民承佃。命措置官樊賓、王弗舉行之。尋命五大將劉光世、韓世忠、張俊、岳飛、吳玠及江淮、荊襄、利路帥，悉領營田使。江淮營田，置司建康，歲中，收穀三十萬有奇。（《文獻通考》）

劉子羽請益兵屯田

都督府參議軍事劉子羽言撫諭川陝，籌軍實，察邊備。還言，金人未可圖，宜益兵屯田，以俟機會。

劉子羽權都督府參議軍事，與主管機宜文字熊彥詩同撫諭川陝。時吳玠屢言，軍前乏糧。故令子羽見玠諭指，且與都轉運使趙開計事，併察邊備虛實，以聞。時五年冬也。明年秋，與彥詩同還朝。子羽言，金人未可圖，宜益兵屯田，以俟機會。（《宋史·劉子羽傳》）

從張觷請給田募刀弩手備蠻

知鼎州張觷言，鼎、澧、辰、沅、靖五州，與溪峒接壤，舊置刀砮❶手。今雖出良田，募人充之。率皆豪强遣僮奴，竄名籍中，乘時射利。宜汰去別募。詔命荊湖帥司相度。帥司言，澧、辰、沅、靖四州，舊置刀弩手九千餘人，平居則事耕作，緩急則備戰守。靖康調援河東，全軍陷沒。若於辰州置千人，沅州置千五百人，澧州，靖州各五百人。分處要害，量給土田，教以耕戰。以所餘田，募人耕作，歲收其租，可為經久之備。詔從之。

紹興六年十二月，命辰、沅、靖、澧四州，以閑田募刀弩手，三千五百人為額。（《宋史·高宗紀》）

紹興六年，知鼎州張觷言，鼎、澧、辰、沅、靖州，與溪峒接壤。祖宗時，嘗置刀弩手，得其死力。比緣多故，遂皆廢闕。萬一蠻夷變生，將誰與捍禦。今雖出良田，募人以補其額。率皆豪強遣僮奴，竄名籍中，乘時射利，無益公家。所宜汰去，別募溪峒司兵，得三百人。俾加習練，足為守禦。給田募人開墾，以給軍儲。詔荊湖北路帥司，相度以聞。帥司言，嘗田四州，舊置刀弩手九千一百一十人，練習武事，散居邊境，鎮撫蠻夷。平居則事耕作，緩急則備戰守，深為利便。靖康調發，應援河東，全軍陷沒。今辰、沅、澧、靖等州，乏兵防守。竊慮蠻夷生變叵測，若將四州刀弩手減元額，定為三千五百人。辰州置千人，沅州置千五百人，澧州、靖州各置五百人。分處要害，量給土田，訓練以時，耕戰合度，庶可備禦。以所餘閑田，募人耕作，歲收其租。其於邊防財計，兩得其便，可為經久之計。詔從之。（《宋史·兵志》）

❶ “砮”當為“弩”。——編者註

獎吳玠營田有效　　　　以中書省言，川陝宣撫使吳玠治褒城廢堰，置
營田六十莊，歲收二十萬石，以助軍儲。賜詔
獎諭。

　　紹興七年，詔獎諭川陝宣撫吳玠，治廢堰營田六十莊，計田八
百五十四頃。約收二十五萬石，補助軍糧，以省饋餉。（《文獻通
考》）

　　紹興七年九月，吳玠於興元洋州營田收二十萬石。詔獎之。
（《玉海》）

　　紹興七年九月，中書省言，川陝宣撫使吳玠於洋梁，勸誘軍民
營田。今夏二麥，迨秋成所收，近二十萬石，可省饋餉。詔獎之。
（《續通鑑》）

　　吳玠與金虜對壘，且十年，常苦遠餉勞民。屢汰冗員，節浮費，
益治屯田，歲收至十萬斛。又調戍兵，命洋梁守將，治褒城廢堰。
民知灌溉可恃，歸業者數萬家。（《宋史·吳玠傳》）

勾濤請令諸將屯　　　　中書舍人勾濤以沿邊久駐重兵，江浙疲於饋
田　　　　　　　　餉。而荊襄、淮楚多曠土，進羊祜屯田故事，命下
其事於諸大將，議行屯田。

　　勾濤，紹興七年，權中書舍人。時，沿邊久宿兵，江浙疲於饋
餉，而荊襄淮楚多曠土。濤因進羊祜屯田故事，事下諸大將，於是，
邊方議行屯田。（《宋史·勾濤傳》）

章誼上屯田策　　　　　戶部尚書章誼奏屯田之策，謂京西、湖北、淮
南諸路，失業者多。若家給牛種錢糧以助耕，則財
力不足。今三大將，各屯一路。如各捐數縣地，均
給將士。收其餘，以省轉輸。非小補也。

　　章誼，紹興五年，知溫州。六年，移守平江。明年，移蹕建康，
復為戶部尚書。誼奏屯田之策，謂京西、湖北、淮南、東西失業者
最多。朝廷必欲家給牛種，人給錢糧以勸耕，則財力不足。今三大
將，各屯一路。如各捐數縣地，均給將士。收其餘，以省轉輸。非

小補也。(《宋史·章誼傳》)

　　詔四川都轉運使李迨，奏每歲收支之數。迨考其本末具奏，且言，蜀人所苦，以糴買般運為最甚。蓋糴買，不科敷則不能集事，科敷，則不能無擾。般運稍緩，則船戶受其病，急則船戶被其害。欲省漕運，莫如屯田。漢中之地，約收二十五萬石。以半充不通水運之處歲計，並委官於興元、洋州、岷州就糴。兼用營田一半之數，十二萬石，水運應付利閬州以東。可盡免糴買般運，乃恤民之實惠也。詔獎之。

李迨請屯田以省漕運

　　紹興五年，以趙開為四川都轉運使。六年，以龍圖閣直學士李迨代開為都轉運使。(《宋史·食貨志》)

　　李迨升龍圖閣直學士，為四川都轉運使。踰年，詔迨以每歲收支之數，具旁通驛奏。迨乃考其本末具奏，曰，紹興四年，所收錢物三千三百四十二萬餘緡，此所支闕五十一萬餘緡。五年，收三千六十萬緡，此所支闕一千萬餘緡。六年，未見。七年，所收三千六百六十萬餘緡，此所支闕一百六十一萬餘緡。自來遇歲計有闕，即添支錢引補助。紹興四年，添印五百七十六萬道，五年，添印二百萬道，六年，添印六百萬道。見今汎料太多，引價頓落，緣此未曾添印。兼歲收錢物內，有上供進奉等窠名，一千五百九十九萬，係四川歲入舊額。其勸諭激賞等項窠名錢物，共二千六十八萬，係軍興後來歲入所增，比舊額已過倍。其取於民，可謂重矣。臣嘗考《劉晏傳》，是時，天下歲入緡錢千二百萬，而管榷居其半。今四川榷鹽榷酒歲入一千九十一萬，過於晏所榷多矣。諸窠名錢已三倍劉晏歲入之數。彼以一千二百萬，贍中原之軍，而有餘。今以三千六百萬貫，贍川陝一軍而不足。又如折估及正色米二項，通計二百六十五萬石。止以紹興六年，朝廷取會官兵數，計六萬八千四百四十九人，決無一年用二百六十五萬石米之理。數內官員一萬一千七員，軍兵五萬七百四十九人。官員之數，比軍兵之數，約計六分之一。軍兵請給錢，比官員請給，不及十分之一。卽是冗濫在官員，不在軍兵也。計司雖知冗濫，力不能裁節之。雖是寬剩，亦未敢除減。此朝廷不可不知也。蜀人所苦甚者，糴買般運也。蓋糴買不科敷，則不能集其事，苟科敷，則不能無擾。般運事稍緩，則船戶獨受其弊，急則稅戶皆被其害。欲省漕運，莫如屯田。漢中之地，約收二十五萬餘石，若將一半，充不係水運去處歲計，以米一半，對減川路糴買般發歲計米，亦可少寬民力。兼臣已委官，於興元洋州，就糴夏麥五十萬石，岷州欲就糴二十萬石，兼用營田所收一半之數，十二萬石，三項共計五十七萬石。每年水運應付閬利州以東，計米五十八萬石。若得此三項，可盡數免川路糴買般運。此乃恤民之實惠，守邊之良策也。降詔獎諭。（《宋史·李迨傳》）

賜岳飛軍錢十萬緡，招歸正復業人，耕湖北京西閒田。

紹興七年八月，賜岳飛軍錢十萬緡，招歸正復業人，耕湖北京西閒田。（《宋史·高宗紀》）

常同請屯田以紓民力

八年，御史中丞常同言，吳玠屯師興利，而西川民力已疲。玠頃年嘗講屯田，請令制漕帥司條具以聞。然後按實講究，以紓民力。

常同，紹興七年秋，除御史中丞。車駕自建康回臨安，同奏，吳玠屯師興利，而西川人力已困。玠頃年嘗講屯田，願聞其積穀幾何，減饋運幾何。趙開、李迨相繼為都漕，先後饋運各幾何。令制漕帥司條具以聞，然後按實講究，以紓民力。（《宋史·常同傳》）

紹興七年三月，帝在建康。八年二月，帝至臨安。（《宋史·高宗紀》）

十年，命陝西復募弓箭手。

紹興十年二月，命陝西復募蕃漢弓箭手。（《宋史·高宗紀》）

詔經理屯田

詔諸路，經理屯田，

紹興十年二月，詔新復州軍搜舉隱逸，諸路經理屯田。（《宋

史·高宗紀》)

命兩浙、江東、福建諸州，團結弓弩手。

紹興十年六月，命兩浙、江東、福建諸州，團結弓弩手。(《宋史·高宗紀》)

十三年，關外初行營田。

十三年，是歲，關外初行營田。(《宋史·高宗紀》)

十五年，四川宣撫副使鄭剛中於階、成二州營田，凡三千餘頃，歲收十八萬斛。

鄭剛中為四川宣撫副使，奏蠲四川雜征。又請減成都府路對糴。時，剛中於階、成二州營田，抵秦州界，凡三千餘頃，歲收十八萬斛。(《宋史·鄭剛中傳》)

紹興十五年正月，鄭剛中奏減成都路對糴米三之一。(《宋史·食貨志》)

十六年，立淮東、江東、兩浙、湖北州縣營田賞罰格。

紹興十六年三月，立淮東、江東、兩浙、湖北州縣，歲較營田賞罰格。(《宋史·高宗紀》)

紹興十六年，定江淮、湖北營田，以紹興七年，至十三年，所收數內，取三年最多數，內取一年酌中為額。縣官奉行有方，無詞訴抑勒處分三等定賞罰。(《文獻通考》)

十八年，命利路三都統，措置營田。

紹興十八年十二月，命利路三都統，措置營田。以其租，充減免對糴之數。(《宋史·高宗紀》)

二十年，立州縣守令營田增虧賞罰格。

紹興二十年二月，立守、貳、令、尉營田增虧賞罰格。(《宋史·高宗紀》)

二十三年，詔民認復軍莊營田者，償開耕錢。

紹興二十三年三月，詔凡民認復軍莊營田者，償開耕錢。(《宋

史·高宗紀》）

時，兵卒於濱太湖之地，建長堤為壩田，有妨水利。諫議史才乞廢之，以復太湖舊蹟，使民田均受其利。從之。

紹興二十三年，諫議大夫史才言，浙西民田最廣，而平時無甚害者，太湖之利也。近年瀕湖之地，多為兵卒侵據，累土增高，長堤彌望，名曰壩田。旱則據之以溉，民田不沾其利。潦則遠近泛濫，不得入湖，而民田盡沒。望盡復太湖舊蹟，使田疇均利。從之。（《宋史·食貨志》）

二十五年，詔四川，營田有占民田者，按驗給還。

紹興二十五年七月，詔四川，營田有占民田者，常平司按驗給還。（《宋史·高宗紀》）

給離軍還農者田

二十六年，用御史中丞湯鵬舉言，離軍添差人願歸農者，人給荒田百畝，及牛種。仍免租稅十年，丁役二十年。

紹興二十六年十月，命離軍願歸農者，人給江淮湖廣荒田百畝，復其租稅十年。（《宋史·高宗紀》）

紹興二十六年十月，用御史中丞湯鵬舉言，離軍添差之人，授以江淮湖南荒田，人一頃，為世業。所在郡，以一歲奉充牛種費，仍免租稅十年，丁役二十年。（《宋史·食貨志》）

詔賣營田

二十九年，詔令出賣兩浙轉運司營田官莊，尋又詔申嚴賞罰。分水令張升佐，宜興令陳迟，以賣田稽遲，貶秩罷任。浙東提舉常平都絜以賣田最多，增一秩。

紹興二十九年，初，兩浙轉運司官莊田四萬二千餘畝，歲收稻麥等四萬八千餘斛。營田九十二萬六千餘畝，歲收稻麥雜豆等十六萬七千餘斛。充行在馬料，及糴錢。四月，詔令出賣。七月，詔諸路提舉常平官，督察欺弊，申嚴賞罰。分水令張升佐，宜興令陳迟，以賣田稽遲，各貶秩罷任。九月，浙東提舉常平都絜以賣田最多，增一秩。（《宋史·食貨志》）

三十一年，給兩淮民兵荒田。

給民兵荒田

紹興三十一年五月，給兩淮民兵荒田。（《宋史·高宗紀》）

募諸州豪民，招槍仗弓箭手，赴行在所。

紹興三十一年七月，募諸州豪民，招槍仗弓箭手，赴行在所。（《宋史·高宗紀》）

三十二年，命兵部侍郎陳俊卿，工部侍郎許尹，經畫兩淮砦堡屯田。後金主完顏褒立，申舊好，廷臣多附和議。俊卿奏，和戎本非得已，因陳選將練兵，屯田減租之策。

命陳俊卿經畫兩淮屯田砦堡

紹興三十二年三月，命兵部侍郎陳俊卿，工部侍郎許尹，經畫兩淮砦堡屯田。（《宋史·高宗紀》）

陳俊卿權兵部侍郎。金主亮渡淮，俊卿受詔整浙西水軍，李寶因之，遂有膠西之捷。亮死，詔俊卿治淮東堡砦屯田，所過安輯流亡。金主褒新立，申舊好，廷臣多附和議。俊卿奏，和戎本非得已，若以得故疆為實利，得之未必能守，是亦虛文而已。今不若先正名，名正則國威彊，歲幣可損。因陳選將練兵，屯田減租之策。擇文臣有膽略者為參佐，俾察軍政，習戎務，以儲將材。（《宋史·陳俊卿傳》）

紹興中，復有知金州兼永興路經略郭浩，以金州殘弊，戶口無幾，招輯流亡，開置營田。以其規制頒示諸路。他軍俱仰軍朝廷，浩獨積贏錢十萬緡，以助戶部。

郭浩營田金州

郭浩紹興中，知金州，兼永興軍路經略使。金州殘弊特甚，戶口無幾。浩招輯流亡，開營田，以其規制，頒示諸路。他軍皆以匱

急，仰給朝廷。浩獨積贏錢十萬緡，以助戶部。朝廷嘉之，凡有奏
請，得以直達。（《宋史·郭浩傳》）

廖剛請屯田江淮　　給事中廖剛言，今諸將備江淮之兵，日待哺於
東南轉餉，浙民已困。欲救此患，莫若屯田。因上
三說，上令都督府措置。

廖剛，紹興中，拜給事中。剛言，國不可一日無兵，兵不可一
日無食。今諸將之兵備江淮，不知幾萬。初無儲蓄，日待哺於東南
之轉餉，浙民已困。欲救此患，莫若屯田。因獻三說，將校有能射
耕，當加優賞。每耕田一頃，與轉一資。百姓願耕，假以糧種，復
以租賦。上令都督府措置。（《宋史·廖剛傳》）

張運請修屯田　　刑部侍郎張運請廣儲蓄，修屯田，作鄉兵。帝
皆聽納。

張運拜刑部侍郎，言諸不便，皆從之。又請廣儲蓄，興鼓鑄，
脩屯田，作鄉兵。亦皆聽納。（《宋史·張運傳》）

從汪澈請置京西　　孝宗卽位，命參知政事汪澈督視湖北京西兵
營田　　馬。襄陽舊有長木二渠，溉田萬頃，兵後湮廢。澈
以襄漢屯重兵，糧餉浩繁。請築堰修渠，募邊民，
汰冗卒，為三十八屯，給牛種，按廬舍，以耕之。
既省餽運，又可安輯流亡。帝從其言，立措置京西
營田司。

紹興三十二年十一月，立措置京西營田司。（《宋史·孝宗
紀》）

汪澈為參知政事，與宰相陳康伯同贊內禪。孝宗卽位，銳意恢
復。首用張浚使江淮，澈以參豫，督軍荊襄，將分道進討。趙撙守
唐，王宣守鄧，招皇甫倜於蔡。襄漢沃壤，荊棘彌望，澈請因古長
渠築堰，募閒民，汰冗卒，雜耕。為度三十八屯，給種與牛，授廬
舍，歲可登穀七十餘萬斛。民償種，私其餘，官以錢市之，功緒略
就。（《宋史·汪澈傳》）

紹興三十二年，督視湖北京西兵馬汪澈言，荊湖兩軍，屯守襄漢，糧餉浩瀚。襄陽古有長木二渠，長渠溉田七千頃，木渠溉田三千頃，兵後堙廢。今先築堰開渠，募邊民，或兵之老弱，墾田。耕牛未耜種糧，令河北京西轉運司措置。既省饋運，又可安輯流亡。從之。（《宋史·食貨志》）

罷建康鎮江營田官兵。

紹興三十二年十二月，罷建康鎮江營田官兵。（《宋史·孝宗紀》）

時，兩淮盡為荒野，御史中丞辛次膺乞借牛種，招流亡歸業，或令戍兵從便耕種。

辛次膺移福建帥。孝宗即位，手詔趣召，除御史中丞。時兩淮盡為荒野，次膺奏，乞集遺氓歸業，借以牛種，或令在屯兵從便耕種。此足食良法。（《宋史·辛次膺傳》）

隆興元年，以辛次膺為參知政事，洪遵同知樞密院事，督諸路開營田。

隆興元年五月，以辛次膺為參知政事，翰林學承旨洪遵同知樞密院事，督諸路開營田。（《宋史·孝宗紀》）

臣僚上言屯田十要，且欲立賞格以募人，及停廣西馬綱三年，以市牛。會有訴襄陽屯田之擾者，帝欲罷之。工部尚書張闡言，荊襄屯田之害，以耕田之民不足，而強之百姓，或遠數百里，徵呼以來。役其強壯，老稚無養，一方騷然。罷之誠是。然自去歲以來，置耕牛農具，修長木二渠，費已十餘萬。而兩淮來歸之民，動以萬計。官不能養之，則老弱飢死，壯者轉而之他。若使之就耕荊襄之田，非惟可免流離，中原之民聞之，知朝廷有以處我，率皆襁負而至矣。詔令原有耕者依舊，餘令虞

罷建康鎮江營田兵

辛次膺請令軍民耕兩淮荒田

督諸路開營田

令虞允文王鈺措置荊襄屯田

允文同王玨措置。

隆興元年，臣僚言，州縣營田之要，其說有十。曰擇官必審，募人必廣，穿渠必深，鄉亭必脩，器用必備，田處必利，食用必充，耕具必足，定稅必輕，賞罰必行。且欲立賞格以募人，及住廣西馬綱三年，以市牛。會有訴襄陽屯田之擾者，上欲罷之。工部尚書張闡言，今日荊襄屯田之害，以其無耕田之民，而課之游民，游民不足，而強之百姓。於是，百姓舍己熟田，而耕官生田。或遠數百里，徵呼以來。或名雙丁，而役其強壯，老稚無養，一方騷然。罷之誠是也。然自去歲以來，置耕牛農器，修長木二渠，費已十餘萬。一旦舉而棄之，則荊襄之地終不可耕也。比見兩淮歸正之民，動以萬計。官不能續食，則老弱飢死，強者轉而之他。若使之就耕荊襄之田，非惟可免流離，抑使中原之民聞之，知朝廷有以處我，率皆襁負而至矣。異時墾闢既廣，取其餘以輸官，實為兩便。詔除見耕者依舊，餘令虞允文同王玨措置。（《宋史·食貨志》）

隆興元年五月，臣僚言，營田十說。一曰，擇官必審，魏武用任峻，司馬懿用鄧艾是也。二曰，募人必廣，趙充國留萬二百八十一人，李彪請取戶十分之一，是也。三曰，穿渠必深，充國浚漕渠，鄧艾開河渠，是也。四曰，鄉亭必修，充國繕鄉亭，是也。五曰，器用必備，充國上發用簿，是也。六曰，田處必利，漢屯張掖，魏屯許昌，是也。七曰，食用必充，充國屯田，用穀月二萬七千餘斛，是也。八曰，耕具必足，李彪請以雜物市牛，唐開元二十五年，一頃五十畝，配一牛，是也。九曰，定稅必輕，晉應詹上表，一年與百姓，二年分稅，李彪上表，一夫之田，歲貢六十斛，蠲其雜役，是也。十曰，賞罰必行，晉元帝督課長吏，以穀多少為殿最，齊武成河清中，詔營屯田，歲終課所入以論褒貶，是也。凡此十者，營田之制盡矣。（《玉海》）

周淙開兩淮屯田

時，兩淮經金虜蹂踐，民多流亡。維揚帥周淙極力招輯，勸民植桑柘，開屯田。帝屢賜書獎之。初，淙守濠梁，淮楚舊有並山水置砦自衛者，淙為立約束，結保伍。金主完顏亮犯邊，民賴以全活者甚眾。

隆興元年五月，李顯忠、邵宏淵復虹縣，金知泗州蒲察徒穆及同知大周仁降。（《宋史·孝宗紀》）

周淙通判建康府。金虜渝盟，邊事方興，帥守難其選，士夫亦憚行。首命淙守滁陽，未赴，移越州，又徙濠梁。淮楚舊有並山水置砦自衛者，淙為立約束，結保伍。金主亮傾國犯邊，民賴以全活者，不可勝計。孝宗受禪，王師進取虹縣。中原之民，翕然來歸，扶老攜幼，相屬于道。淙計口給食，行者犒以牛酒，至者處以室廬，人人感悅。時，兩淮經金虜蹂踐，民多流亡。淙極力招輯，按堵如故。勸民植桑柘，開屯田。上亦專以屬淙，屢賜親扎，淙奉行益力。（《宋史·周淙傳》）

二年，江淮都督府參贊陳俊卿請以不披帶人，擇官荒田，標旗立砦，多買牛犁耕之。墾田既多，穀價必賤。所在有屯，則無盜賊之憂。軍食既足，則無轉運之勞。詔從其言。

從陳俊卿請立砦墾田

隆興二年，江淮都督府參贊陳俊卿言，欲以不披帶人，擇官荒田，標旗立砦。多買牛犁，縱耕其中。官不收租，人自樂從。數年之後，墾田既多，穀價必賤。所在有屯，則村落無盜賊之憂。軍食既足，則饋餉無轉運之勞。此誠經久守淮之策。詔從之。（《宋史·食貨志》）

乾道元年，命淮西、湖北、荊襄帥臣措置營田。

命諸路營田

乾道元年三月，命淮西、湖北、荊襄帥臣措置營田。（《宋史·孝宗紀》）

詔總領帥、漕臣，諸軍都統制，並兼提領屯田。沿邊守臣，兼管屯田。

乾道元年五月，詔總領帥、漕臣，諸軍都統制，並兼提領措置屯田。沿邊守臣，兼管屯田事。（《宋史·孝宗紀》）

　　　　　　　　　以永豐圩田，賜建康都統司。

　　　　乾道元年八月，以永豐圩田，賜建康都統司。（《宋史·孝宗紀》）

遣官措置兩淮屯　　　遣龍大淵撫諭兩淮，措置屯田。
田
　　　　乾道元年十一月，遣龍大淵撫諭兩淮，措置屯田，督捕盜賊。（《宋史·孝宗紀》）

楊存中獻地為屯　　　時，興屯田，昭慶節度使楊存中獻楚州私田三
田　　　　　　　　萬九千畝。

　　　　楊存中，乾道元年，加昭慶軍節度使，復奉祠。時興屯田，存中獻私田在楚州者，三萬九千畝。（《宋史·楊存中傳》）

王剛中請開屯田　　　是歲，同知樞密院事王剛中亦請開屯田。

　　　　王剛中除簽書樞密院事，進同知院事。奏四事，開屯田，省浮費，選將帥，汰冗兵。（《宋史·王剛中傳》）

　　　　乾道元年三月，王剛中自簽書樞密院事遷左中奉大夫，除同知樞密院事。（《宋史·宰輔表》）

　　　　　　　　　二年，省六合戍兵。以所墾田，給還復業
　　　　　　　　之民。

　　　　乾道二年正月，省六合戍兵。以所墾田，還給復業之民。（《宋史·孝宗紀》）

罷盱眙屯田　　　　　罷盱眙屯田。

　　　　乾道二年二月，罷盱眙屯田。（《宋史·孝宗紀》）

從曾懷言賣諸路　　　從戶部侍郎曾懷言，鬻諸路營田，詔懷等提領
營田　　　　　　　出賣。其錢輸左藏南庫，別貯之。

　　　　乾道二年十一月，鬻諸路營田。（《宋史·孝宗紀》）

　　　　乾道二年，戶部侍郎曾懷言，江西路營田四千餘頃，已佃一千九百餘頃，租錢五萬五百餘貫。若出賣，可得六萬七千餘貫。及兩浙轉運司所括，已佃九十餘萬畝，合而言之，為數浩瀚。今欲遵元詔，見佃願買者，減價二分。詔曾懷等提領出賣。其錢輸左藏南庫，

別貯之。(《宋史·食貨志》)

三年，罷淮西、江東總領所屯田，募人耕佃。　　罷江淮屯田

乾道三年六月，罷淮西、江東總領所營田，募人耕佃。壯丁各還本屯，癃老存留。(《宋史·孝宗紀》)

四川宣撫使虞允文命利帥晁公武，覈實興洋義士。以陝西弓箭手法，參紹興制，為一書，命將帥守之。

虞允文，乾道三年，拜四川宣撫使，閱實諸軍，第其壯怯為三。上備戰，中下備輜重，老者少者不預。汰兵凡萬人，減緡錢四百萬。汰去兵有勞績者，置員闕處之。興洋義士，民兵也。紹興初，以七萬計。大散之戰，將不授甲，驅之先官軍，死亡略盡。命利帥晁公武覈實，得二萬三千九百餘人。又得陝西弓箭手法，參紹興制為一書，俾將吏守之。(《宋史·虞允文傳》)

四年，籍荊南義勇民兵，遇農隙番教。

乾道四年正月，籍荊南義勇民兵，增給衣甲，遇農隙日番教。(《宋史·孝宗紀》)

命湖北安撫司，給田募辰、沅、靖州刀弩手。　　給田募刀弩手

乾道四年二月，命湖北安撫司，給田募辰、沅、靖三州刀弩手。(《宋史·孝宗紀》)

令佃者，減價承買江東路營田，期三月賣絕。諸路未賣營田，轉運司收租。　　減價賣營田

乾道四年四月，江東路營田，亦令見佃者減價承買。期以三月賣絕，至八月住賣。諸路未賣營田，轉運司收租。(《宋史·食貨志》)

罷關外營田官兵，募民耕佃。　　罷關外營田兵

乾道四年秋，罷關外四州營田官兵，募民耕佃。(《宋史·孝宗紀》)

遣徐子寅措置楚州官田，招集歸正忠義人耕　　置楚州官田

種，給以牛具、種糧、緡錢。

乾道四年十一月，遣知無為軍徐子寅措置楚州官田，招集歸正忠義人，以耕之。（《宋史·孝宗紀》）

乾道四年，詔楚州給歸正人田，及牛具、種糧，錢五萬緡。（《宋史·食貨志》）

措置兩淮屯田

五年，措置兩淮屯田。

乾道五年正月，措置兩淮屯田。（《宋史·孝宗紀》）

晁公武募民代兵營田

初，四川宣撫副使鄭剛中撥軍耕種利州路營田，以贍軍。然兵民雜處，又差民保甲教耕，有二三年不代者，民甚苦之。至是，知興元府晁公武請以三年所收最高一年為額，募民耕佃，令兵及保甲護邊。從之。剛中以忤秦檜貶死。《宋史·食貨志》以為是年三月，剛中為四川宣撫，撥軍耕種，誤也。

乾道五年三月，罷利州路營田官兵，募民耕佃。（《宋史·孝宗紀》）

乾道五年三月，四川宣撫使鄭剛中撥軍耕種。以歲收租米，對減成都路對糴米一十二萬石，贍軍。然兵民雜處村疃，為擾百端。又數百里外，差民保甲教耕，有二三年不代者，民甚苦之。知興元府晁公武欲以三年所收，最高一年為額，等第均數召佃。放兵及保甲以護邊。從之。（《宋史·食貨志》）

鄭剛中為四川宣撫副使。秦檜怒剛中在蜀專擅，令侍御史汪勃，奏置四川財賦總領官，以趙不棄為之，不隸宣撫司。不棄牒宣撫司，剛中怒，由是有隙。不棄頗求剛中陰事，言於檜。檜陽召不棄歸，因召剛中。剛中語人曰，孤危之迹，獨賴上知之耳。檜聞，愈怒，遂罷青桂陽軍居住。再責濠州團練副使，復州安置，再徙封州卒。（《宋史·鄭剛中傳》）

收屯田軍入隊教閱

初，主管侍衞步軍司公事陳敏請戍高郵，更築

其城。乃命敏為武鋒軍都統制，賜以築城屯田之
費。至是，詔鎮江都統司及武鋒軍屯田兵，拘收入
隊教閱。

乾道五年八月，詔鎮江都統司及武鋒軍，二處屯田兵，並拘收
入隊教閱。（《宋史・食貨志》）

陳敏，乾道元年，遷宣州觀察使，召除主管侍衛步軍司公事。
居歲餘，敏抗章曰，久任周廬，無以效鷹犬。況敵情多詐，和不足
恃。今兩淮無備，臣乞以故部之兵，再戍高郵，仍請更築其城。乃
落常階，除光州觀察使，分武鋒為四軍，升敏為都統制，兼知高郵
軍事，仍賜築城屯田之費。敏至郡，板築高厚，皆增舊制。（《宋
史・陳敏傳》）

罷淮東屯田官兵，募民耕佃。

乾道五年九月，罷淮東屯田官兵，募民耕佃。（《宋史・孝宗
紀》）

| |
|罷淮東屯田兵募|
|民代耕|

詔淮東諸州，農隙教閱民丁。

乾道五年九月。詔淮東諸州，農隙教閱民丁。（《宋史・孝宗
紀》）

命許子中措置淮西山水砦，招集歸正忠義人，
耕墾官田。

乾道五年九月。命淮西安撫司參議官許子中措置淮西山水砦。
招集歸正忠義人，耕墾官田。（《宋史・孝宗紀》）

| |
|置山水砦墾淮西|
|官田|

復置淮東萬弩手。

乾道五年十一月，復置淮東萬弩手，名神勁軍。（《宋史・孝宗
紀》）

六年，罷和揚二州屯田。

乾道六年，罷和揚州屯田。（《宋史・食貨志》）

| |
|罷和揚二州屯田|

七年，提舉浙西常平李結乞以所管營田，及常
平田，立為官莊。梁克家亦請以戶部營田為官莊。

| |
|以營田為官莊|

翌年，命大理寺主簿薛季宣於黃崗麻城，立官莊二十二所。

> 乾道七年，提舉浙西常平李結乞以見管營田，撥歸本司，同常平田，立官莊。梁克家亦奏，戶部賣營田率為有力者下價取之，稅入甚微。不如置官莊，歲可得五十萬斛。八年，大理寺主簿薛季宣於黃岡麻城，立官莊二十二所。（《宋史·食貨志》）

八年，措置兩淮官田徐子寅等以授田歸正人逃亡，奪官有差。後歸正人安業，復賞子寅等。

> 乾道八年四月，措置兩淮官田徐子寅等，坐授田歸正人逃亡，奪官有差。（《宋史·孝宗紀》）

> 淳熙二年正月，以兩淮諸莊歸正人安業，徐子寅等行賞有差。（《宋史·孝宗紀》）

募遺民代淮西兵屯田

罷淮西屯田官兵，募歸正人耕佃。

> 乾道八年七月，罷淮西屯田官兵，募歸正人耕佃。（《宋史·孝宗紀》）

詔京西，招集歸正人，授田如兩淮。

> 乾道八年十一月，詔京西，招集歸正人，授田如兩淮。（《宋史·孝宗紀》）

罷廬州屯田

罷廬州兵屯田。

> 乾道八年，復罷廬州兵屯田。（《宋史·食貨志》）

賣諸路營田

九年，遣官鬻兩浙、江東、西、四川營田，及沒官田。並命官拘催江、浙、閩、廣賣官田錢。

> 乾道九年正月，遣官鬻兩浙營田，及沒官田。次及江東、西、四川亦如之。（《宋史·孝宗紀》）

> 乾道九年，以司農寺丞葉翥等，出賣浙東西路諸官田。以登聞檢院張孝賁等，出賣江東西路諸官田。以郎官薛元鼎拘催江、浙、閩、廣賣官田錢，四百萬緡。（《宋史·食貨志》）

淳熙元年，從臣僚言，停賣官田。令元佃之

家，著業輸租。

淳熙元年，臣僚言，出賣官田。二年之間，三省戶部，困於文移。監司州郡，疲於出賣。上下督責，不為不至。始限一季，繼限一年。已賣者纔十三，已輸者纔十二。蓋賣產之家，無非大姓。估價之初，以上色之產，輕立價貫。揭榜之後，率先投狀。若中下之產，無人屬意。所立之價，輕重不均。莫若且令元佃之家，著業輸租，數猶可得數十萬斛。從之。(《宋史・食貨志》)

五年，給辰、沅、澧、靖州四州刀弩手田。　給刀弩手田

淳熙五年三月，給辰、沅、澧、靖州刀弩手田。(《宋史・孝宗紀》)

罷興州及興元都統司營田官兵，募民耕佃。　罷興州興元營田兵

淳熙五年六月，罷興州都統司營田官兵，募民耕佃。十二月，罷興元都統司營田官兵，募民耕佃。(《宋史・孝宗紀》)

詔湖北佃戶，開墾荒田。所占頃畝，詔下二年之後，不能徧耕者，拘作營田。

淳熙五年，詔湖北佃戶，開墾荒田，止輸舊稅。若包占頃畝，未悉開耕。詔下之日，期以二年，不能徧耕者，拘作營田。其增稅剗佃之令勿行。(《宋史・食貨志》)

六年，給襄陽歸正忠義人田。

淳熙六年五月，給襄陽歸正忠義人田。(《宋史・孝宗紀》)

詔諸路轉運常平司，括賣官田，營田。　詔諸路賣官田營田

淳熙六年，詔諸路轉運，常平司，凡沒官田營田沙田沙蕩之類，復括數賣之。(《宋史・食貨志》)

七年，命利州路守、貳、縣令，兼領營田。

淳熙七年二月，命利州路守、貳、縣令，兼領營田。(《宋史・孝宗紀》)

知南康軍朱熹應詔上言，民間二稅，盡以供　朱熹請廣屯田
軍。州縣別立名色，巧取於民。遂致民貧賦重。惟

籍兵籍，廣屯田，練民兵。可以漸省列屯坐食之
兵，稍減州縣供軍之費。而禁其苛斂，庶幾貧民得
保生業。

淳熙七年夏，大旱。知南康軍朱熹應詔上封事言，今民間二稅
之入，朝廷盡取以供軍。州縣無復贏餘，於是，別立名色巧取。今
民貧賦重，惟有籍兵籍，廣屯田，練民兵。可以漸省列屯坐食之兵，
稍損州郡供軍之數。使州縣之力寖紓，然後禁其苛斂，責其寬恤。
庶幾窮困之民，得保生業，無流移漂蕩之患。（《宋史・食貨志》）

從郭杲請修襄陽屯田

十年，江陵副都統制郭杲上言，襄陽屯田，興
置二十餘年，不能大有益於邊計。蓋人力未盡。今
邊方無事，正宜脩舉，為實邊之計。從之。並詔疏
襄陽水渠，以渠傍地為屯田。

淳熙十年五月，詔疏襄陽水渠，以渠傍地為屯田。尋詔民間侵
耕者，就給之。（《宋史・孝宗紀》）

淳熙十年，鄂州江陵府駐劄副都統制郭杲言，襄陽屯田，興置
二十餘年，未能大有益於邊計。非田之不良，蓋人力有所未至。今
邊陲無事，正宜修舉，為實邊之計。本司有荒熟田七百五十頃，乞
降錢三萬緡，收買耕牛農具，便可施功。如將來更有餘力，可括荒
田，接續開墾。從之。（《宋史・食貨志》）

十二年，以淮西屯田鹵莽，奪總領、軍帥、漕
臣、守臣官，有差。

淳熙十二年七月，以淮西屯田鹵莽，總領、軍帥、漕臣、守臣
奪官，有差。（《宋史・孝宗紀》）

詔諸路，歲上屯田所收之數。

淳熙十二年九月，詔諸路總領、軍帥、漕臣、守臣，歲上屯田
所收之數。（《宋史・孝宗紀》）

罷淮西屯田

十六年，罷淮西屯田。

淳熙十六年正月，罷淮西屯田。（《宋史・孝宗紀》）

孝宗時，復有國子監主簿黃度上言，今日養兵
為巨患。宜使民屯田，陰復府衛，以銷募兵。具屯
田府衛十六篇，上之。度又著屯田便宜，行於世。

　　黃度，隆興元年，進士，知嘉興縣，入監登聞鼓院，行國子監
簿。言，今日養兵為巨患。救患之策，宜使民屯田，陰復府衛，以
銷募兵。具屯田府衛十六篇，上之。度又有屯田便宜，歷代邊防，
行於世。（《宋史·黃度傳》）

侍御史胡沂言，守禦之利，莫若令沿邊屯田。
流亡淮民，未復故業。中原歸附，未知所處。俾之
就耕，可省贍給餉餽。詔行其言。

　　胡沂，孝宗時，擢侍御史，有旨侍從臺諫條具方今時務。沂言，
守禦之利，莫若令沿邊屯田。前歲淮民逃移，未復舊業。中原歸附，
未知所處。俾之就耕，可贍給，省餉餽。東作方興，且慮敵人乘時
驚擾，宜聚兵險隘防守。詔行其言。（《宋史·胡沂傳》）

大理卿李浩為金使接伴，還。奏曰，臣親見兩
淮，可耕之田，盡為廢地，心竊痛之。條畫營屯，
為恢復根本。帝嘉納之。又諭大臣曰，李浩營田
議，甚可行，大臣莫有應者。

　　李浩，孝宗時，除大理卿，浩前在司農，嘗因面對，陳經理兩
淮之策。至是，為金使接伴，還，奏曰，臣親見兩淮，可耕之田，
盡為廢地，心嘗痛之。條畫營屯，以為恢復根本。又言，比日措置
邊事，甚張皇，願戒將吏，嚴備禦，無規微利近功。日與大臣修治
具，結人心，持重安靜，以俟敵釁。上悉嘉納，又諭大臣曰，李浩
營田議甚可行，大臣莫有應者。（《宋史·李浩傳》）

光宗紹熙元年，知和州劉焞募民充萬弩手，分
耕剩田。

　　紹熙元年，知和州劉焞以剩田募民，充萬弩手分耕。（《宋史·
食貨志》）

黃度請使民屯田

從胡沂請招流民
屯田緣邊

李浩請營田兩淮

詔賣郡縣營田	三年，詔賣郡縣營田及沒官田屋。

紹熙三年二月，詔賣郡縣沒官田屋及營田。（《宋史·光宗紀》）

王阮請復行方田 弓箭手法	紹熙中，知濠州王阮請復曹瑋方田，修种世衡弓箭手法。方田行於端拱初，弓箭手始於李繼和，阮言誤。

王阮，紹熙中，知濠州，請復曹瑋方田，种世衡射士法，日講守備，與邊民親訪虜境事宜。（《宋史·王阮傳》）

項安世請用土兵 屯田以節國用	寧宗即位，下詔求言。校書郎項安世應詔言，管夷吾治齊，諸葛亮治蜀。不過量地制賦，量賦以制用而已。今郡縣之數，比祖宗時及秦、漢、隋、唐時，孰為多少。祖宗盛時，東南之賦入幾何。建炎紹興以來，至乾道淳熙，其所增取幾何。試命羣臣，具一歲之用，必知其侈且濫矣。不一舉更張之，未知其所以終也。今天下之費，最重而當省者，兵也。能用土兵，用屯田，則兵可以省。其次莫如宮掖，宮中既省，則外廷四方，從風而省，簡樸成風，民生日厚，國力日壯。雖有水旱蟲蝗，夷狄盜賊，不足為患。復祖宗之業，雪人神之憤，無不可者。

項安世遷校書郎，寧宗即位，詔求言。安世應詔言，管夷吾治齊，諸葛亮治蜀，立國之本，不過曰量地以制賦，量賦以制用而已。陛下試披輿地圖，今郡縣之數，比祖宗時，孰為多少，比秦、漢、隋、唐時孰為多少。陛下必自知其狹且少矣。試命版曹，具一歲賦入之數，祖宗盛時，東南之賦入幾何。建炎紹興以來，至乾道淳熙，其所增取幾何。陛下試命內外羣臣有司，具一歲之用，人主供奉好賜之費幾何，御前工役器械之費幾何，嬪牆宦寺廩給之費幾何，戶

部四總領養兵之費幾何，州縣公使迎送請給之費幾何，陛下必自知其為侈且濫矣。用不量賦，而至於侈且濫。內外上下之積，不得而不空。天地山川之藏，不得而不竭。非忍痛耐謗，一舉而更張之。未知其所以終也。今天下之費，最重而當省者，兵也。能用土兵，則兵可省。能用屯田。則兵可省。其次莫如宮掖，兵以待敵國，帝畏而不敢省，故省兵難。宮掖以私一身，常愛而不忍省，故省宮掖難。不敢省者，事在他人。不忍省者，在陛下。宮中之嬪嬙宦寺，陛下事也。宮中之器械工役，陛下事也。陛下肯省，則省之。宮中既省，則外廷之官吏，四方之州縣，從風而省。奔走不暇，簡樸成風，民志堅定，民生日厚。雖有水旱蟲蝗之災，可活也。國力日壯，雖有夷狄盜賊之變，可為也。復祖宗之業，雪人神之憤，惟吾所為，無不可者。(《宋史·項安世傳》)

慶元六年，詔免關外四州，四川總領所所增營田租。

慶元六年十二月，詔免四川總領所所增，關外四州營田租。(《宋史·寧宗紀》)

開禧二年，簡荊襄兩淮田卒，以備戰兵。

開禧二年五月，簡荊襄兩淮田卒，以備戰兵。(《宋史·寧宗紀》)

三年，江淮制置使葉適措置屯田，遂上堡塢之議。初，淮民被兵驚散，適依山水險要，為堡塢，使復業以守，凡四十七處。又度沿江地，創三大堡，首尾連絡，東西三百里，南北三四十里。每堡以二千家為率，教之習射。因言堡塢之成，有四利，用力寡而收功博。三堡既就，流民漸歸。而適被劾奪職。

葉適置江淮屯田

堡塢

開禧三年二月，以沿江制置使兼江淮制置使。(《宋史·寧宗紀》)

葉適兼江淮制置使，措置屯田，遂上堡塢之議。初，淮民被兵驚散，日不自保。適遂於墟落數十里內，依山水險要，為堡塢，使復業以守。春夏散耕，秋冬入堡。凡四十七處。又度沿江地，創三大堡。石跋則屏蔽采石，定山則屏蔽靖安，瓜步則屏蔽東陽下蜀。西護溧陽，東連儀眞。緩急應援，首尾聯絡。東西三百里，南北三四十里。每堡以二千家為率，教之習射。無事則戍，以五百人一將。有警則增募新兵，及抽摘諸州禁軍二千人，并堡塢內居民，通為四千五百人，共相守戍。而制司於每歲防秋，別募死士千人，以為劫砦焚糧之用。因言，堡塢之成，有四利。大要謂敵在北岸，共長江之險，而我有堡塢，以為聲援。則敵不敢窺江，而士氣自倍，戰艦亦可以策勳。和、滁、眞、六合等城，或有退遁，我以堡塢全力，助其襲逐。或邀其前，或尾其後，制勝必矣。此所謂用力寡，而收功博也。三堡既就，流民漸歸。而佗冑適誅，中丞雷孝友劾適附佗冑用兵，遂奪職。（《宋史·葉適傳》）

吳曦伏誅，主管沖佑觀劉光祖以書屬宣撫楊輔，講行營田。前日利歸吳氏者，悉收之公上，以省餉軍之費。

開禧二年二月，四川宣撫副使安丙及李好義、楊巨源等，共誅吳曦，傳首詣行在。（《宋史·寧宗紀》）

劉光祖主管沖佑觀。吳曦叛，光祖白郡守，焚其榜通衢。且馳告帥守監司之所素知者，仗大義連衡以抗賊。俄聞曦誅，則以書屬宣撫使楊輔，講行營田。前日利歸吳氏❶者，悉收之公上。以省餉軍費，獎名節，旌死事，以激忠烈之心。（《宋史·劉光祖傳》）

安丙結義士俾之
自保以事耕戰

四川宣撫副使安丙遺書時相，謂已聚糧積芻，使軍民可守。若寇至，則堅壁不戰。虜欲攻不可，欲越不敢。又云，已於關外，廣結義士。月給以糧，俾各保田廬。及事定之後，則係之尺籍，而勸

❶ "氐"當為"氏"。——編者註

之耕，庶可經久。

安丙，開禧二年三月，加端明殿學士，兼四川宣撫使。因遺時相書，謂西和一面，已修仇池，聚糧積芻，使軍民可守。若敵至，則堅壁不戰。彼欲攻則不可，欲越則不敢。若西和可守，成州之境自不敢犯。成州、黑谷、南谷亦皆頓重兵，天水雖不可守，距天水十里所，見創白環堡，與西和相為犄角。又增堡雞頭山，咸以民卒守之。及脩黃牛堡，築興趙原，屯千餘人。鳳州秋防原，尤為險絕，紹興初，州治于此。宣撫吳玠嘗作家計砦，前卽馬嶺堡，正扼鳳州之後。凡此數堡既堅，金人決不敢近。而河池、殺金平、魚關，皆大軍屯聚。其他徑路，雖關之裏，如大安，亦陰招民卒，授以器械，為掩擊之備矣。又云，見於關表，廣結義士，月給以糧，俾各保田廬墳墓。逮事定，則係之尺籍，而勸之耕，庶可經久。以丙所見，直為守計，則精選五萬人，亦為有餘。（《宋史·安丙傳》）

嘉定元年，用御史黃疇若言，置安邊所。凡沒官田，及官田皆隸之。歲輸米七十餘萬斛，錢百三十餘萬緡，以供歲幣，餽金虜。及與元人絕好，軍需邊用，每於此取給。

開禧三年，韓侂胄既誅，金人講解。明年，用廷臣言，置安邊所。凡侂胄與其他權倖沒入之田，及圍田湖田之在官者，皆隸焉。輸米七十二萬二千七百斛有奇，錢一百三十一萬五千緡有奇，籍以給行人金繒之費。迨與北方絕好，軍需邊用，每於此取之。（《宋史·食貨志》）

黃疇若遷殿中侍御史，兼侍講。朝廷與金人約和，金人約函致侂胄首，詔令臺諫侍從兩省雜議。疇若與章燮等奏，乞梟首，然後函送敵國，人譏其有失國體。疇若奏，令帑藏無餘，歲幣若必睥睨於百姓。願自宮禁，以及宰執百官，共為撙節，逐年椿積。遂置安邊所。戶部侍郎沈詵條具合節省拘催者。疇若復乞依仁宗孝宗兩朝成訓，凡節省事，在內諸司，選內侍長一員，令自行搜訪，條具來上。在外廷，三省則委宰掾樞屬，六曹則委長貳者聞奏。又乞以官司房廊，及激賞庫四季所戲，并仉青萬畝莊等，一併拘椿。旣而減省議多格，獨得估籍姦贓及房廊非泛供須五項，總緡錢九百一十三萬有奇。外椿留產業，每歲又可得七十一萬五千三百緡。（《宋史·黃疇若傳》）

從劉熽請經理兩淮屯田

三年，國子司業劉熽接伴金使于盱眙軍。還言，兩淮之地，藩蔽江南。干戈之後，宜加經理。淮東地膏腴，而有陂澤之利，其民勁悍勇敢。請招集散亡，約頃畝以授田，治溝洫以儲水。給農器，貸種糧，聯以什伍，教以擊刺。平居則耕，有警則守。從之，命經理兩淮屯田。

嘉定三年五月，經理兩淮屯田。（《宋史·寧宗紀》）

寧宗嘉定三年，國子監司業劉熽接伴金使於盱眙軍。還言，兩淮之地，藩蔽江南。干戈盜賊之後，宜加經理。必於招集流散之中，就為足食足兵之計。淮東地平博膏腴，有陂澤水泉之利，而荒蕪實多。其民勁悍勇敢，習邊鄙戰鬬之事。而安集者，誠能經畫郊野，招集散亡。約頃畝以授田，使無廣占拋荒之患。列溝洫以儲水，且備戎馬馳突之虞。為之具田器，貸種糧，相其險易，聚為室廬，使相保護。聯以什伍，教以擊刺，使相糾率。或鄉為一團，里為一隊。平居則耕，有警則守，有餘力則戰。帝嘉納之。（《續通典》）

五年，臣僚言。辰、沅、靖等州，舊嘗募民為刀弩手，給地以耕。邊陲獲保障之安，州縣無轉輸之費。比年其法寖廢，蠻夷因之為亂。調兵討捕，曠日持久。宜講舊制，可紓餽餉之勞，而得備禦之實。

嘉定五年，臣僚言，辰、阮、靖等州，舊嘗募民為弓弩手，給地以耕，俾為世業。邊陲獲保障之安，州縣無轉輸之費。比年多故，其制寖弛。猺蠻因之為亂，沿邊諸郡悉受其害。比申朝廷，調兵招捕，曠日持久。蠻夷習玩，成其猖獗之勢。其如楊晟臺、李全、姚

明教、羅孟二、李元礪、陳廷佐之徒，皆近事之明驗也。為今計者，宜講舊制，可紓餽餉之勞，而得備禦之實。(《宋史·兵志》)

六年，起居舍人真德秀充金國賀登位使，及盱眙，聞金人內變而返。言于帝曰，自揚州至盱眙，沃壤無際，陂湖相連，民皆強悍。顧田疇不闢，溝洫不治，險要不扼，丁壯不練。一旦有警，徒以長江為恃。豈如及今，大修墾田之政，專為一司以領之。數年之後，積儲充實，邊民父子，爭欲自保。因其什伍，勒以兵法。不待糧餉，皆為精兵。

嘉定六年十月，遣真德秀賀金主即位，會金國亂，不至而還。(《宋史·寧宗紀》)

真德秀嘉定六年，遷起居舍人，兼太常少卿，充金國賀登位使。及盱眙，聞金人內變而返。言于上曰，臣自揚之楚，自楚之盱眙。沃壤無際，陂湖相連，民皆堅悍強忍。此天賜吾國，以屏障大江，使強兵足食，為進取資。顧田疇不開，溝洫不治，險要不扼，丁壯不練，豪傑武勇不收拾。一旦有警，則徒以長江為恃。豈如及今，大修墾田之政，專為一司以領之。數年之後，積儲充實。邊民父子，爭欲自保。因其什伍，勒以兵法。不待糧饟，皆為精兵。(《宋史·真德秀傳》)

七年，以京西屯田，募人耕種。

募人耕屯田

嘉定七年，以京西屯田，募人耕種。(《宋史·食貨志》)

臣僚上言，辰、沅、靖三州峒丁，皆計口給田，擅鬻者有罰。一夫歲輸租三斗，無他徭役，故皆樂為效用。邊陲有警，爭負弩矢前驅。比年禁防日弛，峒丁得私售田於民。而其常租，仍虛挂版籍，責償益急。往往不能聊生，反寄命猺人，或導其入寇。宜飭湖廣監司，俾循舊制。

嘉定七年，臣僚復上言，辰、沅、靖三州之地，多接溪峒。其居內地者，謂之省民熟戶，山猺峒丁乃居外為捍蔽。其初，區處詳密，立法行事，悉有定制。峒丁等皆計口給田，多寡闊狹，疆畔井井。擅鬻者有禁，私易者有罰。一夫歲輸租三斗，無他徭役，故皆樂為之用。邊陲有警，衆庶雲集，爭負弩矢前驅，出萬死不顧。比年，防禁日弛，山猺峒丁得私售田。田之歸于民者，常賦外，復輸稅公家，官吏因資之以為利，故漫不加省。而山猺峒丁之常租，仍虛挂版籍，責其償益急。往往不能聊生，反寄命猺人，或導其入寇，為害滋甚。宜敕湖廣監司，檄諸郡，俾循舊制毋廢。庶邊境綏靖，而遠人獲安。（《宋史·兵志》）

金南遷於汴，宋人疑其進迫，特授崔與之主管淮東安撫司公事。與之奏，選守將，集民兵，為邊防第一事。因滁州有山林之阻，創五砦，結忠義民兵。金犯淮西，邊民依之固守，金入自是不敢深入。淮民多畜馬善射，與之又欲依萬弩手法，創萬馬社。宰相不果行。

嘉定七年七月，金人來告，遷於南京。（《宋史·寧宗紀》）

崔與之為金部員外郎。金南遷於汴，朝議疑其進迫。特授直寶謨閣，權發遣揚州事，主管淮東安撫司公事。寧宗宣引入內，親遣之。奏選守將，集民兵，為邊防第一事。既至，浚濠廣十有二丈，深二丈。西城濠勢低，因疏塘水，以限戎馬。開月河，置釣橋。州城與堡砦城，不相屬，舊築夾土城往來，為易以斃。因滁有山林之阻，創五砦，結忠義民兵。金人犯淮西，沿邊之民，得附山自固。金人亦疑設伏，自是不敢深入。揚州兵久不練，分彊勇鎮淮兩軍，月以三八日習馬射，令所部兵皆傚行之。淮民多畜馬善射，欲依萬弩手法，創萬馬社，募民為之。宰相不果行。（《宋史·崔與之傳》）

孟宗政撫遺民為忠順軍以事耕戰

十二年，荊鄂都統制孟宗政以中原遺民，來歸者多。發廩贍之，為給田剙屋。籍其壯勇，號忠順軍，令出沒唐鄧間。金人畏之，呼宗政為孟爺爺。

孟宗政嘉定十年，權棗陽軍。十二年，完顏訛可擁步騎傅城，宗政血戰十五陣，訛可棄帳走。湖陽金兵迫境，宗政夷蕩營砦，俘掠以歸。金人自是不敢窺襄漢。棗陽許國移金陵，宗政代為荊鄂都統制，仍知棗陽。中原遺民來歸者以萬數，宗政發廩贍之，為給田刱屋與居。籍其勇壯，號忠順軍，俾出沒唐鄧間。威振境外，金人呼為孟爺爺。（《宋史·孟宗政傳》）

西和州被寇，制置使安丙命趙彥吶經理。金再犯邊，彥吶擊却之。因請募民，耕戰以守。盡捐關外四州租，給民兵。丙不從。

趙彥吶登四川類試第，少以材稱。嘉定十二年，關外西和州新被兵，制使安丙檄使經理。金人再至，戰卻之。因請脩州北水關，募民耕戰以守。又勸丙盡捐關外四州租，結民兵，使各自為守。皆不從。（《宋史·趙彥吶傳》）

十三年，四川宣撫安丙總領任處厚言，紹興十五年，諸州共墾營田二千餘頃。夏秋輸租十四萬餘石，餉所屯將兵，罷民和糴。乾道四年，以屯兵歸軍教閱，而營田付州募佃。驕將豪民，乘時佔據，遂至租利陷失。今豪強移徙，田土荒閑，正宜拘種。其逃絕之田亦多，其利不在營田之下，乞并括之。紹興十五年，鄭剛中撥軍營田，減對糴米。《宋史·食貨志》既誤謂在乾道五年，至是又誤以紹興十五年墾田，為吳玠之事。而玠乃病卒於紹興九年。《續文獻通考》俱仍其誤，並謂已從丙處厚之言。

安丙請復四川營田

嘉定十三年，四川宣撫安丙總領任處厚言，紹興十五年，諸州共墾田二千六百五十餘頃。夏秋輸租米一十四萬一千餘石，餉所屯將兵，罷民和糴，為利可謂博矣。乾道四年以後屯兵歸軍教閱，而營田付諸州募佃，遂至租利陷失。驕將豪民，乘時占據，其弊不可槩舉。今豪強移徙，田土荒閑，正當拘種之秋，合自總領所與宣撫司措置。其逃絕之田，關內外亦多有之，為數不貲，其利不在營田之下，乞併括之。初吳玠守蜀，以軍儲不繼，治襃城堰為屯田，民不以為便。因漕臣郭大中言，約中其數，使民自耕，民皆歸業。而歲入多於屯田。（《宋史·食貨志》）

吳玠紹興九年，遷四川宣撫使，陝西階成等州，皆聽節制。遣內侍奉親札以賜。至則玠病已甚，扶拔聽命。帝聞而憂之，命守臣就蜀求善醫，且飭國工馳視，未至，玠卒於僊人關。（《宋史·吳玠傳》）

嘉定十三年，措置四川屯田。初奉寧保定軍節度使吳玠平蜀，以軍儲不繼，治襃城堰為屯田，民謂不便。因漕臣郭大中言，約中其數，使民自耕，而歲入多于屯田。孝宗乾道五年三月，四川宣撫使鄭剛中撥軍耕種。以歲收租米，對減成都路對糴米一十二萬石贍軍。然兵民雜處村疃，為擾百端。數百里外，差民保甲教耕，有二三年不代者。民甚苦之。知興元府晁公武欲以三年所收，最高一年為額，等第均數召佃，放兵及保甲以護邊。從之。淳熙中，游仲鴻知中江縣。時關外營田凡萬四千頃，畝僅輸七升。仲鴻建議，請以兵之當汰者，授之田，存尺籍。遲以數年，汰者衆，耕者多。則橫斂一切之賦，可次第以減。為大將吳挺所沮而止。至是，宣撫安丙總領任處厚言，紹興十五年，諸州共墾田二千六百五十餘頃。夏秋輸租一十四萬一千餘石，餉所屯將兵，罷民和糴，為利甚溥。乾道四年以後，屯田歸軍教閱，營田付諸州募佃，遂致租利陷失。驕將豪民，乘時占據，弊不可悉。今豪強移徙，田土荒閑，正當拘種之秋。宜命總領所，與宣撫司措置。其逃絕之田，關內外亦多有之，為數不貲，其利不在營田之下。乞併括。從之。（《續文獻通考》）

陳韡請給田募民為兵

十四年，京東河北幹官陳韡謂山東河北遺民，宜給耕牛農具，配以內郡罪人，使歸耕其土。然後括淮甸閑田，倣韓琦河北義勇法，給田募民為兵。

此第二重藩籬也。

陳韡，開禧元年進士，從葉適學。嘉定十四年，賈涉開淮閫，辟為京東河北幹官。韡謂山東河北遺民，宜使歸耕其土，給耕牛農具，分配以內郡之貸死者。然後三分齊地，張林李全各處其一，其一以待有功者。河南首領，以三兩州來歸者，與節度使。一州者，守其土。忠義人，盡還北。然後括淮甸閒田，做韓琦河北義勇法，募民為兵，給田而薄征之。擇土豪統率鹽丁，又別廩為一軍。此第二重藩籬也。（《宋史・陳韡傳》）

十五年，詔江淮、荊襄、四川制置監司，條畫營田。

詔諸道條畫營田

嘉定十五年七月，詔江淮、荊襄、四川制置監司，條畫營田來上。（《宋史・寧宗紀》）

司封郎中魏了翁言，四川制置司，置司經理利州路營屯田。凡在邊鄙，莫不躍踴。但屯田宜用兵耕，自屢減軍額以來，坐守尚慮不足，難復再加役使。大兵之後，田多荒蕪。若廣行招誘，使開墾。明年此時，便收地利。況耕田之民，又可家自為守，人自為戰，勝於倉卒遣兵戍守。若是，雖無屯田之名，而有屯田之實。下其章於中書。

魏了翁請罷屯田
募民開墾

魏了翁嘉定十五年，進兵部郎中，俄改司封郎中，兼國史院編修官。轉對，論江、淮、襄、蜀當分四重鎮，擇人以任，假以事權，為聯絡守禦之計。次論蜀邊墾田等事。皆下其章中書。（《宋史・儒林傳》）

司封郎中魏了翁奏曰，四川制置司，措置利州路營屯田，見已置司經理。凡在邊鄙，莫不踴躍。但西邊自罹寇以來，原堡多墮，地利悉棄。以故流人久不復業，穀粟自貴，兵民交敝。今若遽行屯田，則宜葺邊堡，宜用兵耕。而邊堡，則諸將慮事謹審，欲及冬時，伺乘機便，乃可修築。兵耕，則自頃年累減軍額以來，以之坐守，尚多闕數。矧今久戍之餘，難復再加役使。臣竊謂有屯田，有墾田，二者相近而不同。墾田者何，大兵之後，田多荒萊。如諸路有閒田，寺觀有常住。皆當廣行招誘，使人開墾，因可復業。則耕穫之實效，往往多于屯田。惟毋責屯田之虛名，而先究墾田之實利。則庶幾矣。今日所當墾之田，如利之西路，則皂郊之內，湫池諸谷，水關之內，崖石諸鎮。利之東路，則洋川之內，青座華陽，鳳集之內，盤車諸嶺。大率昔為膏腴，今成荒棄，至于金州近襄。亦多有之。其田去邊，或百里，或二三百里。有高山大陵之險可據，有原堡兵戍之援可恃，亦有敵騎從來所不曾至之處。若更得土豪之助，則指日可成。今聞三路土豪，有願自備費用，自用土人者，亦有願略資官司給助者。若聽其施功，略計所耕，可數十頃。則明年此時，便收地利。縱官未立額，或量行輸租，潛裕兵民，使漸食賤粟。比之頃歲，人苦斛貴，官苦糴貴。其利害豈不萬萬相絕乎。況耕田之民，又皆可用之兵。不數年間，邊食旣豐，兵丁亦足。家自為守，人自為戰。比于倉卒遣兵戍守，亦萬不侔。若是，則雖無屯田之名，而有屯田之實。無養兵之費，而又可潛制驕蹇之兵。保蜀之策，無大于此。（《文獻通考》）

十七年，命兩淮，湖北轉運司，提督營屯田。

嘉定十七年正月，命淮東、西、湖北路轉運司，提督營屯田。（《宋史·寧宗紀》）

柴中行增淮西屯田

嘉定時，復有知光州柴中行增闢屯田，嚴保伍，精閱習，治行為淮右之最。

柴中行，嘉定時，出知光州。嚴保伍，精閱習，增闢屯田。城濠營砦，器械糗糧，百爾具備，治行為淮右最。（《宋史·柴中行傳》）

袁甫乞興屯田

秘書省正字袁甫乞嚴守帥之選，興屯田之利。

袁甫嘉定時，授秘書省正字。入對，乞嚴守帥之選，倂大軍之權，興屯田之利。（《宋史·袁甫傳》）

時，有獻言制司，廣買荒田，以為營田者。提

舉淮東常平汪綱以為耗費公帑，開墾難就。制司
乃止。

> 汪綱，嘉定時，提舉淮東常平。有獻言制司，廣買荒田，開墾
> 以為營田。綱以為荒瘠之地，不難辦。而工力水利，非久不可。棄
> 產欺官，良田終不可得。耗費公帑，開墾難就。曷若勸民，盡耕間
> 田。畎澮堙塞，則官為之助。變瘠為沃，使民有餘蓄。晁錯入粟之
> 議，本朝便糴之法，在其中矣。制司知其無益，乃止。（《宋史·汪
> 綱傳》）

又有權直學士院莊夏，以中原流民來歸，請以　　莊夏請以流民耕
荊襄兩淮荒田，計口授之，貸以屋廬牛具。兵民可　　荒土為屯田
合，屯田可成。亦寧宗時事，《續通考》以為在慶
元時。夏，慶元六年，知興國縣。翌年，改元嘉
泰，至權直學士院，已入遷其官。必非一歲所能有
之事也。

> 莊夏，慶元六年，知贛州興國縣，召為太學博士。遷國子博士，
> 召除吏部員外郎，遷軍器監，太府少卿。出知漳州，為宗正少卿，
> 兼國史院編修官，尋權直學士院，兼太子侍讀。時，流民來歸，夏
> 言，荊襄兩淮，多不耕之田。計口授地，貸以屋廬牛具。吾乘其始
> 至，可以得其欲。彼幸其不死，可以忘其勞。兵民可合，屯田可成。
> 此萬世一時也。（《宋史·莊夏傳》）

> 慶元時，流民來歸。權直學士院莊夏言，荊襄兩淮多不耕之田，
> 計口授地，貸以屋廬牛具。吾乘其始至，可以得其欲。彼幸其不死，
> 可以忘其勞。兵民可合，屯田可成。此萬世一時也。（《續文獻通
> 考》）

理宗寶慶元年，知揚州趙范籍民為半年兵，春　　趙范籍揚州民事
夏在田，秋冬教閱。　　耕戰

> 趙范，寶慶元年，知揚州，淮東安撫副使。籍民為半年兵，春
> 夏在田，秋冬教閱。官免建砦，而私不廢農。（《宋史·趙葵傳》）

二年，以荊湖制置使陳晐經理屯田有緒，詔
獎之。

寶慶二年三月，以荊湖制置陳晐經理屯田有緒，詔獎之。（《續
文獻通考》）

孟珙使軍民屯田　　　紹定元年，京西第五副將孟珙請于制置司，刱
棗陽　　　平堰於棗陽。漑田十萬畝，立十莊，使軍民分屯。
是年，收穀十五萬石。

孟珙為京西第五副將，權管神勁左右軍統制。紹定元年，珙白
制置司，刱平堰于棗陽。自城至軍西十八里，由八疊河經漸水側水
跨九阜，建通天槽八十有三丈。漑田十萬頃，立十莊，三轄，使軍
民分屯。是年，收十五萬石。（《宋史·孟珙傳》）

京西制置司主管機宜文字史嵩之以經理襄陽屯
田有功，加官，權知棗陽軍。

史嵩之充京西湖北路制置司主管機宜文字，通判襄陽府。紹定
元年，以經理屯田襄陽，積穀六十八萬石，加其官，權知棗陽軍。
（《宋史·史嵩之傳》）

桂如琥請廣屯田　　　二年監進奏院桂如琥言，荊襄屯田纔行數年，
積穀已逾百萬，宜推行於兩淮西蜀。

紹定二年二月，監進奏院桂如琥進對，奏屯田荊襄，纔行數年，
積穀已逾百萬斛。兩淮西蜀，豈無可行之處。上曰，然。（《玉
海》）

三年，棗陽屯田成，賞嵩之，轉兩官。

紹定三年正月，行棗陽軍史嵩之刱置屯田，以勞賞官兩轉。
（《宋史·理宗紀》）

史嵩之，紹定元年，知棗陽軍。三年，棗陽屯田成，轉兩官。
珙籍降民為軍俾　　以明堂恩，封鄞縣男，賜食邑。（《宋史·史嵩之傳》）
自耕自守　　　六年，孟珙討金唐鄧行省武仙。仙時與武天錫

移剌瑗相犄角，珙斬天錫獲戶十二萬，擊瑗降之，
獲戶三萬餘。初，仙屯順陽，宋軍擊之。金順陽令
李英以縣降，申州安撫張林以州降。珙言，宜籍其
少壯為軍，俾自耕自守。選有材能者，分以土地，
任以官職。制置使是之。

孟珙起復，京西兵馬鈐轄，棗陽軍駐劄，仍總三軍。紹定六年，
元將那顏倚鯗追金主完顏守緒，逼蔡，檄珙戍鄂討金唐鄧行省武仙。
仙時與武天錫及鄧守移剌瑗相犄角，為金盡力。欲迎守緒入蜀，犯
光化，鋒剽甚。天錫者，鄧之農夫，乘亂聚衆二十萬，為邊患。珙
逼其壘，一鼓拔之。壯士張子良斬天錫首以獻。是役，獲首五千級，
俘其將士四百餘人，戶十二萬有奇。有頃，金人犯呂堰，珙亟命諸
軍追擊。呂堰，進逼大河，退逼山險。砦軍四合，金人棄輜重走。
獲甲士五十有二，斬首三千，馬牛橐駝以萬計，歸其民二萬二千有
奇。瑗遣其部曲馬天章奉書請降，得縣五，鎮二十二，官吏一百九
十三，馬軍千五百，步軍萬四千，戶三三萬五千三百，口十二萬五
千五百五十三。初，仙屯順陽，為宋軍所撓，退屯馬蹬。金順陽令
李英以縣降，申州安撫張林以州降。珙言，歸附之人，宜因其鄉土，
而使之耕。因其人民，而立之長。少壯籍為軍，俾自耕自守。才能
者，分以土地，任以職使，各招其徒，以殺其勢。制置司是之。
（《宋史·孟珙傳》）

端平元年，破蔡州，金亡。還師屯信陽，令益
兵飭備，經理唐鄧屯田。

令經理唐鄧屯田

端平元年正月，金主完顏守緒傳位于宗室承麟。城破，守緒自
經死，承麟為亂兵所殺，執其參政張天綱，金亡。還師信陽屯，命
王旻守隨州，王安國守棗陽，蔣成守光化，楊恢守均州。並益兵飭
備，經理唐鄧屯田。（《宋史·理宗紀》）

以臣僚言，屯五萬人於兩淮，且田且守。置屯
田判官一員，經紀其事。

以五萬人屯田兩
淮

端平元年八月，以臣僚言，屯五萬人於淮之南北，且田且守。置屯田判官一員，經紀其事，暇則教以騎射。初弛田租三年，又三年，則取其半。（《宋史·食貨志》）

詔措置屯田邊備

詔荊河制置使趙葵，措置河南、京西營田邊備。關陝置制使全子才措置唐、鄧、息營田邊備。

端平元年八月，以趙范為京河關陝宣撫使，知開封府，東京留守。趙葵京河制置使，知應天府，南京留守。全子才關陝制置使，知河南府，西京留守。九月，趙范依舊京西湖北安撫制置大使，知襄陽府。趙范言，趙葵全子才輕遣偏師，復西京。趙楷、劉子澄參贊失計，師退無律，致後陣敗覆。詔趙葵削一秩，措置河南、京東營田邊備。全子才削一秩，措置唐、鄧、息營田邊備。劉子澄、趙楷並削三秩，放罷。（《宋史·理宗紀》）

知大寧監邵潛言，鄭剛中所置四川屯田既廢，糧運益增。宜詔帥臣，縱兵民耕之。所收之粟，計值以糴之。則總所無轉輸之苦，邊關有儲峙之資。從之。

端平元年十月，知大寧監邵潛言，昔鄭剛中嘗於蜀之關隘，雜兵民屯田，歲收粟二十餘萬石。是後，屯田之利既廢，糧運之費益增。宜詔帥臣，縱兵民耕之。所收之粟，計直以償之。則總所無轉輸之苦，邊關有儲峙之豐。戰有餘勇，守有餘備矣。（《宋史·食貨志》）

使流民屯田

二年，金遺民來歸，使屯田於泗州五河口，後以為淮安軍。

淮安軍，本泗州五河口。端平二年，金亡，遺民來歸。置隘，使屯田。咸淳七年六月，置軍。（《宋史·地理志》）

王萬請用軍民興邊屯

鎮江通判王萬條具沿邊事宜，遍告大臣。其論屯田，謂當於新復州軍，依山水之險，無地無田不耕。則歸附新軍，流落餘民，皆有固志。並請寬邊民，團結民兵。

王萬，端平元年，遷國年學錄，明年，添差通判鎮江府。時，金初滅，鄭清之初謀乘虛取河洛。萬謂當急為自治之規。已而，元兵壓境，三邊震動。理宗下罪己詔，吳泳起草，又以咨萬。萬謂用兵固失矣，言之甚恐，亦不可。今邊民生意如髮，宜以振厲奮發，興感人心。為條具沿邊事宜，徧告大臣要官。謂長淮千里，中間無大山澤為限，擊首尾應，正如常山蛇勢。首當併兩淮，為一制閫之命是聽。建制置司合肥，而以濠梁安豐光州為臂，以黃岡為肘，作緩急之助。又必令荊襄，每候西兵東來，輒尾之。使淮襄之勢亦合。論屯田，則謂當於新復州軍，東則海郱，所依者水之險。西則唐鄧，所依者山之險。盡此，無地無田不耕。則歸附新軍，流落餘民，亦有固志。及請寬邊民，請團民兵，請援浮光，請邊民之能捍邊者，當厚其賞而小其官，使常得其力。（《宋史・王萬傳》）

嘉熙二年，淮東總領財賦吳潛言，宗子趙時暤集真、滁、豐、濠四郡流民十餘萬，結十七砦，可籍其强壯為兵，宜授時暤官。並鬻沙上蘆場田以贍流民，佐砦兵。從之。

嘉熙二年六月，以吳潛為淮東總領財賦，知鎮江府。十月，吳潛言，宗子趙時暤集真、滁、豐、濠四郡流民十餘萬，團結十七砦。其强壯二萬，可籍為兵，近調五百援合肥，宜補時暤官。又沙上蘆場田可得二十餘萬畝，賣之以贍流民，以佐砦兵。從之。（《宋史・理宗紀》）

是歲，淮東制置使趙葵兼本路屯田使。葵前後留揚八年，墾田治兵，邊備益飭。

趙葵屯田揚州

趙葵為淮東制置使，移司泗州。嘉熙元年，以寶章閣學士，知揚州，依舊制置使。二年，復兼本路屯田使。葵前後留揚八年，墾田治兵，邊備益飭。（《宋史・趙葵傳》）

三年，董槐知江州。時，宋元相爭，襄漢揚楚間豪民，多結砦自保，亦有為盜者。浮梁人翟全有眾三千，厲黃陂。槐使客說全降，徙之陽烏洲，使耕於蘄春，並厚賜全用，為裨將。於是，曹聰、劉清之屬，皆來歸。時，金已亡，宋與元相爭亦逾五年。《宋史》槐傳謂當是時，宋與金為隣國者，誤也。

董槐，嘉熙三年，以直寶謨閣，知江州，兼都督府參謀。秋，流民渡江而來歸者十餘萬。議者皆謂方軍興，郡國急儲粟，不暇食民也。槐曰，民，吾民也。發吾粟振之，胡不可。至者如歸焉。當是時，宋與金為鄰國，而襄漢揚楚之間，豪傑皆自相結，以保其族。無賴者，往往去為羣盜。浮光人翟全寓黃陂，有眾三千餘，稍出鹵掠。槐令客說下全，徙之陽烏洲，使雜耕蘄春間，又享賜之，用為裨將。於是，曹聰、劉清之屬，皆來自歸。（《宋史·董槐傳》）

孟珙大興荊湖夔路屯田

四年，孟珙兼夔路制置大使，兼屯田大使，軍無宿儲。珙大興屯田，調夫築堰，募農給種。自秭歸至漢口，為二十屯，百七十莊，十八萬八千二百八十畝。並上屯田始末，與所減餉軍之數。詔獎之。

孟珙，嘉熙四年，拜四川宣撫使，兼知夔州，進封漢東郡侯，兼京湖安撫制置使。釐蜀政之弊，為條，班諸郡縣。又曰，不擇險要，立砦柵，則難責兵以衛民。不集流離，安耕種，則難責民以養兵。乃立賞罰，以課殿最，俾諸司奉行之。進兼夔路制置大使，兼屯田大使，軍無宿儲。珙大興屯田，調夫築堰，募農給種。首秭歸，尾漢口，為屯二十，為莊百七十，為頃十八萬八千二百八十。上屯田始末，與所減券食之數。降詔獎諭。（《宋史·孟珙傳》）

珙以李庭芝權知建始縣。庭芝訓農治兵，選壯士，雜官軍教之。無寇，植戈而耕。寇至，悉出而戰。珙下其法於所部。

> 李庭芝少穎異。嘉熙末，江防甚急。庭芝得鄉舉，不行，以策干荊帥孟珙，請自効。時，四川有警，卽以庭芝權施之建始縣。庭芝至，訓農治兵，選壯士，雜官軍教之。期年，民皆知戰守，善馳逐。無事，則植戈而耕。兵至，則悉出而戰。夔帥下其法於所部，行之。（《宋史·李庭芝傳》）

是年，令流民於邊江邊城堡砦，分田以耕。有警，則用之以守。田在官者，免其租。在民者，以所收十之一二，歸其主。俟三年事定，各還原業。

招流民於沿邊事耕戰

> 嘉熙四年，令流民，於邊江七十里內，分田以耕。遇警，則用以守江。於邊城三五十里內，亦分田以耕。遇警，則用以守城。在砦者，則耕四野之田，而用以守砦。田在官者，免其租。在民者，以所收十之一二，歸其主。俟三年事定，則各還元業。（《宋史·食貨志》）

淳祐二年，詔四川百姓，棄業避難，官以其田土耕屯，以給軍食。今百姓歸業，有契券明晰者，所在州縣屯官，隨卽歸還。其有違戾，重罪之。

> 淳祐二年九月，敕曰，四川累經兵火，百姓棄業避難。官以其曠土，權耕屯，以給軍食。及民歸業，占據不還。自今，凡民有契券明析者，所在州縣屯官，隨卽歸還。其有違戾許民越訴，重罪之。（《續文獻通考》）

余玠宣諭四川，道過孟珙，珙以重慶積粟少，餉以屯田米十萬石。

> 淳祐二年六月，詔以余玠為四川宣諭使，事干機速，許與制臣，共議措置，先行後奏。（《宋史·理宗紀》）
>
> 孟珙兼夔路制置大使，兼屯田，大興屯田。余玠宣諭四川，道過珙。珙以重慶積粟少，餉以屯田米十萬石。（《宋史·孟珙傳》）

余玠命俞興屯田成都

四年，以四川安撫余玠，兼屯田使。玠命嘉定俞興，開屯田於成都，蜀以富實。

淳祐四年五月，以四川安撫制置使余玠兼四川屯田使。（《宋史·理宗紀》）

余玠為四川安撫制置使，屬嘉定俞興，開屯田於成都，蜀以富實。（《宋史·余玠傳》）

杜範請用方田以限胡馬

帝命宰執，條上當今利病。右丞相杜範上十二事，其十一曰，宜倣曹瑋方田之制，為溝洫，縱橫相灌注。以鑿溝之土，積而為徑。使不得並轡而馳，則可限胡馬之來。而溝內又可耕屯，勝於陸地。

杜範，淳祐四年，拜右丞相。帝命宰執，各條上當今利病，與政事可行者。範上十二事。曰，公用捨。願進退人才，悉參以國人之論，則乘罅抵巇者，無所投其間。曰，儲材能。內而朝列，則儲宰執於侍從，臺諫於卿監郎官。外而守帥，則以江面之通判，為幕府郡守之儲。以江面之郡守，為帥閫之儲。他職皆然。如是，則臨時無乏才之憂。曰，嚴薦舉。宜詔中外之臣，凡薦舉，必明著職業、功狀、事實，不許止為褒詞。朝廷籍記，不如所舉，並罰舉主。仍詔侍從臺諫，不許與人覓舉。曰，懲贓貪。自今有以贓罪案上，即行下勘證。果有贓敗，必繩以祖宗之法。無實跡，而監司妄以贓罪誣人者，亦量行責罰。臺諫風聞，言及贓罪，亦行下勘證。曰，專職任。吏部不可兼給舍，京尹不可兼戶吏，經筵亦必專官。曰，久任使。內而財賦獄訟銓選，與其他煩劇之職，必三年而後遷。外而監司郡守，亦必使之再任。其不能者，則亟行罷斥。曰，抵僥倖。布告中外，各務執業。朝廷不以弊例而過恩，宮庭不以私謁而廢法。勳舊之家，邸第之戚，不以名器而輕假。曰，重閫寄。曰，選軍實。曰，招土豪。曰，宜倣祖宗方田之制，疏為溝洫，縱橫經緯各相灌注。以鑿溝之土，積而為徑。使不得並轡而馳，結陣而前，如曹瑋守陝西之制。則戎馬之來，所至皆有阻限。而溝之內，又可以耕屯，勝於陸地多矣。曰，治邊理財，實為當今之急務。有明於治邊，善

於理財者，搜訪以聞。(《宋史·杜範傳》)

五年，侍御史謝方叔進對，言，為兩淮謀者，有五。一曰明間諜，二曰修馬政，三曰營山水砦，四曰經理方田，五曰加重賞罰。

　　謝方叔請行方田

淳祐五年六月，工部侍郎徐元杰暴卒，贈四秩，置詔獄。(《宋史·理宗紀》)

謝方叔除太常少卿，劉漢弼、杜範、徐元杰相繼死。方叔言，元杰之死，陛下既為命官鞫獄，立賞捕姦。罪人未得，忠冤未伸。陛下苟不始終主持，將恐紀綱掃地，而國無以為國矣。遷殿中侍御史，進言，今日為兩淮謀者，有五。一曰明間諜，二曰修馬政，三曰營山水砦，四曰經理近城之方田，五曰加重遏絕遊騎，及救奪擄掠之賞罰。(《宋史·謝方叔傳》)

六年，以劉雄飛知壽春，節制屯田軍馬。

淳祐六年二月，以劉雄飛知壽春府，節制屯田軍馬。(《宋史·理宗紀》)

以邱岳兼兩淮屯田副使，賈似道兼蘄黃屯田副使。

淳祐六年四月，以邱岳兼兩淮屯田副使，賈似道兼蘄黃屯田副使。(《宋史·理宗紀》)

九年，詔兩淮京湖制帥，勸諭軍民，從便耕種沿江曠土，不收租稅。

淳祐九年正月，詔兩淮京湖，沿江曠土，軍民從便耕種。秋成日，官不分收。制帥嚴勸諭察覺。(《宋史·理宗紀》)

十二年，詔宰執，議立方田，開溝澮。

　　詔議設方田

淳祐十二年正月，詔宰執，議立方田，開溝澮，自近圻始。(《宋史·理宗紀》)

詔以緡錢百萬，命京湖帥臣，措置襄郢新復州郡耕屯。

　　詔荊湖措置耕屯

淳祐十二年，詔襄、郢新復州郡，耕屯為急。以緡錢百萬命京
閫措置，給種與牛。（《宋史·理宗紀》）

詔襄樊務耕屯

又詔，以襄樊已復，其務措置屯田，修渠堰。

淳祐十二年十月，詔，襄樊已復，其務措置屯田，修渠堰。
（《宋史·理宗紀》）

王埜謂宜講屯田

淳祐末，王埜為沿江制置使，節制和州、無為
軍、安慶府，兼三郡屯田，謂要務莫如屯田。

王埜，淳祐末，遷沿江制置使，江東安撫使，節度和州、無為
軍、安慶府，兼三郡屯田，行宮留守。巡江，引水軍大閱，舳艫相
銜幾三十里。憑高望遠，考求山川險阨。謂要務莫如屯田，講行事
宜，修飭行宮諸殿室。推京口法，創遊擊軍萬二千，蒙衝萬艘，江
上晏然。（《宋史·王埜傳》）

詔四川以田給逃
附之兵

寶祐元年，詔四川制置使余玠，以興元歸附之
兵，分隸諸州。仍各給良田，濟以錢帛。

寶祐元年七月，詔四川制置使余玠，以興元歸附之兵，分隸本
路諸州都統，務撫存之。仍各給良田，制司濟以錢帛。（《宋史·理
宗紀》）

給邊兵閑田

二年，詔以邊兵貧困可憫。命制司守臣，擇近
便閑田，分給耕種。

寶祐二年四月，詔，邊兵貧困可憫，閑田甚多。擇其近便者，
分給耕種。制司守臣治之。（《宋史·理宗紀》）

給費措置襄陽屯
田

三年，詔撥封樁庫會子十萬，銀二千兩，付李
孟庚，措置襄陽屯田。

寶祐三年二月，詔撥封樁庫十八界會子十萬，銀二千兩，付李
孟庚，措置襄陽屯田。（《續文獻通考》）

詔，沿邊耕屯，課入登羡，管屯田官推賞。荊
襄兩淮，及諸山砦，亦如之。

寶祐三年三月，詔，沿邊耕屯，課入登羡，管屯田官推賞。荊

襄兩淮，及諸山砦，亦如之。（《宋史·理宗紀》）

以馬光祖兼和州無為軍安慶府三郡屯田使。光祖始至官，以常例公用器皿錢二十萬緡，犒軍民，減租稅，招兵置砦。後又以光祖為京湖制置使，兼湖廣總領，幷屯田事。

寶祐三年八月，馬光祖兼節制和州無為軍安慶三郡屯田使。六年二月，以馬光祖為荊湖制置使，知江陵府，兼夔路策應，湖廣總領財賦，幷屯田事。（《宋史·理宗紀》）

馬光祖為沿江制置使，知建康府，兼行宮留守，節制和州無為軍安慶府三郡屯田使。始至官，即以常例公用器皿錢二十萬緡，支犒軍民，減租稅，養鰥寡孤疾無告之人，招兵置砦。（《宋史·馬光祖傳》）

開慶元年，詔蠲漣水軍屯田租。

開慶元年二月，詔蠲漣水軍制司所收屯田租。（《宋史·理宗紀》）

景定三年，詔廣西靜江，屯田小試有效。其邕、欽、宜、融、柳、象、潯諸州守臣，任責措置，經略安撫，課以殿最，仍條具來上。

詔廣西屯田

景定三年五月，詔，廣西靜江，屯田小試有效。其邕、欽、宜、融、柳、象、潯諸州守臣，任責措置，經略安撫，課以殿最，仍條具來上。（《宋史·理宗紀》）

四年，侍御史陳堯道右正言曹孝慶監察御史虞慮、張晞顏等，言廩兵、和糴、造楮幣之害，乞依祖宗限田。議自兩浙、江東、西民戶逾限之田，抽買三分之一，充公田。得一千萬畝之田，歲有六七百萬斛之入，可以餉軍免糴，重楮幣，平物價。初，沿江、湖南、兩浙、兩淮歲糴五百六十萬石，供軍餉，並視時價償以會子，致楮幣愈輕。故堯道

買民戶逾限之田

為公田以餉軍

等有是請，帝從其言，朝士有異議者。宰相賈似道奏，救楮幣之策，莫切於停造。欲停造楮幣，莫切於免和糴。免和糴，莫切於買逾限田。帝乃命一意行之，置官田所。以劉良貴為提領，陳崇為檢閱。

景定四年，殿中侍御史陳堯道，右正言曹孝慶，監察御史虞慮、張晞顏等，言廩兵、和糴、造楮之弊，乞依祖宗限田。議自兩浙、江東、西官民戶踰限之田，抽三分之一，買充公田。得一千萬畝之田，則歲有六七百萬斛之入。可以餉軍，可以免糴，可以重楮。可以平物而安富，一舉而五利具矣。有旨從其言，朝士有異議者。丞相賈似道奏，捄楮之策，莫切於住造楮。住造楮，莫切於免和糴。免和糴，莫切於買踰限田。因歷詆異議者之非。帝曰，當一意行之。（《宋史・食貨志》）

開慶元年，沿江制置司招糴米五十萬石，湖南安撫司糴米五十萬石，兩浙轉運司五十萬石，淮浙發運司二百萬石，江東提舉司三十萬石，江西轉運司五十萬石，湖南轉運司二十萬石，太平州一十萬石，淮安州三十萬石，高郵軍五十萬石，漣水軍一十萬石，廬州一十萬石。並視時價，以一色會子，發下收糴，以供軍餉。（《宋史・食貨志》）

景定四年二月，置官田所，以劉良貴為提領，陳崇為檢閱。（《宋史・理宗紀》）

四月，官田所言，知嘉興縣段浚，知宜興縣葉哲佐，買公田不遵原制。詔罷浚哲佐官。

景定四年四月，官田所言，知嘉興縣段浚，知宜興縣葉哲佐，買公田不遵原制，詔罷之。（《宋史・理宗紀》）

六月，詔平江江陰等六郡，已買公田，秋成在邇，免其和糴。江西、荊湖諸道仍舊。並以公田竣事，推賞劉良貴等及六郡官，有差。

景定四年六月，詔平江、江陰、安吉、嘉興、常州、鎮江六郡，已買公田三百五十餘萬畝。今秋成在邇，其荆湖、江西諸道，仍舊和糴。丙寅，詔，公田竣事，進劉良貴官兩轉，陳訔、廖邦傑洎六郡官，進秩有差。（《宋史·理宗紀》）

冬，詔以錢百四十萬緡，命浙西六郡，置公田莊。

景定四年十月，詔發緡錢百四十萬，命浙西六郡，置公田莊。（《宋史·理宗紀》）

理宗時，復有沿江制置使，節制和州無為軍安慶府屯田使吳淵，刱司空山、燕家山、金剛台三大砦，嵯峨山等二十小砦。團丁壯，置軍。無事則耕，有警則戰。

吳淵建砦置軍以事耕戰

吳淵，理宗時，為沿江制置副使，節制蘄黃州安慶府屯田使，進端明殿學士，沿江制置使，江東安撫使，兼知建康府，兼行宮留守，節制和州無為軍安慶府，兼三郡屯田使。朝廷付淵以光、豐、蘄、黃之事，凡刱司空山、燕家山、金剛臺三大砦，嵯峨山、鷹山、什子山等二十二小砦。團丁壯置軍，分立隊伍。星聯棋布，脈絡貫通。無事則耕，有警則禦。（《宋史·吳淵傳》）

侍御史王淮請於沿淮置屯田，帝善之。

王淮請沿淮屯田

王淮理宗時，拜殿中侍御史，請於並淮置屯田，帝善之。（《宋史·王淮傳》）

度宗咸淳三年，詔除免淮、蜀、湖、襄之民所種屯田舊欠。復催者，以違制論。

咸淳三年，詔曰，淮、蜀、湖、襄之民，所種屯田。既困重額，又困苛取。流離之餘，口體不充。及遇水旱，收租不及，而催輸急於星火，民何以堪。其日前舊欠，並除之。復催者，以違制論。（《宋史·食貨志》）

四年，右正言黃鏞言守邊急務，謂非兵農合一不可。川蜀以屯田為先，民兵次之。襄淮以民兵為

黃鏞請興屯田設民兵

323

先，屯田次之。不報。

咸淳四年，右正言黃鏞言，今守邊急務，非兵農合一不可。一
曰屯田，二曰民兵。川蜀屯田為先，民兵次之。襄淮民兵為先，屯
田次之。此足食足兵之良策也。不報。（《宋史·度宗紀》）

七年，發屯田租十萬石，贍和州、無為、巢、
安慶諸州飢。

咸淳七年三月，發屯田租穀十萬石，贍和州、無為、巢、安慶
諸州飢。（《宋史·度宗紀》）

張夢發請聚流民
沿江耕守

九年，前四川宣撫司參議官張夢發上書賈似道，
陳危急三策。曰，鎮漢江口岸。曰，城當陽玉泉山。
曰，自峽州宜都而下，聯置堡砦，以保聚流民，且
守且耕。似道下京湖制置司，審度可否，事竟不行。

咸淳九年六月，前四川宣撫司參議官張夢發詣賈似道上書，陳
危急三策。曰，鎮漢江口岸。曰，城荊門軍當陽界之玉泉山。曰，
峽州宜都而下，聯置堡砦，以保聚流民，且守且耕。并圖上城築形
勢。賈似道不以上聞，下京湖制司，審度可否，事竟不行。（《宋
史·度宗紀》）

免沿江制置司所轄四郡屯田租，二十五萬石。

咸淳九年十二月，沿江制置使所轄四郡，夏秋旱潦，免屯田租
二十五萬石。（《宋史·度宗紀》）

十年，恭帝卽位，冬，免淮西四郡屯田去年未
輸之租。

咸淳十年七月，度宗崩，奉遺詔卽皇帝位。十二月，詔，淮西
四郡水旱，去年屯田未輸之租，其勿徵。（《宋史·瀛國公紀》）

以公田給佃主率
其租戶為兵

德祐元年，以公田給佃主，令率其租戶為兵。

德祐元年三月，以公田給佃主，令率其租戶為兵。（《宋史·瀛
國公紀》）

附　遼金之屯田

遼制，民年十五以上，五十以下，隸軍籍。在屯者，力耕公田，不輸賦稅。

遼人兵田之制

遼國兵制，凡民年十五以上，五十以下，隸兵籍。每正軍一名，馬三匹。打草穀、守營鋪家丁各一人。人鐵甲九事，馬鞴轡、馬甲皮鐵視其力。弓四，箭四百。長短鎗、䤵鏺、斧、鉞、小旗、鎚、錐、火刀石、馬盂、粆一斗、粆袋、搭鉽、傘各一。縻馬繩二百尺，皆自備。人馬不給糧草，日遣打草穀騎，四出抄掠，以供之。（《遼史・兵衞志》）

在屯者，力耕公田，不輸稅賦，此公田制也。餘民應募，或治閑田，或治私田，則計畝出粟，以賦公上。十五年，募民耕灤河曠地。十年，始徵租，此在官閑田制也，又詔山前後，未納稅戶。並於密雲、燕、樂兩縣，占田置業入稅，此私田制也。（《遼史・食貨志》）

太祖以迭剌部強盛，析為五院六院。奚六部以下，多因俘降而置。勝兵甲者，即入軍籍。居內地者，歲時田牧。邊防紇戶，仰給畜牧。又立斡魯朵法，裂州縣，割戶丁，以強幹弱枝。入則居守，出則扈從。無日不營，無在不衞。

并營以北，勁風多寒。隨陽遷徙，歲無寧居。曠土萬里，寇賊姦宄，乘隙而作。營衞之設，以為常然。其勢然也。有遼始大，設制尤密。居有宮衞，謂之斡魯朵。出有行營，謂之鑅鉢。分鎮邊圍，謂之部族。有事，則以攻戰為務。間暇，則以畋漁為生。無日不營，無在不衞。立國規模，莫重於此。（《遼史・營衞志》）

契丹之初，草居野次，靡有定所。至涅里始制部族，各有分地。

太祖之興，以迭刺部強熾，析為五院、六院。奚六部以下，多因俘降而置。勝兵甲者，即著軍籍，分隸諸路詳穩、統軍、招討司。番居內地者，歲時田牧平莽間。邊防糺戶，生生之資，仰給畜牧。績毛飲湩，以為衣食。各安舊風，狃習勞事，不見紛華異物而遷。故家給人足，戎備整完。（《遼史·營衛志》）

太祖以迭刺部受禪，分本部為五院、六院，統以皇族。而親衛缺然，乃立斡魯朵法。裂州縣，割戶丁，以彊幹弱支，貽謀嗣續。世建宮衛，入則居守，出則扈從，葬則因以守陵。有兵事，則五京、二州各提轄司，傳檄而集。不待調發州縣部族，十萬騎軍已立具矣。（《遼史·兵衛志》）

徙戶營農　　太宗會同二年，以烏古水草豐美，詔南北院，徙甌混等三石烈戶，居之。益以海勒水之善地，為農田。

會同二年十月，上以烏古部水草肥美，詔南北院，徙三石烈戶居之。（《遼史·太宗紀》）

會同初，詔有司勸農桑，教紡績。以烏古之地，水草豐美，命甌昆石烈居之。益以海勒水之善地，為農田。（《遼史·食貨志》）

三年，以于諧里河、臚朐河附近之地，賜南院歐堇突呂乙斯勃，北院溫納何剌三石烈人，以事耕種。

會同三年八月，詔以于諧里河、臚朐河之近地，給賜南院歐堇突、呂乙斯勃，北院溫納何剌三石烈人，為農田。（《遼史·太宗紀》）

五年，詔以契丹戶，分屯南邊。

會同五年正月，詔政事令僧隱等，以契丹戶，分屯南邊。（《遼史·太宗紀》）

聖宗統和十二年，賜南京統軍司貧戶耕牛。

統和十二年十二月，賜南京統軍司貧戶耕牛。（《遼史·聖宗紀》）

時蕭撻凜為西北招討使，以軍旅初罷，三邊晏然，惟阻卜伺隙而動。討之，則路遠難至。縱之，則邊民被掠。增戍兵，則餽餉不給。問策於耶律昭，昭以書答之，謂治得其要，則仇敵為一家。失其術，則部曲為行路。西北諸部，每當農時，一夫為偵候，一夫治公田，二夫給糺官之役。大率四丁，無一處室。芻秣之事，仰給妻孥。一遭寇掠，貧窮立至。兼以戍卒逋亡，隨時補調，不習風土，日損月瘠，馴至耗竭。為今之計，莫若振窮薄賦，給以牛種，使遂耕穫，置游兵以防盜。期以數年，富強可望。然後簡練精壯，以備行伍。何守之不固，何動而不克哉。撻凜然之。

耶律昭，統和中，坐兄國留事，流西北部。會蕭撻凜為西北路招討使，愛之，奏免其役，禮致門下。欲召用，以疾辭。撻凜問曰，今軍旅甫罷，三邊晏然，惟阻卜伺隙而動。討之，則路遠難至。縱之，則邊民被掠。增戍兵，則餽餉不給。欲苟一時之安，不能終保無變，計將安出。昭以書答曰，竊聞治得其要，則仇敵為一家。失其術，則部曲為行路。夫西北諸部，每當農時，一夫為偵候，一夫治公田，二夫給糺官之役。大率四丁，無一室處。芻牧之事，仰給妻孥。一遭寇掠，貧窮立至。春夏賑恤，史多雜以糠粃，重以掊克。不過數月，又復告困。且畜牧者，富國之本，有司防其隱沒，聚之一所。不得各就水草便地，兼以逋亡戍卒，隨時補調，不習風土。故日瘠月損，馴至耗竭。為今之計，莫若振窮薄賦，給以牛種，使遂耕穫。置游兵以防盜掠，頒俘獲以助伏臘，散畜牧以就便地。期以數年，富彊可望。然後練簡精兵，以備行伍。何守之不固，何動而不克哉。然必去其難制者，則餘種自畏。若捨大而謀小，避強而攻弱。非徒虛費財力，亦不足以威服其心。此二者，利害之機，不可不察。昭聞古之名將，安邊立功，在德不在衆。故謝玄以八千破

327

符堅百萬，休哥以五隊敗曹彬十萬。良由恩結士心，得其死力也。
閣下膺非常之遇，專方面之寄，宜遠師古人，以就勳業。上觀乾象，
下盡人謀，察地形之險易，料敵勢之虛實。慮無遺策，利施後世矣。
撻凜然之。（《遼史·文學傳》）

太平七年，詔諸屯田，不得擅貸官粟。

太平七年六月，詔諸屯田不得擅貸官粟。（《遼史·聖宗紀》）

沿邊各置屯田，戍兵耕田積穀，以給軍餉，故太平七年，詔諸
屯田，在官斛粟不得擅貸。（《遼史·食貨志》）

耶律唐古屯田積
粟

聖宗時，復命耶律唐古率衆田臚朐河側，以備
西番來侵。其歲大熟，翌年移屯鎮州，凡十四稔，
積粟數十萬斛，斗米數錢。《遼史·唐古傳》謂唐
古屯鎮州，十四年之後，改隗衍党項節度使，重熙
四年，致仕。時興宗卽位，僅五年。《遼史·食貨
志》謂道宗初，唐古屯田臚朐者，誤也。《續文獻
通考》已知其失，而復謂為興宗初之事，亦誤。至
《續通典》謂在大安初，則其時距唐古致仕，六十
年矣。

耶律唐古，統和二十四年，補小將軍，遷西南面巡檢，歷豪州
刺史，唐古部詳穩。西蕃來侵，詔議守禦計，命唐古勸督耕稼，以
給西軍。田于臚朐河側，是歲大熟。明年，移屯鎮州，凡十四稔。
積粟數十萬斛，斗米數錢。改隗衍党項部節度使，重熙四年，致仕。
（《遼史·耶律唐古傳》）

興宗太平元年，為皇太子。十一年六月，聖宗崩，卽皇帝位，
改元景福。二年十一月，改元重熙。（《遼史·興宗紀》）

道宗初年，西北雨穀三十里，春州斗粟六錢。時西蕃多叛，上
欲為守禦計。命耶律唐古督耕稼，以給西軍。唐古田臚朐河側，歲
登上熟。移屯鎮州，凡十四稔。積粟數十萬斛，每斗不過數錢。
（《遼史·食貨志》）

　　興宗初，命耶律唐古勸督耕稼，以給西軍。時、西蕃來侵，詔議守禦計。命唐古率衆田臚朐河側。是歲，上熟。明年，移屯鎮州，凡十四稔，積粟數十萬斛，斗米數錢。按《唐古本傳》，統和二十四年，補小將軍，歷豪州刺史，唐古部詳穩。重熙間，改烏延党項部節度使。四年，致仕。其屯田臚朐河，及移屯鎮州，事俱在重熙前。而《食貨志》則云，道宗初年。時唐古致仕，已二十年。兩文互異，當以傳為是。（《續文獻通考》）

　　道宗大安初年，西蕃多叛，上欲為守禦計。命耶律唐古督耕稼，以給西軍。唐古率衆田臚朐河側，歲登上熟。移屯鎮州，凡十四稔，積粟數十萬斛，每斗不過數錢。（《續通典》）

　　興宗重熙十三年四月，詔選南北府兵富者，援山西路，餘留屯田天德軍。　　詔貧軍屯田

　　重熙十三年四月，西南面招討都監羅漢奴詳穩斡魯母等奏，山西郡族節度使屈烈以五部叛入西夏，乞南北府兵援送實威塞州戶。詔富者遣行，餘留屯田天德軍。（《遼史・興宗紀》）

　　道宗大安末，太子洗馬劉輝上言，西番為患，士卒遠戍。中國之民，疲於飛輓。請城鹽濼，實以漢戶。使耕田聚糧，以供軍費。不從。

　　劉輝，大安末，為太子洗馬，上書言，西邊諸番為患，士卒遠戍。中國之民，疲於飛輓，非長久之策，為今之計，務莫若城於鹽濼，實以漢戶。使耕田聚糧，以供西北之費。言雖不行，識者韙之。（《遼史・文學傳》）

　　天祚帝天慶五年，即金太祖收國元年。遣都統耶律斡里朵等戍邊，欲興屯田。金人攻之，戰於達魯古城，遼兵敗績。併耕具數千，為金人所獲，以之分給諸軍。　　欲興屯田為金所敗

　　天慶五年正月，都統耶律斡里朵等，與女眞兵戰於達魯古城，敗績。（《遼史・天祚帝紀》）

收國元年正月，遼遣都統耶律斡里朶、左副統蕭乙薛、右副統耶律張奴、都監蕭謝佛留，騎二十萬，步卒七萬，戍邊。上率兵進逼達魯古城，趨高阜為陣。宗雄以右翼先馳遼左軍，左軍卻。左翼出其陣後，遼右軍皆力戰，婁室銀朮可衝其中堅。凡九陷陣，皆力戰而出。宗翰請以中軍助之。上使宗幹往，為疑兵。宗雄已得利，擊遼右軍，遼兵遂敗。乘勝追躡，至其營。會日已暮，圍之。黎明，遼軍潰圍出，逐北至阿婁岡，遼步卒盡殪。得其耕具數千，以給諸軍。是役也，遼人本欲屯田，且戰且守，故併其耕具獲之。（《金史·太祖紀》）

金人兵農之制

金之初年，諸部之民壯者，皆兵。平居，則佃漁射獵。有警，則自備仗糧從征。其部長曰孛菫，行軍則稱猛安、謀克。

金之初年，諸部之民，無它徭役，壯者皆兵。平居，則聽以佃漁射獵，習為勞事。有警，則下令部內，及遣使諳諸孛菫徵兵。凡步騎之仗糧，皆取備焉。其部長曰孛菫，行兵則稱曰猛安、謀克，從其多寡以為號。猛安者，千夫長也。謀克者，百夫長也。（《金史·兵志》）

屯田泰州

太祖天輔五年，從完顏宗雄言，分諸路猛安謀克之民萬餘家，屯田泰州。以婆盧火為都統統之，賜耕牛五十。

天輔五年二月，遣昱及宗雄，分諸路猛安謀克之民萬戶，屯泰州。以婆盧火統之，賜耕牛五十。（《金史·太祖紀》）

宗雄本名謀良虎，以功授世襲千戶謀克，與斜也俱取泰州。既而，與蒲家奴按視泰州土地。宗雄包其土來奏曰，其土如此，可種植也。上從之。由是，徙萬餘家屯田泰州。以宗雄等言，其地可種藝也。（《金史·宗雄傳》）

婆盧火及子婆速，俱為謀克。天輔五年，摘取諸路猛安中萬餘家，屯田於泰州。以婆盧火為都統，賜耕牛五十。婆盧火舊居按出虎水，自是徙居泰州。（《金史·婆盧火傳》）

詔營田牧馬以圖山後

六年，詔令都統完顏杲營田收馬，俟及秋成，乃圖大舉。

天輔六年二月，都統杲遣使來奏捷，并獻所獲貨寶。詔曰，汝等提兵于外，克副所任。攻下城邑，撫安人民，朕甚嘉之。所言，分遣將士，招降山前諸部，計悉已撫定。續遣來報，山後若未可往，卽營田牧馬。俟及秋成，乃圖大舉。更當熟議，見可則行。如欲益兵，具數來上。不可恃一戰之勝，輒有弛慢。新降附者，當善撫存，宣諭將士，使知朕意。（《金史·太祖紀》）

太宗天會六年，分遣諸將伐宋。右副元帥完顏宗輔自河間徇地淄青，聞宋帝在揚州，留大軍夾河屯田而還。　留軍屯田

天會五年十二月，右副元帥宗輔伐宋，徇地淄青。六年正月，聞宋主在維揚，以農時還師。（《金史·太宗紀》）

宗輔本名訛里朵，天會五年，為右副元帥，駐兵燕京。十一月，分遣諸將伐宋。宗輔發自河間，徇地淄青，聞宋主在揚州。時東作方興，留大軍夾河屯田，而還軍山西。（《金史·世紀補》）

九年，以徒門水以西閑田，給曷懶路諸謀克。　以田給諸謀克

天會九年正月，命以徒門水以西，渾瞳、星顯、僝蠢三水以北閑田，給曷懶路諸謀克。（《金史·太宗紀》）

詔，新徙戍邊戶匱于衣食，有典質其親屬奴婢者，官為贖之。乏耕牛者，給以耕牛。續遷戍戶在中路者，姑止之。卽其地種藝，俟畢穫而行。

天會九年四月，詔，新徙戍邊戶匱于衣食，有典質其親屬奴婢者，官為贖之。戶計其口，而有二三者，以官奴婢益之，使戶為四口。又乏耕牛者，給以官牛，別委官勸督田作。戍戶及邊軍資糧不繼，糴粟于民而與賑卹。其續遷戍戶在中路者，姑止之。卽其地種藝，俟畢穫而行。及來春農時，以至戍所。（《金史·太宗紀》）

熙宗大眷三年，旣取河南，猶慮中原士民不服，始創屯田軍。盡徙女直奚契丹人於中國，計口　創屯田軍以防中原士民

授田。自燕南至於淮隴俱有之，皆築壘於村落間。

> 熙宗天眷三年十二月，始置屯田軍于中原。時既取江南，猶慮中原士民懷貳，始創屯田軍。凡女直奚契丹之人，皆自本部，徙居中州，與百姓雜處。計其戶口，授以官田，使自播種，春秋量給其衣。遇出師，始給錢米。凡屯田之所，自燕南至淮隴之北，俱有之，皆築壘于村落間。（《續文獻通考》）

以田牛授南遷諸謀克

海陵貞元元年，遷都，遂徙上京路諸猛安，處之中都。斡論國公等八猛安，處之山東。阿魯之族，處之北京。按達族屬，處之河間。翌年，使與舊軍，分隸諸總管府，授以田牛，使耕食以衛京國。

> 貞元遷都。遂徙上京路太祖、遼王宗幹、秦王宗翰之猛安，併為合扎猛安，及右諫議烏里補猛安、太師勗、宗正宗敬之族，處之中都，斡論和尚胡剌三國公、太保昂、詹事烏里野、輔國勃魯骨、定遠許烈、故杲國公勃迭八猛安，處之山東。阿魯之族，處之北京。按達族屬，處之河間。二年，命兵部尚書蕭仲恭等，與舊軍皆分隸諸總管府節度使。授田牛，使之耕食，以蕃衛京國。（《金史·兵志》）

屯田多不如法遣官廉問

世宗大定三年，以猛安謀克屯田，多不如法。遣官分道勸農，廉問。

> 大定三年三月，詔戶部侍郎魏子平等九人，分詣諸路猛安謀克，勸農及廉問。（《金史·世宗紀》）

> 曹望之為戶部郎中。大定三年，上曰，自正隆兵興，農桑失業。猛安謀克屯田，多不如法。詔遣戶部侍郎魏子平，大興少尹同知中都轉運事李滌、禮部侍郎李愿、工部郎中移剌道、戶部員外郎完顏兀古出、監察御史夾谷阿里補及望之分道勸農，廉問職官臧否。（《金史·曹望之傳》）

五年，以京畿兩猛安民戶，不自耕墾，伐桑棗
為薪，命官巡察。

世宗大定五年二月，上以京畿兩猛安民戶，不自耕墾，及伐桑
棗為薪，鷟之。命大興少尹完顏讓巡視。（《金史·世宗紀》）

十一年，賑南京屯田猛安，被水災者。

大定十一年正月，命賑南京屯田猛安，被水災者。（《金史·世
宗紀》）

十七年，以近都猛安謀克女真人戶，所給官地 括田給女真
瘠薄，命括田給之。

大定十七年，以近都猛安謀克所給官地，率皆薄瘠。豪民租佃官
田，歲久往往冒為己業，令拘籍之。又謂省臣曰，官地非民誰種，然
女真人戶，自鄉土三四千里移來，盡得薄地。若不拘刷良田給之，久
必貧乏。其遣官察之。又謂參知政事張汝弼曰，先嘗遣問女真土地，
皆云良田。及朕出獵，因問之，則謂自起移至此，不能種蒔。斫蘆為
席，或斬刈，以自給。卿等其議之。省臣奏，官地所以人多蔽匿盜耕
者，由其罪輕故也。乃更條約，立限，令人自陳。過限，則人能告者
有賞。遣同知中都路轉運使張九思往拘籍之。（《金史·食貨志》）

以西南西北二招討司，乃契丹遺民，恐懷二 徙契丹遺民耕屯
心。而北邊番戍之人，往來勞苦，且妨農務。遷二 北邊
招討司於烏古里石壘部，及上京之地，使之耕種，
永屯邊境。

大定十七年，又以西南西北招討司，契丹餘黨。心素狼戾，復
恐生事。它時或有邊隙，不為我用。令遷之於烏古里石壘部，及上
京之地。上謂宰臣曰，北邊番戍之人，歲冒寒暑，往來千里，甚為
勞苦。縱有一二馬牛，一往則無還理。且奪其農時，不得耕種。故
嘗命卿等議，以何術得罷其役，使安于田里。不知卿議何如也。左
丞相良弼對曰，北邊之地，不堪耕種，不能長戍，故須番戍耳。上
曰，朕一日萬幾，安能徧及。卿等既為宰相，以此急務，反以為末

事，竟無一言，甚勞朕慮。往者，參政宗敘屢為朕言，若以貧戶，永屯邊境，使之耕種，官給糧廩。則貧者得濟，富戶免於更代之勞，使之得勤農務。若宗敘者，可謂盡心為國矣。朕嘗思之，宜以兩路招討司，及烏古里石壘部族，於臨潢府泰州等路，分定堡戍，具數以聞。（《金史·兵志》）

括地害民

十九年，以括地事所為極不當，如皇后莊太子務之類，止以名稱，便為官地。百姓所執憑驗，一切不問，冒占復有幸免者。詔戒括地官張九思。

大定十九年十二月，謂宰臣曰，亡遼時所撥地，本朝元帥府已曾拘籍矣。民或指射為無主地，租地，及新開荒，為己業者，可以拘括。其間播種歲久，若遽奪之，恐民失業。因詔括地官張九思戒之。復謂宰臣曰，朕聞括地事，所行極不當。如皇后莊太子務之類，止以名稱，便為官地。百姓所執憑驗，一切不問。其相鄰冒占官地，復有幸免者。能使軍戶稍給，民不失業，乃朕之心也。（《金史·食貨志》）

屯田女真驕縱不親稼穡

二十一年，以山東、大名等路猛安謀克民戶驕縱，酒食遊宴，不親稼穡，盡令漢人佃蒔取租。命委官閱實戶數，計口授地。力不贍者，方許佃於人。

大定二十一年正月，上謂宰臣曰，山東、大名等路猛安謀克戶之民，往往驕縱，不親稼穡。不令家人農作，盡令漢人佃蒔，取租而已。富家盡服紈綺，酒食遊宴，貧者爭慕效之。欲望家給人足，難矣。近已禁賣奴婢，約其吉凶之禮。更當委官，閱實戶數，計口授地，必令自耕。力不贍者，方許佃於人。仍禁其農時飲酒。（《金史·食貨志》）

以山東路所括民田，給女真屯田戶，復有餘地，還之於民。

大定二十一年，上謂宰臣曰，山東路所括民田，已分給女真屯

田人戶。復有籍官閑地，依元數還民，仍免是年租稅。（《金史·食貨志》）

以黃河已移，梁山濼水退地甚廣，遣使置屯田。民昔嘗種其地者，懼徵租，逃亡甚衆，命赦其罪。民地被刷者，雖經通檢納稅，無明驗者，仍當刷問。有公據者，雖付本人，仍須體問。

括山東民地為屯田

大定二十一年八月，尚書省奏山東所刷地數。上謂梁肅曰，朕嘗以此問卿，卿不以言。此雖稱民地，然皆無明據。括為官地，有何不可。又曰，黃河已移故道，梁山濼水退地甚廣，已嘗遣使安置屯田。民昔嘗恣意種之，今官已籍其地，而民懼徵其租，逃者甚衆。若徵其租，而以冒佃不即出首罪論之，固宜。然若遽取之，恐致失所。可免其徵，赦其罪，別以官地給之。御史臺奏，大名濟州因刷梁山濼水官地，或有以民地被刷者。上復召宰臣曰，雖曾經通檢納稅，而無明驗者，復當刷問。有公據者，雖付本人，仍須體問。（《金史·食貨志》）

帝意不欲屯田與民戶雜居，令與民田犬牙相錯者，以官田易之。用御史中丞張九思，臨洮尹完顏讓言，猛安人為盜，徵償時，不得賣所種屯地。令事主以其地招佃，收其租入為償。至與應償估價相當，卽以其地還之。

禁屯田女眞為盜者賣屯地償戚

大定二十一年，黃河移故道，梁山濼水退地甚廣，遣使安置屯田民。又帝意不欲猛安謀克與民戶雜居。凡山東兩路屯田，與民田互相犬牙者，皆以官田對易之。又御史中丞張九思言，屯田猛安人為盜徵償，家貧輒賣所種屯田。凡家貧不能徵償者，止令事主以其地招佃，收其租入。佔價與徵償相當，卽以其地還之。臨洮尹完顏讓亦論屯田貧人徵償賣田，乞用九思議，詔可。（《續文獻通考》）

二十二年，以都城附近猛安戶，不自種田，悉租與民。有一家百口，隴無一苗者，杖之。

禁屯田女眞不自耕種

大定二十二年，以附都猛安戶，不自種田，悉租與民。有一家百口，壟無一苗者。上曰，勸農官何勸諭為也，其令治罪。宰臣奏曰，不自種而輒與人者，合科違例。上曰，太重，愚民安知。遂從大興少尹王翛所奏，杖不種者六十，謀克四十。（《金史·食貨志》）

徙女眞戶括民田給之

徙山東路八謀克，於河北東路，盡徙河間宗室於平州。無牛者官給之，土薄者易以良田。

大定二十二年九月，遣刑部尚書移剌愷，于山東路猛安內，摘八謀克民，徙于河北東路酬斡青狗兒兩猛安舊居之地。無牛者，官給之。河間宗室未徙者，令盡徙于平州。無力者，官津發之。土薄者，易以良田。先嘗令俟豐年，則括籍官地。至是歲，省臣復以為奏。上曰，本為新徙四猛安貧窮，須刷官田與之。若張仲愈等所撥條約太刻，但以民初無得地之由，自撫定後未嘗輸稅，妄通為己業者刷。如此，恐民苦之，可為酬直。且先令猛安謀克人戶，隨宜分處。計其丁壯牛具，合得土田，實數給之。不足，則以前所刷地二萬餘頃補之。（《金史·食貨志》）

令山東屯田戶，相聚屯種，並籍其丁口。

大定二十二年，以山東屯田戶，鄰於邊鄙。命聚之一處，俾協力蠶種。右丞相烏古論元忠曰，彼方之人，以所得之地為家，雖兄弟不同處，故貧者衆。參政粘割斡特剌曰，舊時兄弟雖析，猶相聚種。今則不然，宜令約束之。又以猛安謀克舊籍不明，遇簽軍與諸差役，及賑濟，增減不以實。命括其口，以實籍之。（《金史·兵志》）

易置女眞屯田戶括民田給之

二十四年，徙速頻胡里改三猛安於上京。遣刑部尚書烏里也出府庫錢，以濟行資，市牛畜。時多易置山東河北所屯猛安，括民地而為之業，戶授牛而使之耕，畜甲兵而為之備。且大重其權，授諸王以猛安之號。嚴禁制，習騎射，儲糧糒，為法甚備，為數甚多。

　　上嘗以速頻、胡里改人驍勇可用，海陵嘗欲徙之，而未能。二十四年，以上京率胡剌溫之地廣而腴，遂遣刑部尚書烏里也，出府庫錢以濟行資，市牛畜。遷速頻一猛安，胡里改二猛安，二十四謀克以實之。蓋欲上京兵多，它日可為緩急之備也。當是時，多易置河北山東所屯之舊。括民地而為之業，戶頒牛而使之耕，畜甲兵而為之備。乃大重其權，授諸王以猛安之號。或新置者，特賜之名。制其奢靡，禁其飲酒。習其騎射，儲其糧糒。其備至嚴也。是時，宗室戶百七十，猛安二百二，謀克千八百七十八，戶六十一萬五千六百二十四。東北路部族糺軍，曰迭剌部，承安三年，改為土魯渾尼石合節度使曰唐古部，承安三年間，改為部魯火札石合節度使二部五糺，戶五千五百八十五。其它若助魯部族、烏魯古部族、石壘部族、萌骨部族、計魯部族、字特本部族，數皆稱是。西北西南二路之糺軍十，曰蘇謨典糺、曰耶剌都糺、曰骨典糺、唐古糺、霞馬糺、木典糺、萌骨糺、咩糺凡九。其諸路曰曷懶、曰蒲與、曰婆速、曰恤頻、曰胡里改、曰移懶。移懶後廢，皆在上京之鄙。或置總管府，或置節度使。（《金史·兵志》）

　　章宗明昌元年，敕軍人所授田，止令自種。力不足者，方許人承佃。不願承佃者，勿強。

禁軍人強民承佃所授田

　　明昌元年三月，敕當軍人，所授田止令自種。力不足者，方許人承佃，亦止隨地所產納租。其自欲折錢輸納者，從民所欲。不願承佃者，毋強。（《金史·食貨志》

　　敕各地係官閑地，百姓未請佃者，付屯田猛安、謀克。

　　明昌元年八月，敕隨處係官閑地，百姓已請佃者，仍舊。未佃者，以付田屯猛安、謀克。（《金史·食貨志》）

　　二年，尚書省言，民與屯田戶，往往不睦，請令通婚。從之。

民與屯田女真往往不睦令之通婚

　　明昌二年四月，尚書省言，齊民與屯田戶，往往不睦。若令遞

相婚姻，實國家長久安寧之計。從之。（《金史·章宗紀》）

六年，定制，謀克所營屯田，能刱水田三十頃以上，賞銀絹二十兩匹。租稅止從陸田。

明昌六年十月，定制，縣官任內，有能興水利田，及百頃以上者，陞本等首注除。謀克所管屯田，能刱增三十頃以上，賞銀絹二十兩疋。其租稅止從陸田。（《金史·食貨志》）

明昌時，復令猛安、謀克舉進士，試以策論及射。

至章宗明昌間，欲國人兼知文武。令猛安、謀克舉進士，試以策論及射，以定其科甲高下。（《金史·兵志》）

承安二年，遣官往西京及沿邊，勸軍民耕種。

承安二年十二月，遣戶部侍郎上官瑜體究西京逃亡，勸率沿邊軍民耕種。戶部郎中李敬義，規措臨潢等路農務。（《金史·章宗紀》）

括民地三十餘萬頃給軍

五年，遣樞密使完顏宗浩，禮部尚書賈鉉佩金符，行省山東等路，括地給軍。平章政事張萬公言其不可者五。軍旅之後，百姓不可重擾，一也。通檢未久，田有定籍，括之適增猾吏之弊，二也。浮費侈用，不可勝計，移以養兵，可斂不及民，無待於奪民之田，三也。兵丁失于選擇，使同田共食，勤者莫盡其力，惰者得容其奸，四也。奪民田與軍，得軍心而失天下心，其禍有不可勝言者，五也。必不得已，乞以已括之地，召民蒔之，以所入贍軍。書奏，不報。宗浩等括地，得三十餘萬頃。

承安五年，命樞密使宗浩、禮部尚書賈鉉佩金符，行省山東等路，括地。（《金史·章宗紀》）

承安五年九月，命樞密使內族宗浩、禮部尚書賈鉉佩金符，行
省山東等路，括地給軍。時中都、山東、河北屯駐軍人，地土不贍，
官田多為民所冒占。主兵者言，比歲征伐，軍多敗衄。蓋由屯田地
寡，不免飢寒，故無鬥志。願括民田之冒稅者分給之，則士氣自倍。
朝議已定。平章政事張萬公獨上書，言其不可者五。大略以為軍旅
之後，瘡痍未復。百姓拊摩之不暇，何可重擾。一也。通檢未久，
田有定籍，括之必不能盡。適足增猾吏之弊，長告訐之風。二也。
浮費侈用，不可勝計。推之以養軍，可斂不及民，而無待于奪民之
田。三也。兵丁失于選擇，強弱不別，而使同田共食。振厲者無以
盡其力，疲劣者得以容其姦。四也。奪民而與軍，得軍心而失天下
心，其禍有不可勝言者。五也。必不得已，乞以冒地之已括者，召
民蒔，以所入贍軍。則軍有坐獲之利，而民無被奪之怨矣。書奏，
不報。遂命宗浩等括之，凡得地三十餘萬頃。順天軍節度使張行簡
上言，比者，括官田給軍，既一定矣。有告欲別給者，輒從其告，
至今未已。名曰官田，實取之民以與之。臣所管已撥深澤縣地三百
餘頃，復告水占沙鹻者三之一。若悉從之，何時可定。臣謂當限以
月日，不許再告，為便。下尚書省議，奏請如實有水占河塌，不可
耕種，按視覆同，然後改撥。若沙鹻瘠薄，當準已撥為定。制曰，
可。(《續文獻通考》)

泰和四年，定屯田戶自種及租佃法。

舊令，軍人所授之地，不得租賃與人。違者，苗付地主。泰和
四年九月，定制，所撥地止十里內，自種之數，每丁四十畝，續進
丁同此。餘者，許令便宜租賃，及兩和分種。違者，錢業還主。
(《金史·食貨志》)

五年，以括地時，屯田軍戶，多冒名增口，以
請官地。及包取民田，民有空輸賦稅，虛抱物力
者。應詔陳言人多論之，尚書省奏，若復遣官分
往，追照案懲，訟言紛紛，何時已乎。但令虛抱稅
石，已入官者，於稅內每歲扣之。

上聞六路括地時，其間屯田軍戶，多冒名增口，以請官地。及
包取民田，而民有空輸稅賦，虛抱物力者。應詔陳言人多論之。五
年二月，尚書省奏，若復遣官分往，追照案憑。訟言紛紛，何時已
乎。遂令虛抱稅石，已輸送入官者，命於稅內，每歲續扣之。（《金
史·食貨志》）

六年，詔聽屯田軍戶與居民通婚。

泰和六年十一月，詔屯田軍戶與居民為婚姻者，聽。（《金史·
章宗紀》）

宣宗貞祐三年，徙河北軍戶於河南，議括官田
及牧馬地以贍之。太常右丞石抹世勣言其不便，不
從。侍御史劉元規復言其害，遂寢其議。

貞祐三年七月，議括官田，及牧馬地，以贍河北軍戶之徙河南
者。已為民佃者，俟穫畢日付之。羣臣迭言其不便，遂寢。（《金
史·宣宗紀》）

貞祐三年七月，以既徙河北軍戶於河南，議所以處之者。宰臣
曰，當括官田及牧地分界之。已為民佃者，則俟秋穫後。仍日給米
一升，折以分鈔。太常丞石抹世勣曰，荒田牧地，耕闢費力。奪民
素墾，則民失所。況軍戶率無牛，宜令軍戶，分人歸守本業。至春
復還，為固守計。上卒從宰臣議，將括之。侍御史劉元規上書曰，
伏見朝廷有括地之議，聞者無不駭愕。向者河北、山東已為此舉。
民之塋墓井竈，悉為軍有。怨嗟爭訟，至今未絕。若復行之，則將
大失衆心。荒田不可耕，徒有得地之名，而無享利之實。縱得熟土，
不能親耕，而復令民佃之。所得無幾，而使紛紛交病哉。上大悟，
罷之。（《金史·食貨志》）

而不知所以得軍糧之術。遣官聚耆老，問以增
田租，或以田與軍，二者孰便。並以諭參政高汝
礪。初議徙河北軍戶於河南，汝礪即力言其不便。
及所遣官還，言農民俱稱租賦已重，若更增之，力

實不足，不敢復佃官田，願以給軍。汝礪言，河南
民地官田相半，又多全佃官田之家，一旦奪之，何
以為活。如山東括地，腴田盡入勢家，無益於軍，
而損於民，足為明戒。當倍增官租，以給軍糧之
半。復以官荒田及牧地，量數付軍，令其自耕。
從之。

　　貞祐三年八月，先以括地事未有定論，北方侵及河南。由是，
盡起諸路軍戶南來，共圖保守。而不能知所以得軍糧之術。衆議，
謂可分遣官，聚耆老問之。其將益賦，或與軍田，二者孰便。參政
高汝礪言，河南官民地相半，又多全佃官地之家。一旦奪之，何以
自活。小民易動難安，一時避賦，遂有捨田之言，及與人，能勿悔
乎。悔則忿心生矣。如山東括地時，腴地盡入富家，瘠者乃付貧戶。
無益於軍，而民有損。惟當倍益官租，以給軍食。復以係官荒田牧
地，量數與之，令其自耕。則民不失業，官不厲民矣。從之。（《金
史·食貨志》）

　　高汝礪貞祐二年，為參知政事。三年五月，朝廷議，徙河北軍
戶家屬於河南，留其軍守衛郡縣。汝礪言，此事果行，但便於豪強
家耳，貧戶豈能徙。且安土重遷，人之情也。今使盡赴河南，彼一
旦去其田園，扶攜老幼，驅馳道路。流離失所，豈不可憐。且所過
百姓，見軍戶盡遷，必將驚疑。謂國家分別彼此，其心安得不搖。
況軍人已去其家，而令護衛他人。以情度之，其不肯盡心必矣。民
至愚而神者也，雖告以衛護之意，亦將不信。徒令交亂，俱不得安。
此其利害，所繫至重。乞先令諸道元帥府、宣撫司、總管府，熟論
可否。如無可疑，然後施行。不報。軍戶既遷，將括地分授之。未
有定論。上勑尚書省曰，北兵將及河南，由是盡起諸路軍戶，共圖
保守。今既至矣，糧食所當必與。然未有以處之，可分遣官，聚耆
老問之。其將益賦，或與之田，二者孰便。又以諭汝礪。既而所遣
官言，農民並稱，比年以來，租賦已重。若更益之，力實不足。不
敢復佃官田，願以給軍。於是，汝礪奏，遷徙軍戶，一時之事也。

民佃官田，久遠之計也。河南民地官田，計數相半。又多全佃官田之家，墳塋莊井，俱在其中。率皆貧民，一旦奪之，何以自活。夫小民易動難安，一時避賦，遂有此言。及其與人，即前日之主，今還為客，能勿悔乎。悔則忿心生矣。如山東括地時，腴田沃壤，盡入勢家，瘠惡者乃付貧戶。無益於軍，而民則有損。至於互相憎疾，今猶未已。前事不遠，足為明戒。惟當倍益官租，以給軍糧之半。復以係官荒田，牧馬草地，量數付之，令其自耕。則百姓免失業之艱，而官司不必為厲民之事矣。且河南之田，最宜麥。今雨澤霑足，正播種之時。誠恐民疑，以誤歲計，宜早決之。上從其請。（《金史·高汝礪傳》）

汝礪尋遷尚書右丞。時帝命撥地付軍戶，汝礪復上言，官荒田及牧地，民多私耕者。今正將藝麥之時，聞將與軍人，必皆棄去。軍戶雖得，又已逾時，徒成曠土。若候畢功，量撥所收，以備軍儲，則公私俱便。乞盡九月，然後遣官。

高汝礪貞祐三年，遷尚書右丞。時上以軍戶地當撥付，使得及時耕墾。而汝礪復上奏曰，在官荒田，及牧馬地，民多私耕者。今正藝麥之時，彼知將以與人，必皆棄去。軍戶雖得，亦已逾時，徒成曠廢。若候畢功，而後量收所得，以補軍儲，則公私俱便。乞盡九月，然後遣官。（《金史·高汝礪傳》）

罷括地給軍

至十月，從汝礪請，遣右司諫馮開等五人，分詣諸郡，括官荒田牧馬地，授軍戶。以汝礪總其事。既而括地官還，皆曰頃畝之數甚少，且瘠惡不可耕。汝礪遂言於上，詔有司罷之。但給軍糧之半，而半折以實值。

貞祐三年十月，高汝礪言，河北軍戶徙居河南者，幾百萬口。人日給粟一升，歲費三百六十萬石。半給以直，猶支二百萬。河南租地，計二十四萬頃，歲租繦一百五十六萬。乞於經費之外，倍徵以給之。遂命右司諫馮開等五人，分詣諸郡。就授以官荒田，及牧地可耕者，人三十畝。十一月，又議括荒田，及牧馬地給軍。命尚書右丞高汝礪總之。汝礪還奏，今頃畝之數，較之舊籍甚少。復瘠惡不可耕。計其可耕者均以與之，人得無幾。又僻遠之處，必徙居以就之。彼皆不能自耕，必以與人，又當取租於數百里之外。況今農田且不能盡闢，豈有餘力以耕叢薄交固、草根糾結之荒地哉。軍不可仰此得食也，審矣。今詢諸軍戶，皆曰得半糧，猶足自養。得田不能耕，復罷其廩，將何所賴。臣知初籍地之時，未嘗按閱其實。所以不如其數，不得其處也。若復考計，州縣必各妄承風旨，追呼究詰以應命。不足其數，則妄指民田以充之，則所在騷然矣。今民之賦役，三倍平時。飛輓轉輸，日不暇給。而復為此舉，何以堪之。且軍戶慗遷，行有還期，何為以此病民哉。病民而軍獲利，猶不可為，況無所利乎。惟陛下加察。遂詔罷給田，但半給糧，半給實值焉。(《金史‧食貨志》)

　　高汝礪貞祐三年，遷尚書右丞。十月，汝礪言，今河北軍戶，徙河南者，幾百萬口。人日給米一升，歲率三百六十萬石。半給其直，猶支粟二百萬石。河南租地計二十四萬頃，歲徵粟纔一百五十六萬有奇。更乞於經費之外，倍徵以給。仍以係官閑田，及牧馬地可耕者，畀之。奏可。乃遣右司諫馮開等，分詣諸郡就給之，人三十畝。以汝礪總之。既而，括地官還。皆曰，頃畝之數甚少，且瘠惡不可耕。計其可耕者均以與之，人得無幾。又僻遠處，不免從就之。軍人皆以為不便。汝礪遂言於上，詔有司罷之。但給軍糧之半，而半折以實值焉。(《金史‧高汝礪傳》)

　　河北西路宣撫副使田琢移屯陝西。既至，上疏曰，河北流民，僑居河南陝西者，不可勝計。一人耕之，百人食之，其能贍乎。古之名將，雖在征行，必須屯田。古之良吏，必課農桑，以足民食。今曠土多，游民眾。乞明敕有司，勸課耕墾。富者備牛出種，貧者傭力服勤。使盡力南畝，富國强兵

田琢請招游民屯田

之道也。宣宗然之。

貞祐三年十一月，河北行尚書省侯摯入見詔。河北西路宣撫副使田琢，自濬徙其兵屯陝。（《金史·宣宗紀》）

田琢加河北西路宣撫副使，遙授濬州防禦使，屯濬州。琢欲陂西山諸水，以衛濬州。貞祐三年十一月，河北行省侯摯入見。奏河北兵食少，請令琢汰遣老弱，就食歸德。琢奏，此輩嶺外失業，父子兄弟，合為一軍。若離而分之，定生他變。乞以全軍南渡，或徙衛州防河。詔盡徙屯陝。琢復奏，臣幸徙安地。然濬乃河北要郡，今見糧可支數月，乞俟來春乃行。數日，琢復奏，濬不可守，惟當遷之。宰臣劾琢，前後奏陳不一，請逮鞫問。宣宗不許。琢至陝，上書曰，河北失業之民，僑居河南陝西，蓋不可以數計。百司用度，三軍調發。一人耕之，百人食之，其能贍乎。春種不廣，收成失望。軍民俱困，實繫安危。臣聞古之名將，雖在征行，必須屯田。趙充國、諸葛亮是也。古之良吏，必課農桑，以足民食。黃霸、虞詡是也。方今曠土多，浮民衆。乞明勅有司，無蹈虛文。嚴升降之法。選能吏勸課，公私皆得耕墾。富者備牛出種，貧者傭力服勤。若又不足，則教之區種，期于盡闢而後已。官司圈牧，勢家兼并，亦籍其數，而授之農民。寬其負算，省其徭役，使盡力南畝。則蓄積歲增，家給人足，富國強兵之道也。宣宗深然之。（《金史·田琢傳》）

復括地給軍

　　四年，復遣官，括河南牧馬地。既籍其數，命尚書樞密，議所以給軍者。宰臣請募民開墾，以半給之為永業，半給軍戶。從之。

貞祐四年，復遣官，括河南牧馬地。既籍其數，上命省院，議所以給軍者。宰臣曰，今軍戶當給糧者，四十四萬八千餘口，計當口占六畝有奇，繼來者不與焉。但相去數百里者，豈能以六畝之故，而遠來哉。兼月支口糧不可遽罷。臣等竊謂，軍戶願佃者，即當計口給之。其餘僻遠不願者，宜准近制，係官荒地，許軍民耕闢例，令軍民得占蒔之。院官曰，牧馬地少，且久荒難耕。軍戶復乏農器。然不給之，則彼自支糧外，更無從得食，非蓄銳待敵之計。給之，則亦未能遽減其糧。若得遲以歲月，俟頗成倫次，漸可以省官廩耳。
今奪於有力者，卽以授其無力者，恐無以耕。乞令司縣官，勸率民
戶，借牛破荒。至來春，然後給之。司縣官能率民戶以助耕，而無
騷動者。量加官賞，庶幾有所激勸。宰臣復曰，若如所言，則司縣
官貪慕官賞，必將抑配，以至擾民。今民家之牛，量地而畜之。況
比年以來，農功甫畢。則併力轉輸，猶恐不及，豈有暇耕它人之田
也。惟如臣等前奏為便，詔再議之。乃擬民有能開牧馬地，及官荒
地，作熟田者。以半給之為永業，半給軍戶，奏可。（《金史·食貨
志》）

尚書省奏，諸帥之兵，不啻百萬。一充軍伍，
咸仰於官。至於婦子居家，安坐待哺。蓋不知屯
田，為經久之計。請詔諸帥府，各以其兵耕耨。
從之。

詔諸帥府屯田

貞祐四年，省奏自古用兵，且耕且戰，是以兵食交足。今諸帥
分兵，不啻百萬。一充軍伍，咸仰於官。至於婦子居家，安坐待哺。
蓋不知屯田，為經久之計也。願下明詔，令諸帥府，各以其軍耕耨。
亦以逸待勞之策也。詔從之。（《金史·食貨志》）

興定元年，詔平章政事行省平陽胥鼎，舉兵伐
宋。且今勿復有言，以沮成算。鼎分兵由秦、鞏、
鳳翔三路並進，仍上書，言其不可者六。請選將
士，分布近邊州郡，敵至則戰，去則力田，以廣儲
蓄。至士心益固，國用豐贍，自可成中興之業。詔
以付尚書省，宰臣以為諸軍既進，無司復議，鼎議
遂寢。

胥鼎請勿伐宋而
令邊軍力田

胥鼎行省平陽，興定元年，進拜平章政事。朝廷詔鼎，舉兵伐
宋。且令勿復有言，以沮成算。鼎已分兵，由秦、鞏、鳳翔三路並
進。乃上書曰，竊懷愚懇，不敢自默，謹條利害以聞。昔泰和間。
蓋嘗南伐。時太平日久，百姓富庶，馬蕃軍銳。所謂萬全之舉也。

345

然猶亟和，以偃兵為務。大安之後，北兵大舉，天下騷然者累年。然軍馬氣勢，視舊纔十一耳。至于器械之屬，亦多損弊。民間差役重繁，寖以疲乏。而日勤師旅，遠近動搖。是未獲一敵，而自害者衆。其不可一也。今歲西北二兵，無入境之報，此非有所憚而不敢也。意者，以去年北還，姑自息養。不然，則別部相攻，未暇及我。如聞王師南征，乘隙併至。雖有潼關、大河之險，殆不足恃。則三面受敵，首尾莫救，得無貽後悔乎？其不可二也。凡兵雄于天下者，必其士馬精強，器械犀利。且出其不備，而後能取勝也。宋自泰和，再修舊好。練兵峙糧，繕修營壘。十年于茲矣。又車駕至汴，益近宋境。彼必朝夕憂懼，委曲為防。況聞王師已出唐鄧，必徙民渡江。所在清野，止留空城。使我軍無所得，徒自勞費，果何益哉。其不可三也。宋我世讐，比年非無恢復舊疆，洗雪前恥之志。特畏吾威力，不能窺其虛實，故未敢輕舉。今我軍皆山西河北無依之人，或招還逃軍，脅從歸國。大抵烏合之衆，素非練習。而遽使從戎，豈能保其決勝哉。雖得其城，內無儲蓄，亦何以守。以不練烏合之軍，深入敵境，進不得食，退無所掠，將復遁逃嘯聚，為腹心患。其不可四也。發兵進討，欲因敵糧，此事不可必者。隨軍轉輸，則又非民力所及。沿邊人戶雖有恆產，而賦役繁重，不勝困憊。又凡失業寓河南者，類皆衣食不給。貧窮之迫，盜所由生。如宋人陰為招募，誘以厚利。使為鄉導，伺我不虞，突而入寇。則內有叛民，外有勍敵，未易圖之。其不可五也。今春事將興，若進兵不還，必違農時，以誤防秋之用。此社稷大計，豈特疆場利害而已哉。其不可六也。臣愚、以為止當遴選材武將士，分布近邊州郡。敵至則迫擊，去則力田，以廣儲蓄。至于士氣益強，民心益固，國用豐饒。自可恢廓先業，成中興之功。一區區之宋，何足平乎。詔付尚書省，宰臣以為諸軍既進，無復可議，遂寢。（《金史·胥鼎傳》）

括地授軍徐宿軍人不受

二年，括地授諸軍，為屯田。徐宿軍人獨不願受，詔諭以授田之後，仍賜廩給。

興定二年二月，諭樞密曰，中京、商、虢諸州軍人，願耕屯田，比已括地授之。聞徐宿軍，獨不願受。意謂予田，必絕其廩也。朕

肯爾耶。其以朕意曉之。(《金史·宣宗紀》)

邳州行省侯摯上言，東平以東，累經殘毀，邳海尤甚。貧民日食野菜，無所依倚。恐因而嘯聚，乞選募為兵。自十月給糧，使充戍卒，至二月罷之。人授田三十畝，貸之種粒。而驗所收穫，量數取之。逮秋，復隸兵伍。從之。

侯摯請撫流民事
耕戰

侯摯興定二年，行省河北，六月，詔權移邳州行省。九月，摯上言，東平以東，累經殘毀，至于邳海尤甚。海之民戶，曾不滿百，而屯軍五千。邳戶僅及八百，軍以萬計。夫古之取兵，以八家為率。一家充軍，七家給之。猶有傷生廢業，疲於道路之難。今兵多而民不足，使蕭何劉晏復生，亦無所施其術。況於臣者，何能為哉。伏見邳海之間，貧民失業者甚衆。日食野菜，無所依倚。恐因而嘯聚，以益敵勢。乞募選為兵。自十月給糧，使充戍役，至二月罷之。人授地三十畝，貸之種粒。而驗所收穫，量數取之。逮秋，復隸兵伍。且戰且耕，公私俱利。亦望被俘之民，易于招集也。詔施行之。(《金史·侯摯傳》)

三年，籍邳海等州義軍，人給地三十畝，有力者五十畝。仍蠲差稅，日支糧二升，號決勝軍。

興定三年七月，籍邳海等州義軍，及脅從歸國而充軍者，人給地三十畝。有力者五十畝。仍蠲差稅，日支糧二升。號決勝軍。(《金史·宣宗紀》)

四年，括官田給軍戶，人三十畝，以為永業。

括田給軍

興定四年，移剌不言，軍戶自徙於河南數歲，尚未給田。兼以移徙不常，莫得安居，故貧者甚衆。請括諸屯處官田，人給三十畝，仍不移屯它所。如此則軍戶可以得所，官糧可以漸省。宰臣奏，前此亦有言授地者，樞密院以謂俟事緩而行之。今河南罹水災，流亡者衆。所種麥不及五萬頃，殆減往年太半。歲所入，殆不能足。若撥授之為永業，俟有獲，即罷其糧。亦省費之一端也。上從之。(《金史·食貨志》)

括逃民田給軍　　　五年，從京南行三司石抹幹魯言，括逃民舊耕官田，給軍戶。《金史·食貨志》以為令省臣議之，仍不能行。未知孰是。

興定五年正月，括南京諸路逋戶舊耕官田，給軍戶。（《金史·宣宗紀》）

興定五年正月，京南行三司石抹幹魯言，京南、東、西三路屯軍，老幼四十萬口，歲費糧百四十餘萬石。皆坐食民租，其非善計。宜括逋戶舊耕田。南京一路，舊墾田三十九萬八千五百餘頃，內官田民耕者九千頃有奇。今饑民流離者太半，東西兩路，計亦如之。朝廷雖招使復業，民恐既復之後，生計未定，而賦斂隨之，往往匿而不出。若分給軍戶，人三十畝，使之自耕，或召人佃種。數歲之後，畜積漸饒，官糧可罷。令省臣議之，仍不能行。（《金史·食貨志》）

元光二年，從上党公完顏開之請。令開等相視可耕地，分界種之，以給軍餉。

元光二年十一月，以上党公完顏開之請。諭開及郭文振、史詠、王遇、張道、盧芝等，各與所鄰帥府，相視可耕土田，及瀕河北岸之地。分界而種之，以給軍餉。（《金史·宣宗紀》）

編後記

本次整理出版的《歷代屯田攷》以商務印書館 1939 年版為底本，原書分為上、下冊，本書為上冊。

屯田制指我國歷史上政府組織士兵或農民墾種荒地，以取得軍糧和稅糧，減輕其他普通民戶的稅負。狹義的屯田指軍屯和民屯，廣義的屯田還有商屯。商屯又稱鹽屯，是明朝鹽商為了便於在邊境地區納糧換鹽而辦的屯墾。

秦始皇使蒙恬將擊敗匈奴，佔領河南地，築縣城四十四，"徙適戍以充之"。這是與屯田有關的最早記載。西漢文帝時，為解決北方邊境不安，晁錯就曾建議"徙民實邊"。西元前 169 年，漢文帝以罪人、奴婢和招募的農民戍邊屯田。漢武帝時，趙充國建議屯田西域，戍衛與墾耕並顧，敦煌西至輪台和渠犁，皆有田卒數百人。建安元年（196 年），曹操採納棗祗、韓浩的建議，在許都（今河南許昌）附近進行屯田，至此形成完善的屯田制度。屯田的土地是無主和荒蕪的土地。勞動力有一部分號稱為招募其實是被迫而來的。收成由政府與屯民分成：使用官牛則官六民四；使用私牛則官民平分。"於是州郡列置田官，所在積谷，征伐四方，無運糧之勞，遂兼併群賊，克平天下"。自此，經魏晉南北朝、隋唐以至兩宋，各代都推行過邊防屯田。當統一國家分裂為幾個封建政權時，也都很注意屯田。金、元以來，屯田的地域分佈發生了變化。金政府於駐軍所在地分撥田土，兵士屯種自給；元朝則各衛、行省，皆立屯田。明代繼承元代的軍戶制度，軍戶子孫世代為兵，作戰而外，平時屯種。

屯田解決了邊防軍隊的糧餉需要，對於開拓邊疆和鞏固邊防有重要作用。又因集中較多人力、物力，可以興修較大的水利工程，推廣先進的生產技術。但屯田的成績與歷代屯田的政策密切相關。一般說來，凡是設置屯田的朝代，在建立初期，屯田成績比較顯著，隨著封建統治者日趨腐朽，剝削日益加重，屯田勞動力大批死亡或逃散，屯田逐漸變質瓦解。

張君約著《歷代屯田攷》根據典籍考證兩漢至明代的屯田制度，引用原文均注明出處，是對屯田制度有關材料的一次重要萃集與梳理。本書最早 1939 年在商務印書館出版發行，為《新中國建設學會叢書》之一。

新中國建設學會，是"九一八"事變之後，為挽救民族危亡，旅居上海的黃郛、李書城、張耀曾等提出：集合國內所有優秀人才"組織一學會對於現政權共同為善意的協贊"，學會集合國內專家"討論出一種廣義的國防中心之建設計畫（隱以日本為對象）"等。其初創者主要由舊政學會成員以及上海教育界、實業界、金融界名流。1932 年 6 月正式成立，1938 年 3 月停止所有會務。黃郛任首任理事長，學會設政制、財政、經濟、外交、交通、教育、社會和技術等八個組，分別進行研究和調研，謀"廣義的以國防為中心"之救國計畫，探討救國方案以供當局採納，特別宣導"民族復興"。並出版了《新中國建設學會叢書》，如：《中華民國憲法史料》《各國選舉權制度考》《統制經濟之理論與實際》《各國教育制度及概況》《國魂詩選》《軍事航空》《興國記》《地政通詮》《蘇聯五年計劃》《最近之東北經濟與日本》《科學化之現代戰備》《甘棠集歷代循吏彙編》《日人對我東北言論集》《中國對日之債務問題》《中國經濟問題》等。其中經濟組主要集中在經濟政策、改良中國農村等方面研究,《歷代屯田攷》即為其成果之一。作者張君約"精研國史",當在中國歷史方面頗有造詣,為撰寫《歷代屯田攷》"一時間、一字句,必勤求其無訛,遂至費三年以上精力,始克成之"。據有關記載,南京國民政府1948年2月9日任命張君約為新聞局人事室主任,當為本書作者。

本書為原書第1~7卷,對自屯田制度萌芽至宋代(附遼、金)的有關典籍資料梳理、整理,介紹屯田制度產生的原因、發展歷程及其對歷史作用。需要向讀者說明的有以下幾點:為保持舊籍原貌,文中因時代所限出現的同字異書、與今人不同的外文書寫與翻譯,一般不作改動;在整理過程中,在保持原貌的基礎上,對原文中一些明顯的錯訛之處,進行了必要的修改,並以"編者註"的形式加以說明;其他一般性規範性差異,進行了必要的訂正,不再一一注出說明。原書僅有句讀,本次整理依據現代標點規範進行點校。原書有適合豎排版圖書的"眉批",因整理為橫排版,相應地改為"旁批"。限於整理者水準,錯漏不當之處仍在所難免,誠望讀者諸君批評指正。

劉 江

2014 年 8 月

《民國文存》第一輯書目

紅樓夢附集十二種	徐復初
萬國博覽會遊記	屠坤華
國學必讀（上）	錢基博
國學必讀（下）	錢基博
中國寓言與神話	胡懷琛
文選學	駱鴻凱
中國書史	查猛濟、陳彬龢
林紓筆記及選評兩種	林紓
程伊川年譜	姚名達
左宗棠家書	許嘯天句讀，胡雲翼校閱
積微居文錄	楊樹達
中國文字與書法	陳彬龢
中國六大文豪	謝無量
中國學術大綱	蔡尚思
中國僧伽之詩生活	張長弓
中國近三百年哲學史	蔣維喬
段硯齋雜文	沈兼士
清代學者整理舊學之總成績	梁啟超
墨子綜釋	支偉成
讀淮南子	盧錫炆